prépabac

Cours & entraînement

1re S

Physique Chimie

- Joël Carrasco
- Gaëlle Cormerais

Professeurs certifiés de sciences physiques
au lycée Marcel-Pagnol à Marseille

Hatier

Conception graphique : Frédéric Jély
Mise en page : Lasergraphie
Édition : Raphaël Tomas et Marilyn Maisongrosse
Schémas : Lasergraphie

978-2-218-99533-0

Mode d'emploi

Votre ouvrage Prépabac

- Conforme au dernier programme de Physique-Chimie de 1re S, ce « Prépabac » vous propose un **outil de travail** très complet.
- Sur chaque thème du programme, vous trouverez : un **cours** structuré, des fiches de **méthode**, des **exercices** progressifs et leurs **corrigés** détaillés.
- Toutes ces ressources vous permettent d'aborder en confiance vos contrôles durant l'année et de vous préparer efficacement à l'épreuve du bac.

COURS **MÉTHODE** **EXERCICES** **CORRIGÉS**

Sur le site www.annabac.com

- L'achat de cet ouvrage vous permet de bénéficier d'un **accès GRATUIT**[1] à toutes les **ressources d'annabac.com** : fiches de cours, résumés audio, quiz interactifs, sujets d'annales corrigés...
- Pour profiter de cette offre, rendez-vous sur **www.annabac.com**, dans la rubrique « Vous avez acheté un ouvrage Hatier ? ».

1 Selon les conditions précisées sur le site.

sommaire

OBSERVER

Couleur, vision et image

Sources de lumière colorées

Matières colorées

COMPRENDRE

Cohésion et transformations de la matière

Champs et forces

Formes et principe de conservation de l'énergie

AGIR

Transformer l'énergie et économiser les ressources

Observer
Couleurs et images

La perception de l'Univers qui nous entoure nous est fournie par l'étude des phénomènes lumineux observables. Les scientifiques se sont très tôt intéressés à la lumière, sa composition et son interaction avec la matière.

Couleur, vision et image

Étudier la formation des images ainsi que la couleur des objets a permis bon nombre d'avancées, telles que la compréhension du fonctionnement de notre œil, ou encore la mise au point de dispositifs afin d'observer des objets très éloignés ou très petits.

▸ **Chapitres 1 et 2.**

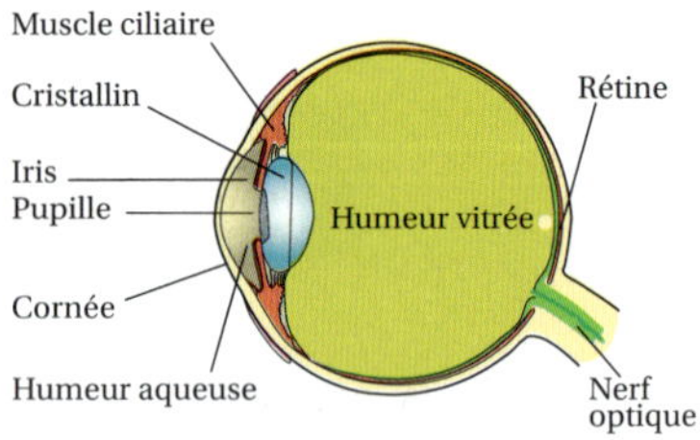

▲ **Modélisation de l'œil**

Sources de lumière colorées

La nature exacte de la lumière nous a été révélée par l'étude de ses sources : le spectre de la lumière émise nous indique ainsi sa composition, sa couleur nous renseigne quant à elle sur sa température. Grâce à des modèles théoriques élaborés à partir du XXe siècle, il est également possible d'étudier le processus d'émission de la lumière à l'échelle atomique.

▸ **Chapitres 3 et 4.**

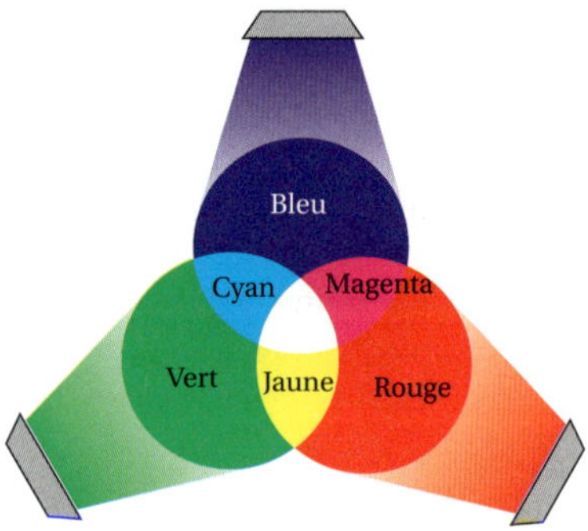

▲ **Synthèse additive des couleurs**

Matières colorées

La couleur, omniprésente dans notre quotidien occupe une place prépondérante en chimie : extraction et synthèse d'espèces chimiques colorées, méthodes d'analyse colorimétriques, etc.

▸ **Chapitres 5 à 8.**

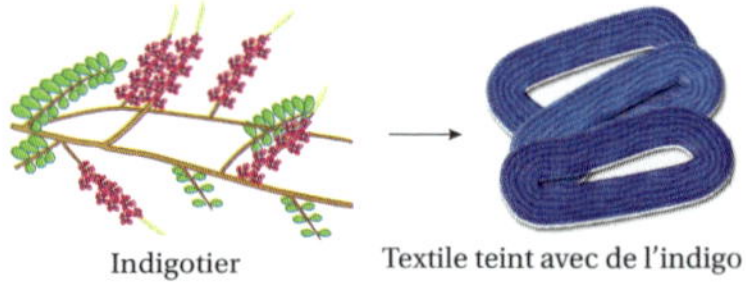

▲ **Un colorant d'origine naturelle : l'indigo**

www.annabac.com

CHAPITRE

1 Formation d'une image par une lentille

L'observation du monde qui nous entoure commence par la collecte et l'analyse des images qu'il nous renvoie. Notre œil constitue le premier et le plus naturel des collecteurs d'images. L'homme a mis au point, en fonction de ses besoins, des instruments d'optique tels que le microscope pour observer l'infiniment petit ou la lunette astronomique pour observer les astres lointains. Leur point commun ? Posséder une ou plusieurs lentilles convergentes dont le rôle est de former l'image de l'objet observé.

1 Présentation des lentilles minces convergentes

- Une lentille mince convergente est constituée d'un milieu transparent (tel que le verre ou une matière plastique), en forme de disque renflé en son centre : un bord mince avec un centre épais. Lors de la traversée de la lentille, les rayons lumineux passent d'un milieu à un autre et sont ainsi déviés : c'est le phénomène de réfraction.
- On appelle **rayon incident** tout rayon **arrivant sur la lentille,** et **rayon émergent** tout rayon **sortant de la lentille**.
- Une lentille possède un axe de symétrie appelé **axe optique,** ainsi qu'un **centre optique O** correspondant au centre géométrique. On représente ces lentilles par un schéma normalisé.

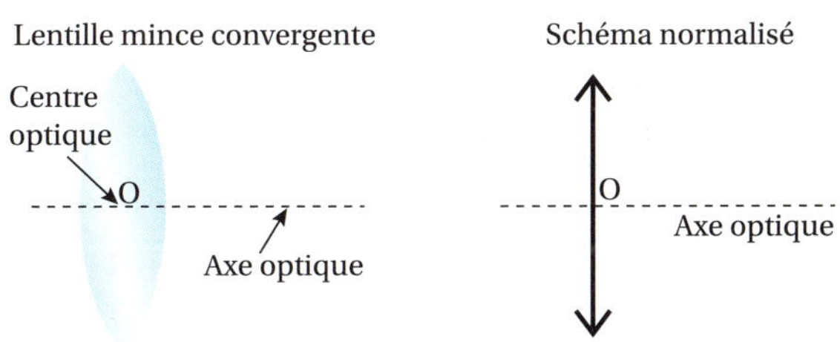

FIGURE 1 Représentation d'une lentille mince convergente et schéma normalisé

2 Caractéristiques des lentilles minces convergentes

- Un faisceau de rayons parallèles à l'axe optique traversant une lentille mince convergente est transformé en un faisceau de rayons convergents en un point de l'axe optique appelé **foyer image**, noté **F′**.
- Le point symétrique du foyer image par rapport au centre optique O est appelé **foyer objet**, noté **F**.
- La distance entre le centre optique O et le foyer image F′ est appelée **distance focale *f*** de la lentille.

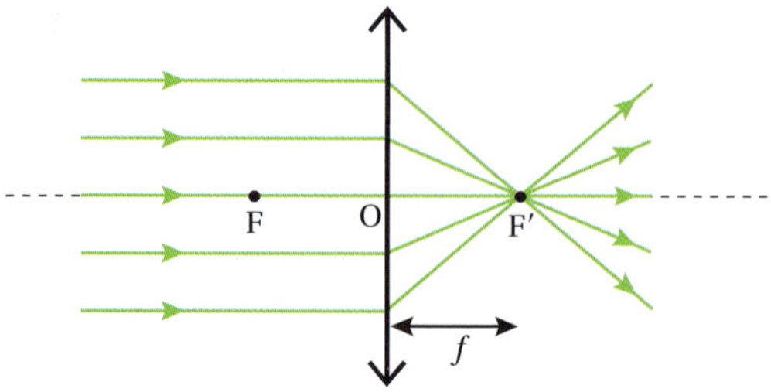

FIGURE 2 **Caractéristiques d'une lentille mince convergente**

- La **vergence *C***, exprimée en **dioptries (δ)**, est une indication fournie par les fabricants. Elle est égale à l'inverse de la distance focale exprimée en mètres.

$$C = \frac{1}{f}$$

C en dioptries (δ) ;
f en mètres (m)

Ne pas oublier de convertir les unités en mètres avant d'appliquer la formule.

3 Tracer des rayons particuliers traversant une lentille mince convergente

Tout rayon incident parallèle à l'axe optique sort de la lentille en passant par le foyer image F′.

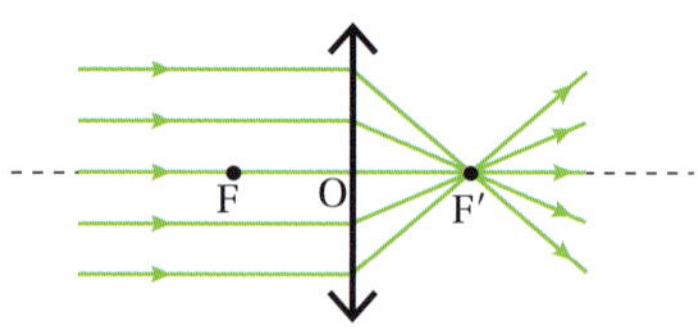

Tout rayon incident passant par le foyer objet F sort de la lentille parallèle à l'axe optique.

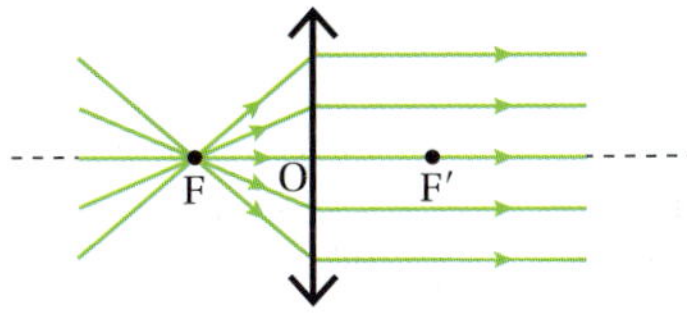

Tout rayon incident passant par le centre optique O n'est pas dévié.

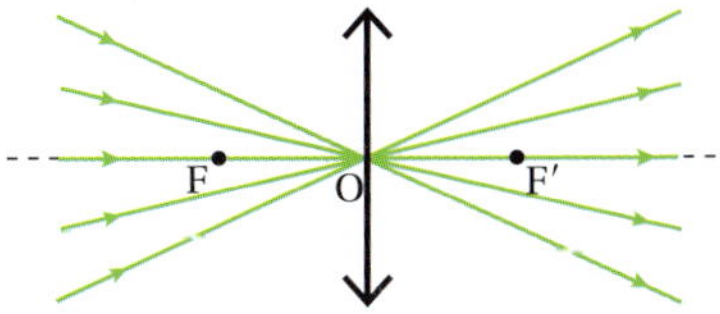

4 Construire l'image d'un objet par une lentille mince convergente

A Les étapes de la construction

On considère un objet AB plan et perpendiculaire à l'axe optique, dont le point A se trouve sur l'axe optique, en avant du foyer objet F.

On note A′B′ l'image donnée par la lentille convergente de l'objet AB.

- Les trois rayons particuliers vus précédemment, issus du point objet B, permettent de tracer le point B′, image du point B. En effet, les trois rayons émergents se coupent en un même point : il s'agit de B′.
- Une fois B′ trouvé, le point A′, image de A par la lentille, se trouve sur l'axe optique, à la verticale de B′.

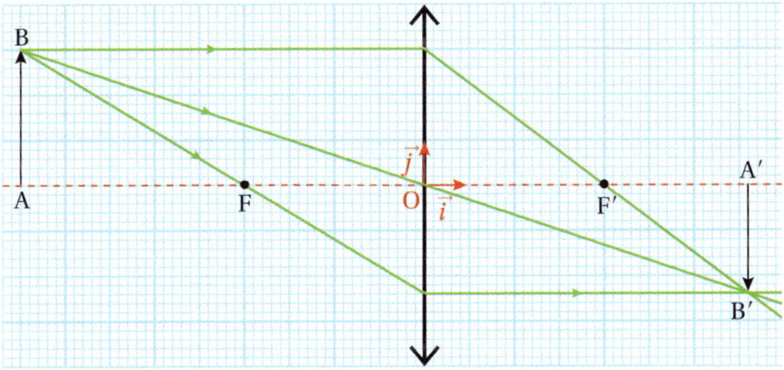

FIGURE 3 Construction de l'image A′B′ de l'objet AB

ASTUCE DE CONSTRUCTION
Deux rayons particuliers issus du point objet B suffisent pour tracer le point image B′.

B Repérage d'un point sur le schéma

On définit sur le schéma un repère $(O ; \vec{i}, \vec{j})$ associé à un système d'axes perpendiculaires :

- O est le centre optique de la lentille ;
- $\vec{i}$ est le vecteur unitaire de l'axe optique, orienté dans le sens de propagation de la lumière ;
- $\vec{j}$ est le vecteur unitaire de l'axe perpendiculaire à l'axe optique, orienté vers le haut.

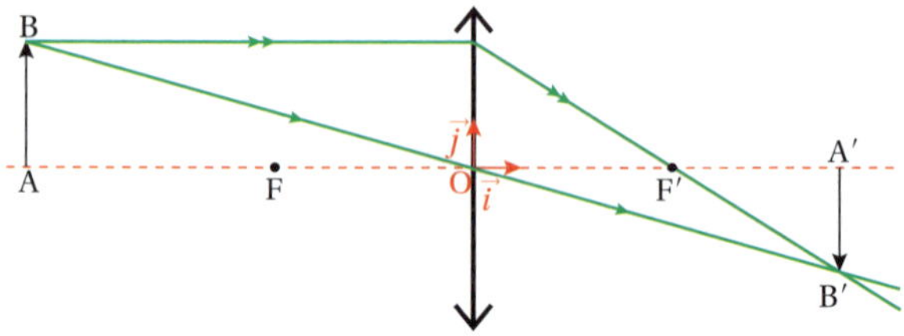

FIGURE 4 **Définition du repère $(O ; \vec{i}, \vec{j})$**

On peut ainsi définir les **positions algébriques** des différents points sur l'axe optique : $\overline{OA}$, $\overline{OA'}$, $\overline{OF}$ et $\overline{OF'}$.

On définit aussi les **hauteurs algébriques** des objets et des images : $\overline{AB}$ et $\overline{A'B'}$.

CONNAÎTRE LES GRANDEURS ALGÉBRIQUES

Les positions algébriques et les hauteurs algébriques peuvent être positives ou négatives, cela dépend des positions relatives des points par rapport au centre optique O.

Tous les points de l'axe optique en avant de O ont des positions négatives. Les autres ont des positions positives.

Compte tenu de la figure 4, on obtient : $\overline{OA} < 0$; $\overline{OA'} > 0$; $\overline{OF} < 0$; $\overline{OF'} > 0$.

Tous les points au-dessus de l'axe optique correspondent à des hauteurs positives, tandis que les autres ont des hauteurs négatives.

Compte tenu de la figure 4, on obtient : $\overline{AB} > 0$; $\overline{A'B'} < 0$.

5 Image réelle, image virtuelle

Une **image** est **réelle** si elle peut être matérialisée sur un écran.
Dans le cas contraire, on parlera d'**image virtuelle**.

En fonction de la position relative de l'objet par rapport à la lentille, on peut obtenir soit une image réelle, soit virtuelle.

• Si $\overline{OA'} > 0$, alors l'image se forme derrière la lentille et peut être matérialisée sur un écran : **l'image est réelle**.

• Si $\overline{OA'} < 0$, alors l'image se forme en avant de la lentille et ne peut être matérialisée sur un écran : **l'image est virtuelle**.

Les constructions graphiques nous permettent d'étudier les différents cas.

• Cas n° 1 : l'objet se situe en avant du foyer objet

La construction graphique correspond aux figures 3 ou 4.
Dans ce cas, **l'image est réelle et inversée**.

• Cas n° 2 : l'objet se situe entre le foyer objet et la lentille

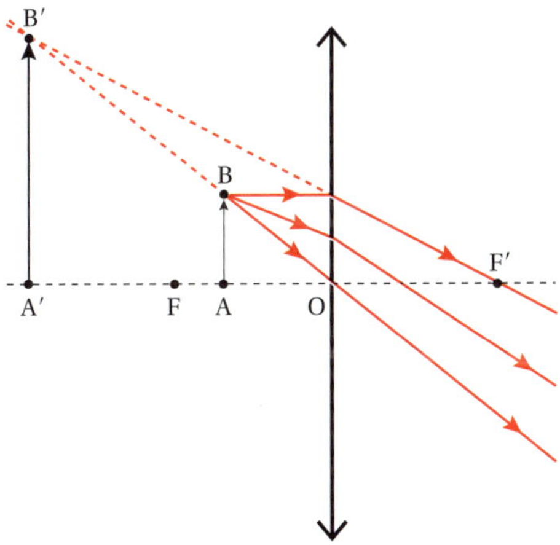

Dans ce cas, **l'image est virtuelle et droite.**

• **Cas n° 3 : l'objet se situe dans le plan focal objet de la lentille**

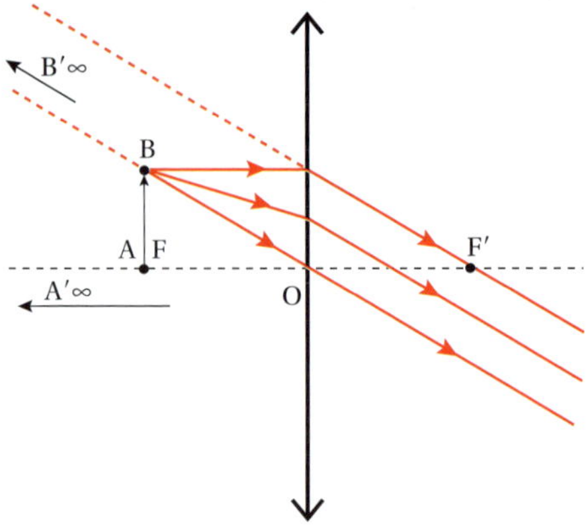

Dans ce cas, **l'image est réjetée à l'infini, virtuelle et droite.**
Il existe aussi une image réelle et inversée rejetée à l'infini.

• **Cas n° 4 : l'objet se situe à l'infini**

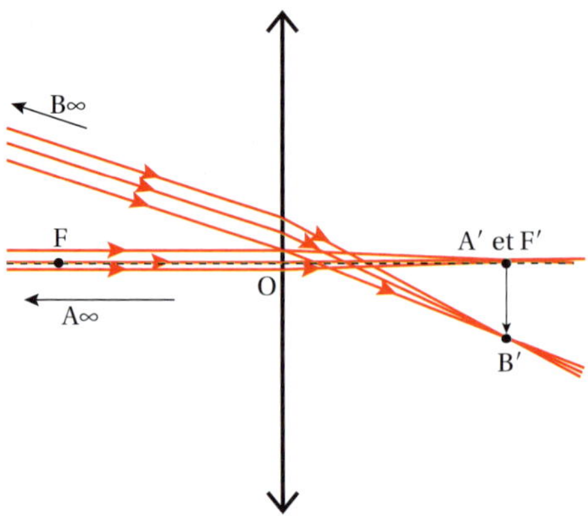

Dans ce cas, **l'image est réelle, inversée et se trouve dans le plan focal image de la lentille.**

6 La formule de conjugaison des lentilles minces convergentes

■ Les positions de l'image et de l'objet sont reliées par la relation de conjugaison :

$$\frac{1}{\overline{OA'}} - \frac{1}{\overline{OA}} = \frac{1}{\overline{OF'}}$$

■ Cette formule permet de trouver la position $\overline{OA'}$ d'une image à partir de la connaissance de la position OA de l'objet et de la distance focale de la lentille ($\overline{OF'} = f$).

Ne pas oublier de mettre toutes les valeurs dans la même unité de longueur avant de commencer un calcul.

7 Le grandissement

■ Le grandissement noté γ est égal au rapport de la hauteur algébrique $\overline{A'B'}$ de l'image sur celle $\overline{AB}$ de l'objet. C'est une grandeur sans unité.

$$\gamma = \frac{\overline{A'B'}}{\overline{AB}}$$

■ Le signe du grandissement nous renseigne sur le sens de l'image par rapport à l'objet :

- **si γ est positif**, l'image est droite (même sens que l'objet) ;
- **si γ est négatif**, l'image est inversée (sens opposé à l'objet).

■ La valeur absolue du grandissement nous renseigne sur la taille de l'image par rapport à celle de l'objet :

- **si $|\gamma| > 1$**, l'image est plus grande que l'objet ;
- **si $|\gamma| < 1$**, l'image est plus petite que l'objet ;
- **si $|\gamma| = 1$**, l'image a la même taille que l'objet.

■ On peut trouver une autre expression du grandissement faisant intervenir cette fois les positions algébriques de l'objet et de l'image :

$$\gamma = \frac{\overline{OA'}}{\overline{OA}}$$

Réaliser et exploiter un schéma à l'échelle demandée

ÉNONCÉ

Une lentille mince et convergente de distance focale égale à 10,0 cm donne d'un objet de hauteur égale à 2,0 cm et placé à 15,0 cm de celle-ci, une image réelle et inversée.

1 Faire un schéma de la situation à l'échelle $\frac{1}{5}$ sur l'axe horizontal et $\frac{1}{1}$ sur l'axe vertical.

2 Déterminer graphiquement la position algébrique réelle de l'image.

3 Déterminer graphiquement la hauteur algébrique réelle de l'image.

MÉTHODE

1 ▶ Tracer l'axe optique de la lentille horizontalement et placer la lentille au milieu de celui-ci, perpendiculairement.
Placer le centre optique O de la lentille.
Calculer les positions algébriques des points sur l'axe optique, en tenant compte de l'échelle.
Pour cela, on réalise un **tableau de proportionnalité**.
L'échelle $\frac{1}{5}$ nous permet de trouver le coefficient de proportionnalité :

Échelle	Position algébrique	$\overline{OF'}$	$\overline{OA}$
5	Valeur réelle (cm)	10,0	- 15,0
1	Valeur sur le schéma (cm)	**2,00**	**- 3,00**

(÷ 5 de la ligne « 5 » à la ligne « 1 »)

▶ Tracer les trois rayons particuliers issus de B :
- **le rayon incident parallèle à l'axe** (rayon rouge) ;
- **le rayon incident passant par le foyer objet F** (rayon vert) ;
- **le rayon incident passant par le centre optique O** (rayon bleu).

Le point d'intersection des trois rayons émergents est B′, l'image de B.
L'image A′ de A se trouve sur l'axe optique à la verticale de B′.

2 et **3** ▶ Les longueurs mesurées sur le graphique ne sont pas à la taille réelle, il faut utiliser de nouveau le tableau de proportionnalité.

Échelle	Position algébrique	$\overline{OA'}$
5	Valeur réelle (cm)	**30,0**
1	Valeur sur le schéma (cm)	6,0

x5 (de la ligne 1 à la ligne 5, de part et d'autre du tableau)

CORRIGÉ

1 Schéma de la situation :

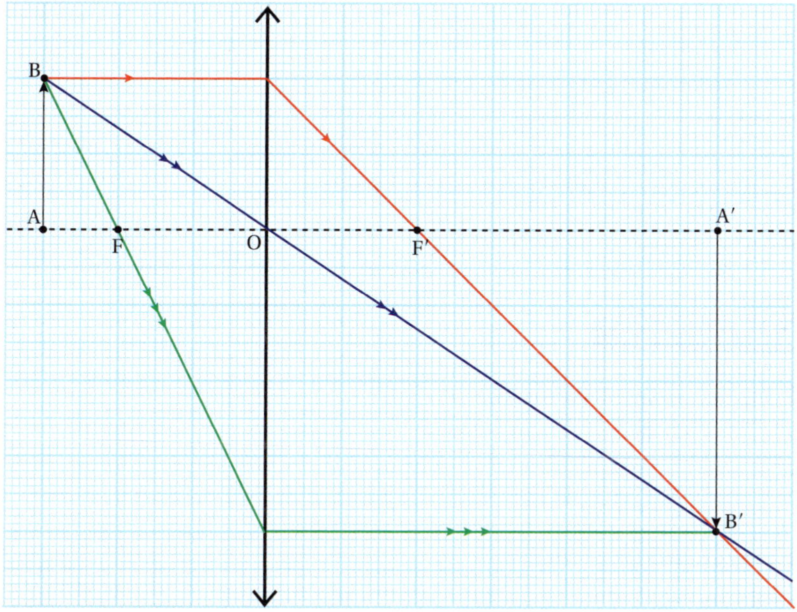

2 On mesure sur le graphique $\overline{OA'}$ = 6,0 cm ; donc d'après le tableau de proportionnalité, la position algébrique réelle de l'image est $\overline{OA'}$ = 30,0 cm.

3 On mesure sur le graphique $\overline{A'B'}$ = – 4,0 cm. Compte tenu de l'échelle $\frac{1}{1}$ de l'axe vertical, la hauteur algébrique réelle de l'image est égale à celle mesurée sur le schéma : $\overline{A'B'}$ = – 4,0 cm.

SE TESTER QUIZ

Dans le questionnaire à choix multiple (QCM) suivant, indiquer, pour chaque proposition, la (ou les) réponse(s) exacte(s).

1 Un rayon incident parallèle à l'axe optique traversant une lentille convergente :

- ☐ **a.** ressortira parallèle à l'axe optique.
- ☐ **b.** passera par le centre optique.
- ☐ **c.** passera par le foyer image.

2 L'image d'un objet placé entre le foyer objet et le centre optique d'une lentille convergente est réelle :

☐ **a.** Vrai. ☐ **b.** Faux.

3 La relation de conjugaison est la suivante :

☐ **a.** $\frac{1}{\overline{OF'}} = \frac{1}{\overline{OA}} - \frac{1}{\overline{OA'}}$ ☐ **b.** $\frac{1}{\overline{OF'}} = \frac{1}{\overline{OA}} + \frac{1}{\overline{OA'}}$ ☐ **c.** $\frac{1}{\overline{OF'}} = \frac{1}{\overline{OA'}} - \frac{1}{\overline{OA}}$

4 La formule du grandissement est la suivante :

☐ **a.** $\gamma = \frac{\overline{AB}}{\overline{A'B'}}$ ☐ **b.** $\gamma = \frac{\overline{OA'}}{\overline{OA}}$ ☐ **c.** $\gamma = \frac{\overline{OA'}}{\overline{AB}}$ ☐ **d.** $\gamma = \frac{\overline{A'B'}}{\overline{AB}}$

S'ENTRAÎNER

5 Signe du grandissement

Quel est le signe du grandissement pour :

1. une image droite ?
2. une image inversée ?

6 Vergence d'une lentille

On dispose d'une lentille de distance focale *f* égale à 20,0 cm.

Déterminer la vergence *C* de cette lentille.

Il faut toujours convertir les longueurs en mètres.

7 Construction graphique et vérification par le calcul

On place un objet AB plan et perpendiculaire à l'axe optique, à 12,0 cm d'une lentille mince convergente de distance focale égale à 3,0 cm. La hauteur de l'objet est de 4,0 cm. Cette lentille donne de l'objet une image A′B′.

1. Réaliser le schéma de la situation en représentant la lentille, le centre optique, les foyers objet et image, ainsi que l'objet AB.
Le schéma a pour échelles $\frac{1}{3}$ à l'horizontale et $\frac{1}{2}$ à la verticale.

2. Déterminer graphiquement la position algébrique de l'image.

3. Déterminer par un calcul la position algébrique de l'image.

4. Comparer les résultats obtenus par chaque méthode.

5. Indiquer si l'image est réelle ou virtuelle.

Tenir compte de l'échelle pour déterminer la position algébrique réelle de l'image.

Penser à utiliser la relation de conjugaison.

8 Grandissement

Une lentille a un grandissement égal à + 4,0. On observe à l'aide de cette lentille un objet de hauteur 1,5 cm, placé à 1,0 cm de celle-ci.

1. Déterminer la hauteur algébrique de l'image obtenue.

2. Déterminer la position algébrique de l'image.

3. L'image obtenue est-elle réelle ou virtuelle ?

OBJECTIF BAC

9 Principe d'une loupe

Une loupe est un système optique, constitué d'une lentille, souvent utilisé pour l'observation de petits objets ou la lecture de petits caractères.
Elle a pour particularité de donner une image agrandie des objets observés.

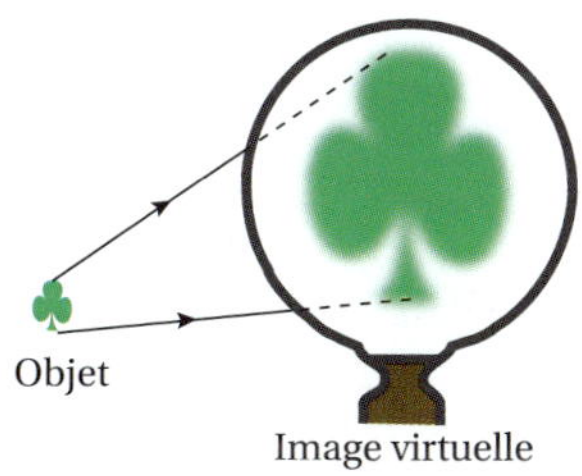

• La lentille de la loupe

Des rayons parallèles traversant une lentille, convergent en un point comme le montre le schéma ci-dessous (échelle $\frac{1}{1}$) :

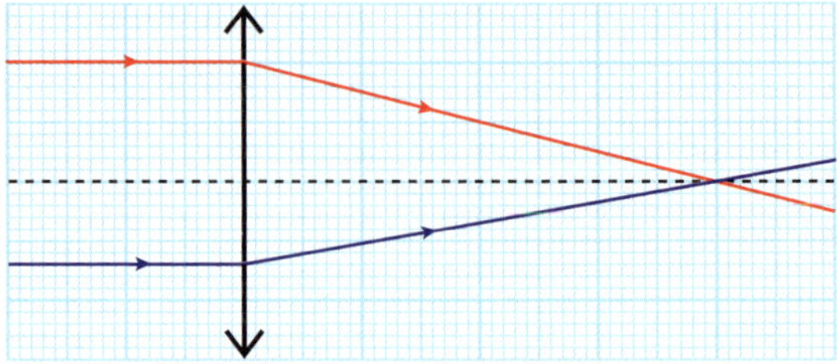

1. Déterminer la distance focale de cette lentille à partir du schéma.

2. En déduire sa vergence.

• Utilisation de la loupe

On observe un texte à travers la loupe. La position algébrique $\overline{OA'}$ de l'image est égale à – 15,0 cm.

3. L'image obtenue est-elle réelle ou virtuelle ?

4. Par un calcul, déterminer la position algébrique du texte.

5. Calculer le grandissement de cette loupe.

6. Sachant que les lettres du texte ont une hauteur égale à 3,5 mm, trouver la hauteur algébrique de l'image d'une lettre.

10 Principe d'une lunette astronomique

Une lunette astronomique est un dispositif permettant l'observation des objets lointains tels que les planètes de notre système solaire ou les étoiles. Elle est constituée d'un objectif, tourné vers l'objet à observer et d'un oculaire derrière lequel on place son œil.

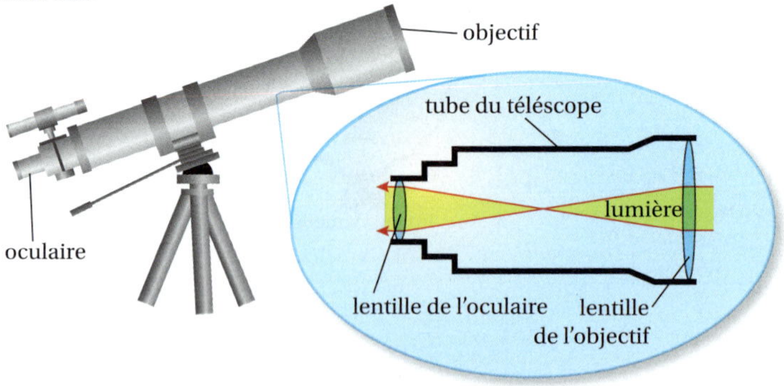

L'objectif est une lentille mince convergente dont la distance focale f_1 est égale à 1,0 m et l'oculaire est une lentille mince convergente de distance focale f_2 égale à 2,0 cm.

1. Quelle est la lentille qui possède la plus petite vergence ?
Justifier par un calcul.

2. On observe une étoile que l'on peut considérer comme étant à l'infini.
Dans quel plan particulier de l'objectif se formera son image ?

3. On représente sur le schéma ci-dessous l'objectif ainsi que l'image A_1B_1 d'un objet AB situé à l'infini.

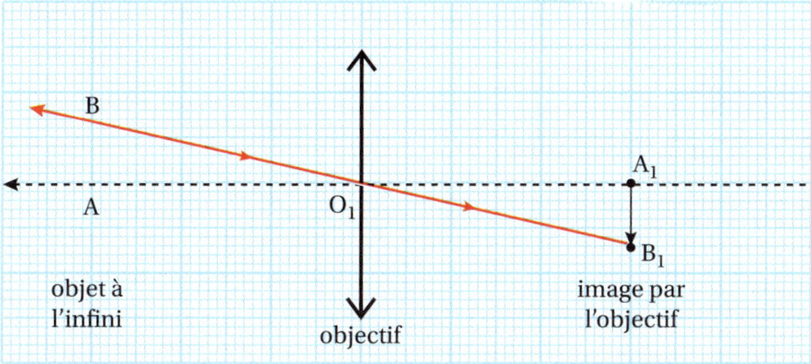

Quelle est la valeur de la distance algébrique $\overline{O_1A_1}$?

4. L'image par l'objectif se situe dans le plan focal objet de l'oculaire.
Cette image A_1B_1 constitue l'objet pour l'oculaire.

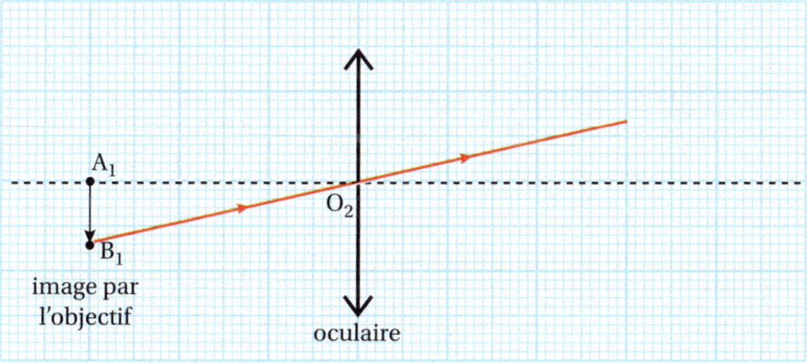

a. Où se situera l'image A_2B_2 par l'oculaire et comment sera-t-elle ?
b. Quelle est la valeur de la distance algébrique $\overline{O_2A_1}$?

5. On définit le grossissement G de la lunette astronomique comme le rapport de la distance focale de l'objectif sur celle de l'oculaire.

Exprimer littéralement G puis le calculer.

SE TESTER

1 **Réponse c.** Un rayon incident parallèle à l'axe optique traversant une lentille convergente passera par le foyer image.

2 **Réponse b.** Faux : l'image d'un objet placé entre le foyer objet et le centre optique d'une lentille convergente est virtuelle.

3 **Réponse c.** La relation de conjugaison est $\frac{1}{\overline{OF'}} = \frac{1}{\overline{OA'}} - \frac{1}{\overline{OA}}$.

4 **Réponses b. et d.** Les deux formules du grandissement sont $\gamma = \frac{\overline{A'B'}}{\overline{AB}} = \frac{\overline{OA'}}{\overline{OA}}$.

S'ENTRAÎNER

5 Signe du grandissement

1. Pour une image droite, le grandissement est positif.1
2. Pour une image inversée, le grandissement est négatif.

6 Vergence d'une lentille

La vergence a pour formule $C = \frac{1}{f}$.

Il faut exprimer les longueurs en mètres : $f = 20{,}0 \text{ cm} = 20{,}0 \times 10^{-2} \text{ m}$.

Application numérique : $C = \frac{1}{20{,}0 \times 10^{-2}} = 5{,}0\ \delta$.

La lentille a une vergence de 5,0 δ.

7 Construction graphique et vérification par le calcul

1. Il faut commencer par calculer les différentes longueurs algébriques compte tenu des échelles données dans l'énoncé.

Horizontalement :

Échelle	Position algébrique	$\overline{OF'}$	$\overline{OA}$
3	Valeur réelle (cm)	3,0	– 12,0
1	Valeur sur le schéma (cm)	1,00	– 4,00

(÷3 de la ligne 1 à la ligne 2)

Verticalement :

Échelle	Position algébrique	$\overline{AB}$
2	Valeur réelle (cm)	4,0
1	Valeur sur le schéma (cm)	2,00

(÷2 de la ligne 1 à la ligne 2)

Une fois ces calculs effectués, on réalise le schéma demandé :

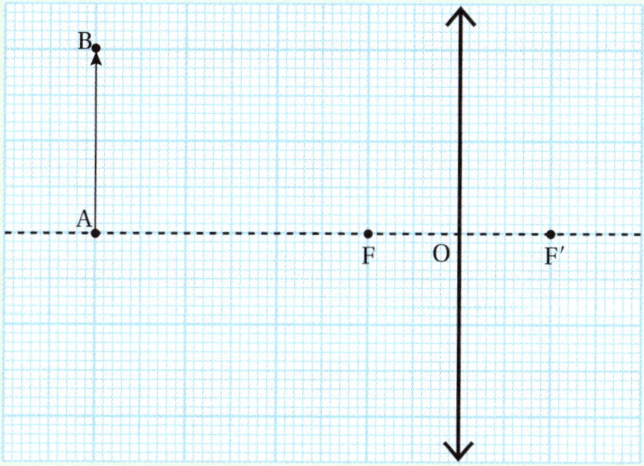

2. Il faut procéder en plusieurs étapes :

• **étape 1 :** construire graphiquement l'image sur le schéma, en respectant les échelles verticale et horizontale ;

• **étape 2 :** mesurer la position algébrique $\overline{OA'}$ sur le schéma ;

• **étape 3 :** calculer la position algébrique réelle en tenant compte de l'échelle horizontale.

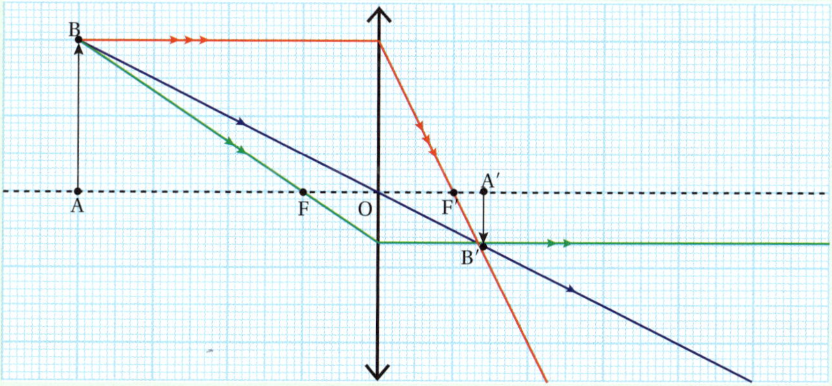

On mesure sur le graphique $\overline{OA'}$ = 1,4 cm. En utilisant le tableau de proportionnalité suivant, on détermine la position algébrique réelle de l'image.

Échelle	Position algébrique	$\overline{OA'}$
3	Valeur réelle (cm)	4,2
1	Valeur sur le schéma (cm)	1,4

(x 3 de la ligne 2 à la ligne 1, de chaque côté)

La position algébrique réelle est $\overline{OA'}$ = 4,2 cm.

3. D'après la relation de conjugaison $\frac{1}{\overline{OA'}} - \frac{1}{\overline{OA}} = \frac{1}{\overline{OF'}}$, on obtient $\overline{OA'} = \frac{\overline{OA} \times \overline{OF'}}{\overline{OA} + \overline{OF'}}$.

Les valeurs numériques de $\overline{OA}$ et $\overline{OF'}$ sont

$\overline{OA} = -12{,}0$ cm $= -12{,}0 \times 10^{-2}$ m et $\overline{OF'} = 3{,}0$ cm $= 3{,}0 \times 10^{-2}$ m.

Application numérique : $\overline{OA'} = \frac{3{,}0 \times 10^{-2} \times (-12{,}0 \times 10^{-2})}{[3{,}0 \times 10^{-2} + (-12{,}0 \times 10^{-2})]} = 4{,}0 \times 10^{-2}$ m.

4. Les résultats obtenus sont :

- $\overline{OA'}$ = 4,2 cm par la méthode graphique ;
- $\overline{OA'} = 4{,}0 \times 10^{-2}$ m = 4,0 cm par le calcul.

Les résultats sont relativement proches. La différence s'explique par les incertitudes sur la mesure et les arrondis réalisés lors des calculs.

5. La position algébrique de l'image est positive, on en déduit que l'image est placée derrière la lentille : l'image est donc réelle.

8 Grandissement

1. La formule du grandissement est $\gamma = \frac{\overline{A'B'}}{\overline{AB}}$.

On obtient $\overline{A'B'} = \gamma \times \overline{AB}$.

Les valeurs numériques de γ et $\overline{AB}$ sont $\gamma = +4{,}0$ et $\overline{AB}$ = 1,5 cm.

Application numérique : $\overline{A'B'} = 4{,}0 \times 1{,}5 = 6{,}0$ cm.

2. La formule du grandissement est $\gamma = \frac{\overline{OA'}}{\overline{OA}}$.

On obtient $\overline{OA'} = \gamma \times \overline{OA}$.

Les valeurs numériques de γ et $\overline{OA}$ sont $\gamma = +4{,}0$ et $\overline{OA} = -1{,}0$ cm.

Application numérique : $\overline{OA'} = 4{,}0 \times (-1{,}0) = -4{,}0$ cm.

3. La position algébrique de l'image est négative, on en déduit que l'image est placée devant la lentille : l'image est donc virtuelle.

OBJECTIF BAC

9 Principe d'une loupe

1. Les rayons incidents parallèles à l'axe optique convergent après la lentille vers le foyer image F′. On mesure sur le graphique $\overline{OF'} = 4{,}0$ cm.

L'échelle valant $\frac{1}{1}$, nous pouvons en déduire que la distance focale réelle est égale à $f = \overline{OF'} = 4{,}0$ cm.

2. Nous savons que $C = \frac{1}{f}$.

On convertit la distance focale en mètres : $f = 4{,}0 \text{ cm} = 4{,}0 \times 10^{-2}$ m.

Application numérique : $C = \frac{1}{4{,}0 \times 10^{-2}} = 25\ \delta$.

La lentille a une vergence de 25 δ.

3. La position algébrique de l'image est négative, on en déduit que l'image est placée devant la lentille : l'image est donc virtuelle.

4. D'après la relation de conjugaison $\frac{1}{\overline{OA'}} - \frac{1}{\overline{OA}} = \frac{1}{\overline{OF'}}$,

on obtient $\overline{OA} = \frac{\overline{OF'} \times \overline{OA'}}{\overline{OF'} - \overline{OA'}}$.

Les valeurs numériques de $\overline{OA'}$ et $\overline{OF'}$ sont $\overline{OA'} = -15{,}0 \text{ cm} = -15{,}0 \times 10^{-2}$ m et $\overline{OF'} = 4{,}0 \text{ cm} = 4{,}0 \times 10^{-2}$ m.

Application numérique : $\overline{OA} = \frac{4{,}0 \times 10^{-2} \times (-15{,}0 \times 10^{-2})}{[4{,}0 \times 10^{-2} - (-15{,}0 \times 10^{-2})]}$

$\overline{OA} = -3{,}2 \times 10^{-2} \text{ m} = -3{,}2$ cm.

Le texte se trouve à 3,2 cm en avant de la loupe.

5. La formule du grandissement est $\gamma = \frac{\overline{OA'}}{\overline{OA}}$.

Les valeurs numériques de $\overline{OA'}$ et $\overline{OA}$ sont $\overline{OA'} = -15{,}0$ cm et $\overline{OA} = -3{,}2$ cm.

Application numérique : $\gamma = \frac{-15{,}0}{-3{,}2} = 4{,}7$.

Cette loupe a un grandissement de 4,7.

6. La formule du grandissement est $\gamma = \frac{\overline{A'B'}}{\overline{AB}}$.

On obtient $\overline{A'B'} = \overline{AB} \times \gamma$.

Les valeurs numériques de γ et $\overline{AB}$ sont $\gamma = +4{,}7$ et $\overline{AB} = 3{,}5$ mm.

Application numérique : $\overline{A'B'} = 4{,}7 \times 3{,}5 = 16 \text{ mm} = 1{,}6$ cm.

La hauteur algébrique de l'image d'une lettre est égale à 1,6 cm.

10 Principe d'une lunette astronomique

1. On calcule la vergence des deux lentilles :

Objectif : $C_1 = \frac{1}{f_1}$ avec $f_1 = 1{,}0$ m.

Application numérique : $C_1 = 1{,}0\ \delta$

Oculaire : $C_2 = \frac{1}{f_2}$ avec $f_2 = 2{,}0$ cm $= 2{,}0 \times 10^{-2}$ m.

Application numérique : $C_2 = 50\ \delta$.

On constate que $C_2 > C_1$: **l'objectif possède la plus petite vergence.**

2. Son image se formera dans le plan focal image de l'objectif.

> Voir cas n°4 du paragraphe 5 « Image réelle, image virtuelle ».

3. Sachant que l'image se forme dans le plan focal image, on en déduit que le point A_1 est confondu avec le foyer image F'_1.

$\overline{OA_1} = \overline{OF'_1} = 1{,}0$ m.

4. a. L'objet A_1B_1 se situant dans le plan focal objet de la lentille, l'image A_2B_2 sera rejetée à l'infini, sera virtuelle et droite.

b. Sachant que l'objet se trouve dans le plan focal objet, on en déduit que le point A_1 est confondu avec le foyer objet F_2.

$\overline{O_2A_1} = \overline{O_2F_2} = -2{,}0$ cm.

5. Le grossissement a pour expression : $G = \frac{f_1}{f_2}$.

Les deux distances focales doivent être dans la même unité.

On obtient : $G = \frac{1{,}0}{0{,}020} = 50$.

www.annabac.com

CHAPITRE

2 Couleur et vision

L'œil est l'organe de la vision. Les yeux peuvent distinguer des variations infimes de forme, de couleur, de luminosité et de distance. Mais la vision ne se limite pas à l'œil. En effet, la fonction de l'œil est de capter la lumière et de transformer les informations reçues en influx nerveux, qui sont transmis au cerveau où ils sont traités. Les yeux et le cerveau sont donc indispensables à la vision.

1 Fonctionnement optique de l'œil

A Modélisation de l'œil

- Du point de vue optique, l'œil peut être considéré comme composé de trois parties :
• l'ensemble pupille-iris, qui joue le rôle de diaphragme (s'ouvre et se ferme en fonction de l'intensité lumineuse) ;
• le cristallin, qui joue le rôle d'une lentille convergente ;
• la rétine, qui joue le rôle d'un écran.

La distance lentille-écran reste fixe.

- Il peut être modélisé par l'œil réduit :

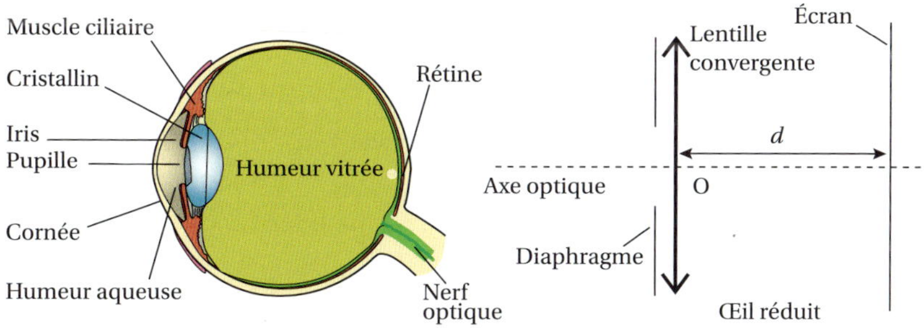

FIGURE 1 Correspondance entre l'œil et l'œil réduit

B Observation d'un objet éloigné

Lorsqu'un objet est très éloigné de l'œil (on parlera d'objet à l'infini), celui-ci n'a pas besoin de forcer pour l'observer : **l'œil est au repos**.
L'image se forme sur la rétine, qui est confondue avec le plan foyer image.

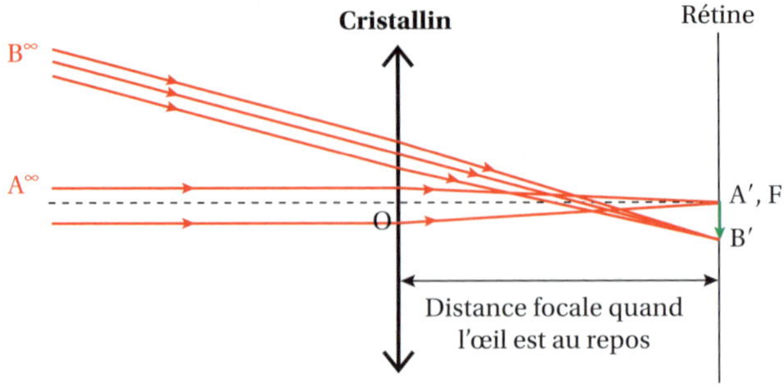

FIGURE 2 Formation de l'image d'un objet situé à l'infini

> La distance cristallin-rétine est égale à la distance focale du cristallin lorsque l'œil est au repos : $f = 1{,}7 \times 10^{-2}$ m.

C Observation d'un objet proche

- Si un œil au repos regarde un objet proche, l'image ne se formera pas sur la rétine et ne sera donc pas vue nettement.

Pour observer nettement un objet proche, l'œil doit modifier la distance focale (ou la vergence) du cristallin. Des muscles agissent sur la courbure du cristallin afin que l'image se forme sur la rétine : **l'œil accommode**.

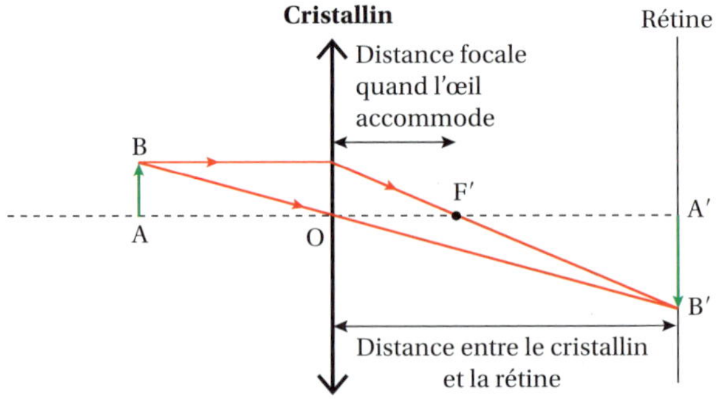

FIGURE 3 Formation de l'image d'un objet proche

Un œil normal doit accommoder pour voir nettement des objets proches, mais il a ses limites.

• Le **punctum proximum** est le point où se trouve l'objet le plus proche que l'on puisse voir nettement. Il est situé à 25 cm environ.

• Le **punctum remotum** est le point le plus éloigné où l'on verrait nettement un objet. Il est, en théorie, situé à l'infini.

2 Comparaison de l'appareil photographique et de l'œil

A Description d'un appareil photographique

L'appareil photographique est un système optique qui permet d'obtenir une image permanente d'un objet. Qu'il soit argentique (avec pellicule) ou numérique, le principe de formation de l'image est le même, c'est la façon dont l'image est mémorisée qui change d'un type d'appareil à l'autre.

Un appareil photographique est constitué d'un objectif, d'un diaphragme, d'un obturateur et d'une surface sensible (pellicule ou cellules photosensibles selon le type d'appareil considéré).

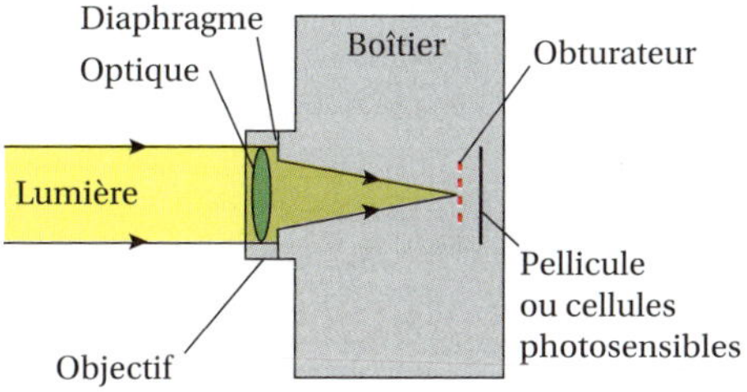

FIGURE 4 **Schéma simplifié d'un appareil photographique**

B Rôle des différents composants

L'**objectif** est une combinaison de plusieurs lentilles convergentes permettant de former l'image d'un objet.

Le **diaphragme** permet de régler la quantité de lumière arrivant sur la surface sensible en fonction de la luminosité ambiante.

L'**obturateur** empêche la lumière de pénétrer à l'intérieur de l'appareil, sauf au moment où la photographie est prise.

La **surface sensible** est une surface plane où se forme l'image.

C Fonctionnements comparés de l'œil et de l'appareil photographique

Œil	Appareil photographique	
	Argentique	Numérique
Paupière	Obturateur et cache	
Cristallin	Objectif	
Iris	Diaphragme	
Pupille	Ouverture	
Rétine	Pellicule	Cellules photosensibles
Accommodation (modification de la vergence du cristallin)	Mise au point (modification de la distance objectif-surface sensible)	
Images subjectives (conçues par le cerveau)	Images réelles	

L'appareil photographique est donc comme l'œil un système optique permettant d'obtenir une image nette d'un objet. Ces deux systèmes optiques ont des principes de fonctionnement similaires.

3 La couleur des objets

A Composition de la lumière blanche

- La lumière blanche émise par une source telle que le Soleil ou une lampe à incandescence, est constituée d'une infinité de radiations colorées.
Elle peut être décomposée en toutes ses composantes colorées par un prisme.

FIGURE 5 **Décomposition de la lumière blanche par un prisme**

- La figure obtenue sur l'écran correspond à l'ensemble des radiations visibles contenues dans la lumière blanche. Cette figure est appelée **spectre de la lumière blanche**.
- La lumière blanche est dite **polychromatique**, car elle est composée de plusieurs radiations colorées.

B Objet éclairé par différentes lumières colorées

- Lorsqu'un objet est éclairé, il peut diffuser tout ou partie des radiations lumineuses qu'il reçoit en fonction de sa couleur.
- La surface d'un objet absorbe une partie des radiations lumineuses qu'elle reçoit et diffuse les autres. Notre œil ne perçoit que les radiations diffusées. Ce sont les radiations diffusées par l'objet qui lui donne sa couleur.
- L'étoile des couleurs nous permet de déterminer les couleurs absorbées par un objet coloré, éclairé par une lumière blanche.

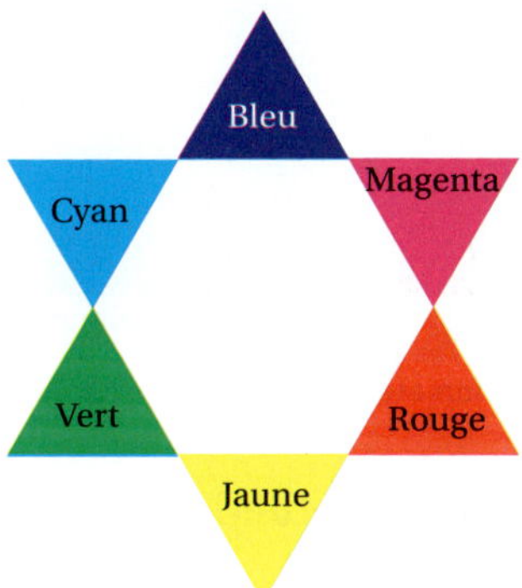

FIGURE 6 **Étoile des couleurs**

- Prenons l'exemple d'une tomate rouge, éclairée sous une lumière blanche (qui contient toutes les couleurs).
La tomate absorbe en intégralité toutes les couleurs qui sont face au rouge sur l'étoile des couleurs : vert, cyan et bleu.
Elle absorbe partiellement les couleurs qui sont placées de part et d'autre du rouge : jaune et magenta.
La tomate va donc diffuser le rouge, ainsi qu'un peu de jaune et de magenta : elle nous apparaît rouge.

La lumière émise est blanche

L'objet paraît rouge

FIGURE 7 Tomate éclairée par une lumière blanche

- Si nous éclairons cette même tomate rouge avec une lumière bleue, la tomate absorbe le bleu et ne diffuse aucune couleur car les couleurs jaune, rouge et magenta sont absentes de la lumière bleue. Elle nous apparaît donc noire.

La lumière émise est bleue

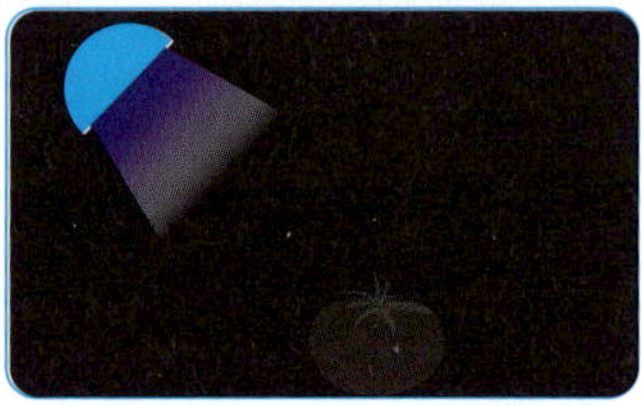

L'objet paraît noir

FIGURE 8 Tomate éclairée par une lumière bleue

La couleur perçue d'un objet dépend à la fois de l'objet considéré et de la lumière qui l'éclaire.

4 Synthèse des couleurs

A Synthèse additive des couleurs

- On parle de synthèse additive des couleurs quand on superpose plusieurs faisceaux lumineux colorés pour former une nouvelle couleur.

Les couleurs primaires sont le **rouge**, le **vert** et le **bleu** (RVB).

- La superposition de deux couleurs primaires donne la couleur complémentaire de la troisième.

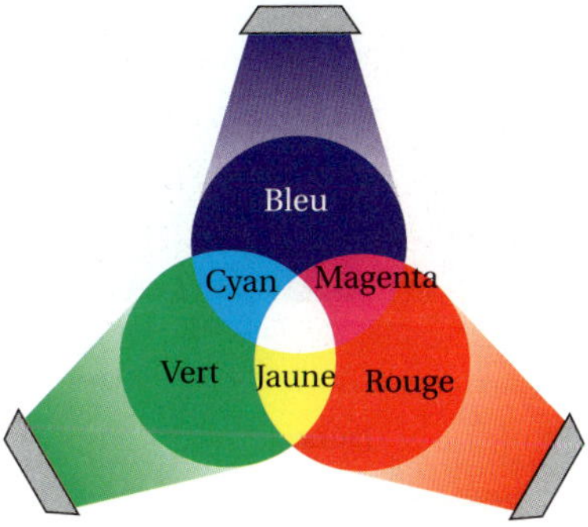

La superposition des trois couleurs primaires donne du blanc.
Le noir correspond à l'absence de couleur.

FIGURE 9 **Synthèse additive**

- La synthèse additive de couleurs est obtenue par la superposition de couleurs primaires.
- La synthèse additive concerne tous les mélanges de lumières colorées tels que les spots, la télévision, les appareils photo numériques, etc.

B Synthèse soustractive des couleurs

- Les couleurs primaires de la synthèse soustractive sont le **cyan**, le **magenta** et le **jaune** (CMJ).
- Un faisceau de lumière blanche traverse un filtre coloré (constitué d'un milieu transparent coloré). Le filtre absorbe sélectivement certaines couleurs et transmet les autres. À la sortie du filtre, on observe un faisceau de lumière ayant changé de couleur (figure 10).

Couleur du filtre	Couleur absorbée	Couleurs transmises
Cyan	Rouge	Bleu + Vert = Cyan
Magenta	Vert	Bleu + Rouge = Magenta
Jaune	Bleu	Rouge + Vert = Jaune

- La superposition de deux filtres permet la sélection d'une seule couleur (figure 10).

Couleurs des filtres	Couleur transmise
Cyan + Magenta	Bleu
Magenta + Jaune	Rouge
Jaune + Cyan	Vert

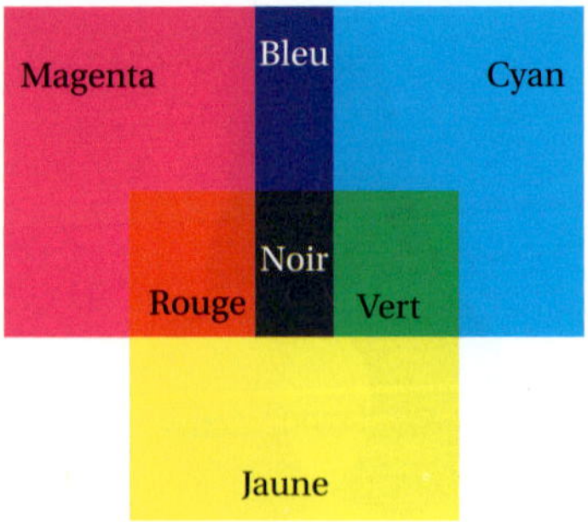

La superposition des trois filtres (cyan, magenta, jaune) donne du noir.

FIGURE 10 **Synthèse soustractive**

La synthèse soustractive concerne tous les mélanges de couleurs exploitant l'éclairement d'un support comme la peinture, les encres d'imprimerie ou d'imprimantes, mais aussi la superposition de filtres colorés sur une table lumineuse, la projection d'une diapositive sur un écran, etc.

5 Vision des couleurs par l'œil

A Le rôle des bâtonnets et des cônes

La lumière qui arrive sur la rétine est convertie en influx nerveux envoyé jusqu'au cerveau par le nerf optique. Le traitement de l'information reçue sous forme lumineuse se fait par l'intermédiaire de deux types de cellules photosensibles présentes en très grand nombre sur la rétine : les bâtonnets et les cônes.

• Les **bâtonnets** sont sensibles à la luminosité : ils permettent de faire la différence entre les zones d'obscurité et les zones lumineuses ; ce sont eux qui permettent la vision de nuit, en nuances de gris.

• Les **cônes** sont sensibles aux couleurs : c'est grâce à eux que nous pouvons distinguer les différentes couleurs des objets qui nous entourent. Il y a trois catégories de cônes : les cônes S sensibles au bleu, les cônes M sensibles au vert et les cônes L sensibles au rouge.

L'œil est uniquement sensible aux radiations dont les longueurs d'onde sont situées entre **400 et 800 nm** : cet intervalle correspond au **spectre visible**. Les cônes ne peuvent détecter les radiations dont les longueurs d'onde sont situées en dehors de cet intervalle.

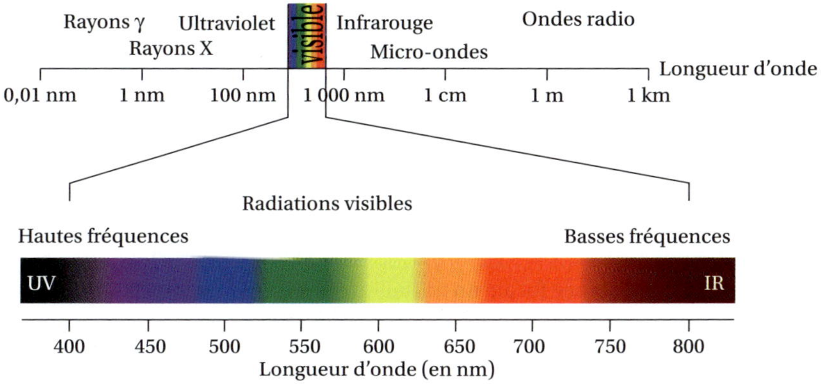

FIGURE 11 **Intervalle de longueurs d'onde visibles par l'œil**

B Le problème du daltonisme

- Tous les yeux ne perçoivent pas la couleur des objets de la même façon. Certaines personnes ont une anomalie génétique au niveau de la vision des couleurs. Il existe plusieurs sortes d'anomalies de l'œil concernant la perception des couleurs ; la plus courante est le daltonisme.

- Pour les personnes daltoniennes, les cellules photoréceptrices de la couleur ont en général subies une mutation qui ne leur permet pas de distinguer correctement le rouge du vert. Cela résulte d'une anomalie au niveau des cônes sensibles au vert.

L'illustration ci-dessous nous permet de rendre compte de la vision d'une personne daltonienne par rapport à la vision normale d'une personne.

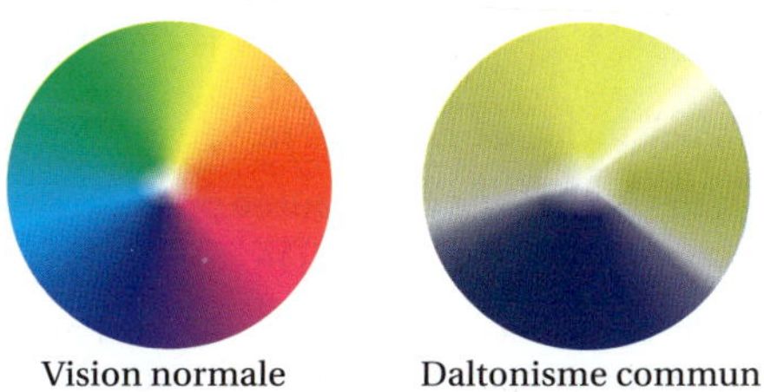

FIGURE 12 **Vision des couleurs par un œil normal et par un œil daltonien**

Utiliser la relation de conjugaison pour expliquer l'accommodation

ÉNONCÉ

Un œil normal au repos voit nettement un objet situé à 3,0 m. Il doit par contre accommoder pour voir nettement un objet situé à 50,0 cm.

Donnée : la rétine d'un œil normal se trouve à 17,0 mm du cristallin.

1 Déterminer la distance focale du cristallin lorsque l'œil est au repos.

2 Déterminer la distance focale du cristallin lorsque l'œil accommode.

MÉTHODE

1 et **2** ▶ Il faut utiliser la relation de conjugaison sans oublier de convertir toutes les longueurs en mètres.

▶ Pour qu'une image soit nette, il faut qu'elle se forme sur la rétine.

CORRIGÉ

1 On applique la relation de conjugaison des lentilles minces convergentes pour établir l'expression littérale de $\overline{OF'}$:

$$\frac{1}{\overline{OF'}} = \frac{1}{\overline{OA'}} - \frac{1}{\overline{OA}} \Leftrightarrow \frac{1}{\overline{OF'}} = \frac{\overline{OA} - \overline{OA'}}{\overline{OA'} \times \overline{OA}} \Leftrightarrow \overline{OF'} = \frac{\overline{OA'} \times \overline{OA}}{\overline{OA} - \overline{OA'}}$$

L'image se forme sur la rétine et nous connaissons la position de l'objet :
$\overline{OA'} = 1{,}70 \times 10^{-2}$ m et $\overline{OA} = -\,3{,}0$ m.

Application numérique : $\overline{OF'} = \dfrac{1{,}70 \times 10^{-2} \times (-\,3{,}0)}{(-\,3{,}0) - 1{,}70 \times 10^{-2}} = 1{,}7 \times 10^{-2}$ m.

Le cristallin a une distance focale de $1{,}7 \times 10^{-2}$ m.

2 On utilise l'expression littérale de $\overline{OF'}$ trouvée précédemment :

$$\overline{OF'} = \frac{\overline{OA'} \times \overline{OA}}{\overline{OA} - \overline{OA'}}$$

L'image se forme sur la rétine et nous connaissons la position de l'objet :
$\overline{OA'} = 1{,}70 \times 10^{-2}$ m et $\overline{OA} = -\,50{,}0 \times 10^{-2}$ m.

Application numérique : $\overline{OF'} = \dfrac{1{,}70 \times 10^{-2} \times (-\,50{,}0 \times 10^{-2})}{(-\,50{,}0 \times 10^{-2}) - 1{,}70 \times 10^{-2}} = 1{,}64 \times 10^{-2}$ m.

Le cristallin a une distance focale de $1{,}64 \times 10^{-2}$ m.

SE TESTER QUIZ

Dans le questionnaire à choix multiple (QCM) suivant, indiquer pour chaque proposition la (ou les) réponse(s) exacte(s).

1 Quelle partie de l'œil joue le rôle de lentille ?

- ☐ **a.** l'ensemble iris-pupille.
- ☐ **b.** le cristallin.
- ☐ **c.** la rétine.

2 La distance cristallin-rétine varie lorsque l'œil accommode.

- ☐ **a.** Vrai. ☐ **b.** Faux.

3 La lumière blanche est :

- ☐ **a.** constituée d'une infinité de radiations visibles.
- ☐ **b.** constituée de quelques radiations visibles.

4 La couleur d'un objet ne dépend pas du type de lumière qui l'éclaire

- ☐ **a.** Vrai. ☐ **b.** Faux.

5 En synthèse soustractive, la superposition de filtres cyan et jaune traversés par une lumière blanche, donne une lumière de couleur :

- ☐ **a.** vert. ☐ **b.** magenta. ☐ **c.** bleu.

6 Les cellules photoréceptrices de l'œil sensibles aux couleurs sont :

- ☐ **a.** les bâtonnets. ☐ **b.** les cônes.

7 Quelle est la couleur complémentaire du jaune ?

- ☐ **a.** Orange. ☐ **b.** Cyan.
- ☐ **c.** Vert. ☐ **d.** Bleu.

S'ENTRAÎNER

8 Composition de l'œil réduit

On peut modéliser l'œil réduit par le schéma suivant :

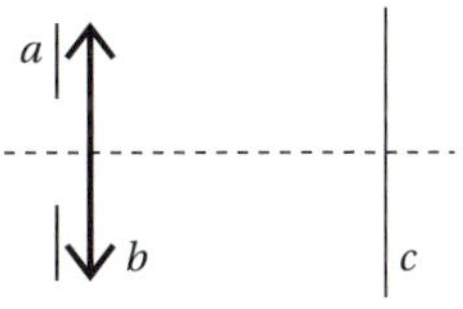

1. Indiquer le nom des éléments a, b et c utilisés pour réaliser la maquette de l'œil réduit.

2. Relier chaque élément aux constituants de l'œil : rétine, ensemble iris-pupille et cristallin.

9 Vergence du cristallin d'un œil normal lorsqu'il accommode

Pour voir nettement un objet situé à 1,00 m, un œil normal doit accommoder.

1. Rappeler ce que signifie « l'œil doit accommoder ».

2. Déterminer la distance focale du cristallin pour que l'objet soit observé nettement.

Distance cristallin-rétine : $d = 1{,}70 \times 10^{-2}$ m.

3. En déduire la vergence du cristallin.

Utiliser la relation de conjugaison.

10 Couleur d'un objet

On observe un objet jaune en lumière blanche.

1. Quelle(s) couleur(s) cet objet absorbe-t-il ? Quelle(s) couleur(s) diffuse-t-il ?

La couleur d'un objet est complémentaire de la couleur qu'il absorbe.
S'aider de l'étoile des couleurs (figure 6).
L'ensemble des couleurs absorbées et diffusées par un objet constitue la lumière reçue.

2. On éclaire à présent cet objet avec une lumière verte ; de quelle couleur va-t-il apparaître ?

3. On éclaire à présent cet objet avec une lumière bleue ; de quelle couleur va-t-il apparaître ?

11 Synthèse additive des couleurs

On dispose de trois projecteurs de lumières colorées (rouge, bleue et verte).
De quelle couleur serait :

1. un objet blanc, éclairé simultanément par tous les projecteurs ?

2. un objet blanc, éclairé simultanément par les projecteurs bleu et vert ?

La couleur d'un objet correspond à la superposition des couleurs qu'il diffuse.

3. un objet blanc, éclairé simultanément par les projecteurs bleu et rouge ?

4. un objet vert, éclairé simultanément par les projecteurs bleu et vert ?

5. un objet vert, éclairé simultanément par les projecteurs bleu et rouge ?

6. un objet noir, éclairé par le projecteur bleu ?

12 Synthèse soustractive des couleurs

On dispose d'une source de lumière blanche et de filtres colorés. On place un ou plusieurs des filtres sur le trajet du faisceau lumineux.
Indiquer dans chaque cas, la couleur du faisceau après le ou les filtres colorés :

1. un filtre cyan ;
2. un filtre cyan et un filtre jaune ;
3. un filtre rouge ;
4. un filtre rouge et un filtre vert ;
5. un filtre cyan et un filtre bleu.

> La couleur de la lumière après le(s) filtre(s) est la couleur initiale du faisceau moins la ou les couleur(s) absorbée(s) par l'obstacle.

OBJECTIF BAC

13 Fonctionnement d'un appareil photographique

Pour obtenir une image nette avec un appareil photo, il faut déplacer l'objectif par rapport à la pellicule qui est fixe : c'est la mise au point.
On dispose d'un appareil photo dont l'objectif est une lentille convergente de distance focale $f = 35{,}0$ mm.
On souhaite photographier avec cet appareil, une maison située à 300 m de l'appareil.

1. À quelle distance faut-il placer l'objectif de la pellicule pour avoir une image nette sur la pellicule ?

2. On souhaite à présent photographier une fleur située à 50,0 cm de l'appareil. Déterminer la distance objectif-pellicule après la mise au point.

3. Déduire des deux premières questions, comment varie la distance objectif-pellicule lorsque le sujet s'éloigne du photographe.

4. On change l'objectif de l'appareil photo.
Pour un vélo situé à 1,20 m de l'appareil, on obtient une image nette sur la pellicule pour une distance objectif-pellicule de 20,0 mm.
Déterminer la distance focale du nouvel objectif.

5. En déduire la vergence.

14 Éclairages pour un concert

Pour un concert, le chef éclairagiste dispose de spots de lumière blanche ainsi que de filtres de différentes couleurs (rouge, vert, bleu) pouvant être placés devant les spots. La scène sur laquelle se produit l'artiste est de couleur blanche.

1. Pour la première séquence, l'artiste a demandé au technicien d'éclairer la scène en rouge.

a. Comment le chef éclairagiste doit-il procéder ?

b. De quel type de synthèse des couleurs s'agit-il ?

c. La guitare de l'artiste est de couleur verte.
Quelle sera la couleur perçue de celle-ci sous un éclairage rouge ?

2. Pour la séquence suivante, le chanteur qui a un costume blanc, doit être perçu de couleur jaune, alors que la scène doit rester éclairée en rouge. L'éclairagiste doit alors ajouter un nouveau spot dirigé uniquement vers le chanteur.

a. De quelle couleur doit être le faisceau lumineux dirigé vers le chanteur ?

b. De quel type de synthèse des couleurs s'agit-il ?

c. Quelle sera la couleur perçue de la guitare verte sous ce nouvel éclairage ?

3. Pour la scène finale, le chef éclairagiste dirige des spots envoyant des lumières bleue et rouge sur la scène et pointe en plus un spot de lumière verte sur le chanteur.

a. Quelle sera la couleur perçue de la scène ?

b. Quelle sera la couleur perçue du costume du chanteur ?

SE TESTER

1 **Réponse b.** Le cristallin joue le rôle de lentille, l'ensemble iris-pupille celui de diaphragme et la rétine tient le rôle d'écran.

2 **Réponse b.** Faux : ce n'est pas la distance cristallin-rétine qui varie lorsque l'œil accommode mais la vergence du cristallin.

3 **Réponse a.** La lumière est constituée d'une infinité de radiations.

4 **Réponse b.** La couleur d'un objet est définie par les couleurs qu'il absorbe et par celles qu'il diffuse, mais également par la couleur de la lumière qu'il reçoit.

5 **Réponse a.** En synthèse soustractive, la superposition de filtres cyan et jaune traversés par une lumière blanche, donne une lumière verte.

6 **Réponse b.** Les cônes sont sensibles aux couleurs et les bâtonnets sont sensibles à la luminosité.

7 **Réponse d.** La couleur complémentaire du jaune est le bleu.

S'ENTRAÎNER

8 Composition de l'œil réduit

1. L'œil réduit est constitué de trois parties : un diaphragme (a), une lentille convergente (b), un écran (c).
2. Le cristallin joue le rôle de lentille, l'ensemble iris-pupille celui de diaphragme et la rétine tient le rôle d'écran.

9 Vergence du cristallin d'un œil normal lorsqu'il accommode

1. « L'œil doit accommoder » signifie que pour voir nettement l'objet, des muscles de l'œil vont modifier la courbure du cristallin pour en modifier la vergence.
2. On applique la relation de conjugaison des lentilles minces convergentes pour établir l'expression littérale de $\overline{OF'}$:

$$\frac{1}{\overline{OF'}} = \frac{1}{\overline{OA'}} - \frac{1}{\overline{OA}} \Leftrightarrow \frac{1}{\overline{OF'}} = \frac{\overline{OA} - \overline{OA'}}{\overline{OA'} \times \overline{OA}} \Leftrightarrow \overline{OF'} = \frac{\overline{OA'} \times \overline{OA}}{\overline{OA} - \overline{OA'}}$$

On sait que l'image se forme sur la rétine donc $\overline{OA'} = f = 1{,}7 \times 10^{-2}$ m et la position algébrique de l'objet est $\overline{OA} = -1{,}00$ m.

Application numérique : $\overline{OF'} = \dfrac{1{,}70 \times 10^{-2} \times (-1{,}00)}{(-1{,}00) - 1{,}70 \times 10^{-2}} = 1{,}67 \times 10^{-2}$ m.

Le cristallin a une distance focale de $1{,}67 \times 10^{-2}$ m.

3. La vergence a pour formule $C = \frac{1}{f}$.

Application numérique : $C = \frac{1}{1{,}67 \times 10^{-2}} = 59{,}9\ \delta$.

La lentille a une vergence de 59,9 δ.

10 Couleur d'un objet

1. L'objet est vu jaune : il absorbe sa couleur complémentaire qui est le bleu et diffuse toutes les autres couleurs de la lumière blanche.
L'addition de toutes les radiations non absorbées par l'objet donne une couleur jaune.

2. L'objet diffuse toutes les couleurs sauf le bleu ; étant éclairé par une lumière verte : il apparaît vert.

3. L'objet diffuse toutes les couleurs sauf le bleu ; étant éclairé par une lumière bleue, il apparaît noir car il ne diffuse aucune lumière.

11 Synthèse additive des couleurs

1. Un objet blanc n'absorbe aucune couleur mais les diffuse toutes.
La superposition de lumières rouge, bleue et verte produit de la lumière blanche.
Éclairé par les trois projecteurs, l'objet apparaîtra blanc.

2. Un objet blanc n'absorbe aucune couleur mais les diffuse toutes.
La superposition de lumières bleue et verte produit de la lumière cyan.
Éclairé par les deux projecteurs, l'objet apparaîtra cyan.

3. Un objet blanc n'absorbe aucune couleur mais les diffuse toutes.
La superposition de lumières rouge et bleue produit de la lumière magenta.
Éclairé par les deux projecteurs, l'objet apparaîtra magenta.

4. Un objet vert diffuse toutes les couleurs sauf le magenta qu'il absorbe.
La superposition de lumières bleue et verte produit de la lumière cyan.
Éclairé par les deux projecteurs, l'objet apparaîtra cyan, car il va diffuser toute la lumière qu'il reçoit.

5. Un objet vert diffuse toutes les couleurs sauf le magenta qu'il absorbe.
La superposition de lumières bleue et rouge produit de la lumière magenta.
Éclairé par les deux projecteurs, l'objet apparaîtra noir, car il va absorber toute la lumière reçue et ne diffusera aucune couleur.

6. Un objet noir absorbe toutes les couleurs.
Éclairé par une lumière bleue, l'objet apparaîtra noir, car il absorbe toutes les couleurs y compris le bleu.

12 Synthèse soustractive des couleurs

1. Le filtre cyan transmet la couleur cyan (c'est-à-dire du bleu et du vert). Après un filtre cyan, le faisceau lumineux sera cyan.

2. Le filtre cyan transmet la couleur cyan (c'est-à-dire du bleu et du vert). Après un filtre cyan, le faisceau lumineux sera cyan. Le filtre jaune transmet le jaune (c'est-à-dire du vert et du rouge) et absorbe les autres couleurs.
Le faisceau lumineux arrivant sur ce filtre contient du bleu et du vert, donc seul le vert est transmis. À la sortie des deux filtres, le faisceau lumineux sera vert.

3. Le filtre rouge transmet la couleur rouge, donc après un filtre rouge le faisceau lumineux sera rouge.

4. Le filtre rouge transmet la couleur rouge, donc après un filtre rouge le faisceau lumineux sera constitué de rouge. Le filtre vert transmet uniquement la couleur verte et absorbe les autres couleurs. Le faisceau lumineux arrivant sur ce filtre étant rouge, il ne contient pas de vert. À la sortie des deux filtres, il n'y aura pas de faisceau lumineux : toute la lumière aura été absorbée par les deux filtres.

5. Le filtre cyan transmet la couleur cyan (c'est-à-dire du bleu et du vert), après un filtre cyan le faisceau lumineux sera cyan. Le filtre bleu transmet uniquement la couleur bleue. Le faisceau lumineux arrivant sur ce filtre contient du bleu et du vert. À la sortie des deux filtres, le faisceau lumineux sera bleu.

OBJECTIF BAC

13 Fonctionnement d'un appareil photographique

1. On applique la relation de conjugaison des lentilles minces convergentes :

$$\frac{1}{\overline{OA'}} - \frac{1}{\overline{OA}} = \frac{1}{\overline{OF'}} \Leftrightarrow \overline{OA'} = \frac{\overline{OF'} \times \overline{OA}}{\overline{OF'} + \overline{OA}}$$

On a $\overline{OA} = -300$ m et $\overline{OF'} = 35{,}0$ mm $= 35{,}0 \times 10^{-3}$ m.

Application numérique : $\overline{OA'} = \dfrac{35{,}0 \times 10^{-3} \times (-300)}{[35{,}0 \times 10^{-3} + (-300)]} = 35{,}0 \times 10^{-3}$ m.

2. On applique la relation de conjugaison des lentilles minces convergentes :

$$\frac{1}{\overline{OA'}} - \frac{1}{\overline{OA}} = \frac{1}{\overline{OF'}} \Leftrightarrow \overline{OA'} = \frac{\overline{OF'} \times \overline{OA}}{\overline{OF'} + \overline{OA}}$$

On a $\overline{OA} = -50{,}0$ cm $= -50{,}0 \times 10^{-2}$ m et $\overline{OF'} = 35{,}0$ mm $= 35{,}0 \times 10^{-3}$ m.

Application numérique : $\overline{OA'} = \dfrac{35{,}0 \times 10^{-3} \times (-50{,}0 \times 10^{-2})}{[35{,}0 \times 10^{-3} + (-50{,}0 \times 10^{-2})]} = 37{,}6 \times 10^{-3}$ m.

3. Plus l'objet est proche de l'appareil photo, plus l'objectif est éloigné de la pellicule.

4. On applique la relation de conjugaison des lentilles minces convergentes :

$$\frac{1}{\overline{OF'}} = \frac{1}{\overline{OA'}} - \frac{1}{\overline{OA}} \Leftrightarrow \frac{1}{\overline{OF'}} = \frac{\overline{OA} - \overline{OA'}}{\overline{OA'} \times \overline{OA}} \Leftrightarrow \overline{OF'} = \frac{\overline{OA'} \times \overline{OA}}{\overline{OA} - \overline{OA'}}$$

Les valeurs numériques sont $\overline{OA'} = 20{,}0 \times 10^{-3}$ m et $\overline{OA} = -1{,}20$ m.

Application numérique : $\overline{OF'} = \dfrac{20{,}0 \times 10^{-3} \times (-1{,}20)}{(-1{,}20) - 20{,}0 \times 10^{-3}} = 19{,}7 \times 10^{-3}$ m.

La distance focale du nouvel objectif est de $19{,}7 \times 10^{-3}$ m.

5. La vergence a pour formule $C = \dfrac{1}{f}$.

Application numérique : $C = \dfrac{1}{19{,}7 \times 10^{-3}} = 50{,}8$ δ. La lentille a une vergence de 50,8 δ.

14 Éclairages pour un concert

1. a. Pour éclairer la scène en rouge à partir de projecteurs de lumière blanche, le chef éclairagiste doit placer un filtre rouge devant chaque projecteur, ainsi la lumière transmise par le filtre sera rouge, les autres radiations colorées étant absorbées.

b. Il s'agit d'une synthèse soustractive.

c. La guitare verte absorbe la lumière rouge.

En conséquence, elle ne diffusera aucune lumière et apparaîtra noire.

2. a. Pour éclairer le chanteur en jaune en utilisant déjà le projecteur de lumière rouge, le chef éclairagiste doit projeter sur le chanteur une lumière verte.

La superposition des deux faisceaux lumineux donnera une lumière jaune sur le costume de l'artiste.

b. Il s'agit d'une synthèse additive.

c. La guitare verte absorbera la lumière rouge et diffusera la lumière verte : elle apparaîtra verte.

3. a. La superposition des lumières rouge et bleue sur la scène donnera une couleur magenta.

b. La superposition des lumières rouge, bleue et verte sur le costume donnera une couleur blanche.

www.annabac.com

CHAPITRE

3 La production de la lumière

Nous vivons dans un monde baigné de lumière. La lumière que nous percevons provient de sources diverses : Soleil, lampes, objets éclairés... Dans quelles conditions une lumière peut-elle être émise par une source ? Quels renseignements peut nous apporter son analyse ?

1 La nature ondulatoire de la lumière

- La lumière est composée de radiations lumineuses qui font partie des ondes électromagnétiques.

- Une onde électromagnétique est un phénomène périodique dans le temps et dans l'espace. Elle est caractérisée par deux grandeurs :

• sa **période T**, exprimée **en secondes** : durée entre deux pics successifs de l'onde ;

• sa **longueur d'onde λ**, exprimée **en mètres** : longueur séparant deux pics d'onde successifs.

RELATION ENTRE FRÉQUENCE ET PÉRIODE

La fréquence υ est égale au nombre de périodes contenues dans une seconde :

$$\upsilon = \frac{1}{T}$$

υ en hertz (Hz) ;
T en secondes (s).

- Il existe différentes sortes d'ondes électromagnétiques, que l'on peut classer en fonction de leurs longueurs d'onde ou de leurs fréquences.

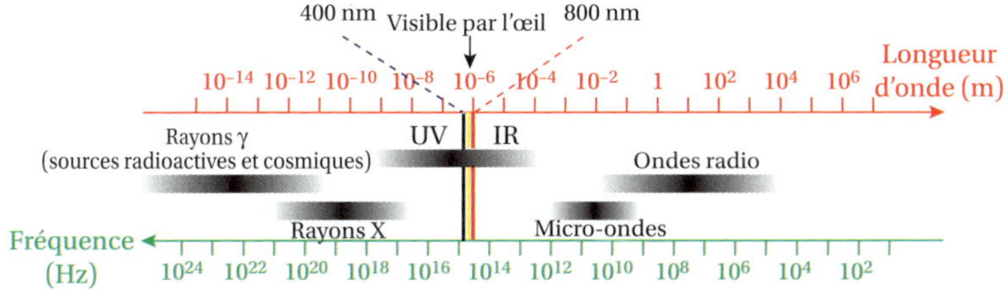

FIGURE 1 Les différentes catégories d'ondes électromagnétiques

Une onde électromagnétique du domaine visible, caractérisée par une longueur d'onde comprise entre 400 et 800 nanomètres dans le vide, est appelée radiation lumineuse.

2 Les sources de lumière

Il existe deux sortes de sources de lumière : les sources primaires et les sources secondaires.

• Les **sources primaires** produisent de la lumière par elles-mêmes en convertissant de l'énergie (chimique pour les bougies, électrique pour les lampes, nucléaire pour les étoiles) en énergie lumineuse.

• Les **sources secondaires** sont des objets éclairés, qui renvoient dans toutes les directions une partie de la lumière qu'ils reçoivent (la Lune, les planètes, les objets qui nous entourent).

Spectre de la lumière émise par une source

Un prisme permet de réaliser la décomposition de la lumière. Lors de la traversée du prisme, la lumière va être déviée par réfraction.
Chaque radiation lumineuse constituant la lumière sera déviée différemment selon sa longueur d'onde, ce qui permet d'obtenir le spectre de cette lumière.

FIGURE 2 **Décomposition de la lumière blanche par un prisme**

En fonction de la source lumineuse, le spectre d'émission obtenu va varier :

• pour un corps solide ou liquide chauffé (le filament d'une lampe par exemple), on obtient un **spectre continu** : toutes les radiations d'un intervalle de longueurs d'onde sont présentes (figure 3) ;

• pour un corps gazeux porté à haute température (une lampe à vapeur de mercure par exemple), on obtient un **spectre de raies** : seules quelques radiations sont présentes (figure 4).

Les raies d'émission sont caractéristiques des éléments chimiques présents dans le gaz.

FIGURE 3 **Spectre de la lumière émise par une lampe à incandescence**

FIGURE 4 **Spectre de la lumière émise par une lampe à vapeur de mercure**

- Si le spectre obtenu est constitué de **plusieurs radiations lumineuses**, il s'agit d'une lumière **polychromatique** (figures 3 et 4).
- Si la lumière n'est constituée que d'**une seule radiation lumineuse**, il s'agit d'une lumière **monochromatique** (figure 5).

FIGURE 5 **Spectre de la lumière émise par un laser**

3 La couleur des corps chauffés

- Lorsqu'on chauffe un corps, il reçoit de l'énergie qu'il va restituer en émettant des ondes électromagnétiques dont la fréquence augmente avec la température. Si on augmente suffisamment la température d'un objet, certains des rayonnements électromagnétiques qu'il émet deviennent visibles.
- En fonction de l'énergie qu'il reçoit, et donc de sa température, un corps va émettre une lumière de couleur différente.
- Les premières radiations visibles seront rouges. En augmentant la température, la lumière va devenir orangée puis jaune, jusqu'à l'obtention d'une lumière blanche (superposition de toutes les couleurs visibles).
- Plus un corps est chauffé, plus le spectre des radiations lumineuses qu'il émet s'enrichit de radiations vers le bleu.

À faible température, la lumière émise par la lampe est orange.

À forte température, la lumière émise par la lampe est blanche.

FIGURE 6 **Spectre de la lumière émise par une lampe à incandescence à deux températures différentes**

■ Comme nous le montre la figure 7, un corps chaud va émettre des radiations dont le maximum d'intensité et sa couleur vont varier en fonction de la température :

• un corps à 2 500 K a son maximum d'intensité dans l'infrarouge : il émet une lumière orange ;

• un corps à 5 800 K a son maximum d'intensité dans le vert : il émet une lumière jaune clair.

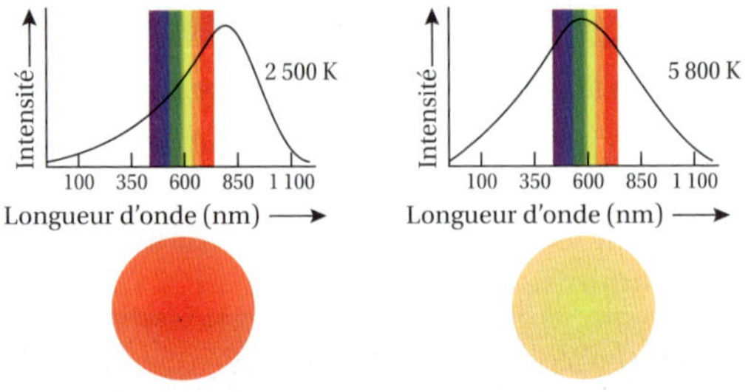

FIGURE 7 Variation du maximum d'émission et de la couleur d'un corps chaud en fonction de sa température

La couleur émise par un corps chaud correspond à la superposition de l'ensemble des longueurs d'onde et non uniquement à la couleur du maximum d'intensité.

■ La **loi de Wien** permet de connaître la température d'un corps à partir de la longueur d'onde de la radiation correspondant à son maximum d'émission.

$$T = \frac{2{,}898 \times 10^{-3}}{\lambda_{max}}$$

λ_{max} en mètres (m) ;
T en kelvins (K).

CONVERTIR UNE TEMPÉRATURE

La température peut être exprimée en kelvins ou en degrés Celsius :

$$T = \theta + 273{,}15$$

avec T en kelvins (K) et θ en degrés Celsius (°C).

4 Les spectres d'absorption

■ Un corps gazeux traversé par une lumière blanche absorbe, de manière sélective, des radiations lumineuses. Ces radiations dépendent de la composition chimique du gaz.

- Le spectre de la lumière ayant traversé ce gaz est appelé spectre d'absorption : c'est un spectre de raies d'absorption.
Les raies noires représentent les radiations absorbées. Elles sont caractéristiques des éléments chimiques présents dans le gaz.

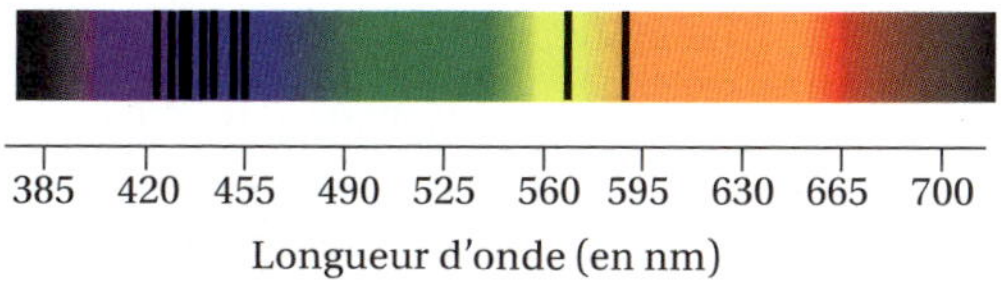

FIGURE 8 Spectre d'absorption du sodium

- Le spectre d'absorption et le spectre d'émission d'un même élément chimique sont complémentaires (figures 8 et 9). Les raies d'absorption et d'émission d'une même espèce chimique ont la même longueur d'onde : **un atome d'un élément chimique absorbe les radiations qu'il est capable d'émettre.**

FIGURE 9 Spectre d'émission du sodium

- L'étude des spectres de la lumière émise par les étoiles nous permet de connaître la composition de leur atmosphère.
- **Exemple du Soleil**

La température de surface du Soleil est à environ 6 000 K. La surface émet donc, d'après la figure 7, une lumière blanche.
Cette lumière traverse l'atmosphère du Soleil qui contient de nombreux éléments chimiques. Les atomes de chaque élément chimique absorbent une ou plusieurs radiations de la lumière émise par le Soleil de manière sélective.

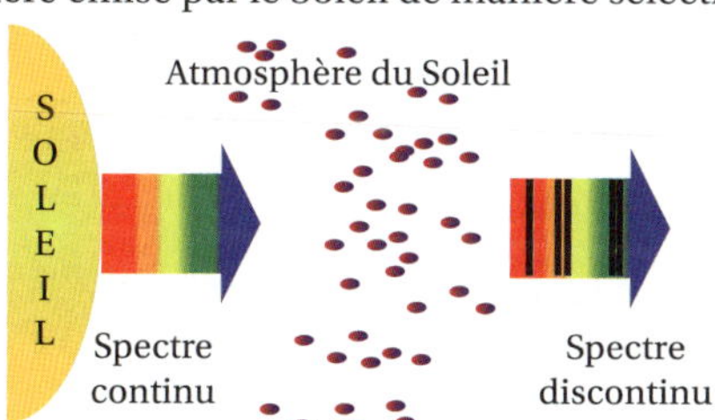

FIGURE 10 Absorption de la lumière du Soleil par son atmosphère

Le spectre de la lumière que nous recevons du Soleil est un spectre d'absorption. En comparant le spectre d'absorption de la lumière solaire aux spectres d'émission des atomes des éléments chimiques connus, on peut déterminer les éléments chimiques présents dans l'atmosphère solaire.

Déterminer la couleur d'un corps chaud à partir de son maximum d'intensité

ÉNONCÉ

Pollux est l'étoile la plus brillante de la constellation des Gémeaux. Elle émet une couleur orangée.
L'étude de son rayonnement nous a permis de déterminer la longueur d'onde de la radiation la plus intense de son spectre : $\lambda_{max} = 640$ nm.

1 À partir de sa couleur, déterminer si Pollux a une température de surface supérieure ou inférieure à celle du Soleil.

2 Déterminer la température de surface de Pollux.

MÉTHODE

1 ▶ Plus un corps est chaud, plus son spectre s'enrichit en radiations de faibles longueurs d'onde (radiations bleues).

2 ▶ Il faut appliquer la loi de Wien.

▶ Ne pas oublier de convertir la longueur d'onde en mètres.

La surface du Soleil a une température de 6 000 K et une couleur jaune.

CORRIGÉ

1 Lorsqu'on chauffe un corps, sa couleur varie avec la température : il commence par être rouge, puis orange, puis blanc.
Le Soleil est jaune alors que Pollux est orange : $T_{Pollux} < T_{Soleil}$.

2 On applique la loi de Wien :

$$T = \frac{2{,}898 \times 10^{-3}}{\lambda_{max}}$$

Application numérique :

$\lambda_{max} = 640 \text{ nm} = 640 \times 10^{-9}$ m.

$T = \dfrac{2{,}898 \times 10^{-3}}{640 \times 10^{-9}} = 4{,}53 \times 10^{3}$ K.

La température de surface de Pollux est égale à $4{,}53 \times 10^{3}$ K.

Déterminer la longueur d'onde d'une raie d'émission

ÉNONCÉ

L'hydrogène émet une lumière dont le spectre est constitué de quatre raies dans le visible :

À l'aide du spectre fourni, déterminer les longueurs d'onde des raies émises par l'hydrogène. Exprimer les résultats au nanomètre près.

MÉTHODE

- Il faut mesurer les positions relatives des raies pour déterminer leurs positions.
- Déterminer l'échelle utilisée.

CORRIGÉ

Positions relatives des raies par rapport à la graduation 400 nm :

Raie	Hδ	Hγ	Hβ	Hα
Position relative (cm)	0,6	1,3	2,5	6,0

Détermination de l'échelle :

Longueur mesurée sur le spectre entre la graduation 400 et 700 (nm)	7,0
Différence de longueur d'onde (nm)	300

x 43

Échelle
1 cm
43 nm

x 43

On en déduit que 1 centimètre sur le document représente 43 nanomètres.
Détermination de la différence de longueur d'onde par rapport à 400 nm :

Raie	Hδ	Hγ	Hβ	Hα
Position relative (cm)	0,6	1,3	2,5	6,0
Différence de longueur d'onde (nm)	**26**	**53**	**108**	**246**

x 43

Détermination de la longueur d'onde de chaque raie : $\lambda_{H\delta} = 400 + 26 = 426$ nm ; $\lambda_{H\gamma} = 400 + 53 = 453$ nm ; $\lambda_{H\beta} = 400 + 108 = 508$ nm ; $\lambda_{H\alpha} = 400 + 246 = 646$ nm.

SE TESTER QUIZ

Dans le questionnaire à choix multiple (QCM) suivant, indiquer pour chaque proposition la (ou les) réponse(s) exacte(s).

1 Quelle relation correspondant à la loi de Wien est correcte ?

- ☐ **a.** $2{,}898 \times 10^{-3} = \dfrac{T}{\lambda_{max}}$
- ☐ **b.** $2{,}898 \times 10^{-3} = \lambda_{max} \times T$
- ☐ **c.** $2{,}898 \times 10^{-3} = \dfrac{\lambda_{max}}{T}$

2 Les radiations lumineuses ont des longueurs d'onde comprises dans l'intervalle :

- ☐ **a.** [400 m ; 800 m].
- ☐ **b.** [300 nm ; 900 nm].
- ☐ **c.** [400 nm ; 800 nm].

3 Une lumière constituée d'une seule radiation lumineuse est :

- ☐ **a.** monochromatique.
- ☐ **b.** polychromatique.

4 Choisir dans la liste ci-dessous la ou les sources primaires :

- ☐ **a.** étoile.
- ☐ **b.** Lune.
- ☐ **c.** lampe de chevet.
- ☐ **d.** miroir.

5 Plus la température d'un objet est grande, plus le spectre de la lumière qu'il émet s'enrichit en radiations rouges.

- ☐ **a.** Vrai.
- ☐ **b.** Faux.

S'ENTRAÎNER

6 Unités de température

Convertir les températures suivantes :

1. $T = 600$ K $\Leftrightarrow \theta = ...$ °C
2. $\theta = 8\,426{,}7$ °C $\Leftrightarrow T = ...$ K

7 Raies d'absorption de la lumière traversant un gaz

On fait passer un faisceau de lumière blanche à travers un gaz contenant une entité chimique.
Une partie du spectre d'absorption obtenue est représentée ci-dessous :

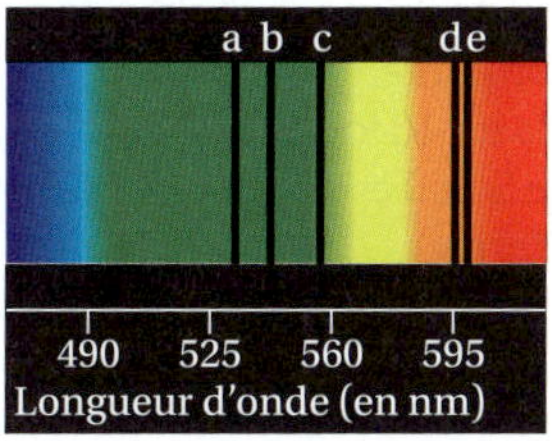

Mesurer les positions relatives des raies pour déterminer leurs positions. Déterminer l'échelle utilisée.

Déterminer la longueur d'onde des radiations absorbées, visibles sur le spectre.

8 Température et couleur

1. Un boulet de charbon émet une lumière presque blanche. Que peut-on déduire de cette information ?

2. On retire ce boulet de charbon du feu.
Après quelques instants, il devient rouge clair, puis rouge foncé.
Comment peut-on interpréter cette observation ?

3. On réalise le spectre de la lumière émise par le boulet de charbon quand il est blanc, rouge clair puis rouge foncé, on obtient les spectres suivants :

(a)

(b)

(c)

Indiquer à quelle couleur du boulet de charbon correspond chaque spectre.

OBJECTIF BAC

9 Étude de la lumière provenant de Véga

Véga est la plus grosse étoile de la constellation de la Lyre. Elle est la cinquième plus brillante étoile du ciel, visible à l'œil nu dans la nuit d'été. Elle est 16 fois plus volumineuse et 37 fois plus lumineuse que le Soleil et se situe à une distance de 25 années-lumière de la Terre.

Véga émet une lumière bleue, sa température de surface est de 5 300 K.

Le spectre de la lumière émise par Vega ayant traversé son atmosphère est le suivant :

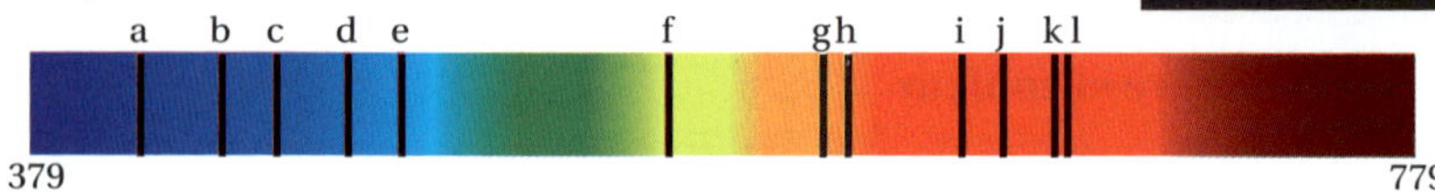

1. Déterminer la longueur d'onde de la radiation la plus intense émise par Véga.

2. À quel domaine de radiations appartient-elle ?

3. Le tableau ci-dessous nous indique les longueurs d'onde des radiations absorbées par des atomes appartenant à divers éléments chimiques.

Élément	Longueurs d'onde des raies absorbées (nm)						
Hydrogène	412	433	487	654			
Argon	448	470	566	603	642	668	
Lithium	610	671					
Mercure	405	429	545	577	578	579	621
Titane	464	465	466	467	498		

a. Déterminer les longueurs d'onde des raies numérotées a, b, c, d et e.
b. Déterminer deux des éléments chimiques présents dans l'atmosphère de Véga.

10 La couleur de Capella

Capella est une étoile de la constellation du Cocher située à 42,2 années de lumière de la Terre. Sa température de surface est de 4 997°C.

1. Déterminer la température de surface de cette étoile en kelvin.

2. En déduire la longueur d'onde de la radiation correspondant à son maximum d'émission.

3. À quel domaine appartient cette radiation ?

4. On dispose des profils spectraux de trois étoiles de couleurs différentes (jaune, bleue et rouge). Quel profil spectral est celui de Capella ?

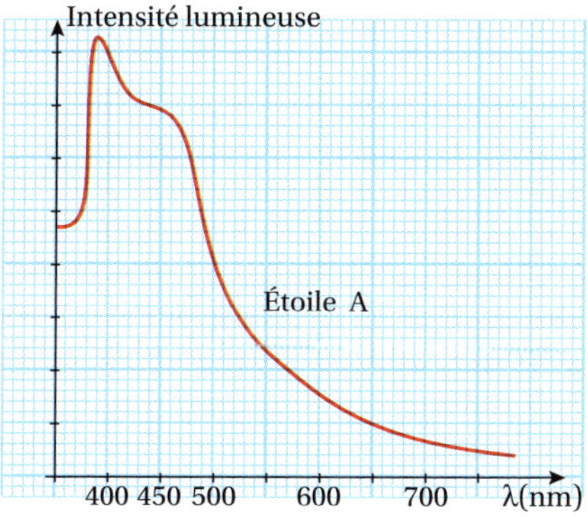

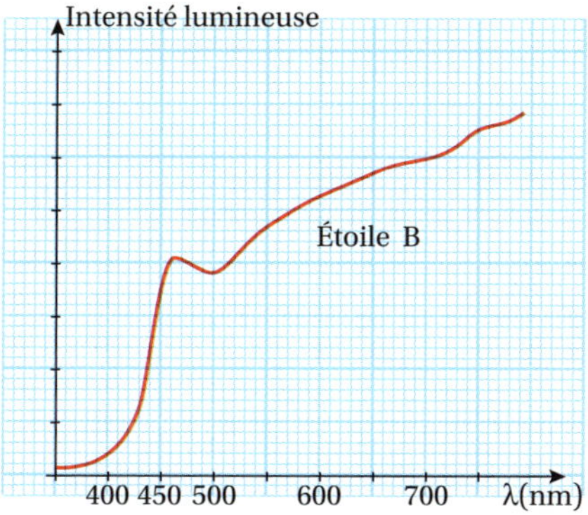

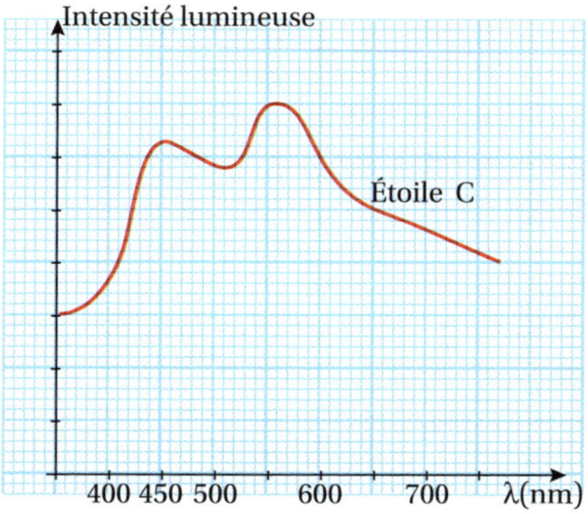

5. De quelle couleur nous apparait Capella ?

SE TESTER

1 **Réponse b.** $2,898 \times 10^{-3} = \lambda_{max} \times T$.

2 **Réponse c.** [400 nm ; 800 nm].

3 **Réponse a.** Une lumière constituée d'une seule radiation lumineuse est monochromatique.

4 **Réponses a et c.** La lampe et l'étoile sont des sources de lumière primaires.

5 **Réponse b.** Faux : le spectre de la lumière émis par une source dont la température augmente s'enrichit en radiations bleues.

S'ENTRAÎNER

6 Unités de température

1. $T = 600$ K. Soit $\theta = T - 273{,}15 = 600 - 273{,}15 = 327$ °C.
2. $\theta = 8\,426{,}7$ °C. Soit $T = \theta + 273{,}15 = 8\,699{,}9$ K.

7 Raies d'absorption de la lumière traversant un gaz

Positions relatives des raies par rapport à la graduation 490 nm :

Raie	a	b	c	d	e
Position relative (cm)	1,0	1,3	1,5	2,4	2,5

Détermination de l'échelle :

Longueur sur le spectre entre la graduation 490 et 595 (cm)	2,4
Différence de longueur d'onde (nm)	105

x 44

Échelle
1 cm
44 nm

x 44

On en déduit que 1 centimètre sur le document représente 44 nanomètres.
Détermination de la différence de longueur d'onde par rapport à 490 nm :

Raie	a	b	c	d	e
Position relative (cm)	1,0	1,3	1,5	2,4	2,5
Différence de longueur d'onde (nm)	44	55	66	106	110

x 44

Détermination de la longueur d'onde de chaque raie :
$\lambda_a = 490 + 44 = 534$ nm ; $\lambda_b = 490 + 55 = 545$ nm ; $\lambda_c = 490 + 66 = 556$ nm ; $\lambda_d = 490 + 106 = 596$ nm ; $\lambda_e = 490 + 110 = 600$ nm.

8 Température et couleur

1. Si le boulet émet une lumière blanche, on peut en déduire qu'il a une température élevée.

2. La couleur du boulet change car sa température diminue : plus la température baisse, plus le spectre s'appauvrit en radiations bleues puis vertes. La lumière émise est donc de plus en plus rouge.

3. Le spectre (b) contient toutes les radiations de la lumière blanche : le boulet est blanc. Le spectre (a) correspond au boulet lorsqu'il est rouge clair : sa température a diminué, il a perdu des radiations bleues. Le spectre (c) correspond au boulet quand il est rouge foncé : le spectre de la lumière qu'il émet contient surtout du rouge.

OBJECTIF BAC

9 Étude de la lumière provenant de Véga

1. On applique la loi de Wien : $T = \frac{2,898 \times 10^{-3}}{\lambda_{max}} \Leftrightarrow \lambda_{max} = \frac{2,898 \times 10^{-3}}{T}$.

Application numérique : $T = 5\,300$ K d'où $\lambda_{max} = \frac{2,898 \times 10^{-3}}{5\,300} = 5,47 \times 10^{-7}$ m $= 547$ mn.

2. La longueur d'onde est comprise dans l'intervalle [400 nm ; 800 nm], il s'agit donc d'une radiation appartenant au domaine visible.

3. a. Positions relatives des raies par rapport à la graduation 379 nm :

Raie	a	b	c	d	e
Position relative (cm)	0 ,8	1,4	1,8	2,3	2,7

Détermination de l'échelle:

Longueur sur le spectre entre la graduation 379 et 779 (cm)	10,1
Différence de longueur d'onde (nm)	400

x 39,6

Échelle
1 cm
39,6 nm

x 39,6

On en déduit que 1 centimètre sur le document représente 39,6 nanomètres.
Détermination de la différence de longueur d'onde par rapport à 379 nm :

Raie	a	b	c	d	e
Position relative (cm)	0,8	1,4	1,8	2,3	2,7
Différence de longueur d'onde (nm)	32	55	71	91	107

x 39,6

Détermination de la longueur d'onde de chaque raie :
$\lambda_a = 379 + 32 = 411$ nm ; $\lambda_b = 379 + 55 = 434$ nm ; $\lambda_c = 379 + 71 = 450$ nm ; $\lambda_d = 379 + 91 = 470$ nm ; $\lambda_e = 379 + 107 = 486$ nm.

b. On peut identifier la présence des éléments hydrogène et argon dans l'atmosphère de Véga.
Hydrogène : $\lambda_a = 411$ nm ; $\lambda_b = 434$ nm ; $\lambda_e = 486$ nm.
Argon : $\lambda_c = 450$ nm ; $\lambda_d = 470$ nm.

10 La couleur de Capella

1. On applique la formule $T = \theta + 273{,}15$.
Application numérique : $T = 5\,270$ K.

2. On applique la loi de Wien :

$$T = \frac{2{,}898 \times 10^{-3}}{\lambda_{max}} \Leftrightarrow \lambda_{max} = \frac{2{,}898 \times 10^{-3}}{T}.$$

Application numérique :

$$\lambda_{max} = \frac{2{,}898 \times 10^{-3}}{5\,270} = 5\,499 \times 10^{-7} \text{ m.}$$

$$\lambda_{max} = 549{,}9 \text{ nm}$$

3. La longueur d'onde est comprise dans le domaine [400 nm ; 800 nm], il s'agit donc d'une radiation appartenant au domaine visible.

4. Le profil spectral de Capella est celui de l'étoile C, car celle-ci a son maximum d'émission pour une longueur d'onde proche de 550 nm.

5. L'étoile A a son maximum d'émission dans l'ultraviolet et nous apparait donc bleue tandis que l'étoile B a son maximum d'émission dans l'infrarouge et nous apparait donc rouge.
Capella (étoile C) a son maximum d'émission dans le visible et nous apparait donc jaune.

www.annabac.com

CHAPITRE

4 L'interaction entre la lumière et la matière

À la fin du XIXe siècle, de nombreux physiciens considéraient que l'édifice de la physique était achevé, notamment Lord Kelvin, le « pape de la physique anglaise ». Mais le XXe siècle allait engendrer deux grandes révolutions, la relativité et la mécanique quantique, laquelle permet d'expliquer, à l'échelle atomique, comment un rayonnement lumineux peut être absorbé ou émis par la matière.

1 La dualité onde-corpuscule de la lumière

A Le modèle ondulatoire de la lumière

- La lumière est une **onde électromagnétique** : il s'agit d'un phénomène de propagation **sans transport de matière**, mais **avec transport d'énergie**.
- Une radiation lumineuse est périodique à la fois dans le temps et dans l'espace. Elle est caractérisée par sa **longueur d'onde** λ (qui représente la période spatiale) exprimée en **mètres (m)** et par sa **période temporelle** T exprimée en **secondes (s)**.

Relation entre longueur d'onde et période

La longueur d'onde est égale à la distance parcourue par la lumière pendant une durée égale à sa période temporelle. La **vitesse de la lumière**, notée c, peut alors s'exprimer de la façon suivante :

$$c = \frac{\lambda}{T}$$

c en mètres par seconde ($m \cdot s^{-1}$)
λ en mètres (m)
T en secondes (s)

Vitesse de la lumière dans le vide : $c = 3{,}00 \times 10^8\ m \cdot s^{-1}$

Fréquence d'une radiation

La fréquence d'un phénomène périodique dans le temps est égale au nombre de périodes dans une seconde. Son unité est le **hertz (Hz)**. La relation mathématique entre la fréquence et la période est la suivante :

$$\upsilon = \frac{1}{T}$$

υ en hertz (Hz)
T en secondes (s)

Relation entre longueur d'onde et fréquence

En appliquant la formule précédente, on peut écrire une nouvelle expression de la vitesse de la lumière :

$c = \lambda \times \upsilon$	c en mètres par seconde ($m{\cdot}s^{-1}$) λ en mètres (m) υ en hertz (Hz)

B Le modèle corpusculaire de la lumière : le photon

La lumière peut être décrite non pas comme une onde mais comme constituée de petites particules de lumière appelées **photons**.

Les photons ont une **masse nulle** et se déplacent à la **vitesse de la lumière**. Chaque photon possède une énergie égale à un **quantum d'énergie *E*, qui dépend de la fréquence υ** de la radiation lumineuse :

$E = h \times \upsilon$	E en joules (J) h en joules secondes ($J{\cdot}s$) υ en hertz (Hz)

La constante h est appelée **constante de Planck : $h = 6{,}626 \times 10^{-34}$ J·s.**

Le joule est une unité inadaptée car les énergies exprimées sont trop petites. On utilise en physique atomique l'**électronvolt**, noté **eV**, ou l'un de ses multiples :

$1\ eV = 1{,}602 \times 10^{-19}\ J$	$1\ keV = 10^3\ eV = 1{,}602 \times 10^{-16}\ J$ $1\ MeV = 10^6\ eV = 1{,}602 \times 10^{-13}\ J$ $1 GeV = 10^9\ eV = 1{,}602 \times 10^{-10}\ J$

La formule donnant l'énergie d'un photon en fonction de la longueur d'onde de la radiation est à connaître (ou savoir la retrouver) :

$E = \dfrac{h \times c}{\lambda}$	E en joules (J) h en joules secondes ($J{\cdot}s$) c en mètres par seconde ($m{\cdot}s^{-1}$) λ en mètres (m)

2 Niveaux d'énergie des atomes

A Historique de la mécanique quantique

- Dans l'atome, les électrons sont continuellement en mouvement autour du noyau. Chaque électron possède une énergie qui est d'autant plus faible qu'il se trouve proche du noyau. Par définition, l'énergie de l'atome est égale à la somme des énergies de tous ses électrons.

- En 1913, Niels Bohr fait l'hypothèse que **« l'atome ne peut exister que dans certains états d'énergie bien définis. À chaque état est associé un niveau d'énergie »**. Ce sont les débuts de la mécanique quantique.

- La grande révolution de cette partie de la physique est que l'énergie, qui était jusque-là considérée comme une grandeur continue, devient discontinue à l'échelle atomique : on parle de **quantification de l'énergie des atomes**.

B Diagramme d'énergie d'un atome

- Pour représenter les différents niveaux d'énergie associés à un atome, on utilise un diagramme avec un axe vertical où sont spécifiés les niveaux d'énergie associés à l'atome (figure 1).

- L'état de plus basse énergie est appelé **état fondamental**.

- Les états d'énergie supérieurs sont appelés **états excités**.

- À chaque état est associé une énergie (notée E) : on dit que l'atome est dans le niveau d'énergie E.

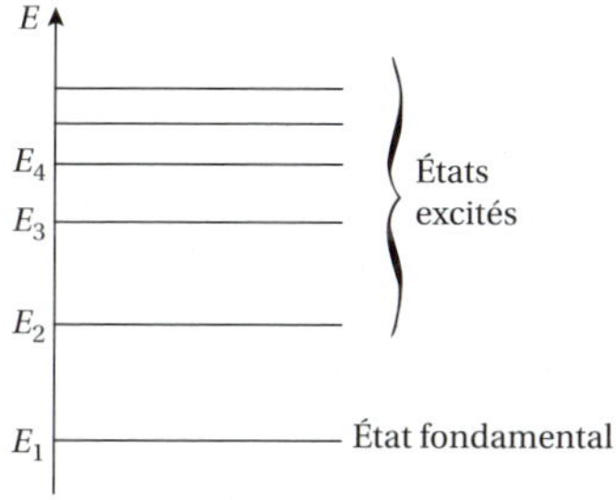

FIGURE 1 Diagramme d'énergie d'un atome

L'atome ne peut prendre que des niveaux d'énergie bien déterminés (E_1, E_2, E_3, E_4...). Cela illustre bien le fait que l'énergie de l'atome est quantifiée.

C Diagramme d'énergie de l'atome d'hydrogène

- L'atome d'hydrogène est le plus simple de tous les atomes. Il possède un noyau constitué d'un proton autour duquel est localisé un seul électron. L'énergie de l'atome d'hydrogène est donc égale à celle de son seul et unique électron.

- Pour tracer le diagramme de l'hydrogène, on doit choisir un **état de référence** auquel est associé le niveau d'énergie égale à zéro. On choisit comme état de référence celui pour lequel l'électron se trouve infiniment éloigné du noyau : il s'agit de l'**état ionisé**.

- L'énergie étant d'autant plus faible que l'électron est proche du noyau, on en déduit que tous les niveaux d'énergie de l'atome d'hydrogène doivent être négatifs.

- Le joule est encore une fois une unité beaucoup trop petite pour exprimer l'énergie des atomes, on lui préfèrera l'électronvolt.

L'état ionisé de l'atome d'hydrogène correspond à l'état de référence : c'est le niveau d'énergie correspondant à une énergie nulle.

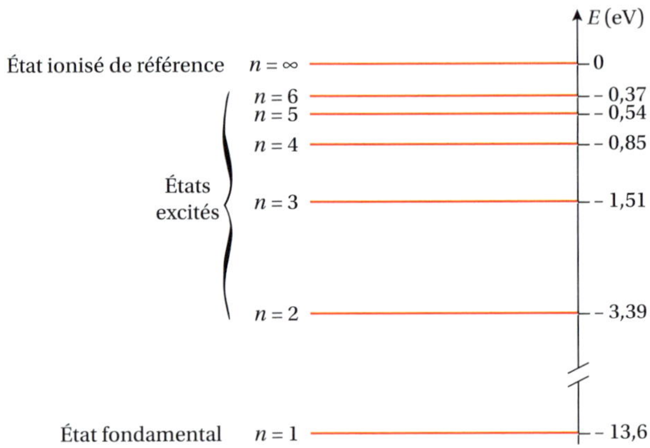

FIGURE 2 **Diagramme énergétique de l'atome d'hydrogène**

Les niveaux d'énergie de l'atome d'hydrogène sont négatifs.

Les niveaux d'énergi[e] sont exprimés en électronvolts (eV).

3 Émission ou absorption d'une radiation par un atome

Niels Bohr a déduit de la quantification de l'énergie des atomes que **« les variations d'énergie de l'atome sont elles-mêmes quantifiées »**.

A Absorption d'une radiation par un atome

- L'énergie d'un atome pris dans son état fondamental (c'est-à-dire à son niveau d'énergie le plus bas possible) peut augmenter en passant sur des niveaux supérieurs correspondant à des états excités.

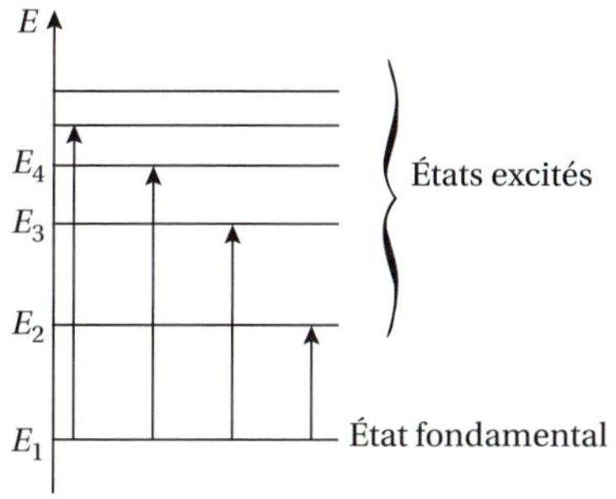

FIGURE 3 Augmentation de l'énergie d'un atome pris dans son état fondamental

- Pour cela, il doit absorber un photon dont l'énergie est exactement égale à la différence d'énergie ΔE entre l'énergie de l'état excité et l'énergie de l'état fondamental.
- Si l'énergie du photon est supérieure ou inférieure à la différence d'énergie, l'atome ne peut pas absorber le photon et reste dans son état d'énergie fondamental (figure 4).

Prenons l'exemple de la transition entre le niveau 1 (fondamental) et le niveau 2. Pour être absorbé, le photon doit avoir une énergie E égale à la différence entre E_2 et E_1 :

$$E = E_2 - E_1 = h \times \upsilon \quad \text{soit} \quad E = \Delta E = h \times \upsilon$$

Tous les photons qui ne possèdent pas cette énergie ne pourront pas être absorbés par l'atome et la transition de niveaux d'énergie ne se fera pas.

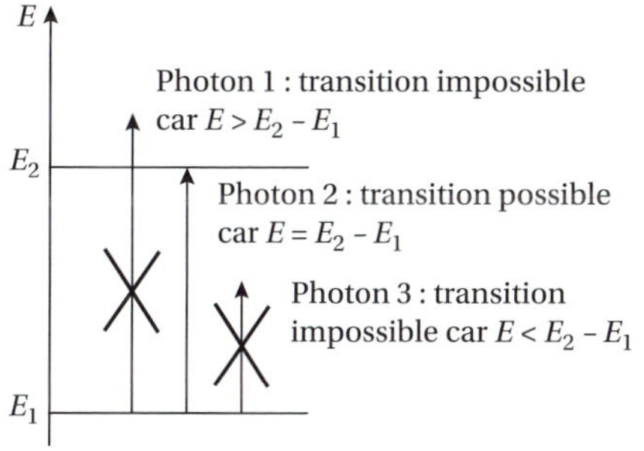

FIGURE 4 Illustration de l'absorption sélective d'un photon par un atome pour passer du niveau 1 au niveau 2

Les sauts discontinus d'un niveau d'énergie à un autre sont appelés transitions.
À toute transition est associée une variation d'énergie ΔE.

Pour augmenter son énergie, un atome peut absorber un photon si l'énergie du photon est exactement égale à la différence d'énergie entre deux niveaux d'énergie de l'atome.

B Émission d'une radiation par un atome

■ L'énergie d'un atome pris dans un état excité peut diminuer en passant sur des niveaux d'énergie inférieurs.

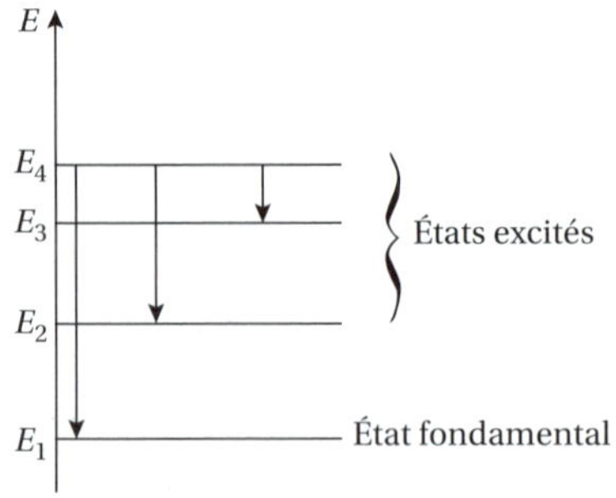

FIGURE 5 Diminution de l'énergie d'un atome pris dans un état excité

■ Pour cela, il doit émettre un photon dont l'énergie est exactement égale à la différence d'énergie ΔE entre l'énergie de l'état excité de départ et l'énergie de l'état d'énergie inférieur.

Prenons l'exemple de la transition entre le niveau 4 et le niveau 1 (figure 6). Le photon émis doit avoir une énergie E égale à la différence entre E_4 et E_1 :

$$E = E_4 - E_1 = h \times \nu \quad \text{soit} \quad E = \Delta E = h \times \nu$$

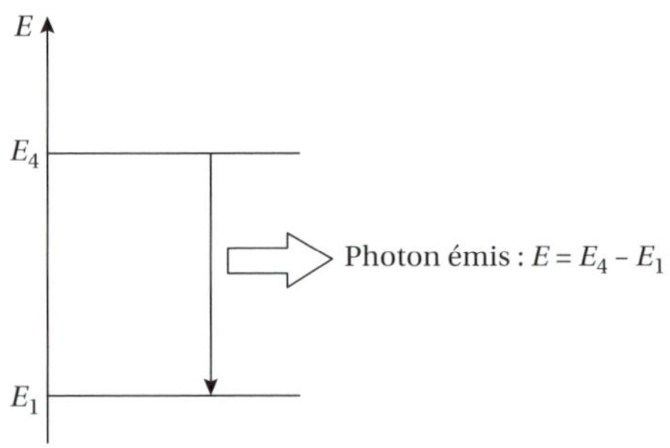

FIGURE 6 Illustration de l'émission sélective d'un photon par un atome pour passer du niveau 4 au niveau 1

Pour diminuer son énergie, un atome peut émettre un photon dont l'énergie est exactement égale à la différence d'énergie entre deux niveaux d'énergie de l'atome.

4 Analyse du spectre solaire

- Le spectre d'émission (ou d'absorption) d'un atome est caractéristique de l'élément chimique auquel il appartient, car il dépend des transitions de niveaux d'énergie propres à chaque atome.
- Ceci permet donc d'affirmer que le spectre d'émission (ou d'absorption) d'un gaz est la superposition des spectres d'émission (ou d'absorption) de tous les éléments chimiques présents dans le gaz.
- L'analyse du spectre de la lumière provenant du Soleil nous permet donc d'identifier les éléments chimiques présents dans l'atmosphère solaire : on y trouve toutes les raies noires correspondant aux radiations absorbées par les atomes présents.

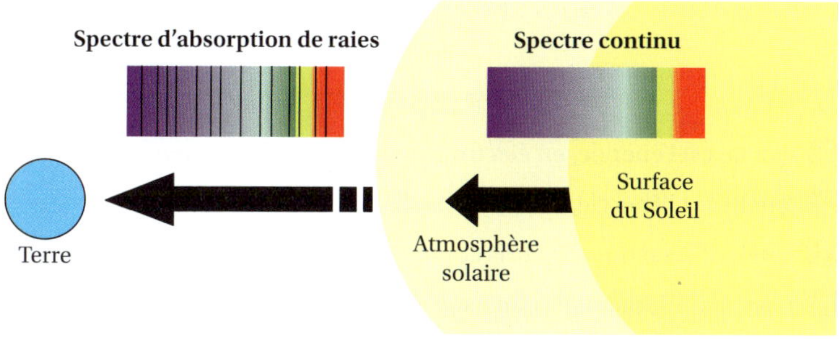

FIGURE 7 Absorption sélective de la lumière par les éléments chimiques de l'atmosphère solaire

Cette analyse, réalisée dès 1814 par Joseph von Fraunhofer, puis complétée successivement par Robert Bunsen et Gustav Kirchhoff (en 1851) a permis de trouver les éléments chimiques responsables des raies noires du spectre solaire (476 raies au total).

En particulier, ces travaux ont mené à la découverte en 1868 d'un élément chimique encore inconnu à cette époque sur Terre : l'hélium, responsable de 13 raies d'absorption.

La mécanique quantique a apporté à cette analyse sa confirmation théorique au XXe siècle.

Exploiter un diagramme d'énergie

ÉNONCÉ

Le diagramme d'énergie de l'atome de sodium est le suivant.

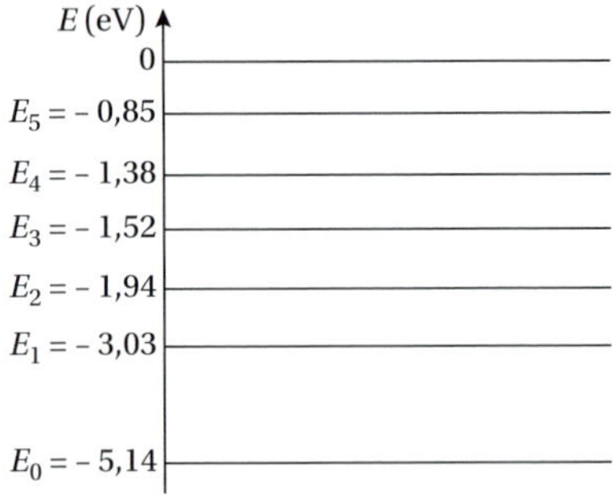

1 Quelle est l'énergie, en électronvolts, de l'état fondamental ?

2 Quelle est l'énergie, en électronvolts, du deuxième état excité ?

3 Quel est l'état qui a été pris comme état de référence ?

4 L'atome, initialement dans son état fondamental, passe dans son troisième niveau d'énergie.

a. Calculer le gain ΔE en énergie de l'atome.

b. Comment l'atome a-t-il pu gagner cette énergie ?

c. Trouver la longueur d'onde de la radiation absorbée.

d. À quel domaine cette radiation appartient-elle ?

5 Trouver la plus grande des fréquences de radiation que peut émettre l'atome de sodium.

MÉTHODE

1, **2** et **3** ▶ L'état fondamental est l'état de plus faible énergie.

▶ Tous les états dont l'énergie est supérieure à celle de l'état fondamental sont des états excités, le premier état excité étant celui situé juste au-dessus de l'état fondamental.

▶ L'état de référence est celui pour lequel on prend une énergie associée nulle.

4 a, b, c et d ▶ Utiliser la relation $\Delta E = E_p - E_n$, où E_p correspond à la plus grande énergie.

▶ Savoir qu'un atome gagne de l'énergie en absorbant un photon et en perd en émettant un photon.

▶ Utiliser la relation $\Delta E = \dfrac{h \times c}{\lambda}$.

▶ Convertir les électronvolts en joules sachant que 1 eV = $1{,}602 \times 10^{-19}$ J.

▶ Convertir les mètres en nanomètres sachant que 1 m = 10^9 nm.

▶ Connaître les différents domaines de radiations :

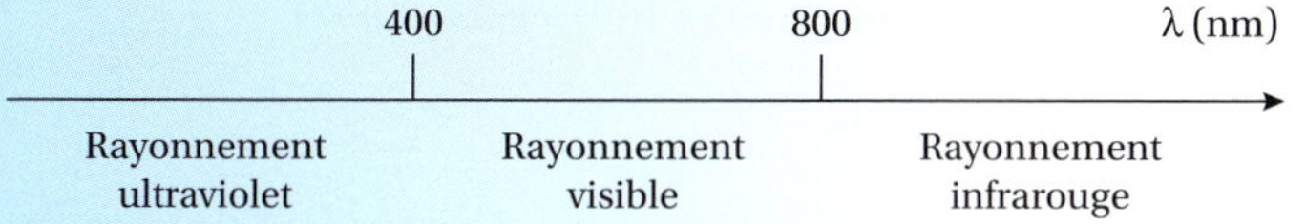

5 ▶ Utiliser la relation $\Delta E = h \times \nu \Leftrightarrow \nu = \dfrac{\Delta E}{h}$.

▶ Constater que la fréquence augmente avec la variation d'énergie.

CORRIGÉ

1 L'énergie de l'état fondamental est égale à $E_0 = -\,5{,}14$ eV.

2 L'énergie du deuxième état excité est égale à $E_2 = -\,1{,}94$ eV.

3 L'état de référence correspond à l'état ionisé (l'énergie de l'atome est nulle).

4 **a.** Le troisième niveau d'énergie correspond au deuxième état excité, donc :

$$\Delta E = E_2 - E_0 = -\,1{,}94 - (-\,5{,}14) = 3{,}20 \text{ eV}$$

b. L'atome gagne de l'énergie en absorbant un photon.

c. On applique la relation $\Delta E = \dfrac{h \times c}{\lambda}$ et on isole la longueur d'onde : $\lambda = \dfrac{h \times c}{\Delta E}$.

Application numérique :
$h = 6{,}626 \times 10^{-34}$ J·s et $c = 3{,}00 \times 10^{8}$ m·s^{-1}.
$\Delta E = 3{,}20$ eV $= 3{,}20 \times 1{,}602 \times 10^{-19} = 5{,}13 \times 10^{-19}$ J.

$$\lambda = \frac{6{,}626 \times 10^{-34} \times 3{,}00 \times 10^{8}}{5{,}13 \times 10^{-19}} = 3{,}87 \times 10^{-7} \text{ m.}$$

d. On convertit la longueur d'onde en nanomètres : $\lambda = 3{,}87 \times 10^{-7}$ m = 387 nm. Cette longueur d'onde est inférieure à 400 nm : la radiation appartient donc au domaine des ultraviolets.

5 La plus grande des fréquences correspond à la plus grande des variations d'énergie : c'est la transition entre l'état fondamental et l'état ionisé.
On applique la relation $\Delta E = h \times \nu$ et on isole la fréquence :

$$\nu = \frac{\Delta E}{h}$$

Application numérique :

$h = 6{,}626 \times 10^{-34}$ J·s.
$\Delta E = 0 - (-5{,}14) = 5{,}14$ eV $= 5{,}14 \times 1{,}602 \times 10^{-19} = 8{,}23 \times 10^{-19}$ J.

$$\nu = \frac{8{,}23 \times 10^{-19}}{6{,}626 \times 10^{-34}} = 1{,}24 \times 10^{15} \text{ Hz.}$$

SE TESTER QUIZ

Dans le questionnaire à choix multiple (QCM) suivant, indiquer pour chaque proposition la (ou les) réponse(s) exacte(s).

1 Une radiation de fréquence ν est constituée de photons qui portent tous une énergie E égale à :

- ☐ **a.** $E = \frac{h}{\nu}$
- ☐ **b.** $E = \frac{\nu}{h}$
- ☐ **c.** $E = h \times \nu$

2 Un photon est émis lorsque l'atome passe d'un niveau d'énergie inférieur à un niveau d'énergie supérieur.

- ☐ **a.** Vrai.
- ☐ **b.** Faux.

3 L'état fondamental correspond à l'état de plus grande énergie.

- ☐ **a.** Vrai.
- ☐ **b.** Faux.

4 La relation permettant de calculer la longueur d'onde λ d'une radiation émise correspondant à une transition d'énergie égale à ΔE est la suivante :

- ☐ **a.** $\lambda = \frac{h \times \Delta E}{c}$
- ☐ **b.** $\lambda = \frac{h \times c}{\Delta E}$
- ☐ **c.** $\lambda = \frac{c \times \Delta E}{h}$

S'ENTRAÎNER

5 Spectre et transition de niveaux d'énergie

Voici deux spectres associés au sodium :

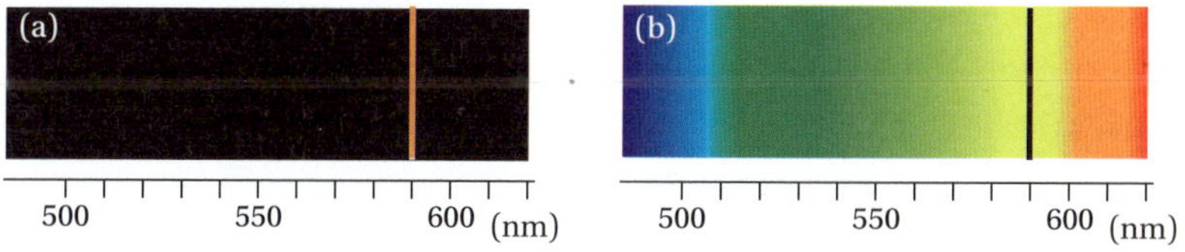

Indiquer quel spectre (a ou b) correspond à l'absorption d'un photon par l'atome de sodium et lequel correspond à l'émission d'un photon.

6 L'énergie d'un photon

Calculer l'énergie portée par un photon appartenant à une radiation de longueur d'onde égale à 500 nm.
Trouver le résultat en électronvolts.

7 Le spectre de l'hélium

Le spectre d'émission de l'hélium obtenu en laboratoire est le suivant.

Les trois raies les plus lumineuses sont respectivement de couleur bleue, jaune et rouge.

1. La radiation jaune correspond à une longueur d'onde λ égale à 588 nm.
Calculer la fréquence ν associée.

2. Déterminer la variation d'énergie ΔE de l'atome lors de l'émission d'un photon de la radiation rouge de longueur d'onde λ égale à 668 nm.
Exprimer cette variation en électronvolts.

3. L'une des variations d'énergie de l'atome d'hélium est $\Delta E = 2{,}47$ eV au cours d'une transition de niveaux d'énergie.
Trouver la longueur d'onde λ de la radiation émise et donner la couleur correspondante.

8 Étude d'un diagramme d'énergie

On donne ci-dessous le diagramme d'énergie d'un atome.

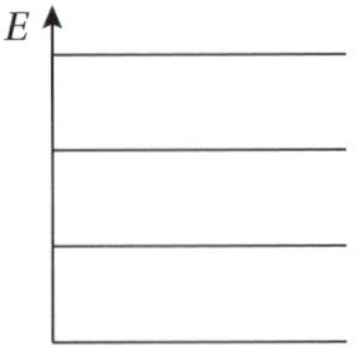

Indiquer sur le diagramme :

- l'état fondamental et les états excités ;
- par une flèche, la transition entre le niveau fondamental et le deuxième état excité correspondant à l'émission d'un photon ;
- par une flèche, la transition entre les niveaux d'énergie 4 et 3 correspondant à l'absorption d'un photon.

OBJECTIF BAC

9 Une lampe à vapeur de sodium

L'éclairage des tunnels routiers se fait avec des lampes à vapeur de sodium. Il s'agit de lampes contenant des vapeurs de sodium sous faible pression. Par une décharge électrique, on excite les atomes de sodium qui restituent ensuite l'énergie emmagasinée par l'émission de radiations lumineuses.

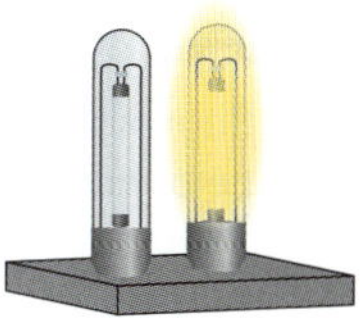

• Étude du spectre de la lumière émise

On a répertorié dans le tableau ci-dessous les longueurs d'onde des radiations du spectre d'émission de la lampe.

Radiation	1	2	3	4	5	6	7
λ (nm)	330,3	568,8	589,0	589,6	615,4	819,5	1 138,2

1. Indiquer si les radiations appartiennent au domaine du visible, des ultraviolets ou de l'infrarouge.

2. Calculer la fréquence ν de la radiation de longueur d'onde λ égale à 615,4 nm.

3. Quelle est la radiation dont la fréquence sera la plus petite ? Justifier la réponse.

• Exploitation du diagramme d'énergie

4. Indiquer sur le diagramme l'état fondamental et les états excités.

Diagramme d'énergie du sodium

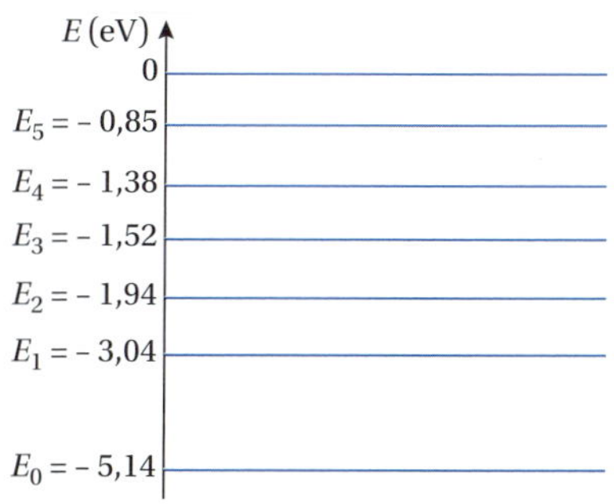

5. Calculer la variation d'énergie ΔE en électronvolts correspondant à l'émission de la raie jaune de longueur d'onde λ égale à 589,0 nm.

6. Indiquer par une flèche sur le diagramme, la transition de niveaux d'énergie qui y correspond.

7. L'atome de sodium se trouve dans son état fondamental. Est-ce qu'une radiation dont les photons portent une énergie égale à 3,20 eV peut être absorbée ? Justifier la réponse.

10 Principe d'un tube fluorescent

Un tube fluorescent est constitué d'un tube dont la surface intérieure est recouverte d'une poudre fluorescente. Il contient un gaz composé notamment de mercure. Une décharge électrique excite les atomes de mercure qui ensuite émettent des radiations.

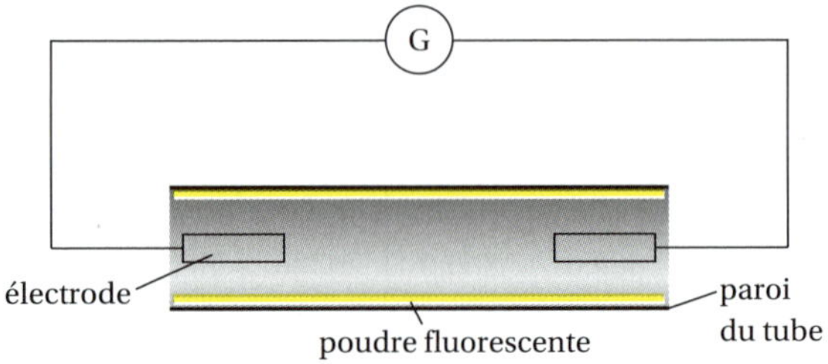

Le diagramme d'énergie du mercure est le suivant :

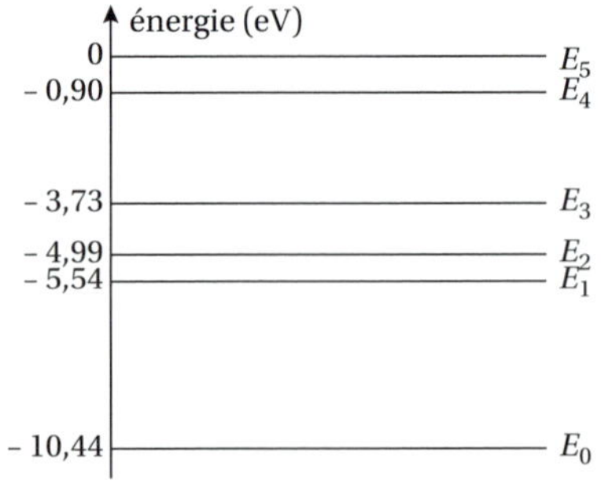

1. Quelle est, en électronvolts puis en joules, l'énergie E d'un photon permettant la transition entre le niveau d'énergie E_3 et le niveau d'énergie E_4 ?

2. L'atome de mercure est dans son état fondamental. Peut-il absorber une radiation de longueur d'onde λ égale à 253 nm? Justifier la réponse.

3. Calculer la longueur d'onde λ de la radiation correspondant à la plus grande des transitions d'énergie. Dans le cas d'une émission, indiquer par une flèche sur le diagramme, la transition correspondante.

4. Calculer la longueur d'onde λ de la radiation correspondant à la plus petite des transitions d'énergie impliquant l'état fondamental.
Dans le cas d'une émission, indiquer par une flèche sur le diagramme, la transition correspondante.

5. Est-ce que l'atome de mercure peut produire de la lumière visible ? Justifier la réponse.

6. La poudre fluorescente produit de la lumière si elle est soumise à un rayonnement dont la longueur d'onde est comprise entre 200 nm et 300 nm.
Est-ce que la vapeur de mercure permet l'émission de lumière visible par la poudre fluorescente ?
Données :
$c = 2{,}998 \times 10^{8}$ m·s^{-1}
$h = 6{,}626 \times 10^{-34}$ J·s
1 eV = $1{,}602 \times 10^{-19}$ J

SE TESTER

1 **Réponse c.** L'énergie d'un photon est $E = h \times \nu$.

2 **Réponse b.** Faux : un photon est émis lorsque l'atome passe d'un niveau d'énergie supérieur à un niveau d'énergie inférieur.

3 **Réponse b.** Faux : l'état fondamental correspond à l'état de plus basse énergie.

4 **Réponse b.** L'expression de la longueur d'onde est $\lambda = \frac{h \times c}{\Delta E}$.

S'ENTRAÎNER

5 Spectre et transition de niveaux d'énergie

RECONNAÎTRE DES RAIES D'ABSORPTION ET D'ÉMISSION

Une raie noire dans un spectre coloré correspond à une raie d'absorption.
Une raie colorée dans un spectre correspond à une raie d'émission.

Le spectre (a) est un spectre d'émission, tandis que le spectre (b) est un spectre d'absorption.
Le spectre (a) correspond donc à l'émission d'un photon par l'atome de sodium.
Le spectre (b) correspond à l'absorption d'un photon par l'atome de sodium.

6 L'énergie d'un photon

On applique la formule $E = \frac{h \times c}{\lambda}$.

Application numérique :
on convertit la longueur d'onde en mètres :
$\lambda = 500$ nm $= 5{,}00 \times 10^{-7}$ m.

On a : $c = 3{,}00 \times 10^{8}$ m·s^{-1} et $h = 6{,}626 \times 10^{-34}$ J·s.

On obtient : $E = 3{,}98 \times 10^{-19}$ J.
On convertit en électronvolts : $E = 2{,}48$ eV.

RAPPEL SUR LES CHIFFRES SIGNIFICATIFS
Le résultat doit avoir une précision égale à la plus petite des précisions des nombres engagés dans le calcul.

RAPPEL
1 eV = $1{,}602 \times 10^{-19}$

7 Le spectre de l'hélium

1. On utilise la formule $\nu = \frac{c}{\lambda}$.

Application numérique :
on convertit la longueur d'onde en mètres : $\lambda = 588$ nm $= 5{,}88 \times 10^{-7}$ m.
On a : $c = 3{,}00 \times 10^{8}$ m·s^{-1}.
On obtient : $\nu = 5{,}10 \times 10^{14}$ Hz.

2. On applique la formule $\Delta E = \frac{h \times c}{\lambda}$.

Application numérique :

On convertit la longueur d'onde en mètres : $\lambda = 668$ nm $= 6{,}68 \times 10^{-7}$ m.

On a : $c = 3{,}00 \times 10^{8}$ m·s^{-1} et $h = 6{,}626 \times 10^{-34}$ J·s.

On obtient : $\Delta E = 2{,}98 \times 10^{-19}$ J.

On convertit en électronvolts : $\Delta E = 1{,}86$ eV.

3. On applique la formule $\lambda = \frac{h \times c}{\Delta E}$.

Application numérique :

on convertit la variation d'énergie en joules : $\Delta E = 2{,}47$ eV $= 3{,}96 \times 10^{-19}$ J.

On a : $c = 3{,}00 \times 10^{8}$ m·s^{-1} et $h = 6{,}626 \times 10^{-34}$ J·s.

On obtient : $\lambda = 5{,}02 \times 10^{-7}$ m.

On convertit en nanomètres : $\lambda = 502$ nm.

On en déduit que la radiation est de couleur bleue.

8 Étude d'un diagramme d'énergie

On donne ci-dessous le diagramme d'énergie d'un atome :

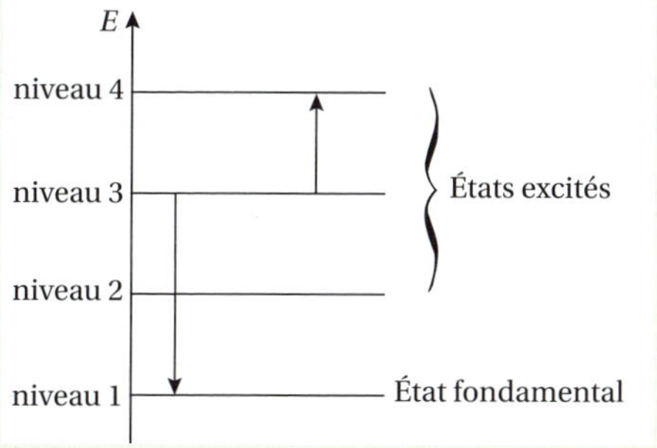

L'état fondamental correspond à l'état de plus basse énergie. Les états de plus haute énergie sont les états excités.

Lors de l'émission d'un photon, l'atome passe d'un niveau d'énergie supérieur vers un niveau inférieur : la flèche doit être dirigée vers le bas.
Lors de l'absorption d'un photon, l'atome passe d'un niveau d'énergie inférieur vers un niveau supérieur : la flèche doit être dirigée vers le haut.

OBJECTIF **BAC**

9 Une lampe à vapeur de sodium

• Étude du spectre de la lumière émise

1. On rappelle que :
si $\lambda < 400$ nm, la radiation appartient au domaine des ultraviolets ;
si $\lambda > 800$ nm, la radiation appartient au domaine de l'infrarouge ;
si 400 nm $< \lambda <$ 800 nm, la radiation appartient au domaine du visible.
Radiation 1 : ultraviolets.
Radiations 2, 3, 4, 5 : visible.
Radiations 6, 7 : infrarouge.

2. On utilise la formule $\nu = \dfrac{c}{\lambda}$.

Application numérique : on a $\lambda = 615{,}4$ nm $= 6{,}154 \times 10^{-7}$ m et $c = 3{,}00 \times 10^{8}$ m·s^{-1}.
On obtient : $\nu = 4{,}87 \times 10^{14}$ Hz.

3. On utilise la formule $\nu = \dfrac{c}{\lambda}$.

La fréquence est inversement proportionnelle à la longueur d'onde.
On en déduit que la radiation dont la fréquence est la plus petite est celle ayant la plus grande longueur d'onde, soit $\lambda = 1\,138{,}2$ nm.

• Exploitation du diagramme d'énergie

4.

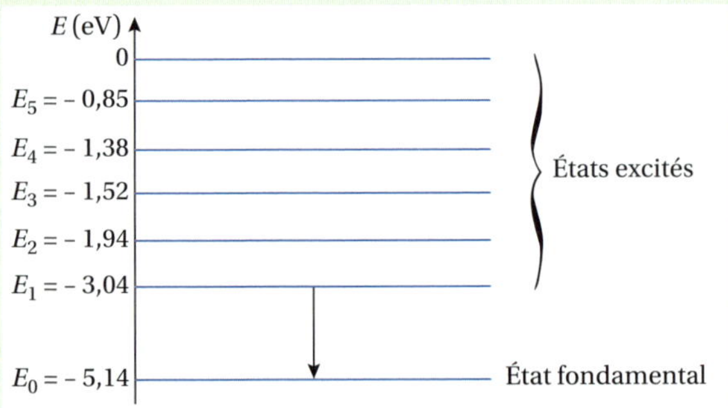

5. On applique la formule $\Delta E = \dfrac{h \times c}{\lambda}$.

Application numérique :
On convertit la longueur d'onde en mètres : $\lambda = 589{,}0$ nm $= 5{,}890 \times 10^{-7}$ m.
On a : $c = 3{,}00 \times 10^{8}$ m·s^{-1} et $h = 6{,}626 \times 10^{-34}$ J·s.
On obtient : $\Delta E = 3{,}37 \times 10^{-19}$ J. On convertit en électronvolts : $\Delta E = 2{,}10$ eV.

6. Il faut chercher dans le diagramme deux niveaux d'énergie dont la différence d'énergie correspond à $\Delta E = 2{,}10$ eV.
On trouve les niveaux d'énergie E_0 et E_1 : $E_1 - E_0 = -3{,}04 - (-5{,}14) = 2{,}10$ eV.
On représente sur le diagramme une flèche partant du niveau 1 et allant au niveau 0 (fondamental) : voir le diagramme de la question 4.

7. On calcule l'énergie de l'atome dans l'hypothèse où il absorberait le photon :

$$E = E_0 + E_{photon} \quad \text{soit} \quad E = -5{,}14 + 3{,}20 = -1{,}94 \text{ eV}$$

Cette énergie correspond au niveau d'énergie E_2 (d'après le diagramme d'énergie).
On en conclut que l'atome peut absorber la radiation.

10 Principe d'un tube fluorescent

1. $E = E_4 - E_3$ soit $E = -0{,}90 - (-3{,}73) = 2{,}83$ eV.
On convertit en joules :
$E = 2{,}83 \times 1{,}602 \times 10^{-19} = 4{,}53 \times 10^{-19}$ J.

> L'énergie d'un photon permettant la transition est égale à la différence d'énergie entre les deux niveaux d'énergie.

2. L'énergie du photon a pour expression : $E_{photon} = \dfrac{h \times c}{\lambda}$

Pour calculer cette énergie, on convertit la longueur d'onde en mètres :
$\lambda = 253$ nm $= 2{,}53 \times 10^{-7}$m.
On obtient : $E_{photon} = 7{,}85 \times 10^{-19}$ J.
On convertit en électronvolts cette énergie : $E_{photon} = 4{,}90$ eV.
On calcule l'énergie de l'atome dans l'hypothèse où il absorberait le photon :

$$E = E_0 + E_{photon}.$$

On calcule la nouvelle énergie de l'atome :

$$E = -10{,}44 + 4{,}90 = -5{,}54 \text{ eV}.$$

Cette énergie correspond au niveau d'énergie E_1 (d'après le diagramme d'énergie).
On en conclut que l'atome de mercure peut absorber la radiation.

3. La plus grande des transitions d'énergie correspond à :
$\Delta E = E_5 - E_0 = 0 - (-10{,}44) = 10{,}44$ eV.
La longueur d'onde correspondante s'écrit :

$$\lambda = \frac{h \times c}{\Delta E}$$

Application numérique :
On convertit la variation d'énergie en électrons volts :
$\Delta E = 10{,}44$ eV $= 1{,}672 \times 10^{-18}$ J
On obtient : $\lambda = 1{,}19 \times 10^{-7}$ m
On convertit en nanomètres : $\lambda = 119$ nm

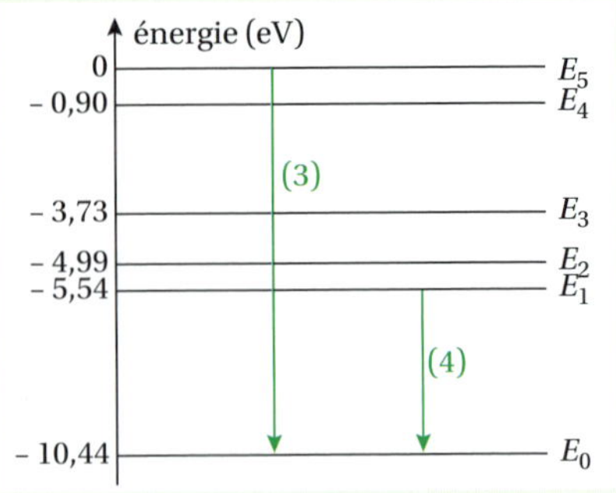

4. Dans le cas où l'état fondamental est impliqué, la plus petite des transitions d'énergie correspond à :

$\Delta E = E_1 - E_0 = -5{,}54 - (-10{,}44) = 4{,}90$ eV.

La longueur d'onde correspondante s'écrit :

$$\lambda = \frac{h \times c}{\Delta E}$$

Application numérique :

On convertit la variation d'énergie en électronvolts :

$\Delta E = 4{,}90 \text{ eV} = 7{,}85 \times 10^{-19}$ J.

On obtient : $\lambda = 2{,}53 \times 10^{-7}$ m.

On convertit λ en nanomètres : $\lambda = 253$ nm.

Pour la flèche correspondant à la transition, voir le diagramme de la question **3**.

5. La longueur d'onde est inversement proportionnelle à ΔE (d'après la formule de la question 4.).

On en déduit que la plus petite des transitions d'énergie correspond à la plus grande des longueurs d'onde. Or, cette longueur d'onde calculée à la question **4** est égale à 253 nm. Toutes les longueurs d'onde sont donc inférieures à 253 nm.

L'atome de mercure ne peut donc pas émettre des radiations visibles car les radiations émises ont des longueurs d'onde inférieures à 400 nm.

6. La poudre fluorescente produit de la lumière si elle est soumise à un rayonnement dont la longueur d'onde est comprise entre 200 nm et 300 nm.

L'atome de mercure pouvant émettre une radiation de longueur d'onde égale à 253 nm ($200 < 253 < 300$), on en conclut que la poudre fluorescente peut émettre de la lumière.

www.annabac.com

CHAPITRE

5 Les espèces chimiques colorées

Depuis la plus haute Antiquité, et ce jusqu'au XIXe siècle, les colorants étaient tous d'origine naturelle et leur nombre se limitait à une quinzaine. Avec le développement de la chimie des colorants depuis le début du XXe siècle, on compte aujourd'hui plusieurs milliers de colorants différents.

1 Présentation des colorants

- Un colorant est une matière colorée utilisée pour changer la couleur d'un textile, d'un aliment, d'un objet... Un colorant peut avoir une origine naturelle ou synthétique.
- Les **colorants naturels** sont extraits de leur milieu naturel grâce à des **techniques d'extraction** élaborées par les hommes depuis plusieurs siècles. On trouve des colorants d'**origine végétale** tels que l'indigo extrait de l'indigotier (figure 1), l'alizarine rouge obtenue à partir de la garance, ou d'**origine animale** tels que le rouge cochenille tiré de l'insecte appelé cochenille de racine, la pourpre tirée du mollusque Murex brandaris.

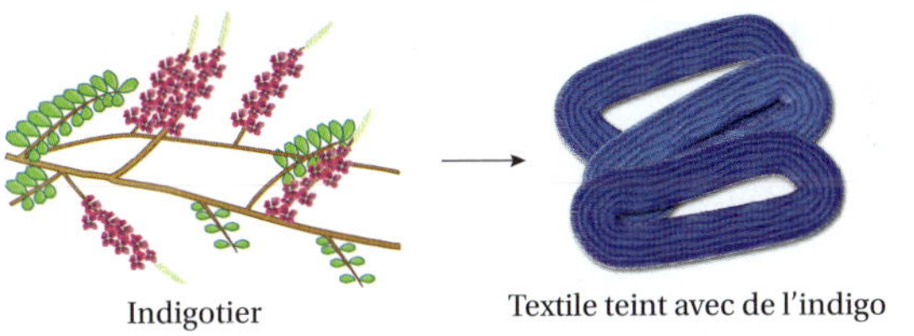

FIGURE 1 Un colorant d'origine naturelle : l'indigo

- Les **colorants synthétiques** sont élaborés en laboratoire. La première synthèse a été réalisée en 1856 par un chimiste anglais, William Perkin : il s'agit de la mauvéine, un colorant mauve préparé de manière industrielle.

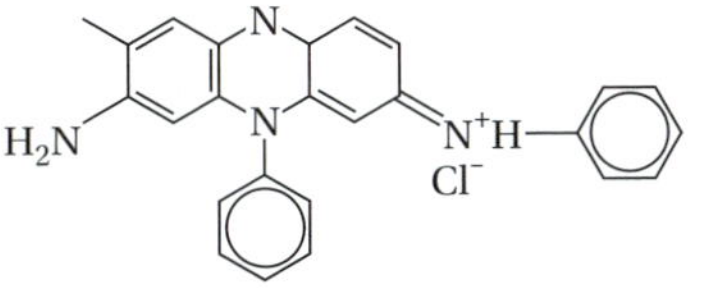

FIGURE 2 Structure chimique de la mauvéine

En 1868, Carl Graebe et Carl Liebermann réalisent la synthèse de l'alizarine rouge : il s'agit du premier colorant d'origine naturelle que l'on a réussi à préparer en laboratoire. L'indigo sera synthétisé en 1880 par Adolf Baeyer.

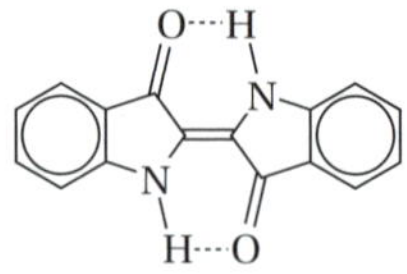

FIGURE 3 **Structure chimique de l'indigo**

L'origine d'un colorant donné n'a pas d'influence sur sa structure chimique : la molécule d'indigo extraite de l'indigotier est identique en tout point à celle qui est synthétisée.

2 Couleur et absorption

Une molécule ou un ion absorbant de manière sélective certaines radiations du spectre visible, confère à la matière des propriétés colorantes. La suppression d'une couleur dans la lumière blanche conduit à l'observation de la couleur complémentaire.

Relation entre la couleur et le spectre d'absorption d'un liquide coloré.

- **Jaune tartrazine** (colorant alimentaire E102)

La solution absorbe principalement le bleu et le violet : les couleurs complémentaires sont le jaune et l'orange. On a une solution jaune-orangée.

- **Ion permanganate** (colorant de l'eau de Dakin)

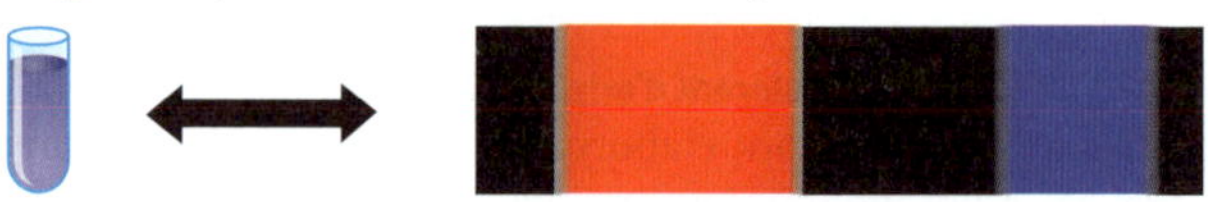

La solution absorbe principalement le vert et le jaune : les couleurs complémentaires sont le violet et le rouge. On a une solution de couleur violette.

Une substance colorée en solution absorbe la couleur complémentaire de celle qu'elle donne à la solution.

3 Des caractéristiques physiques utiles

Masse volumique

La masse volumique μ d'un liquide est égale au rapport de la masse m du liquide sur son volume V.

Son unité est le kilogramme par mètre cube ($kg \cdot m^{-3}$) ; mais en chimie, l'unité la plus utilisée est le gramme par litre ($g \cdot L^{-1}$)

$\mu = \dfrac{m}{V}$	μ en grammes par litre ($g \cdot L^{-1}$) V en litres (L) m en grammes (g)

Densité par rapport à l'eau

La densité d'un liquide par rapport à l'eau est égale au rapport de la masse m d'un volume fixé de ce liquide sur la masse m_0 du même volume d'eau.

$d = \dfrac{m}{m_0}$	d est sans unité m et m_0 en grammes (g)

On utilise plus fréquemment une autre formule de la densité qui fait intervenir les masses volumiques μ du liquide et μ_0 de l'eau :

$d = \dfrac{\mu}{\mu_0}$	d est sans unité μ et μ_0 en grammes par litre ($g \cdot L^{-1}$)

Miscibilité

Deux liquides sont miscibles s'ils peuvent se mélanger en toutes proportions. Dans le cas contraire, ils ne sont pas miscibles. Deux liquides miscibles forment une seule phase liquide homogène.

Deux liquides non miscibles constituent un mélange hétérogène : il y a deux phases. Le liquide dont la densité est la plus faible compose la phase supérieure du mélange hétérogène.

Solubilité

La solubilité s d'une espèce chimique est égale à masse maximale m_{max} de l'espèce que l'on peut dissoudre dans le volume V de liquide considéré.

$s = \dfrac{m_{max}}{V}$	s en grammes par litre ($g \cdot L^{-1}$) m_{max} en grammes (g) V en litres (L)

4 Extraction d'un colorant à l'aide d'un solvant

De nombreux pigments naturels sont très solubles dans des **solvants organiques** et très peu solubles (voire même insolubles) dans l'eau.
On utilise de tels solvants pour extraire ces pigments de leur milieu naturel.

Les solvants organiques sont des liquides incolores dont les molécules constitutives contiennent l'élément carbone.
Exemples : acétone (C_3H_6O), cyclohexane (C_6H_{12}), éthanol (C_2H_6O).

A Extraction solide-liquide des pigments d'une feuille verte

- Une feuille verte contient des espèces chimiques colorées que l'on peut regrouper dans trois familles :

Nom	Couleur
Chlorophylles	Vert
Carotènes	Orange
Xanthophylles	Jaune

- On broie une feuille finement découpée dans quelques millilitres d'une solution d'alcool à 95° (95 % en volume d'éthanol). On continue le broyage jusqu'à obtenir un liquide vert. On filtre et on récupère le filtrat : il s'agit d'une solution hydroalcoolique contenant tous les pigments de la feuille.

Cette suite d'opérations constitue une **extraction solide-liquide**.

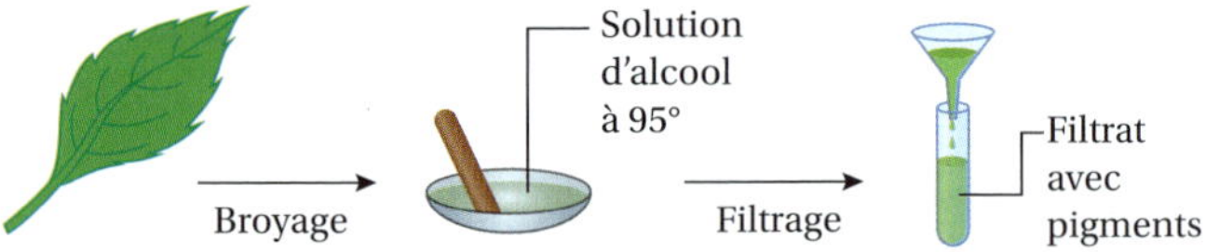

FIGURE 4 Extraction solide-liquide des pigments de la feuille

B Extraction liquide-liquide des pigments d'une feuille verte

- Pour extraire les pigments d'un liquide, on peut utiliser leur différence de solubilité par rapport à deux solvants organiques.

Nom	Solubilité s_1 dans l'alcool à 95°	Solubilité s_2 dans l'éther de pétrole
Chlorophylles	$s_1 << s_2$	
Carotènes	$s_1 << s_2$	

■ L'éther de pétrole et l'alcool à 95° ne sont pas miscibles.

Le solvant utile à l'extraction liquide-liquide doit être non miscible avec le solvant contenant les pigments et avoir une solubilité vis-à-vis des pigments à extraire supérieure au premier solvant.

■ Cette extraction nécessite l'utilisation d'une **ampoule à décanter** (figure 5). On met dans une ampoule à décanter la solution hydro-alcoolique obtenue lors de l'extraction A et on ajoute de l'éther de pétrole. On agite l'ampoule à décanter une fois bouchée. On observe que la phase éthérée prend une couleur verte intense et la phase hydro-alcoolique devient jaune pâle.

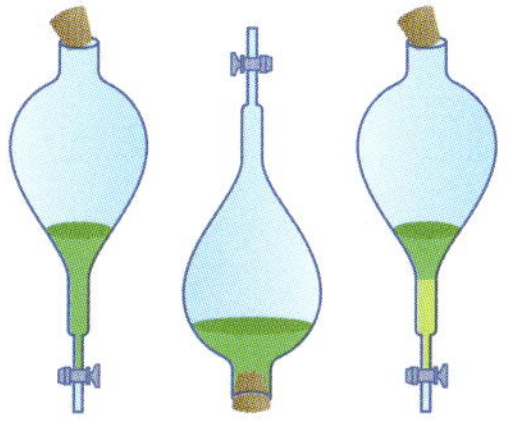

PRÉCAUTION DE MANIPULATION
Suspendre de temps en temps l'agitation de l'ampoule à décanter et ouvrir le bouchon pour évacuer les éventuels gaz formés.

FIGURE 5 Extraction liquide-liquide à l'aide d'une ampoule à décanter

■ On trouve dans la phase éthérée les chlorophylles et les carotènes, tandis qu'il reste une partie des xanthophylles dans la phase hydro-alcoolique. Il suffit de récupérer successivement les deux phases dans deux récipients pour réaliser la séparation.

Cette suite d'opérations constitue une **extraction liquide-liquide**.

5 Synthèse d'une espèce chimique colorée

■ Définition

Une synthèse est une **transformation chimique** au cours de laquelle des espèces chimiques, appelées **réactifs**, réagissent pour donner une ou plusieurs espèces chimiques nouvelles, appelées **produits**. Parmi ces produits, se trouve l'espèce chimique colorée désirée.

■ Protocole opératoire

1. Préciser les quantités de matière des réactifs mis en jeu, ainsi que leur nature.

2. Donner les consignes de sécurité.

3. Décrire le matériel à utiliser pour réaliser la synthèse.

4. Détailler toutes les étapes permettant de réaliser la synthèse et d'isoler l'espèce chimique colorée produite.

$n = \frac{m}{M} = \frac{\mu \times V}{M}$ avec n, quantité de matière en moles (mol)
m, masse du solide en grammes (g)
V, volume en litres (L)
M, masse molaire de l'espèce chimique en grammes par mole ($g{\cdot}mol^{-1}$)
μ, masse volumique en grammes par litre ($g{\cdot}L^{-1}$)

Identification de l'espèce chimique synthétisée

1. Déterminer les températures de changement d'état.
2. Déterminer la densité (s'il s'agit d'un liquide).
3. Réaliser une chromatographie sur couche mince.

CHROMATOGRAPHIE SUR COUCHE MINCE (CCM)

• La chromatographie permet de séparer et d'identifier les espèces chimiques d'un mélange homogène. Elle est basée sur la différence d'affinité des espèces chimiques pour deux phases : la **phase stationnaire** ou **phase fixe** (solide ou liquide) et la **phase mobile** ou **éluant** (mélange de plusieurs solvants).
• La phase fixe est une plaque en papier ou en gel de silice fixé sur une plaque de verre.
• Sur la phase fixe, **les espèces chimiques migrent avec l'éluant** à des hauteurs différentes : ils sont ainsi séparés.

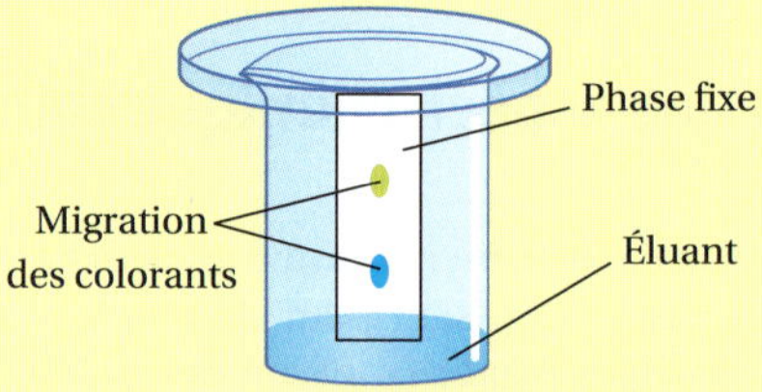

Chromatographie sur couche mince de colorants alimentaires

• On identifie ensuite les espèces chimiques par comparaison de leur hauteur de migration avec un témoin (une même substance migre à la même hauteur dans des conditions expérimentales identiques).

Exploiter un protocole d'extraction

ÉNONCÉ

Le β-carotène est un additif alimentaire (colorant jaune), qui peut être extrait de nombreux végétaux tels que les carottes ou les patates douces.

L'extraction du colorant à partir de carottes se fait à l'occasion d'une séance de travaux pratiques selon le protocole suivant :

- **Étape 1 :** broyer des carottes finement râpées dans un volume égal à 20 mL d'éthanol (liquide incolore) ;
- **Étape 2 :** filtrer le contenu du mortier pour récupérer le liquide. Constater que le filtrat a pris une couleur jaune orangée ;
- **Étape 3 :** introduire le filtrat dans une ampoule à décanter avec un volume de 20 mL d'éther de pétrole.

Après agitation puis décantation, observer dans l'ampoule deux phases liquides. La phase supérieure a une coloration jaune intense, tandis que la phase inférieure est incolore.

1 La solubilité du β-carotène dans l'eau est égale à 0,6 $mg{\cdot}L^{-1}$ et à 2,0 $mg{\cdot}L^{-1}$ dans l'éthanol.
Justifier le choix de l'éthanol comme liquide extracteur dans l'étape 1 à la place de l'eau.

2 Quelle serait la masse de β-carotène dissoute dans une solution d'éthanol saturée de volume $V = 100$ mL ?

3 Que peut-on affirmer quand à la miscibilité de l'éther de pétrole et de l'éthanol ?

4 Le β-carotène est plus soluble dans l'éther de pétrole que dans l'éthanol.
Identifier la phase supérieure.

5 Comparer les densités respectives de l'éther de pétrole et de l'éthanol.

MÉTHODE

1 ▶ Retenir qu'une espèce chimique est d'autant plus soluble dans un solvant que sa solubilité est grande.

2 ▶ Utiliser l'expression de la solubilité :

$$s = \frac{m_{\text{max}}}{V}$$

3 ▶ Savoir que deux liquides non miscibles ne se mélangent pas.

4 ▶ Retenir que le liquide le moins dense est toujours au-dessus du liquide le plus dense.

CORRIGÉ

1 La solubilité de l'éthanol étant supérieure à celle de l'eau ($2{,}0\ \text{mg}\cdot\text{L}^{-1} > 0{,}6\ \text{mg}\cdot\text{L}^{-1}$), on en déduit que le solvant le plus efficace est l'éthanol.

2 On applique la formule de la solubilité :

$$s = \frac{m_{\text{max}}}{V} \Leftrightarrow m_{\text{max}} = s \times V$$

Application numérique :
$s = 2{,}0\ \text{mg}\cdot\text{L}^{-1}$ et $V = 100\ \text{mL} = 0{,}100\ \text{L}$.
$m_{\text{max}} = 0{,}20\ \text{mg} = 2{,}0 \times 10^{-4}\ \text{g}$.

3 Dans l'ampoule à décanter de l'étape 3, on observe deux phases. On en déduit que les liquides ne se mélangent pas : ils sont donc non miscibles.

4 L'éther de pétrole contient le β-carotène : il est donc coloré en jaune. On en déduit que la phase supérieure est l'éther de pétrole dans lequel est dissous le β-carotène.

5 La phase supérieure est constituée du liquide le moins dense.
On en déduit que la densité de l'éther de pétrole est inférieure à celle de l'éthanol.

SE TESTER QUIZ

Dans le questionnaire à choix multiple (QCM) suivant, indiquer pour chaque proposition la (ou les) réponse(s) exacte(s).

1 La masse volumique μ a pour expression :

☐ **a.** $\mu = \frac{V}{m}$ ☐ **b.** $\mu = \frac{m}{V}$ ☐ **c.** $\mu = m \times V$

2 La phase supérieure d'un mélange hétérogène liquide est constituée du liquide le plus dense.

☐ **a.** Vrai. ☐ **b.** Faux.

3 La solubilité est la concentration massique maximale d'une espèce chimique en solution.

☐ **a.** Vrai. ☐ **b.** Faux.

4 La relation permettant de calculer la densité d'un liquide par rapport à l'eau est la suivante :

☐ **a.** $d = \frac{\mu}{\mu_0}$ ☐ **b.** $d = \frac{\mu_0}{\mu}$ ☐ **c.** $d = \frac{m}{m_0}$

S'ENTRAÎNER

5 Relier un spectre d'absorption à une solution colorée

Voici deux spectres d'absorption associés à deux solutions colorées :

Spectre a

Spectre b

Indiquer lequel des deux spectres (a ou b) correspond à une solution de couleur bleue et à une solution de couleur jaune.

6 Chromatographie de sodas aux fruits

De nombreux sodas aux fruits contiennent des colorants, dont les plus couramment utilisés sont les suivants :
- le jaune orangé S (code E110) ;
- le rouge cochenille (code E124) ;
- l'azorubine rouge (code E122).

On réalise la chromatographie des colorants de deux sodas (notés S_1 et S_2).

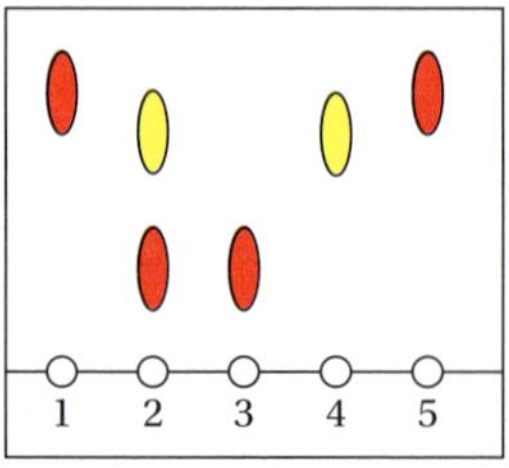

1 = Soda S_1
2 = Soda S_2
3 = Azorubine rouge
4 = Jaune orangé S
5 = Rouge cochenille

1. Déterminer les colorants présents dans les deux sodas.

2. Remplir les cases manquantes du tableau suivant :

Soda	S_1	S_2
Masse volumique ($g{\cdot}L^{-1}$)		$1{,}45 \times 10^3$
Densité	1,3	

Donnée : masse volumique de l'eau : $\mu_0 = 1{,}000 \times 10^3\ g{\cdot}L^{-1}$.

7 Extraction du carotène

Le carotène est un colorant naturel de couleur jaune.
On désire l'extraire d'une carotte par broyage dans un solvant.
Sa solubilité dans l'eau est égale à 0,6 $mg{\cdot}L^{-1}$, tandis que celle dans l'éthanol est égale à 2,0 $mg{\cdot}L^{-1}$.

1. Choisir le solvant le plus approprié pour l'extraction.

2. Quelle masse maximale peut-on espérer récupérer dans un volume d'éthanol égal à 100 mL ?

3. On a pu extraire 0,010 mg de carotène.
Quel est le volume d'éthanol nécessaire à cette extraction ?

OBJECTIF BAC

8 Extraction et séparation des pigments des épinards

Les principaux pigments présents dans les épinards sont les chlorophylles vertes et les caroténoïdes orangés. On désire extraire puis séparer ces pigments selon le protocole suivant.

• Extraction

• Broyer environ 80 g d'épinards frais dans un volume $V_0 = 40$ mL de méthanol.

• Filtrer, récupérer la phase liquide et l'introduire dans une ampoule à décanter de 200 mL.

• Récupérer les épinards broyés, puis les malaxer de nouveau avec un mélange d'éther de pétrole ($V_1 = 40$ mL) et de méthanol ($V_2 = 20$ mL).

• Filtrer, récupérer la phase liquide et l'introduire dans l'ampoule à décanter de 200 mL précédente.

À la fin de ces opérations, on a réussi à extraire la majeure partie de l'eau et des pigments présents dans les feuilles d'épinard.

Données :

Solvant	Densité	Solubilité des chlorophylles	Solubilité des caroténoïdes	Solubilité de l'eau
Méthanol	0,79	Peu soluble	Peu soluble	Très soluble
Éther de pétrole	0,65	Très soluble	Très soluble	Insoluble

Masses molaires atomiques : $M_C = 12{,}0\ \text{g·mol}^{-1}$; $M_H = 1{,}0\ \text{g·mol}^{-1}$; $M_O = 16{,}0\ \text{g·mol}^{-1}$.
Formule du méthanol : CH_3OH.
Masse volumique de l'eau : $\mu_0 = 1{,}000 \times 10^3\ \text{g·L}^{-1}$.

1. Sachant que le méthanol et l'éther de pétrole ne sont pas miscibles, faites le schéma de l'ampoule à décanter et de son contenu en précisant les liquides constituant chaque phase.

2. En exploitant le tableau fourni précédemment, indiquer les espèces chimiques dissoutes dans chacun des deux solvants.

3. Indiquer la couleur des deux phases.

4. En utilisant le protocole, trouver le volume total V de méthanol utilisé pour l'extraction.

5. Déterminer la quantité de matière n de méthanol correspondante, sachant que la masse volumique μ du méthanol est égale à $790\ \text{g·L}^{-1}$.

• Séparation

• Séparer la phase éthérée qui contient les pigments de la phase hydro-alcoolique (contenant le méthanol et l'eau).

• Évaporer ensuite le solvant afin d'obtenir une pâte contenant les pigments extraits.

• Réaliser une chromatographie sur couche mince (CCM) de cette pâte : tracer sur une plaque d'aluminium recouverte de silice un trait de référence, puis y déposer un échantillon de la pâte de pigments.
Placer cette plaque dans une cuve à chromatographie contenant un solvant adapté pour l'élution.
Arrêter l'élution lorsque le liquide arrive à un centimètre du bord de la plaque.

• On obtient sur le chromatogramme deux taches jaunes (J_1 et J_2), une tache bleue-verte (BV) et une tache verte (V).

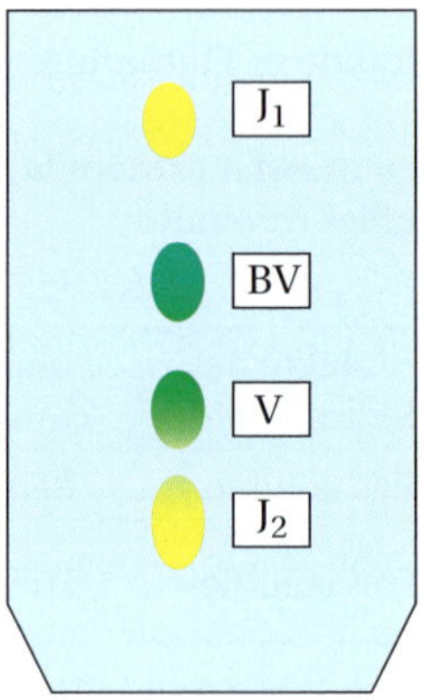

6. Faites un schéma légendé de cette CCM.

7. Combien d'espèces chimiques peut-on identifier dans l'échantillon ?

8. Justifier le fait que le terme chlorophylle représente plusieurs espèces chimiques différentes.

9. Les xanthophylles (jaunes) sont moins solubles dans l'éluant que le carotène (jaune), tandis que la chlorophylle-a y est plus soluble que la chlorophylle-b. Attribuer à chaque tâche une espèce chimique.

9 Synthèse d'un colorant : le jaune soudan

Le jaune soudan est un colorant orange dont la formule est $C_{16}H_{12}N_2O$. On le retrouve dans certains cirages ou dans des vernis. Le protocole expérimental permettant sa synthèse est le suivant :

- **Étape 1 :** on mélange 5,0 g d'aniline solide de formule C_6H_7N à 16 mL d'une solution d'acide chlorhydrique concentré ($H^+ + Cl^-$).

- **Étape 2 :** on prépare une solution de nitrite de sodium ($Na^+ + NO_2^-$) en réalisant la dissolution de 4,0 g de nitrite de sodium solide de formule $NaNO_2$ dans 20 mL d'eau.

- **Étape 3 :** on refroidit les deux solutions préparées à l'aide d'un bain eau-glace jusqu'à une température de 5°C.

- **Étape 4 :** on mélange progressivement les deux solutions refroidies tout en maintenant, par l'ajout progressif d'eau glacée, une température inférieure à 10°C.

- **Étape 5 :** on prépare une solution aqueuse de naphtol en dissolvant 7,8 g de naphtol de formule $C_{10}H_8O$ dans 45 mL d'une solution concentrée d'hydroxyde de sodium ($Na^+ + HO^-$).

- **Étape 6 :** on ajoute très lentement à la solution obtenue à l'étape 4 celle préparée à l'étape 5. On observe alors la formation de cristaux orangés de colorant : c'est le jaune soudan.

Données :
- Masses molaires atomiques :
$M_C = 12{,}0\ g{\cdot}mol^{-1}$; $M_H = 1{,}0\ g{\cdot}mol^{-1}$; $M_O = 16{,}0\ g{\cdot}mol^{-1}$; $M_N = 14{,}0\ g{\cdot}mol^{-1}$
- Masse volumique de l'eau : $\mu_0 = 1{,}000 \times 10^3\ g{\cdot}L^{-1}$

1. Calculer la quantité de matière d'aniline utilisée dans l'étape 1.

2. La masse de 100 mL de la solution concentrée d'acide chlorhydrique est égale à 129 g. Déterminer la densité de cette solution par rapport à l'eau.

3. Sachant que la solubilité s dans l'eau du nitrite de sodium est égale à 820 $g{\cdot}L^{-1}$. Montrer par un calcul que la solution de nitrite de sodium préparée dans l'étape 2 n'est pas saturée.

4. Calculer la quantité de matière de naphtol utilisée dans l'étape 5.

5. La densité de la solution concentrée d'hydroxyde de sodium employée dans l'étape 5 est égale à 1,45. Calculer la masse volumique puis la masse de 45 mL de cette solution.

6. Dans l'étape 6, on observe une formation immédiate des cristaux de jaune soudan dans la solution. Que peut-on dire de la solubilité du jaune soudan dans la solution ?

SE TESTER

1 Réponse b. $\mu = \frac{m}{V}$.

2 Réponse b. Faux : il s'agit du liquide le moins dense.

3 Réponse a. Vrai : la solubilité d'une espèce chimique est égale à la masse maximale de l'espèce que l'on peut dissoudre dans un volume considéré, donc à sa concentration massique maximale.

4 Réponses a et c. $d = \frac{\mu}{\mu_0}$ et $d = \frac{m}{m_0}$.

S'ENTRAÎNER

5 Relier un spectre d'absorption à une solution colorée

La couleur d'une solution correspond à la couleur complémentaire de celle qui est absorbée par l'espèce chimique. Ainsi, la solution de couleur bleue correspond au spectre (a) et la solution de couleur jaune correspond au spectre (b).

6 Chromatographie de sodas aux fruits

1. Dans le soda S_1 on trouve du rouge cochenille, tandis que dans le soda S_2 on trouve de l'azorubine rouge et du jaune orangé S.

2. On utilise la formule reliant la densité à la masse volumique.

Calcul de la masse volumique de S_1 :
$\mu = d \times \mu_0$ avec $d = 1{,}3$ et $\mu_0 = 1{,}000 \times 10^3$ g·L^{-1} soit $\mu = 1{,}3 \times 10^3$ g·L^{-1}.

Calcul de la densité de S_2 :
$d = \frac{\mu}{\mu_0}$ avec $\mu = 1{,}45 \times 10^3$ g·L^{-1} soit $d = 1{,}45$.

On peut alors compléter le tableau.

Soda	S_1	S_2
Masse volumique (g·L^{-1})	$1{,}3 \times 10^3$	$1{,}45 \times 10^3$
Densité	1,3	1,45

7 Extraction du carotène

1. Le solvant le plus approprié pour l'extraction est celui dans lequel le carotène est le plus soluble : c'est l'éthanol.

2. On applique la formule de la solubilité $m_{max} = s \times V$.

Application numérique : $s = 2{,}0$ mg·L^{-1} et $V = 100$ mL $= 0{,}100$ L, soit $m_{max} = 0{,}20$ mg.

3. On applique la formule de la solubilité $V = \frac{m_{max}}{s}$.

Application numérique : $s = 2{,}0$ mg·L^{-1} et $m_{max} = 0{,}010$ mg, soit $V = 5{,}0 \times 10^{-3}$ L.

OBJECTIF BAC

8 Extraction et séparation des pigments des épinards

1. Les deux liquides n'étant pas miscibles, le mélange est constitué de deux phases. Le liquide le moins dense constitue la phase supérieure : c'est l'éther de pétrole.

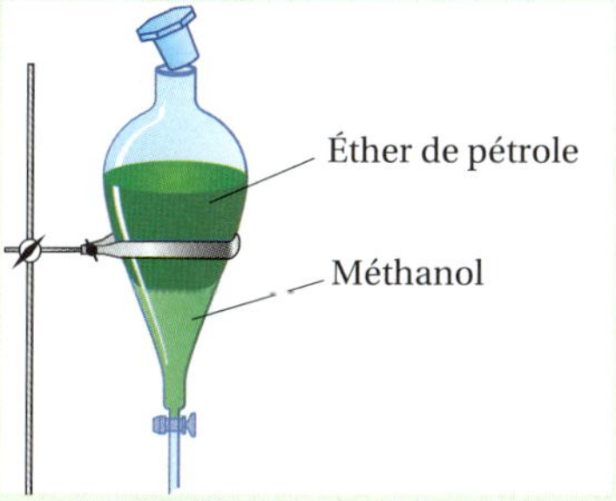

2. Les espèces se retrouvent dissoutes dans le solvant où elles sont les plus solubles.
Dans la phase éthérée (éther de pétrole), on retrouve les chlorophylles et les caroténoïdes.
Dans la phase alcoolique (méthanol), on retrouve l'eau.

3. La phase alcoolique est incolore, tandis que la phase éthérée est colorée en vert car elle contient les pigments colorés.

4. $V = V_0 + V_2 = 40 + 20 = 60$ mL.

5. Pour calculer la quantité de matière n de méthanol correspondante, on utilise la formule $n = \dfrac{\mu \times V}{M}$.

Application numérique : $\mu = 790$ g·L^{-1} ; V = 60 mL = 60×10^{-3} L.
On calcule la masse molaire du méthanol : $M = M_C + 4 \times M_H + M_O = 32{,}0$ g·mol^{-1}.
On obtient : $n = 1{,}5$ mol.

6. Schéma légendé de la CCM :

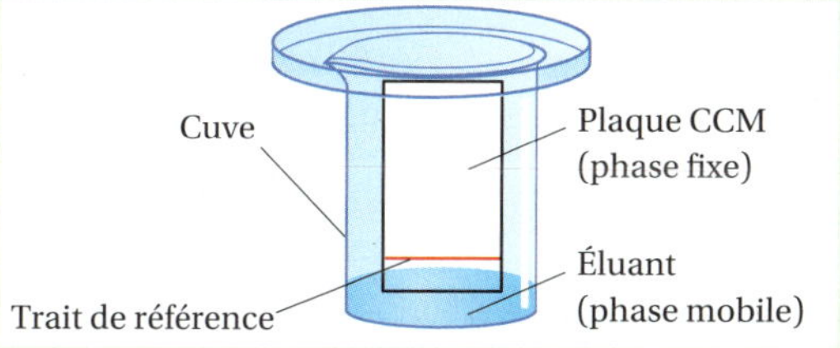

7. On identifie autant d'espèces chimiques que de tâches : il y en a donc quatre.

8. Deux dépôts verts sont identifiés associés à la couleur de la chlorophylle : il s'agit de deux espèces chimiques différentes.
Le terme chlorophylle représente donc plusieurs espèces chimiques différentes.

9. Une espèce chimique est d'autant plus entraînée par l'éluant qu'elle est soluble dans cet éluant. On en déduit alors la répartition suivante :
J_2 = xanthophylles ; V = chlorophylle-b ;
BV = chlorophylle-a ; J_1 = carotène.

9 Synthèse d'un colorant : le jaune soudan

1. On applique la formule :

$$n = \frac{m}{M}$$

On calcule la masse molaire de l'aniline :
$M = 6 \times M_C + 7 \times M_H + M_N = 93{,}0\ g{\cdot}mol^{-1}$.

Application numérique :
$m = 5{,}0$ g et $M = 93{,}0$ g.mol^{-1} soit $n = 5{,}4 \times 10^{-2}$ mol.

2. On applique la formule : $d = \frac{\mu}{\mu_0}$.

$\mu = \frac{m}{V}$ avec $m = 129$ g et $V = 100$ mL = 0,100 L
$\mu = 1{,}29 \times 10^3\ g{\cdot}L^{-1}$
On calcule la densité :
$\mu = 1{,}29 \times 10^3\ g{\cdot}L^{-1}$ et $\mu_0 = 1{,}000 \times 10^3\ g{\cdot}L^{-1}$
soit $d = 1{,}29$

3. Calculons la concentration massique en nitrite de sodium :
$t = \frac{m}{V}$ avec $m = 4{,}0$ g et $V = 20$ mL $= 20 \times 10^{-3}$ L
$t = 200\ g{\cdot}L^{-1}$.
On constate que t est inférieure à $s = 820\ g{\cdot}L^{-1}$, la solution n'est donc pas saturée.

4. On applique la formule :

$$n = \frac{m}{M}$$

On calcule la masse molaire du naphtol :
$M = 10 \times M_C + 8 \times M_H + M_O = 144{,}0\ g{\cdot}mol^{-1}$.

Application numérique :
$m = 7{,}8$ g et $M = 144{,}0\ g{\cdot}mol^{-1}$ soit $n = 5{,}4 \times 10^{-2}$ mol.

5. On calcule la masse volumique de la solution :
On utilise la formule : $\mu = d \times \mu_0$
$d = 1{,}45$ et $\mu_0 = 1{,}000 \times 10^3\ g{\cdot}L^{-1}$
soit $\mu = 1{,}45 \times 10^3\ g{\cdot}L^{-1}$.
On calcule ensuite la masse de cette solution :
$m = V \times \mu$ avec $V = 45$ mL $= 45 \times 10^{-3}$ L
On obtient : $m = 65$ g.

6. La solubilité du jaune soudan dans la solution de l'étape 6 est très faible.

www.annabac.com

CHAPITRE

6 Réaction chimique et couleur

Au cours des transformations chimiques, on observe une évolution de la composition de la matière : des espèces chimiques disparaissent, de nouvelles apparaissent. Les chimistes ont mis en place des méthodes et des modèles permettant de décrire les transformations chimiques et de prévoir leur évolution.

1 Réaction avec une espèce chimique colorée

A Notions de transformation et de réactions chimiques

- On appelle **système chimique** un ensemble d'espèces chimiques contenues dans un même volume (liquide ou gaz).

- L'**état** d'un système chimique est caractérisé par :
  - les espèces chimiques présentes ;
  - les quantités de matière associées à chaque espèce ;
  - l'état physique de chaque espèce ;
  - la température et la pression.

- Une **transformation chimique** a lieu lorsque l'évolution du système chimique s'accompagne de l'apparition de nouvelles espèces (les **produits**) et la disparition d'espèces initialement présentes (les **réactifs**). Le système passe d'un **état initial** à un **état final**.

- La **réaction chimique** est une modélisation de la transformation : elle permet d'expliquer le passage des réactifs aux produits. Elle indique également dans quelles proportions (en quantités de matière) les réactifs sont consommés et les produits formés.

- Pour représenter symboliquement une réaction chimique, on écrit une équation dite **équation-bilan** :

$$\alpha\,\textbf{réactif 1}_{(s)} + \beta\,\textbf{réactif 2}_{(aq)} \rightarrow \gamma\,\textbf{produit 1}_{(l)} + \varepsilon\,\textbf{produit 2}_{(g)}$$

Les espèces chimiques (réactifs et produits) sont représentées par leur **formule**, en précisant leur **état physique** (solide, liquide, gaz, en solution aqueuse) et leur **nombre stœchiométrique** (α, β, γ, ε étant des nombres entiers).

On peut interpréter une équation chimique en termes de bilan de quantités de matière : α moles du réactif 1 réagissent avec β moles de réactif 2 pour donner γ moles de produit 1 et ε moles de produit 2.

Équilibrer une équation chimique consiste à trouver les nombres stœchiométriques en respectant les lois de conservation au cours de la transformation chimique :

• la **conservation des éléments chimiques** : tous les éléments chimiques mis en jeu sont conservés ;

• la **conservation de la quantité de matière** : les quantités de matière associées à chaque élément chimique sont conservées ;

• la **conservation de la charge** : la charge totale du système chimique est conservée.

Lors d'une transformation chimique, certaines espèces sont présentes mais n'interviennent pas dans la transformation : ce sont des **espèces spectatrices**. Elles n'apparaissent pas dans l'équation de la réaction.

B Évolution de la couleur au cours d'une réaction

La réaction chimique entre le diiode I_2 et les ions thiosulfates $S_2O_3^{2-}$ produit des ions tétrathionates de formule $S_4O_6^{2-}$ et des ions iodures de formule I^- selon l'équation-bilan :

$$I_{2\,(aq)} + 2\,S_2O_3{}^{2-}{}_{(aq)} \rightarrow S_4O_6{}^{2-}{}_{(aq)} + 2\,I^-{}_{(aq)}$$

Les ions sodium présents dans la solution de thiosulfate de sodium sont spectateurs.

Le diiode en solution est jaune, le thiosulfate est incolore, ainsi que les produits de la transformation chimique.

On introduit 10,0 mL de diiode de concentration $C_{(I_2)} = 1{,}0 \times 10^{-3}$ mol·L^{-1} dans le bécher, et une solution de thiosulfate de sodium de concentration en ions thiosulfates $C_{(S_2O_3^{2-})} = 1{,}0 \times 10^{-3}$ mol·L^{-1} dans la burette. La solution contenue dans le bécher est jaune.

On verse la solution de thiosulfate de sodium dans le bécher.
Pour un volume versé de 10,0 mL, la solution contenue dans le bécher est devenue jaune pâle. L'espèce chimique responsable de la couleur de la solution, le diiode, a été en partie consommée. La concentration de la solution en diiode est inférieure à la concentration initiale.

Pour un volume versé de thiosulfate de sodium de 20,0 mL, la solution contenue dans le bécher est incolore. L'espèce chimique responsable de la couleur de la solution a été totalement consommée : il n'y a plus de diiode dans le bécher. La concentration de la solution en diiode est nulle.

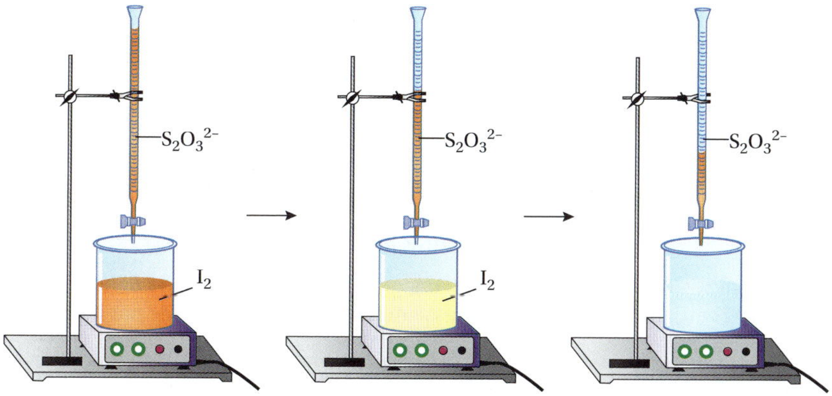

FIGURE 1 **Réaction entre le diiode I_2 et les ions thiosulfates $S_2O_3^{2-}$**

Au cours d'une réaction chimique faisant intervenir une espèce colorée, la couleur de la solution évolue en fonction de la concentration de l'espèce colorée.

2 La chimie quantitative

- Les échantillons de matière contiennent un très grand nombre de particules (molécules, ions, atomes...). Les chimistes ont défini une grandeur adaptée à notre échelle, en relation directe avec le nombre de particules : la **quantité de matière**. Elle est notée ***n*** et s'exprime **en moles**, de symbole mol. Dans une mole, il y a **$6{,}02 \times 10^{23}$** entités chimiques (atomes, molécules, ions...).

- La relation entre la quantité de matière n et le nombre de particules N est :

$$n = \frac{N}{N_A}$$

n en moles (mol)
N sans unité
N_A constante d'Avogadro : $N_A = 6{,}02 \times 10^{23}\ \text{mol}^{-1}$

- On appelle **masse molaire atomique *M*** la masse d'une mole d'atomes. Elle s'exprime en grammes par mole (g·mol^{-1}).
On appelle **masse molaire moléculaire *M*** la masse d'une mole de molécules. Elle s'exprime aussi en g·mol^{-1}.

- La quantité de matière n présente dans un échantillon de masse m et de masse molaire M est déterminée par la formule suivante :

$$n = \frac{m}{M}$$

n en moles (mol)
m en grammes (g)
M en grammes par mole (g·mol^{-1})

On appelle **volume molaire moléculaire V_m** le volume occupé par une mole de l'entité chimique considérée, qu'elle soit sous forme liquide ou gazeuse. Il s'exprime en $L \cdot mol^{-1}$.

La quantité de matière n présente dans un échantillon de volume V et de volume molaire V_m est déterminée par la formule suivante :

$n = \frac{V}{V_m}$	n en moles (mol) V en litres (L) V_m en litres par mole ($L \cdot mol^{-1}$)

La quantité de matière n présente dans un échantillon liquide de densité d (par rapport à l'eau), de volume V et de masse molaire M est déterminée par la formule suivante :

$n = \frac{\mu_o \times d \times V}{M}$	n en moles (mol) d sans unité V en litres (L) M en grammes par mole ($g \cdot mol^{-1}$) μ_o masse volumique de l'eau en grammes par litre ($g \cdot L^{-1}$)

La quantité de matière n présente dans un échantillon liquide de concentration C et de volume V est déterminée par la formule suivante :

$C = \frac{n}{V}$	C en moles par litre ($mol \cdot L^{-1}$) n en moles (mol) V en litres (L)

3 Suivi d'une transformation chimique

A Description de l'évolution d'un système à l'aide d'un tableau d'avancement

Pour prévoir l'évolution d'une transformation chimique, les chimistes utilisent l'**avancement de réaction**, noté x et exprimé en moles (mol).

Dans l'état initial, cet avancement est nul ; au cours de la transformation, l'avancement augmente jusqu'à atteindre une valeur maximale dans l'état final, notée x_f et appelée **avancement final**.

Pour déterminer l'état final d'un système chimique, on utilise un **tableau d'avancement**. Ce tableau permet de déterminer les quantités de tous les constituants du système chimique considéré (réactifs restants et produits formés).

Construction du tableau

- À l'état initial, l'avancement est nul ($x = 0$ mol) : seuls les réactifs sont présents.

• Dans un état au cours de la transformation, l'avancement est égal à x. Pour αx moles du réactif 1 consommées, βx moles du réactif 2 ont été consommées, tandis que γx moles de produit 1 et εx moles de produit 2 ont été formées.

• La réaction est terminée lorsqu'au moins un des réactifs a été totalement consommé : c'est l'état final (l'avancement est maximal).

Équation-bilan		α réactif 1 +	β réactif 2	$\rightarrow \gamma$ produit 1 +	ε produit 2
État	Avancement (mol)	$n_{(\text{réactif 1})}$ (mol)	$n_{(\text{réactif 2})}$ (mol)	$n_{(\text{produit 1})}$ (mol)	$n_{(\text{produit 2}}$ (mol)
Initial	$x = 0$	$n_{\text{i (réactif 1)}}$	$n_{\text{i (réactif 2)}}$	0	0
Intermédiaire	x	$n_{\text{i (réactif 1)}} - \alpha x$	$n_{\text{i (réactif 2)}} - \beta x$	γx	εx
Final	$x = x_f$	$n_{\text{i (réactif 1)}} - \alpha x_f$	$n_{\text{i (réactif 2)}} - \beta x_f$	γx_f	εx_f

B Déterminer le réactif limitant

L'état final est atteint si un seul des réactifs a été totalement consommé : on dit que ce réactif est limitant. Pour identifier le réactif limitant, il faut déterminer celui pour lequel l'avancement maximal est le plus petit.

• *Hypothèse 1.* Le réactif 1 est limitant : $n_{\text{i (réactif 1)}} - \alpha x_{\max 1} = 0$; $x_{\max 1} = \dfrac{n_{\text{i (réactif 1)}}}{\alpha}$.

• *Hypothèse 2.* Le réactif 2 est limitant : $n_{\text{i (réactif 2)}} - \beta x_{\max 2} = 0$; $x_{\max 2} = \dfrac{n_{\text{i (réactif 2)}}}{\beta}$.

• On compare les valeurs de $x_{\max 1}$ et $x_{\max 2}$:

si $x_{\max 1} < x_{\max 2}$, alors le réactif 1 est limitant et $x_f = x_{\max 1}$;

si $x_{\max 1} > x_{\max 2}$, alors le réactif 2 est limitant et $x_f = x_{\max 2}$.

C Prévoir l'état final d'un système chimique

Une fois le réactif limitant et la valeur de l'avancement final déterminés, on peut trouver les quantités des espèces chimiques du système présentes dans l'état final en remplaçant x_f par sa valeur dans la dernière ligne du tableau.

D Cas d'un mélange initial stœchiométrique

■ Si les réactifs ont été introduits dans les proportions stœchiométriques de l'équation-bilan, tous les réactifs sont totalement consommés dans l'état final.
Dans ce cas : $x_f = x_{\max 1} = x_{\max 2}$.

Écrire l'équation d'une réaction chimique

ÉNONCÉ

On fait réagir des ions ferrates de formule FeO_4^{2-} (roses) avec des ions iodures I^- (incolores) en milieu acide (des ions H^+ sont introduits dans le milieu réactionnel). Les produits de cette réaction sont le diiode I_2 (jaune), les ions fer II Fe^{2+} (incolores) et de l'eau liquide.

Écrire l'équation de la réaction.

MÉTHODE

▶ Une équation est équilibrée si les lois de conservation (éléments chimiques, quantités de matière, charges) sont respectées.

▶ Il faut identifier les réactifs et les produits :

réactifs : $FeO_4^{2-}{}_{(aq)}$; $I^-{}_{(aq)}$; $H^+{}_{(aq)}$; produits : $I_{2\,(aq)}$; $Fe^{2+}{}_{(aq)}$; $H_2O_{(l)}$.

CORRIGÉ

$FeO_4^{2-}{}_{(aq)} + \mathbf{4}\,I^-{}_{(aq)} + \mathbf{8}\,H^+{}_{(aq)} \rightarrow \mathbf{2}\,I_{2\,(aq)} + Fe^{2+}{}_{(aq)} + \mathbf{4}\,H_2O_{(l)}$

Étape 1 : équilibrer les éléments chimiques et leur nombre de moles.

Élément oxygène

Côté réactifs : une mole d'ions ferrates contient 4 moles d'oxygène.
Côté produits : une mole d'eau contient 1 mole d'oxygène.
Pour équilibrer l'oxygène, on met un coefficient 4 devant H_2O :

$$FeO_4^{2-}{}_{(aq)} + I^-{}_{(aq)} + H^+{}_{(aq)} \rightarrow I_{2\,(aq)} + Fe^{2+}{}_{(aq)} + \mathbf{4}\,H_2O_{(l)}$$

Élément fer

Côté réactifs : une mole d'ions ferrates contient 1 mole de fer.
Côté produits : une mole d'ions fer II contient 1 mole de fer.
Le fer est déjà équilibré :

$$FeO_4^{2-}{}_{(aq)} + I^-{}_{(aq)} + H^+{}_{(aq)} \rightarrow I_{2\,(aq)} + Fe^{2+}{}_{(aq)} + \mathbf{4}\,H_2O_{(l)}$$

Élément hydrogène

Côté réactifs : une mole d'ions hydrogène contient 1 mole d'hydrogène.
Côté produits : quatre moles d'eau contiennent 8 moles d'hydrogène.
Pour équilibrer l'hydrogène, on met un coefficient 8 devant H^+ :

$$FeO_4^{2-}{}_{(aq)} + I^-{}_{(aq)} + \mathbf{8}\,H^+{}_{(aq)} \rightarrow I_{2\,(aq)} + Fe^{2+}{}_{(aq)} + \mathbf{4}\,H_2O_{(l)}$$

Élément iode
Côté réactifs : une mole d'ions iodures contient 1 mole d'iode.
Côté produits : une mole de diiode contient 2 moles d'iode.
Pour équilibrer l'iode, on met un coefficient 2 devant I^- :

$$FeO_4^{2-}{}_{(aq)} + \mathbf{2}\,I^-{}_{(aq)} + \mathbf{8}\,H^+{}_{(aq)} \rightarrow I_{2\,(aq)} + Fe^{2+}{}_{(aq)} + \mathbf{4}\,H_2O_{(l)}$$

Étape 2 : équilibrer les charges.

Dans l'équation précédente, il n'y a pas conservation de la charge électrique totale.
Côté réactifs : charge totale = (– 2) + 2 × (– 1) + 8 × (+1) = + 4.
Côté produits : charge totale = (+ 2) = + 2.
En multipliant par deux le nombre de moles d'ions iodures mis en jeu (et donc le nombre de moles de diiode formées), on équilibre les charges.
Pour équilibrer la charge totale, on met un coefficient 4 devant I^- et 2 devant I_2 :

$$FeO_4^{2-}{}_{(aq)} + \mathbf{4}\,I^-{}_{(aq)} + \mathbf{8}\,H^+{}_{(aq)} \rightarrow \mathbf{2}\,I_{2\,(aq)} + Fe^{2+}{}_{(aq)} + \mathbf{4}\,H_2O_{(l)}$$

SE TESTER QUIZ

Dans le questionnaire à choix multiple (QCM) suivant, indiquer pour chaque proposition la (ou les) réponse(s) exacte(s).

1 On appelle système chimique d'une transformation chimique :

- [ ] **a.** les réactifs introduits.
- [ ] **b.** les produits obtenus.
- [ ] **c.** l'ensemble des espèces chimiques présentes à chaque instant de la transformation chimique dans un volume donné.

2 La mole est :

- [ ] **a.** une unité de quantité de matière.
- [ ] **b.** l'abréviation de molécule.

3 On parle de volume molaire uniquement pour les gaz.

- [ ] **a.** Vrai.
- [ ] **b.** Faux.

4 À l'état initial, l'avancement de la réaction est maximal.

- [ ] **a.** Vrai.
- [ ] **b.** Faux.

S'ENTRAÎNER

5 Mélange stœchiométrique

On étudie la réaction entre le peroxyde d'hydrogène (H_2O_2) et les ions iodures (I^-) en solution aqueuse. À l'aide d'une burette, on introduit 10,0 mL de solution d'iodure de potassium, de concentration $C_{(I^-)} = 5{,}0 \times 10^{-1}$ mol·L^{-1} dans le bécher contenant des ions hydrogène (H^+) en excès et une solution de peroxyde d'hydrogène de concentration $C_{(H_2O_2)} = 1{,}00 \times 10^{-2}$ mol·L^{-1}.

La réaction entre ces deux espèces chimiques produit de l'eau et du diiode (I_2). Les ions potassium sont spectateurs.

> En solution aqueuse l'eau est une espèce chimique en excès ca[r] il s'agit du solvant.

1. Écrire l'équation de la réaction.

2. Établir le tableau d'avancement de cette transformation. Le peroxyde d'hydrogène et les ions iodures ont été introduits dans les proportions stœchiométriques.

3. À l'aide des données concernant l'iodure de potassium, déterminer la valeur de l'avancement final.

4. Déterminer le volume de solution de peroxyde d'hydrogène versé pour être dans les proportions stœchiométriques de l'équation-bilan.

6 Réaction entre les ions cuivre II et le zinc

Les ions cuivre II (Cu^{2+}) réagissent avec le zinc solide (Zn) pour donner des ions zinc II (Zn^{2+}) et du cuivre solide (Cu).

On introduit dans un bécher 5,00 g de zinc et 30,0 mL d'une solution de sulfate de cuivre de concentration $C_{(Cu^{2+})} = 1,5\ mol \cdot L^{-1}$.

1. Écrire l'équation de la réaction.

2. Établir le tableau d'avancement pour cette transformation.

3. Calculer les quantités de matière initiales des réactifs.

4. Déterminer le réactif limitant.

5. Déterminer les quantités de matière des espèces chimiques présentes dans l'état final.

6. Déterminer la concentration de la solution en ions zinc II dans l'état final.

Données : masse molaire atomique du zinc $M_{(Zn)} = 65,4\ g \cdot mol^{-1}$.

OBJECTIF BAC

7 Réaction entre les ions dichromates et les ions thiosulfates

On étudie la réaction chimique ayant lieu entre les ions dichromates ($Cr_2O_7^{2-}$) et les ions thiosulfates ($S_2O_3^{2-}$) en milieu aqueux acide, qui produit des ions chrome III (Cr^{3+}), des ions tétrathionates ($S_4O_6^{2-}$) et de l'eau selon l'équation :

$$Cr_2O_7^{2-}{}_{(aq)} + 6\ S_2O_3^{2-}{}_{(aq)} + 14\ H^+{}_{(aq)} \rightarrow 2\ Cr^{3+}{}_{(aq)} + 3\ S_4O_6^{2-}{}_{(aq)} + 7\ H_2O_{(l)}$$

On verse dans un bécher 15,0 mL de la solution de dichromate de potassium de concentration en ions dichromates $C_{(Cr_2O_7^{2-})} = 0,20\ mol \cdot L^{-1}$.

La solution de thiosulfate de potassium de concentration $C_{(S_2O_3^{2-})} = 2,0\ mol \cdot L^{-1}$ est introduite dans une burette graduée. Les ions hydrogène sont introduits en excès. En solution aqueuse, l'eau est en excès.

En solution, les ions dichromates sont jaunes, les ions chrome III sont verts et toutes les autres espèces du système chimique sont incolores.

1. Établir le tableau d'avancement correspondant à cette transformation chimique.

2. On verse 6,0 mL de la solution contenant les ions thiosulfates dans le bécher. Déterminer les quantités de matière des réactifs à l'état initial.

3. Déterminer le réactif limitant et la valeur de l'avancement final.

4. Calculer les quantités de matière de toutes les espèces ioniques présentes à l'état final.

5. Quelle est la couleur de la solution ?

6. On réalise la même expérience en versant 9,0 mL de la solution contenant les ions thiosulfates dans le bécher.
Déterminer les quantités de matière des réactifs à l'état initial.

7. Déterminer le réactif limitant et la valeur de l'avancement final.
Calculer les quantités de matière de toutes les espèces ioniques présentes à l'état final.

8. Quelle est la couleur de la solution ?

8 Réaction entre les ions cuivre II et le zinc

Les ions cuivre II (Cu^{2+}) réagissent avec le zinc solide (Zn) pour donner des ions zinc II (Zn^{2+}) et du cuivre solide (Cu).
On introduit dans un bécher 5,00 g de zinc et 30,0 mL d'une solution de sulfate de cuivre de concentration $C(Cu^{2+}) = 1{,}5\ mol{\cdot}L^{-1}$.
On considère que le volume du solide est négligeable devant celui de la solution.

1. Écrire l'équation de la réaction.

2. Établir le tableau d'avancement pour cette transformation chimique.

3. Calculer les quantités de matière initiales des réactifs.

4. Déterminer le réactif limitant.

5. Déterminer les quantités de matière des espèces chimiques présentes dans l'état final.

6. Déterminer la concentration de la solution en ions zinc II dans l'état final.
Donnée : masse molaire atomique du zinc : $M(Zn) = 65{,}4 g{\cdot}mol^{-1}$.

SE TESTER

1 Réponse c. On appelle système chimique d'une transformation chimique l'ensemble des espèces présentes à chaque instant.

2 Réponse a. La mole est une unité de quantité de matière.

3 Réponse b. Faux : on parle de volume molaire d'un échantillon indépendamment de son état.

4 Réponse b. À l'état initial, l'avancement de réaction est nul. À l'état final, l'avancement de réaction est maximal.

S'ENTRAÎNER

5 Mélange stœchiométrique

1. $H_2O_{2(aq)} + 2\,I^-_{(aq)} + 2\,H^+_{(aq)} \rightarrow I_{2(aq)} + 2\,H_2O_{(l)}$

2.

Équation-bilan		$H_2O_{2(aq)}$	$+ 2\,I^-_{(aq)}$	$+ 2\,H^+_{(aq)}$ $\rightarrow$	$I_{2(aq)}$	$+ 2\,H_2O_{(l)}$
État	Avancement (mol)	$n_{(H_2O_2)}$ (mol)	$n_{(I^-)}$ (mol)	$n_{(H^+)}$ (mol)	$n_{(I^-)}$ (mol)	$n_{(H_2O)}$ (mol)
Initial	$x = 0$	$n_{i(H_2O_2)}$	$n_{i(I^-)}$	Excès	0	Excès
Intermédiaire	x	$n_{i(H_2O_2)} - x$	$n_{i(I^-)} - 2x$	Excès	x	Excès
Final	$x = x_f$	$n_{i(H_2O_2)} - x_f$	$n_{i(I^-)} - 2x_f$	Excès	x_f	Excès

3. Le peroxyde d'hydrogène et les ions iodures ont été introduits dans les proportions stœchiométriques : les deux réactifs sont limitants.
À partir des données concernant les ions iodures, nous pouvons déterminer la valeur de l'avancement maximal :

$n_{i(I^-)} - 2\,x_{max} = 0$ d'où $x_{max} = \dfrac{n_{i(I-)}}{2}$

$x_{max} = \dfrac{5{,}0 \times 10^{-3}}{2} = 2{,}5 \times 10^{-3}$ mol

donc $x_f = x_{max} = 2{,}5 \times 10^{-3}$ mol.

Calcul de la quantité initiale d'ions iodures :
$n_{i(I^-)} = C_{(I^-)} \times V_{(I^-)}$
$= (5{,}0 \times 10^{-1}) \times (10{,}0 \times 10^{-3})$
$= 5{,}0 \times 10^{-3}$ mol

4. Détermination de la quantité de peroxyde d'hydrogène introduit.
À l'état final, le peroxyde d'hydrogène a été totalement consommé :
$n_{i(H_2O_2)} - x_f = 0$ donc $n_{i(H_2O_2)} = x_f$.
Or, d'après la question précédente : $x_f = 2{,}5 \times 10^{-3}$ mol, donc $n_{i(H_2O_2)} = 2{,}5 \times 10^{-3}$ mol.

Détermination du volume de peroxyde d'hydrogène introduit :

$$n_{i(H_2O_2)} = C_{(H_2O_2)} \times V_{(H_2O_2)} \text{ d'où } V_{(H_2O_2)} = \frac{n_{i(H2O2)}}{C_{(H2O2)}} ;$$

$$V_{(H_2O_2)} = \frac{2{,}5 \times 10^{-3}}{1{,}00 \times 10^{-2}} = 2{,}5 \times 10^{-1} \text{ L} = 2{,}5 \times 10^{2} \text{ mL.}$$

Donc 250 mL de peroxyde d'hydrogène ont été introduits dans le bécher.

6 Réaction entre les ions cuivre II et le zinc

1. $Cu^{2+}_{(aq)} + Zn_{(s)} \rightarrow Zn^{2+}_{(aq)} + Cu_{(s)}$

2.

Équation-bilan		$Cu^{2+}_{(aq)}$	$Zn_{(s)}$	$\rightarrow$ $Zn^{2+}_{(aq)}$	$Cu_{(s)}$
État	Avancement (mol)	$n_{(Cu^{2+})}$ (mol)	$n_{(Zn)}$ (mol)	$n_{(Zn^{2+})}$ (mol)	$n_{(Cu)}$ (mol)
Initial	$x = 0$	$n_{i(Cu^{2+})}$	$n_{i(Zn)}$	0	0
Intermédiaire	x	$n_{i(Cu^{2+})} - x$	$n_{i(Zn)} - x$	x	x
Final	$x = x_f$	$n_{i(Cu^{2+})} - x_f$	$n_{i(Zn)} - x_f$	x_f	x_f

3. Calcul de la quantité de matière initiale du zinc :

$$n_{(Zn)} = \frac{m_{(Zn)}}{M_{(Zn)}} \text{ d'où } n_{i(Zn)} = \frac{5{,}00}{65{,}4} = 7{,}65 \times 10^{-2} \text{ mol.}$$

Calcul de la quantité de matière initiale d'ions cuivre II :
$n_{(Cu^{2+})} = C_{(Cu^{2+})} \times V_{(Cu^{2+})}$ d'où $n_{i(Cu^{2+})} = 1{,}5 \times 30{,}0 \times 10^{-3} = 4{,}5 \times 10^{-2}$ mol.

4. Si les ions cuivre II sont limitants :
$n_{i(Cu^{2+})} - x_{max1} = 0$ d'où $x_{max1} = n_{i(Cu^{2+})} = 4{,}5 \times 10^{-2}$ mol.
Si le zinc est limitant :
$n_{i(Zn)} - x_{max2} = 0$ d'où $x_{max2} = n_{i(Zn)} = 7{,}65 \times 10^{-2}$ mol.

$x_{max1} < x_{max2}$: l'ion cuivre II est le réactif limitant.
L'avancement final est $x_f = 4{,}5 \times 10^{-2}$ mol.

5. Les ions cuivre II ont été totalement consommés : $n_{f(Cu^{2+})} = 0$ mol.
Calcul de la quantité de matière de zinc à l'état final :
$n_{f(Zn)} = n_{i(Zn)} - x_f = 7{,}65 \times 10^{-2} - 4{,}5 \times 10^{-2} = 3{,}2 \times 10^{-2}$ mol.

Calcul de la quantité de matière de cuivre à l'état final :
$n_{f(Cu)} = x_f = 4{,}5 \times 10^{-2}$ mol.

Calcul de la quantité de matière des ions zinc à l'état final :
$n_{f(Zn^{2+})} = x_f = 4{,}5 \times 10^{-2}$ mol.

6. Calcul de la concentration de la solution en ions zinc à l'état final :

$$C_{(Zn^{2+})} = \frac{n_{f(Zn^{2+})}}{V_{solution}} = \frac{4{,}5 \times 10^{-2}}{30{,}0 \times 10^{-3}} = 1{,}5 \text{ mol·L}^{-1}.$$

OBJECTIF BAC

7 Réaction entre les ions dichromates et les ions thiosulfates

1.

Équation-bilan		$Cr_2O_7^{2-}{}_{(aq)}$	$+ 6\,S_2O_3^{2-}{}_{(aq)}$	$+ 14\,H^+{}_{(aq)}$	$\rightarrow 2\,Cr^{3+}{}_{(aq)}$	$+ 3\,S_4O_6^{2-}{}_{(aq)}$	$+ 7\,H_2O_{(l)}$
État	Avancement (mol)	$n_{(Cr_2O_7^{2-})}$ (mol)	$n_{(S_2O_3^{2-})}$ (mol)	$n_{(H^+)}$ (mol)	$n_{(Cr^{3+})}$ (mol)	$n_{(S_4O_6^{2-})}$ (mol)	$n_{(H_2O)}$ (mol)
Initial	$x = 0$	$n_{i(Cr_2O_3^{2-})}$	$n_{i(S_2O_3^{2-})}$	Excès	0	0	Excès
Intermédiaire	x	$n_{i(Cr_2O_7^{2-})} - x$	$n_{i(S_2O_3^{2-})} - 6x$	Excès	$2x$	$3x$	Excès
Final	$x = x_f$	$n_{i(Cr_2O_7^{2-})} - x_f$	$n_{i(S_2O_3^{2-})} - 6x_f$	Excès	$2x_f$	$3x_f$	Excès

2. Calcul de la quantité de matière initiale des ions dichromates :
$n_{i(Cr_2O_7^{2-})} = C_{(Cr_2O_7^{2-})} \times V_{(Cr_2O_7^{2-})}$
$n_{i(Cr_2O_7^{2-})} = 0{,}20 \times 15{,}0 \times 10^{-3} = 3{,}0 \times 10^{-3}$ mol.
Calcul de la quantité initiale d'ions thiosulfates :
$n_{i(S_2O_3^{2-})} = C_{(S_2O_3^{2-})} \times V_{(S_2O_3^{2-})}$
$n_{i(S_2O_3^{2-})} = 2{,}0 \times (6{,}0 \times 10^{-3}) = 12{,}0 \times 10^{-3}$ mol.

3. Si les ions dichromates sont limitants :
$n_{i(Cr_2O_7^{2-})} - x_{max1} = 0$ soit $x_{max1} = n_{i(Cr_2O_7^{2-})} = 3{,}0 \times 10^{-3}$ mol.
Si les ions thiosulfates sont limitants :
$n_{i(S_2O_3^{2-})} - 6\,x_{max2} = 0$ soit $x_{max2} = \frac{n_{i(S_2O_3^{2-})}}{6} = 2{,}0 \times 10^{-3}$ mol.
$x_{max1} < x_{max2}$: le réactif limitant est l'ion thiosulfate.
L'avancement final est $x_f = 2{,}0 \times 10^{-3}$ mol.

4. Les ions thiosulfates ont été totalement consommés : $n_{f(S_2O_3^{2-})} = 0$ mol.
Calcul de la quantité de matière d'ions dichromates à l'état final :
$n_{f(Cr_2O_7^{2-})} = n_{i(Cr_2O_7^{2-})} - x_f$
$n_{f(Cr_2O_7^{2-})} = 3{,}0 \times 10^{-3} - 2{,}0 \times 10^{-3} = 1{,}0 \times 10^{-3}$ mol.
Calcul de la quantité de matière d'ions chrome III à l'état final :
$n_{f(Cr^{3+})} = 2\,x_f = 4{,}0 \times 10^{-3}$ mol.
Calcul de la quantité de matière des ions tétrathionates à l'état final :
$n_{f(S_4O_6^{2-})} = 3\,x_f = 6{,}0 \times 10^{-3}$ mol.

5. Des ions chrome III ont été produits et il reste des ions dichromates : la couleur de la solution est un mélange de jaune et de vert.

6. Calcul de la quantité de matière initiale des ions dichromates :
$n_{i(Cr_2O_7^{2-})} = C_{(Cr_2O_7^{2-})} \times V_{(Cr_2O_7^{2-})}$
$n_{i(Cr_2O_7^{2-})} = 0{,}20 \times 15{,}0 \times 10^{-3} = 3{,}0 \times 10^{-3}$ mol.
Calcul de la quantité initiale d'ions thiosulfates :
$n_{i(S_4O_6^{2-})} = C_{(S_4O_6^{2-})} \times V_{(S_4O_6^{2-})}$
$n_{i(S_2O_3^{2-})} = 2{,}0 \times 9{,}0 \times 10^{-3} = 1{,}8 \times 10^{-2}$ mol.

7. Si les ions dichromates sont limitants :
$n_{i(Cr_2O_7^{2-})} - x_{max1} = 0$
$x_{max1} = n_{i(Cr_2O_7^{2-})} = 3{,}0 \times 10^{-3}$ mol.
Si les ions thiosulfates sont limitants :
$n_{i(S_2O_3^{2-})} - 6\,x_{max2} = 0$
$x_{max2} = \frac{n_{i(S_2O_3^{2-})}}{6} = 3{,}0 \times 10^{-3}$ mol.
$x_{max1} = x_{max2}$: les réactifs ont été introduits dans les proportions stœchiométriques.
L'avancement final est $x_f = 3{,}0 \times 10^{-3}$ mol.

8. Les ions thiosulfates et les ions dichromates ont été totalement consommés :
$n_{f(S_2O_3^{2-})} = 0$ mol et $n_{f(Cr_2O_7^{2-})} = 0$ mol.

Calcul de la quantité de matière d'ions chrome III à l'état final :
$n_{f(Cr^{3+})} = 2\,x_f = 6{,}0 \times 10^{-3}$ mol.

Calcul de la quantité de matière des ions tétrathionates à l'état final :
$n_{f(S_4O_6^{2-})} = 3\,x_f = 9{,}0 \times 10^{-3}$ mol.

9. Tous les ions dichromates ont été consommés, et les ions chrome III produits sont présents : la couleur de la solution est verte.

8 Réaction entre les ions cuivre II et le zinc

1. $Cu^{2+}_{(aq)} + Zn_{(s)}$ ® $Zn^{2+}_{(aq)} + Cu_{(s)}$.

2.

Équation-bilan		$Cu^{2+}_{(aq)}$ +	$Zn_{(s)}$ →	$Zn^{2+}_{(aq)}$ +	$Cu_{(s)}$
État	Avancement (mol)	$n(Cu^{2+})$	$n(Zn)$	$n(Zn^{2+})$	$n(Cu)$
initial	$x = 0$	$n_i(Cu^{2+})$	$n_i(Zn)$	0	0
en cours de transformation	x	$n_i(Cu^{2+}) - x$	$n_i(Zn) - x$	x	x
final	$x = x_f$	$n_i(Cu^{2+}) - x_f$	$n_i(Zn) - x_f$	x_f	x_f

3. Calcul de la quantité de matière initiale du zinc :

$$n_i(Zn) = \frac{m_i(Zn)}{M(Zn)}.$$

Application numérique :

$$n_i(Zn) = \frac{5{,}00}{65{,}4} = 7{,}65 \times 10^{-2} \text{ mol.}$$

Calcul de la quantité de matière initiale d'ions cuivre :
$n(Cu^{2+}) = C(Cu^{2+}) \times V(Cu^{2+})$.

Application numérique

$n_i(Cu^{2+}) = 1{,}5 \times 30{,}0 \times 10^{-3} = 4{,}5 \times 10^{-2}$ mol.

4. Si l'ion cuivre II constitue le réactif limitant :
$n_i(Cu^{2+}) - x_{max,1} = 0$
$x_{max,1} = n_i(Cu^{2+}) = 4,5\times10^{-2}$ mol.
Si le zinc constitue le réactif limitant :
$n_i(Zn) - x_{max,2} = 0$
$x_{max,2} = n_i(Zn) = 7,65 \times 10^{-2}$ mol
$x_{max,1} < x_{max,2}$ donc l'ion cuivre II est le réactif limitant.
L'avancement final est $x_f = 4,5 \times 10^{-2}$ mol.
5. Les ions cuivre II ont été totalement consommés.
$n_f(Cu^{2+}) = 0$ mol.
Calcul de la quantité de matière de zinc à l'état final :
$n_f(Zn) = n_i(Zn) - x_f = 7,65 \times 10^{-2} - 4,5 \times 10^{-2} = 3,2 \times 10^{-2}$ mol.
Calcul de la quantité de matière de cuivre à l'état final :
$n_f(Cu) = x_f = 4,5 \times 10^{-2}$ mol.
Calcul de la quantité de matière des ions zinc à l'état final :
$n_f(Zn^{2+}) = x_f = 4,5 \times10^{-2}$ mol.
6. Calcul de la concentration de la solution en ions zinc à l'état final :
$$C(Zn^{2+}) = \frac{n_f(Zn^{2+})}{V_{solution}}.$$
Application numérique :
$$C(Zn^{2+}) = \frac{4,5 \times10^{-2}}{3,0 \times10^{-3}} = 1,5 \text{ mol·L}^{-1}$$

www.annabac.com

CHAPITRE

7 Dosage d'une espèce chimique colorée

Doser une espèce chimique en solution, c'est déterminer sa concentration. On peut déterminer la concentration d'une espèce chimique colorée en solution soit en réalisant une échelle de teintes, soit en faisant une étude spectrophotométrique.

1 Couleur et concentration

A Solvant, soluté et solution

- Un liquide dans lequel on dissout une espèce chimique est appelé **solvant**. L'espèce chimique dissoute est appelée **soluté**.
- Lorsqu'une espèce chimique est dissoute dans un liquide, on obtient une **solution**. Si le solvant utilisé est l'eau, la solution obtenue est une solution aqueuse.

B Concentrations molaires et massiques

- La **concentration molaire C_A** d'un soluté A dans un volume V de solution a pour expression :

$$C_A = \frac{n_A}{V}$$

C_A en moles par litre ($mol \cdot L^{-1}$)
n_A en moles (mol)
V en litres (L)

- La **concentration massique t_A** d'un soluté A dans un volume V de solution a pour expression :

$$t_A = \frac{m_A}{V}$$

t_A en grammes par litre ($g \cdot L^{-1}$)
m_A en grammes (g)
V en litres (L)

- Relation entre concentration molaire et concentration massique :

$$C_A = \frac{t_A}{M_A}$$

C_A en moles par litre ($mol \cdot L^{-1}$)
t_A en grammes par litre ($g \cdot L^{-1}$)
M_A, masse molaire en grammes par mole ($g \cdot mol^{-1}$)

C Lien entre la concentration d'une solution et l'intensité de sa couleur

- Plus une solution est concentrée, plus l'intensité de sa couleur est grande.

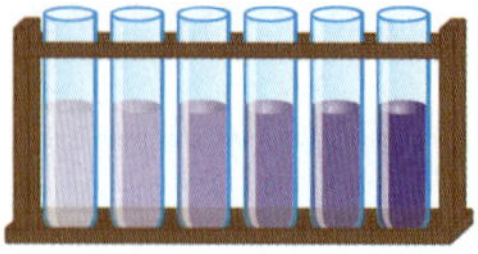

FIGURE 1 Solutions de permanganate de potassium classées par ordre croissant de concentration

- Une échelle de teintes est une série de solutions contenant la même espèce chimique colorée avec des concentrations différentes.

Pour déterminer la concentration inconnue d'une solution colorée, on compare sa couleur avec celles d'une échelle de teintes. On détermine un **encadrement** de la concentration inconnue.

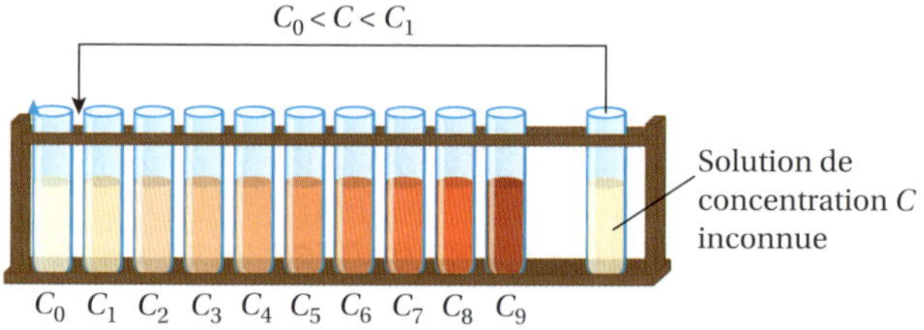

FIGURE 2 Détermination de la concentration inconnue d'une solution colorée à l'aide d'une échelle de teintes

- Une échelle de teintes est préparée par une série de dilutions d'une solution colorée.

2 Préparation d'une solution

A Préparation par dissolution

Afin de préparer une solution de concentration C et de volume V, il faut dissoudre la quantité adéquate de soluté dans un volume de solvant déterminé.

À l'aide de la masse molaire M du soluté solide, on peut déterminer la masse m de soluté nécessaire à la préparation de la solution désirée.

$m = C \times V \times M$	m en grammes (g) C en moles par litre ($mol{\cdot}L^{-1}$) V en litres (L) M en grammes par mole ($g{\cdot}mol^{-1}$)

B Préparation par dilution

- Diluer une solution, c'est augmenter son volume en ajoutant du solvant, sans changer la quantité de matière de soluté : on obtient une solution moins concentrée.

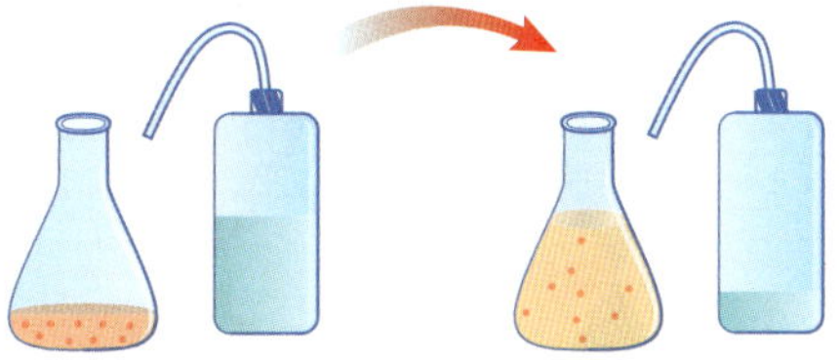

FIGURE 3 Principe de la dilution

- La solution que l'on veut diluer est appelée **solution mère** de concentration C_0.
- La solution obtenue à partir de la solution mère est appelée **solution fille**. Son volume est noté V_f et sa concentration notée C_f.
- Pour préparer la solution fille, on prélève un volume V_0 de solution mère auquel on ajoute du solvant pour obtenir le volume V_f de la solution fille.

$V_0 = \dfrac{C_f \times V_f}{C_0}$	V_0 et V_f en litres (L) C_0 et C_f en moles par litre ($mol{\cdot}L^{-1}$)

- On appelle **facteur de dilution *F*** le quotient de la concentration de la solution mère par la concentration de la solution fille :

$F = \dfrac{C_0}{C_f} = \dfrac{V_f}{V_0}$	F, sans unité V_0 et V_f en litres (L) C_0 et C_f en moles par litre ($mol{\cdot}L^{-1}$)

F est toujours supérieur à 1 car $C_0 > C_f$.

3 Couleur et absorption

A Absorption de la lumière par une solution colorée

- Une espèce colorée en solution absorbe de manière sélective certaines radiations de la lumière blanche. La lumière transmise ne sera plus blanche mais colorée.

- Le **spectre d'absorption** dépend de l'espèce chimique colorée : il possède une ou plusieurs bandes noires correspondant aux plages de radiations absorbées.

- On peut prévoir les couleurs absorbées en fonction de la couleur de l'espèce chimique en solution, grâce à l'étoile des couleurs.

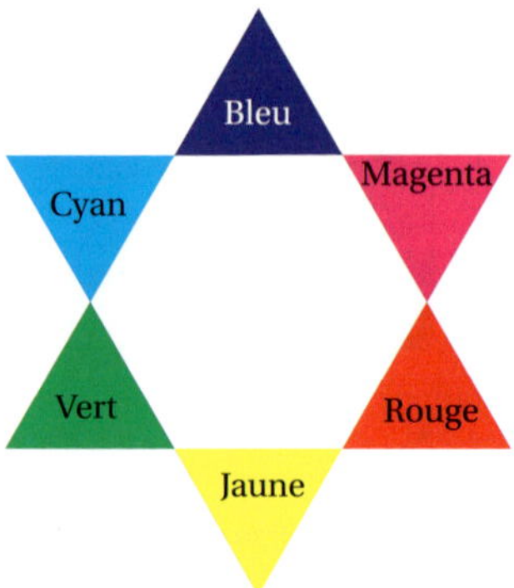

FIGURE 4 Étoile des couleurs

> Une solution colorée absorbe principalement les radiations correspondant aux couleurs complémentaires de sa couleur (celles qui sont en face de celle-ci dans l'étoile des couleurs).

B Mesure de l'absorbance

- L'absorbance est une grandeur qui mesure la capacité d'un liquide à absorber une radiation lumineuse de longueur d'onde λ.

- L'absorbance dépend de la nature de l'espèce chimique colorée et de la longueur d'onde de la radiation lumineuse.

- Pour déterminer l'absorbance d'une solution on utilise un **spectrophotomètre**. Dans le spectrophotomètre, une radiation monochromatique traverse une cuve remplie de la solution colorée dont on veut déterminer la concentration. L'appareil mesure l'absorbance de celle-ci.

L'absorbance est d'autant plus grande que la proportion de lumière absorbée est grande.

C Formule de l'absorbance : la loi de Beer-Lambert

Absorbance et concentration sont reliées par la loi de Beer-Lambert :

$$A = \varepsilon \times l \times C$$

avec :
A, absorbance de la solution (sans unité) ;
l, longueur de la solution traversée par la lumière (en cm) ;
C, concentration de l'espèce chimique colorée (en $mol \cdot L^{-1}$) ;
ε, coefficient d'extinction molaire (en $L \cdot mol^{-1} \cdot cm^{-1}$), qui dépend de la nature de la solution et de la longueur d'onde.

La loi de Beer-Lambert est valable uniquement pour de faibles concentrations : $C < 10^{-2}\ mol \cdot L^{-1}$.

4 Dosage d'une solution colorée par étalonnage

Un dosage par étalonnage permet de déterminer la concentration d'une espèce chimique colorée en solution, à partir d'une courbe d'étalonnage préalablement tracée.

- **Étape 1 :** on mesure l'absorbance d'une série de solutions de l'espèce chimique colorée de concentrations connues.
- **Étape 2 :** on trace une courbe d'étalonnage $A = f(C)$. On obtient une droite qui passe par l'origine : concentration et absorbance sont proportionnelles (ce que confirme la loi de Beer-Lambert).
- **Étape 3 :** on mesure l'absorbance de la solution de concentration inconnue. On porte sur l'axe des ordonnées l'absorbance mesurée. On trouve le point de la courbe d'étalonnage ayant cette ordonnée, puis on lit l'abscisse de ce point : c'est la concentration inconnue recherchée.

Déterminer une concentration par étalonnage

ÉNONCÉ

On dispose d'une solution S_0 de diiode de concentration inconnue.
On souhaite déterminer la concentration de la solution S_0 par une étude spectrophotométrique.

Pour cela, on mesure l'absorbance de plusieurs solutions de diiode de concentrations différentes. On obtient le graphique ci-contre.

La solution de concentration inconnue a une absorbance de $A = 0{,}25$.

Déterminer graphiquement la concentration de la solution S_0.

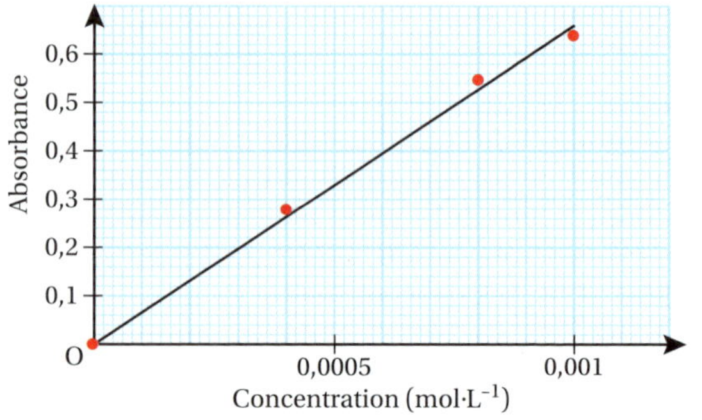

MÉTHODE

▶ Placer sur la droite le point ayant pour ordonnée 0,25 et lire l'abscisse de ce point.

CORRIGÉ

Détermination graphique : la solution S_0 a une concentration égale à $3{,}8 \times 10^{-4}$ mol·L^{-1}.

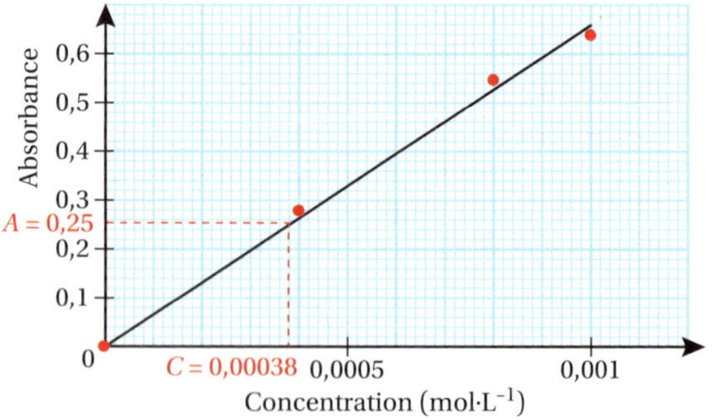

SE TESTER QUIZ

Dans le questionnaire à choix multiple (QCM) suivant, indiquer pour chaque proposition la (ou les) réponse(s) exacte(s).

1 La concentration molaire d'une solution en soluté est égale :

- ☐ **a.** au rapport de la quantité de matière de soluté par le volume de solvant.
- ☐ **b.** au produit de la quantité de matière de soluté par le volume de solvant.
- ☐ **c.** au rapport de la quantité de matière de solvant par le volume de soluté.

2 La loi de Beer-Lambert est valide :

- ☐ **a.** pour toutes les concentrations.
- ☐ **b.** pour les concentrations telles que $C < 10^{-2}$ mol·L^{-1}.
- ☐ **c.** pour les concentrations telles que $C > 10^{-2}$ mol·L^{-1}.

3 On ne peut réaliser le dosage d'une solution avec un spectrophotomètre que si la solution est colorée.

☐ **a.** Vrai. ☐ **b.** Faux.

4 Dans une échelle de teintes, les solutions ne contiennent pas nécessairement la même espèce chimique que la solution à doser, il suffit qu'elles aient la même couleur.

☐ **a.** Vrai. ☐ **b.** Faux.

S'ENTRAÎNER

5 Préparation d'une solution

On souhaite préparer 250,0 mL de solution de sulfate de fer II, de concentration massique $t = 3{,}5$ mg·L^{-1}.
Déterminer la masse de soluté à dissoudre pour préparer cette solution.

6 Étude spectrophotométrique

On dispose d'une solution S_0 de dichromate de potassium de concentration inconnue. Les ions dichromates sont jaunes en solution aqueuse. On souhaite déterminer la concentration de la solution S_0 par une étude spectrophotométrique.
Pour cela, on détermine l'absorbance A de plusieurs solutions de dichromate de potassium de concentrations différentes. Les résultats obtenus sont réunis dans le tableau ci-dessous.

$C_{(Cr_2O_7^{2-})}$ mol·L^{-1}	$2{,}0 \times 10^{-4}$	$4{,}0 \times 10^{-4}$	$8{,}0 \times 10^{-4}$	$1{,}2 \times 10^{-3}$	$1{,}6 \times 10^{-3}$
A	0,22	0,46	0,89	1,33	1,82

1. Tracer la représentation graphique de l'absorbance en fonction de la concentration en ions dichromates de la solution.

2. La solution de concentration inconnue a une absorbance de $A = 1,12$.
Déterminer graphiquement la concentration de la solution S_0.

OBJECTIF BAC

7 Détermination de la concentration du Lugol

Le Lugol est une solution aqueuse de diiode (I_2), utilisée comme solution antiseptique. On dispose d'une solution de Lugol (S_0) et d'une solution aqueuse de diiode S_1 de concentration molaire $C_1 = 1,0 \times 10^{-2}$ mol·L^{-1}.
Pour déterminer la concentration de la solution de Lugol, on réalise une échelle de teintes constituée de 5 solutions, à partir de la solution S_1.

1. Expliquer pourquoi il est important d'utiliser des solutions contenant la même espèce chimique que la solution dont on veut déterminer la concentration.

• Partie A

Pour pouvoir déterminer la concentration de la solution de Lugol, il faut diluer la solution d'un facteur 10.

2. Déterminer le volume de solution mère à prélever pour préparer 50,0 mL de solution fille S_{f0}.

• Partie B

L'échelle de teintes est constituée de 5 solutions dont les concentrations sont indiquées dans le tableau ci-dessous.

Tube	1	2	3	4	5
Concentration de la solution fille (mol·L^{-1})	$1,0 \times 10^{-2}$	$5,0 \times 10^{-3}$	$4,0 \times 10^{-3}$	$3,0 \times 10^{-3}$	$2,0 \times 10^{-3}$

On verse de la solution commerciale diluée (S_{f0}) dans un tube à essais et on constate que la teinte de cette solution est comprise entre celles des solutions présentes dans les tubes 2 et 3.

3. Donner un encadrement de la concentration C_{f0} en diiode de la solution commerciale diluée.

4. Donner un encadrement de la concentration C_0 en diiode du Lugol.

8 Potabilité de l'eau

Une eau est considérée comme potable si elle répond à un certain nombre de critères, notamment une teneur en ions nitrate inférieure à 50 mg·L^{-1}.
On souhaite déterminer si l'eau issue d'une source située dans les Alpes est potable.
Pour répondre à cette question on réalise une étude spectrophotométrique.
On prépare tout d'abord des solutions de concentration connue en ions nitrate.

• Partie A : préparation des solutions de concentration connue

On prépare 1,0 L de solution de nitrate d'ammonium (NH_4NO_3) notée $S_{mère}$ de concentration
$C(NO_3^-) = 1{,}6 \times 10^{-3}$ mol·L^{-1} en dissolvant 129 mg de soluté dans de l'eau distillée.
Pour cela on dispose d'une fiole jaugée d'un litre (avec bouchon), d'une spatule, d'un entonnoir, d'une capsule, d'une balance électronique et d'une pissette d'eau distillée.

1. Décrire les différentes étapes de cette préparation.

2. On ajoute quelques gouttes d'acide 2,4-phénoldisulfonique à cette solution mère. La solution prend une coloration jaune dont l'intensité dépend de la concentration en ion nitrate.
À partir de la solution $S_{mère}$, on prépare quatre solutions notées S_1 à S_4.
On récapitule dans un tableau les valeurs du volume de solution mère prélevé, le volume et la concentration de la solution fille pour chacune des solutions préparées.

Solution	S_1	S_3	S_4	S_2
C_{fille} (mol·L^{-1})	$1{,}6 \times 10^{-4}$	$8{,}0 \times 10^{-5}$	$3{,}2 \times 10^{-5}$	$1{,}6 \times 10^{-5}$
$V_{mère\ prelevé}$ (mL)	2,5	2,5	1,0	1,0
V_{fille} (mL)	25,0	50,0	50,0	100,0

Dans la liste suivante, choisir le matériel nécessaire à la préparation de la solution S_1. Justifier rapidement.

- pipette jaugée de 25,0 mL ;
- pipette graduée de 10,0 mL ;
- propipette ;
- fiole jaugée de 25,0 mL ;
- fiole jaugée de 50,0 mL ;
- bécher de 50,0 mL ;
- éprouvette graduée de 25 mL.

• Partie B : tracé de la courbe d'étalonnage

On mesure l'absorbance A de chaque solution ($S_{mère}$, S_1 à S_4) et on trace la courbe d'étalonnage suivante qui représente les variations de l'absorbance en fonction de la concentration pour une solution de nitrate d'ammonium.

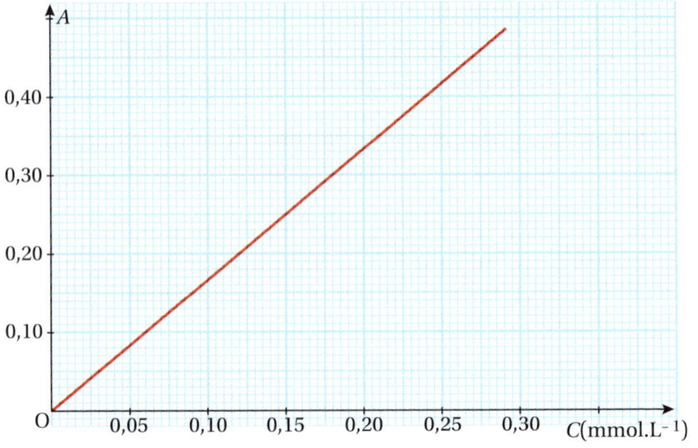

1. Quelle est la loi qui est ainsi vérifiée?

2. On mesure l'absorbance de l'eau de source et on trouve :

$$A_{\text{eau de source}} = 0{,}25$$

Déterminer, par une construction graphique soignée, la concentration de l'eau de source en ions nitrate.

3. En déduire la concentration massique de l'eau de source en ions nitrate.

4. Conclure quant à la potabilité de l'eau de source.

Données :

Masses molaires atomiques :

$M(O) = 16{,}0\ g{\cdot}mol^{-1}$; $M(N) = 14{,}0\ g{\cdot}mol^{-1}$.

SE TESTER

1 **Réponse a.** La concentration molaire d'une solution en soluté est égale au rapport de la quantité de matière de soluté par le volume de solvant.

2 **Réponse b.** La loi de Beer-Lambert est valide pour les faibles concentrations ($C < 10^{-2}$ mol·L^{-1}).

3 **Réponse a.** Vrai : on ne peut réaliser le dosage d'une solution avec un spectrophotomètre que si la solution est colorée.

4 **Réponse b.** Faux : dans une échelle de teintes, toutes les solutions doivent contenir la même espèce chimique mais à des concentrations différentes.

S'ENTRAÎNER

5 Préparation d'une solution

On souhaite préparer 250,0 mL de solution de sulfate de fer II, de concentration massique $t = 3{,}5$ mg·L^{-1}.

Calcul de la masse de soluté : $t = \dfrac{m_{\text{sulfate de fer}}}{V_{\text{solution}}}$ d'où $m_{\text{sulfate de fer}} = t \times V_{\text{solution}}$

Application numérique : $m_{\text{sulfate de fer}} = (3{,}5 \times 10^{-3}) \times (250{,}0 \times 10^{-3}) = 8{,}8 \times 10^{-4}$ g.

Il faut $8{,}8 \times 10^{-4}$ g de sulfate de fer II pour préparer cette solution.

6 Étude spectrophotométrique

1. et **2.**

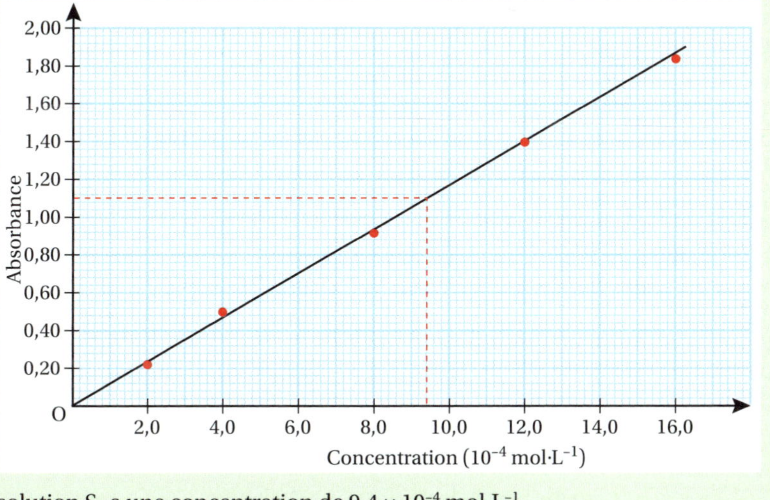

La solution S_0 a une concentration de $9{,}4 \times 10^{-4}$ mol·L^{-1}.

7 Détermination de la concentration du Lugol

1. Le dosage par échelle de teintes est basé sur la comparaison de l'intensité d'une couleur. Pour pouvoir déterminer la concentration d'une espèce chimique en solution, il faut comparer la couleur de cette solution à celles de solutions contenant la même espèce chimique et donc ayant la même teinte mais avec des intensités différentes.

2. D'après l'énoncé, $F = 10$.

Or $F = \frac{V_f}{V_0}$; d'où $V_0 = \frac{V_f}{F} = \frac{50{,}0 \times 10^{-3}}{10} = 5{,}0 \times 10^{-3}$ L.

Il faut prélever 5,0 mL de solution mère pour préparer la solution S_{f0}.

3. La teinte de la solution à doser se trouve entre celle des tubes 2 et 3 donc :

$$C_2 > C_{f0} > C_3$$

$$5{,}0 \times 10^{-3}\ \text{mol·L}^{-1} > C_{f0} > 4{,}0 \times 10^{-3}\ \text{mol·L}^{-1}$$

4. On sait que le Lugol est 10 fois plus concentré que la solution S_{f0}, donc on en déduit : $5{,}0 \times 10^{-2}\ \text{mol·L}^{-1} > C_0 > 4{,}0 \times 10^{-2}\ \text{mol·L}^{-1}$.

8 Potabilité de l'eau

• Partie A : préparation des solutions de concentration connue

1. Les étapes de la dissolution sont les suivantes :
- peser très exactement 129 mg de solide dans une capsule propre et sèche à l'aide d'une spatule après avoir taré la balance ;
- transvaser le solide dans la fiole jaugée d'un litre à l'aide d'un entonnoir ;
- rincer la capsule et l'entonnoir à l'aide de l'eau distillée et recueillir l'eau de rinçage dans la fiole jaugée ;
- remplir la fiole jaugée aux trois quarts avec de l'eau distillée ;
- agiter jusqu'à dissolution complète du solide ;
- compléter jusqu'au trait de jauge tel que le bas du ménisque affleure le trait de jauge ;
- agiter pour homogénéiser.

2. Comme le volume de solution mère prélevée est de 2,5 mL, il faut utiliser une pipette graduée de 10,0 mL munie d'une propipette.

Comme le volume de la solution fille est de 25,0 mL, il faut utiliser une fiole jaugée de 25,0 mL.

Enfin, comme il ne faut jamais prélever directement la solution mère dans le flacon d'origine (par crainte de souiller toute la solution mère), il est nécessaire de verser de la solution mère dans un bécher avant d'utiliser la pipette.

• Partie B : tracé de la courbe d'étalonnage

1. La loi qui est vérifiée est la loi de Beer-Lambert : sur l'intervalle de concentration considéré, absorbance et concentration sont proportionnelles.

2.

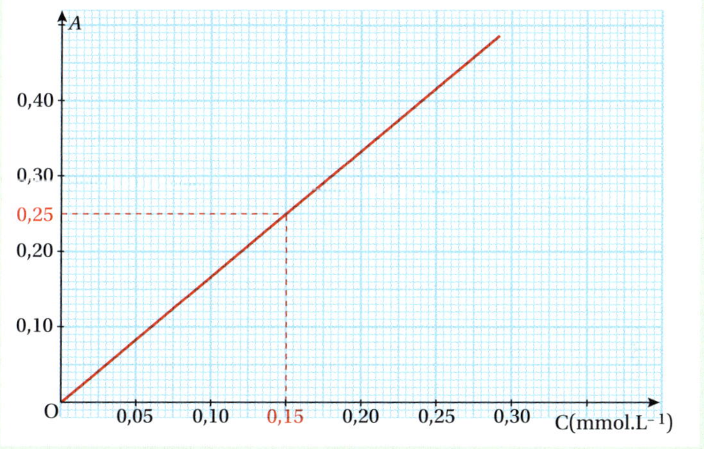

Graphiquement on obtient :

$C_{\text{eau de source}}(NO_3^-) = 0{,}15\ \text{mmol}\cdot\text{L}^{-1} = 1{,}5 \times 10^{-4}\ \text{mol}\cdot\text{L}^{-1}$.

3. Calcul de la concentration massique de la solution :

$t_{\text{eau de source}}(NO_3^-) = C_{\text{eau de source}}(NO_3^-) \times M(NO_3^-)$.

On calcule :

$M(NO_3^-) = M(N) + 3 \times M(O) = 62{,}0\ \text{g}\cdot\text{mol}^{-1}$.

Application numérique :

$t_{\text{eau de source}}(NO_3^-) = 1{,}5 \times 10^{-4} \times 62{,}0 = 9{,}3 \times 10^{-3}\text{g}\cdot\text{L}^{-1}$.

4. L'eau de source a une concentration massique en ion nitrate égale à 9,3 $\text{mg}\cdot\text{L}^{-1}$ qui est inférieure à la norme de potabilité : elle est donc potable pour ce qui concerne les ions nitrate.

www.annabac.com

CHAPITRE

8 Molécules organiques, couleur et vision

La chimie organique concerne les composés possédant un squelette carboné. À l'origine, il s'agissait d'une chimie du vivant car toutes les molécules organiques étaient extraites du monde végétal ou animal. Mais depuis la fin du XIXe siècle, la synthèse des premières espèces chimiques organiques a ouvert de nouvelles perspectives qui ont bouleversé nos modes de vie : matières plastiques, médicaments, engrais, insecticides, colorants... Elle joue notamment un rôle prépondérant dans le domaine des molécules colorées et dans le processus associé de la vision.

1 Présentation des molécules organiques

A Composition des molécules organiques

- Les molécules organiques sont principalement constituées des éléments **carbone (C)** et **hydrogène (H)**.

Exemples :

Nom	Formule	Présent dans...
Méthane	CH_4	Le gaz naturel
Octane	C_8H_{18}	Les carburants automobiles
Éthanol	C_2H_6O	Les boissons alcoolisées
Glucose	$C_6H_{12}O_6$	Les boissons sucrées

- Les molécules sont des **assemblages d'atomes** qui réalisent des liaisons entre eux afin d'assurer la cohésion et la stabilité de l'édifice chimique.

B La liaison chimique covalente

La liaison entre deux atomes peut être réalisée par la mise en commun par chacun des atomes d'un électron de sa couche électronique externe (ou couche de valence). Les deux électrons constituent un **doublet électronique liant** appelé **liaison chimique covalente simple**.

La couche électronique externe est la dernière couche électronique occupée par des électrons dans l'atome.

Des atomes peuvent aussi réaliser entre eux des liaisons multiples :

Liaison double : deux doublets liants.
Liaison triple : trois doublets liants.

C La règle du duet et de l'octet appliquée aux molécules

Dans une molécule, les atomes réalisent des liaisons covalentes de manière à acquérir une structure électronique stable en octet ou en duet.

Structure en duet : deux électrons sur la couche externe K.
Structure en octet : huit électrons sur la couche externe L ou M.

Atome	Symbole	Numéro atomique Z	Structure électronique	Nombre de liaisons à réaliser
Hydrogène	H	1	$(K)^1$	1
Carbone	C	6	$(K)^2\,(L)^4$	4
Azote	N	7	$(K)^2\,(L)^5$	3
Oxygène	O	8	$(K)^2\,(L)^6$	2
Chlore	Cl	17	$(K)^2\,(L)^8\,(M)^7$	1

D Répartition électronique dans une molécule

Dans une molécule, les **électrons périphériques** se répartissent en paires et constituent deux types de **doublets électroniques** :

- les **doublets liants** : ils composent les liaisons covalentes de la molécule. Un tel doublet est partagé par les deux atomes liés ;
- les **doublets non liants** : ils appartiennent à un seul atome.

Atome	Doublets liants	Doublets non liants
Hydrogène (H)	1	0
Carbone (C)	4	0
Azote (N)	3	1
Oxygène (O)	2	2
Chlore (Cl)	1	3

2 Représentation d'une molécule organique

A La représentation de Lewis

Il s'agit d'une représentation de la molécule où apparaissent les atomes constitutifs, les doublets liants et les doublets non liants.

Conventions de représentation

- Un atome est représenté par son symbole.
- Un doublet liant est représenté par un trait entre les symboles des deux atomes liés.
- Un doublet non liant est représenté par un trait placé à côté du symbole de l'atome auquel il appartient.

Cas de l'atome d'hydrogène

Il ne peut réaliser qu'une seule liaison et n'a pas de doublet non liant.

H——X

Cas de l'atome de carbone

Il peut réaliser quatre liaisons et n'a pas de doublet non liant.

- Cas 1 : quatre liaisons simples.

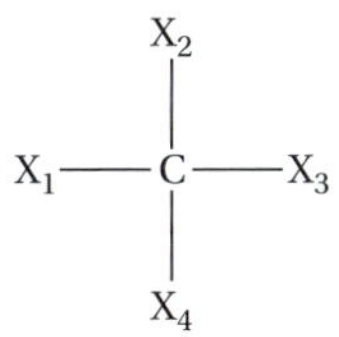

- Cas 2 : une liaison double et deux liaisons simples.

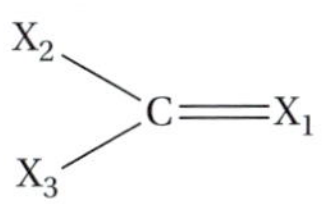

- Cas 3 : une liaison triple et une liaison simple.

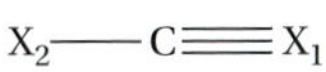

Cas de l'atome d'azote

Il peut réaliser trois liaisons et possède un doublet non liant.

• Cas 1 : trois liaisons simples.

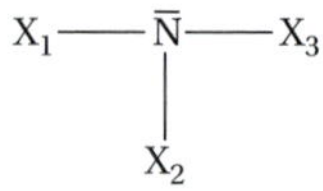

• Cas 2 : une liaison double et une liaison simple.

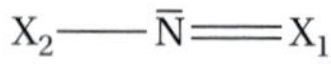

Cas de l'atome d'oxygène

Il peut réaliser deux liaisons et possède deux doublets non liants.

• Cas 1 : deux liaisons simples

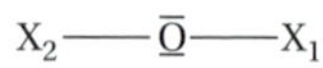

• Cas 2 : une liaison double.

B Les formules développées et semi-développées

Les formules développées et semi-développées d'une molécule dérivent de la formule de Lewis et constituent une simplification de leur représentation.

Formule développée : on ne représente plus les doublets non liants des atomes.

Formule semi-développée : on ne représente plus les liaisons engageant les atomes d'hydrogène. On écrit le symbole H à côté de l'atome lié et on met en indice le nombre de liaisons avec les hydrogènes.

Exemple : le méthanol CH_4O.

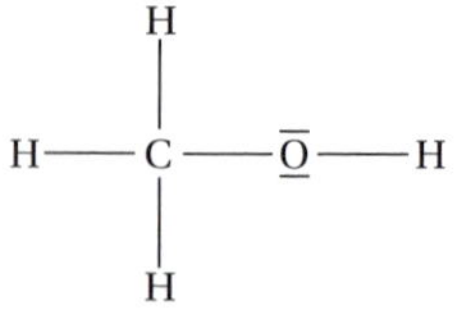

Représentation de Lewis

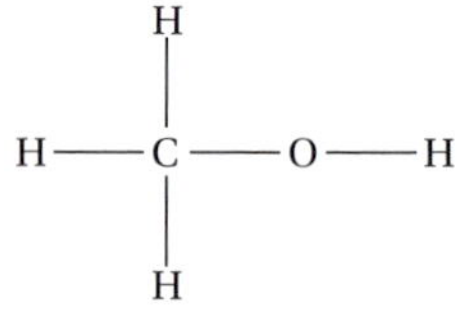

Formule développée

Formule semi-développée

C La formule topologique

Elle permet de représenter simplement une molécule et est très utile lorsque l'on a des molécules comportant un grand nombre de liaisons.

Règles d'écriture

• La chaîne carbonée est représentée par une ligne brisée où chaque segment représente une liaison. Les atomes de carbone et d'hydrogène ne sont pas représentés.

• On trouve un atome de carbone à chaque sommet de la ligne brisée.

• Les atomes autres que H et C sont représentés par leur symbole. On représente aussi les atomes d'hydrogène auxquels ils sont liés.

Exemple : le pentan-1-ol de formule brute $C_5H_{12}O$.

Formule de Lewis :

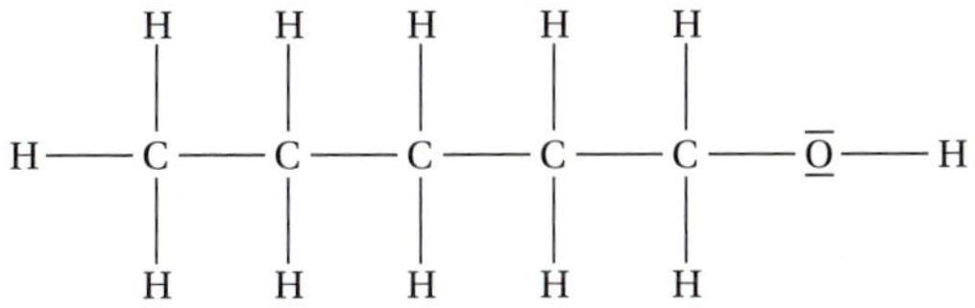

Formule topologique :

3 L'isomérie Z-E

Définition : deux molécules sont isomères si elles possèdent la **même formule brute mais n'ont pas la même formule développée**.

La rotation impossible de la double liaison C=C entraîne un cas particulier d'isomérie propre aux doubles liaisons : l'isomérie Z-E.

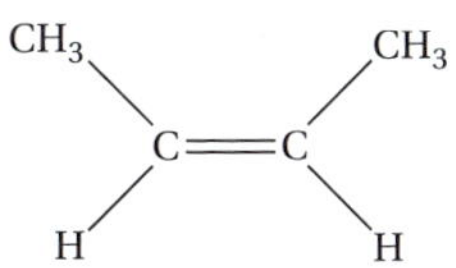

Molécule A

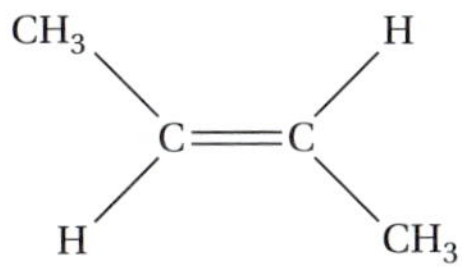

Molécule B

Les molécules A et B ont la même formule brute C_4H_8, mais elles ne sont pas superposables à cause de la double liaison C=C. Par conséquent, elles sont isomères.

La convention Z-E

On trace une droite qui passe par le centre des deux atomes de carbone doublement liés.

• L'**isomère Z** est celui où les deux atomes d'hydrogène sont du même côté de la droite.

• L'**isomère E** est celui où les deux atomes d'hydrogène sont de part et d'autre de la droite.

Application : la molécule A précédente est le (Z)-but-2-ène, tandis que la molécule B est le (E)-but-2-ène.

4 Les molécules organiques colorées

A Conjugaison des doubles liaisons

- Certaines molécules possèdent plusieurs doubles liaisons C=C le long de leur chaîne carbonée. On les appelle des **polyènes**.
- Considérons les formules semi-développées des deux molécules suivantes :

molécule 1 $CH_2=CH-CH_2-CH=CH_2$

molécule 2 $CH_2=CH-CH=CH-CH_3$

Dans la première molécule, les deux doubles liaisons sont séparées par deux liaisons simples successives. Dans la seconde molécule, il y a alternance de liaison simple et de liaison double : les deux liaisons doubles de la molécule sont dites conjuguées.

> Deux liaisons doubles sont conjuguées lorsqu'elles ne sont séparées que par une seule liaison simple.

B Relation entre structure de la molécule et couleur

- Un **chromophore** est un groupe d'atomes possédant au moins une double liaison et qui présente une absorption caractéristique dans le domaine des radiations visibles ou ultraviolettes. Le plus simple des chromophores est la liaison double C=C, qui absorbe une radiation dans l'ultraviolet à 180 nm.
- **Effet bathochrome**

Plusieurs liaisons doubles conjuguées ont pour effet d'augmenter la valeur de la longueur d'onde de la radiation absorbée.

> Conséquence : une molécule comportant un grand nombre de liaisons doubles conjuguées peut absorber des radiations visibles à cause de l'effet bathochrome.

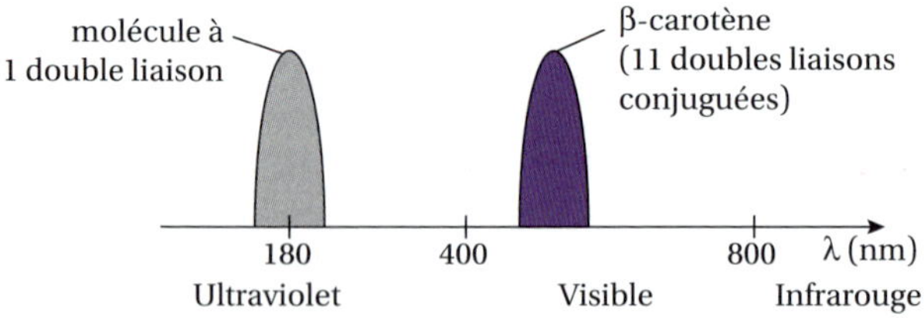

FIGURE 1 Illustration de l'effet bathochrome sur le maximum d'absorption

Exemple : le β-carotène.

Il s'agit d'une molécule que l'on trouve dans les carottes et les feuilles des végétaux. Sa structure nous révèle 11 liaisons doubles conjuguées.

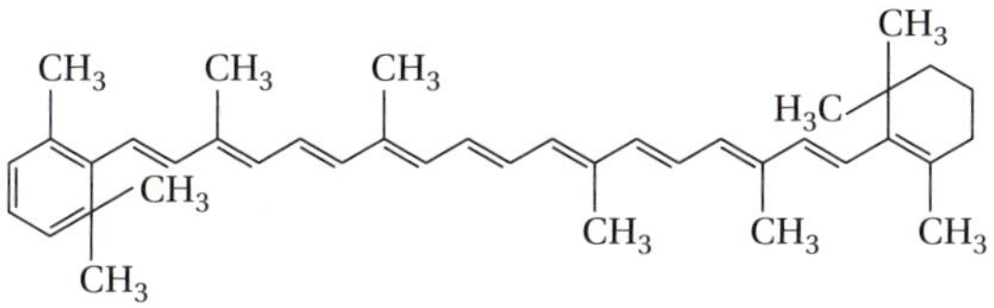

FIGURE 2 **Molécule de β-carotène**

Par effet bathochrome, cette molécule a son maximum d'absorption à une longueur d'onde $\lambda = 450$ nm (radiations bleues).
Sa couleur correspond alors à la couleur complémentaire du bleu : cette molécule est orangée.

5 Le processus de la vision

- Les **bâtonnets** et les **cônes** de l'œil captent la lumière grâce à une molécule, le **rétinal**, sensible à la lumière.
- Il existe deux isomères du rétinal : le 11-Z-rétinal et le 11-E-rétinal. Il s'agit de deux isomères Z et E.
On trouve dans les récepteurs de notre œil, l'isomère Z du rétinal.

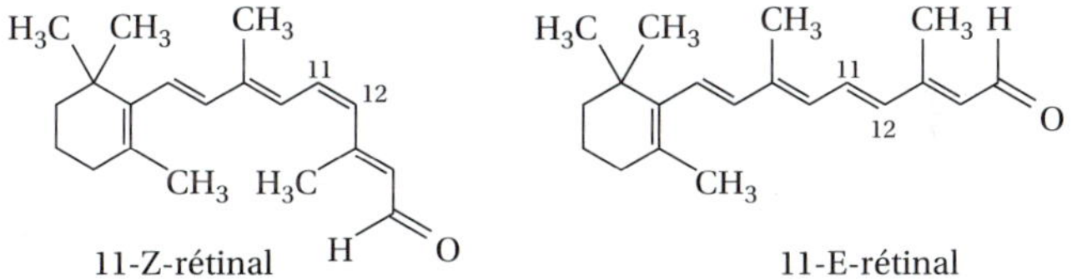

FIGURE 3 **Les isomères Z et E du rétinal**

- Le 11-Z-rétinal comporte un grand nombre de liaisons doubles conjuguées qui lui permettent d'absorber la lumière par effet bathochrome.
Dans les bâtonnets, on le trouve combiné à une protéine, l'**opsine**, pour former un édifice complexe appelé la **rhodopsine**, sensible à la lumière.
Dans les cônes, on le trouve combiné à trois formes différentes d'opsine pour former trois édifices complexes qui absorbent chacun de manière sélective la lumière rouge, ou bleue, ou verte.

Le mécanisme de la vision

• **Étape 1 :** une lumière de longueur d'onde adaptée arrive sur un cône ou un bâtonnet.

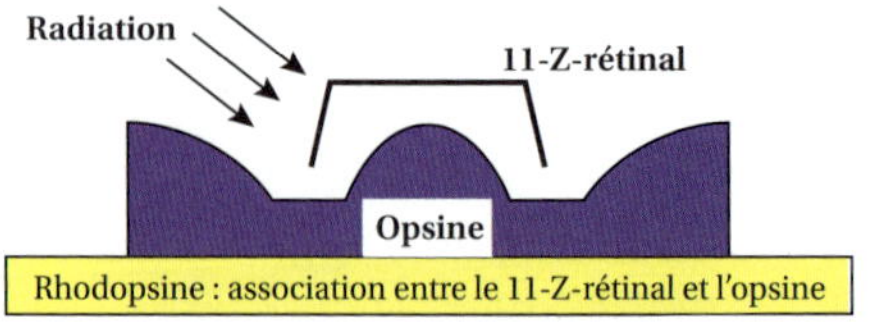

• **Étape 2 :** cette lumière est absorbée par le 11-Z-rétinal qui se transforme alors en 11-E-rétinal. On appelle ce phénomène, une **réaction d'isomérisation Z-E**.

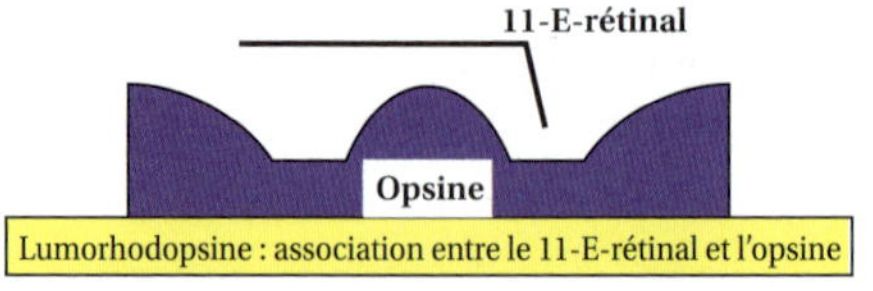

Du fait de la structure différente entre les deux isomères, l'association entre le rétinal et l'opsine change : on passe de la rhodopsine à la lumorhodopsine.

• **Étape 3 :** cette association est peu stable et se brise : le 11-E-rétinal et l'opsine se séparent.

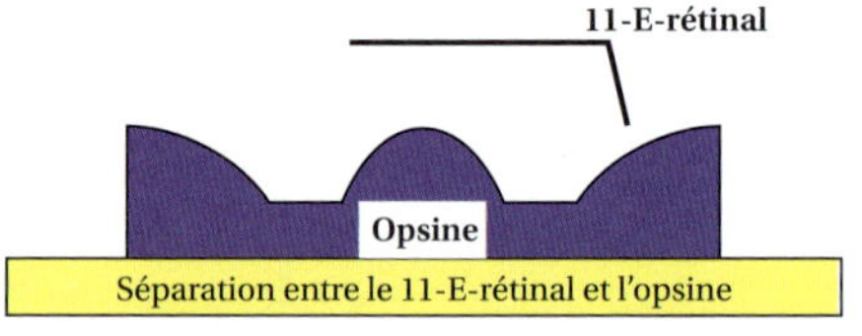

Ce changement de structure dans le bâtonnet ou le cône (passage de la rhodopsine à la lumorhodopsine, puis séparation entre le rétinal et l'opsine) déclenche une réponse dans les cellules nerveuses.
Cette réponse est transmise au cerveau par le nerf optique : c'est le mécanisme de la vision.

L'isomérisation Z-E est à l'origine du mécanisme de la vision.

Passer de la formule brute d'une molécule à sa formule de Lewis, puis à sa formule semi-développée

ÉNONCÉ

On considère une molécule organique de formule brute C_2H_4O dans laquelle l'atome d'oxygène réalise une double liaison.

1 Déterminer sa formule de Lewis

2 Trouver sa formule développée.

3 Donner sa formule semi-développée.

MÉTHODE

1 ▶ Connaître la covalence (nombre de liaisons) de chacun des atomes.

C : 4 liaisons   H : 1 liaison   O : 2 liaisons

▶ Connaître le nombre de doublets non liants (DNL) de chaque atome.

C : 0 DNL   H : 0 DNL   O : 2 DNL

▶ Savoir que les atomes peuvent réaliser des liaisons simples, doubles ou triples.

2 ▶ Les doublets non liants ne sont plus représentés dans les formules développées.

3 ▶ Les liaisons impliquant les atomes d'hydrogène ne sont plus représentées dans les formules semi-développées.

CORRIGÉ

1 Formule de Lewis :

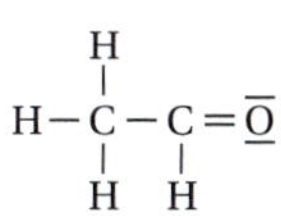

2 Formule développée :

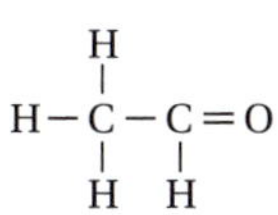

3 Formule semi-développée : $CH_3-CH=O$

Identifier les isomères Z et E d'une molécule organique

ÉNONCÉ

On dispose des formules semi-développées des deux molécules suivantes :

Molécule A $CH_3-CH=CH_2$

Molécule B $CH_3-CH=CH-CH_2-CH_3$

Déterminer si ces deux molécules peuvent posséder des isomères Z et E.

MÉTHODE

▶ Il faut représenter toutes les liaisons que font les atomes de carbone de la double liaison pour pouvoir identifier les cas d'isomérie Z-E.

▶ L'isomère Z possède les deux hydrogènes du même côté de la double liaison et l'isomère E de part et d'autre de la double liaison.

CORRIGÉ

On représente les formules développées des molécules pour observer la position des atomes (ou groupements d'atomes) liés aux atomes de carbone doublement liés.

Molécule A

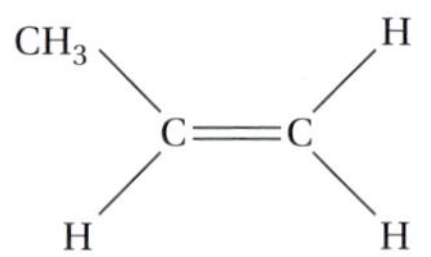

Il n'y a pas d'isomérie Z-E possible, car l'un des deux carbones participant à la double liaison est lié à deux atomes d'hydrogène.

Molécule B

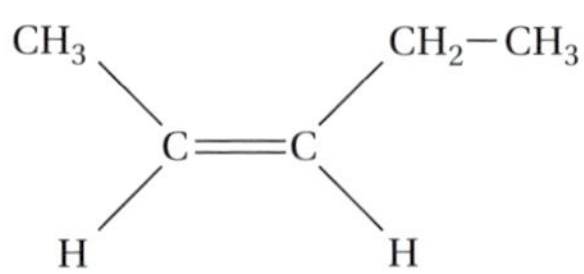

Isomère Z

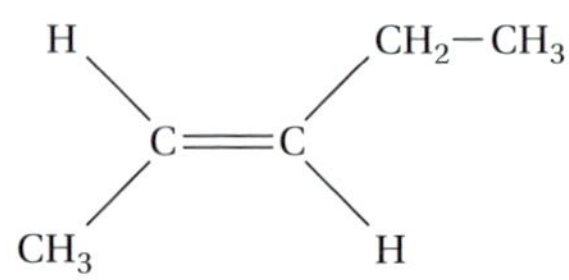

Isomère E

Identifier la conjugaison des doubles liaisons

ÉNONCÉ

Trouver parmi les molécules suivantes celles qui possèdent des doubles liaisons conjuguées.

Molécule 1 : $CH_3-CH=CH-CH=CH_2$

Molécule 2 : $CH_2=CH-CH_2-CH=CH-CH_3$

Molécule 3 : $CH_2=CH-CH=CH_2$

MÉTHODE

▶ Deux doubles liaisons sont conjuguées si elles sont séparées par une seule liaison simple.

CORRIGÉ

Les molécules présentant des doubles liaisons conjuguées sont les molécules 1 et 3.

SE TESTER QUIZ

Dans le questionnaire à choix multiple (QCM) suivant, indiquer pour chaque proposition la (ou les) réponse(s) exacte(s).

1 L'atome de carbone peut réaliser :

- ☐ **a.** 3 liaisons.
- ☐ **b.** 1 liaison.
- ☐ **c.** 4 liaisons.

2 Deux isomères possèdent une même formule développée mais une formule brute différente.

- ☐ **a.** Vrai.
- ☐ **b.** Faux.

3 Deux liaisons doubles sont conjuguées si elles sont placées l'une après l'autre dans la chaîne carbonée.

- ☐ **a.** Vrai.
- ☐ **b.** Faux.

4 Dans la molécule de méthane CH_4, l'atome de carbone est tel que :

- ☐ **a.** il réalise 4 liaisons simples.
- ☐ **b.** il réalise une liaison double et deux liaisons simples.
- ☐ **c.** il réalise une liaison triple et une liaison simple.

S'ENTRAÎNER

5 Identifier une formule et la relier à une formule brute

Voici les formules de deux molécules :

Molécule 1 : $CH_2{=}CH{-}CH_2{-}CH{=}CH_2$

Molécule 2 :

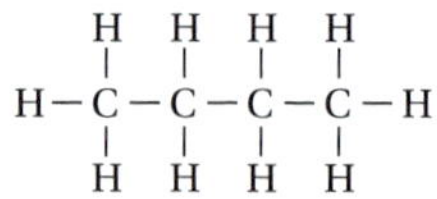

De quels types de formule s'agit-il ? Trouver la formule brute de chacune des molécules.

6 Trouver les formules de Lewis

Une molécule a pour formule brute C_3H_8O.

1. Déterminer la formule de Lewis de cette molécule, sachant que l'atome d'oxygène réalise uniquement des liaisons avec des atomes de carbone.

2. En déduire la formule semi-développée de la molécule.

3. Trouver deux autres formules de Lewis possibles à partir de cette même formule brute.

4. Comment peut-on qualifier de telles molécules ?

7 Identifier des isomères

Trouver parmi les molécules ci-dessous les isomères.

a. 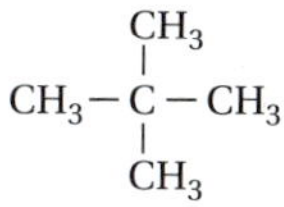

b. 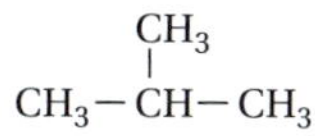

c. $CH_3-CH_2-CH_2-CH_3$

d. 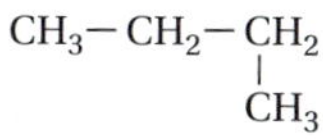

e. 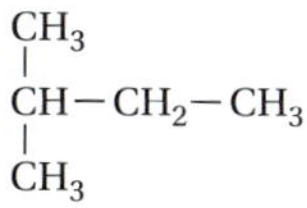

f. 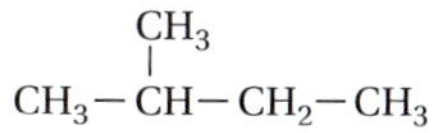

OBJECTIF BAC

8 Les molécules organiques présentes dans les végétaux

On extrait d'une feuille différentes espèces chimiques moléculaires, dont les noms et les formules sont donnés ci-dessous :

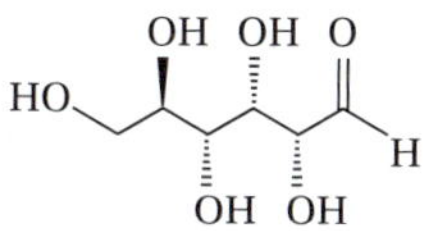

Glucose

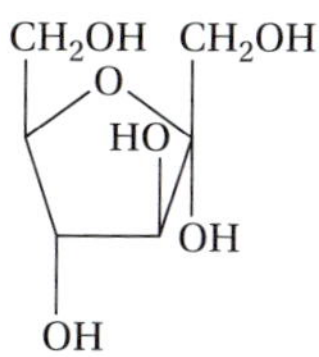

Fructose

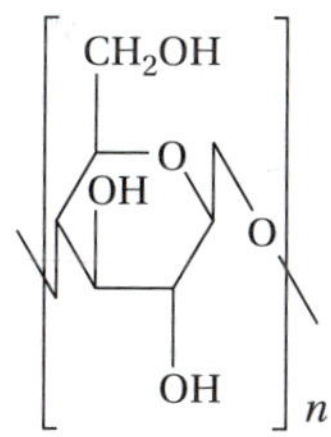

Cellulose

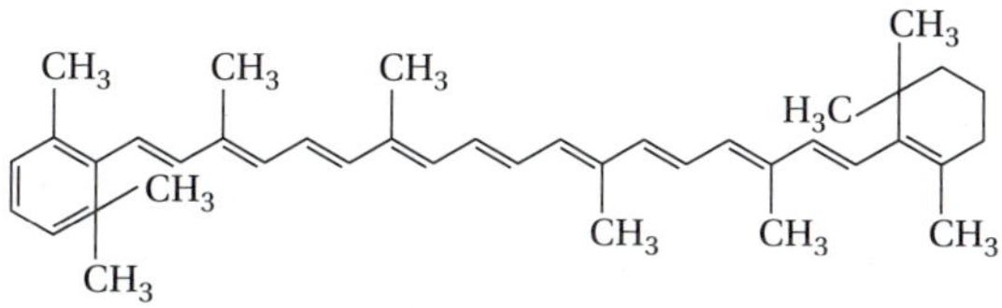

β-Carotène

1. Quel type de formule est utilisé pour représenter ces molécules ?

2. Identifier parmi ces molécules celle(s) qui est (sont) colorée(s).

3. On s'intéresse désormais au glucose.
a. Trouver la formule de Lewis du glucose.
b. Déterminer la formule semi-développée.
c. Quelle est la formule brute du glucose ?

4. On s'intéresse désormais au β-carotène. On représente la 5e double liaison de la chaîne principale de cette molécule : 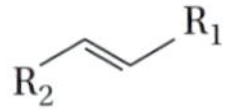

R_1 et R_2 représentent des groupements d'atomes de la molécule.
a. Cette molécule peut-elle présenter une isomérie Z-E ? Justifier.
b. Représenter l'isomère Z.

9 Étude d'un indicateur coloré : l'hélianthine

L'hélianthine est un indicateur coloré qui, en solution aqueuse est de couleur rouge tant que le pH est inférieur à 3, et de couleur jaune pour des pH supérieurs à 4,5.
La forme rouge de l'hélianthine a pour formule topologique :

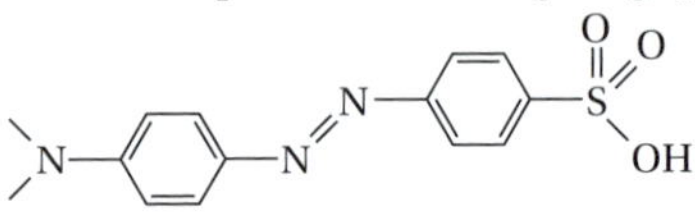

1. Trouver la formule brute de cette molécule.

2. Indiquer le nombre de liaisons doubles conjuguées dans la molécule.

3. On identifie dans la molécule d'hélianthine, un noyau benzénique qui dérive de la molécule de benzène, dont la formule topologique est la suivante : 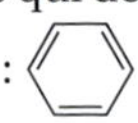
a. Déterminer la formule de Lewis du benzène.
b. Déterminer la formule semi-développée du benzène.
c. Quelle est sa formule brute ?
d. Possède-t-il des liaisons doubles conjuguées ?

10 La couleur des crevettes

L'astaxanthine est un pigment présent chez les certains crustacés tels que les crevettes et les homards. Lorsque l'animal est vivant, la molécule est entourée d'une protéine lui donnant une coloration noirâtre. Lors de l'ébouillantage des homards et crevettes, les protéines libèrent la molécule d'astaxanthine.

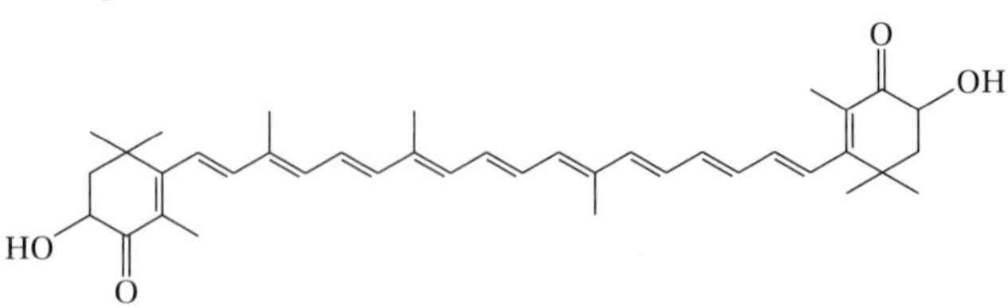

FIGURE 1 **Représentation de la molécule d'astaxanthine**

1. Quelle est le type de représentation utilisé dans la figure 1 ?

2. Déterminer la formule brute de l'astaxanthine.

3. L'astaxanthine est-elle une molécule organique ?

4. Expliquer pourquoi la molécule d'astaxanthine est une molécule colorée.

5. Combien de doubles liaisons conjuguées compte-t-on dans cette molécule ?

6. Quelle est la valeur de la longueur d'onde la plus absorbée par l'astaxanthine? A quelle couleur correspond-elle ?

7. Pourquoi les homards et les crevettes prennent-ils une couleur rose après qu'ils ont été ébouillantés ?

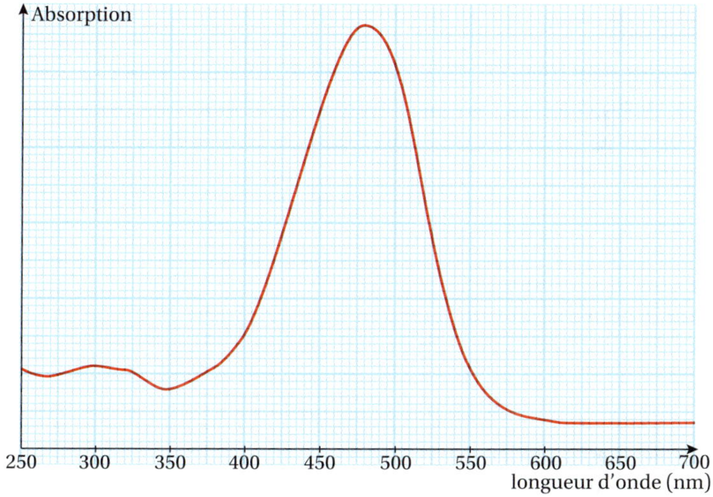

FIGURE 2 Courbe d'absorption de l'astaxanthine

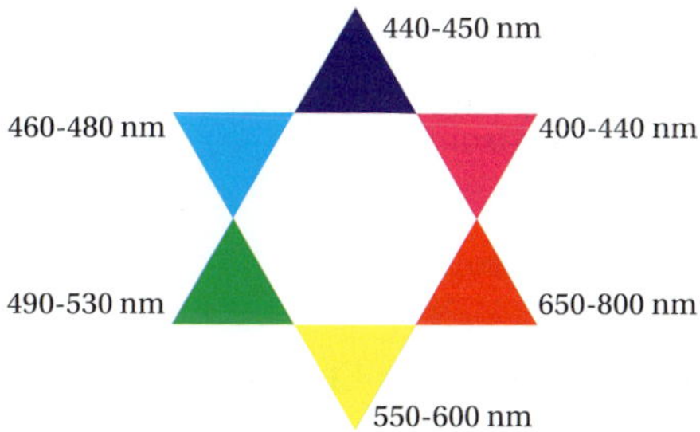

FIGURE 3 Étoile des couleurs

SE TESTER

1 Réponse c. L'atome de carbone peut réaliser 4 liaisons.

2 Réponse b. Faux : deux isomères possèdent une même formule brute mais des formules développées différentes.

3 Réponse b. Faux : deux liaisons doubles sont conjuguées si elles sont séparées par une liaison simple dans la chaîne carbonée.

4 Réponse a. L'atome de carbone réalise quatre liaisons simples dans la molécule de méthane.

S'ENTRAÎNER

5 Identifier une formule et la relier à une formule brute

La formule de la molécule 1 est une formule semi-développée ; celle de la molécule 2 est une formule développée, mais aussi une formule de Lewis car il n'y a pas de doublets non liants.
Formule brute de la molécule 1 : C_5H_8. Formule brute de la molécule 2 : C_4H_{10}.

6 Trouver les formules de Lewis

Une molécule a pour formule brute C_3H_8O.

1. Sa formule de Lewis, selon la contrainte demandée, est :

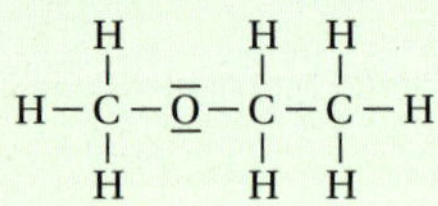

2. Sa formule semi-développée est : $CH_3-O-CH_2-CH_3$

3. Les deux autres formules de Lewis possibles sont :

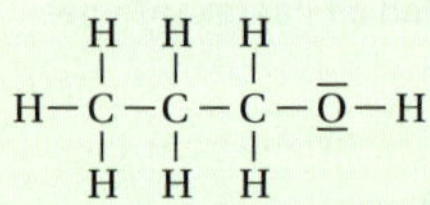

et

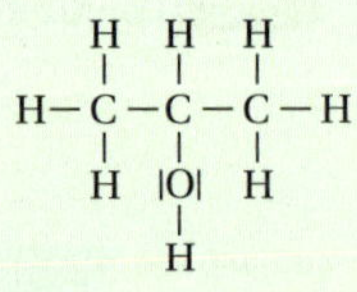

4. De telles molécules sont des isomères.

7 Identifier des isomères

Les différents isomères sont les suivants :

b. 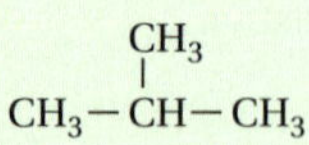 et **c.** $CH_3-CH_2-CH_2-CH_3$

f. 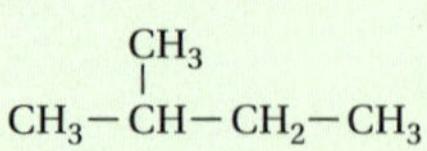 et **a.** 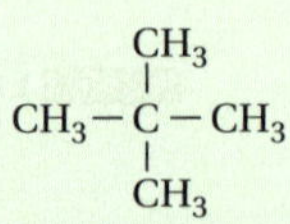

OBJECTIF BAC

8 Les molécules organiques présentes dans les végétaux

1. Les formules sont des formules topologiques.

2. Les molécules colorées sont celles qui présentent un grand nombre de liaisons doubles conjuguées. Donc, seul le β-carotène est une molécule colorée.

3. a. et **b.**

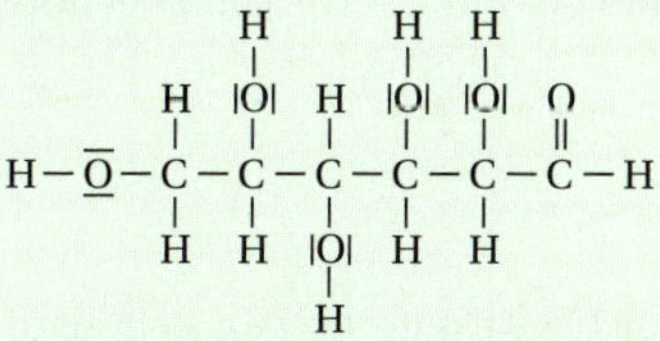

Formule de Lewis du glucose

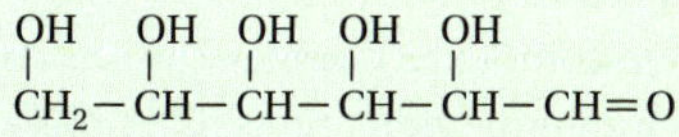

Formule semi-développée du glucose

c. La formule brute du glucose est $C_6H_{12}O_6$.

4. a. Oui, elle peut présenter une isomérie Z-E car chaque atome de carbone de la double liaison porte un atome d'hydrogène et un groupement d'atomes.

b. L'isomère Z :

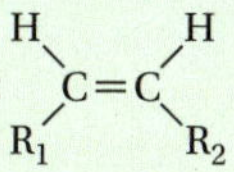

9 Étude d'un indicateur coloré : l'hélianthine

1. La formule brute de cette molécule est $C_{14}H_{15}O_3N_3S$.

2. Il y a 6 liaisons doubles conjuguées dans la molécule : 2 groupes de 3 liaisons conjuguées.

3. a. et **b.**

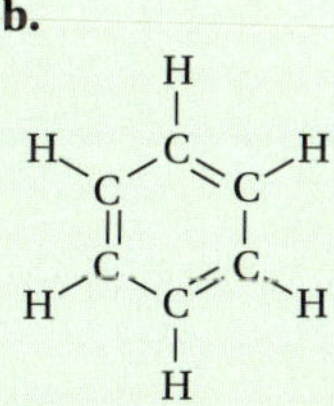

Formule de Lewis du benzène

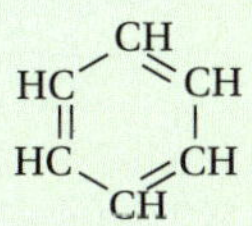

Formule semi-développée du benzène

c. Sa formule brute est C_6H_6.

d. Il possède 3 liaisons doubles conjuguées.

10 La couleur des crevettes

1. Sur la figure 1, la molécule d'astaxanthine est représentée sous forme topologique.

2. La formule brute de l'astaxanthine est : $C_{40}H_{52}O_4$

3. L'astaxanthine est une molécule organique car elle est principalement constituée d'atomes de carbone et d'hydrogène.

4. La molécule d'astaxanthine est un chromophore : elle possède plusieurs liaisons conjuguées, ce qui lui confère la capacité d'absorber des radiations visibles et donc de posséder une couleur.

5. On compte 13 doubles liaisons conjuguées.

6. Graphiquement, nous obtenons $\lambda_{max} = 480$ nm.

Cette longueur d'onde correspond au cyan.

7. Si le maximum d'absorption de l'astaxanthine se trouve dans le cyan, cela signifie que cette molécule nous apparait de la couleur opposée au cyan dans l'étoile des couleurs : l'astaxanthine *a* une couleur rouge.

Lorsqu'ils sont ébouillantés, les crustacés sont colorés par l'astaxanthine, ils deviennent donc rouges.

Comprendre
Lois et modèles

C'est grâce à la mise au point de modèles, de lois et de formulations mathématiques que nous sommes aujourd'hui capables de décrire l'Univers à toutes les échelles : de l'infiniment petit (noyaux et atomes) à l'infiniment grand (amas de galaxies).

Cohésion et transformations de la matière

À l'échelle nucléaire, des modèles ont permis d'appréhender le comportement des noyaux. À l'échelle moléculaire, d'autres modèles permettent de décrire les assemblages solides cristallins, d'expliquer leur mise en solution ou de comprendre les changements d'état de la matière.

▸ **Chapitres 9 à 13.**

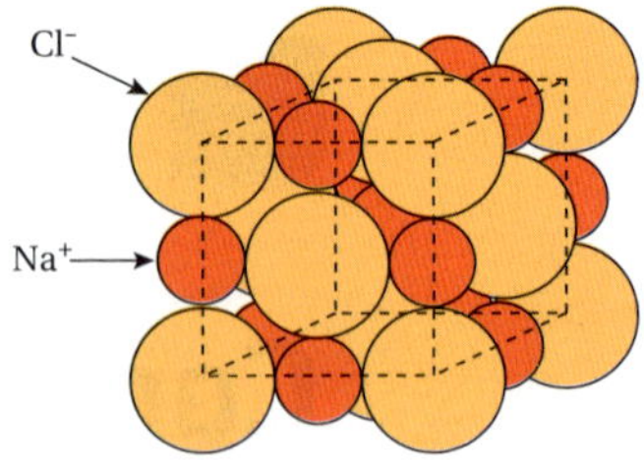

▲ **Structure du chlorure de sodium $NaCl_{(s)}$**

Champs et forces

La notion de champ (magnétique, de pesanteur et électrostatique) permet de décrire bon nombre de phénomènes. L'orientation d'une aiguille aimantée en fait partie, de même que le lancer des projectiles à la surface de la Terre, ou encore le mouvement de particules chargées dans un condensateur.

▸ **Chapitres 14 et 15.**

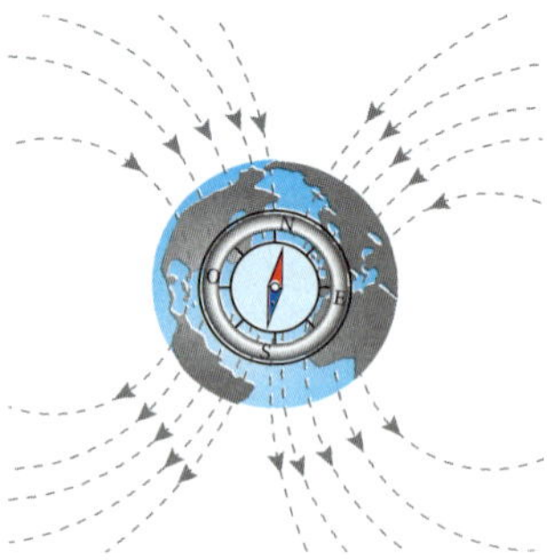

▲ **Champ magnétique terrestre**

Formes et principe de conservation de l'énergie

L'énergie est une grandeur essentielle pour comprendre et expliquer la totalité des phénomènes physiques et chimiques que nous observons. L'évolution d'un système pourra ainsi être décrite et anticipée, grâce au principe de conservation de l'énergie.

▸ **Chapitres 16 et 17.**

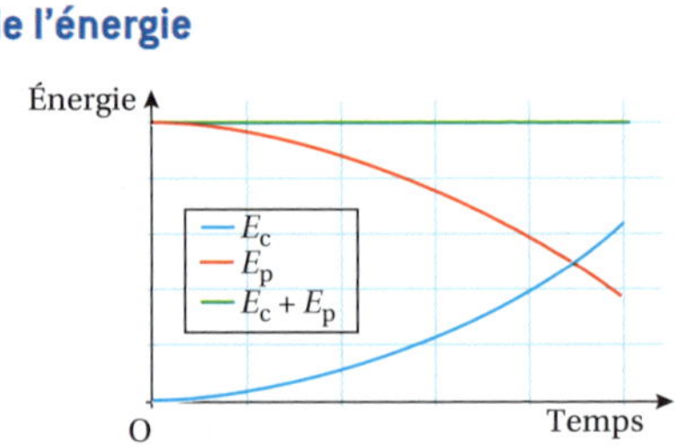

▲ **Variation des énergies d'un objet en chute libre au cours du temps**

www.annabac.com

CHAPITRE

9 L'Univers à toutes les échelles

De l'infiniment petit à l'infiniment grand, l'homme a toujours cherché à comprendre le monde qui l'entoure. De l'atome aux galaxies, la compréhension de la stabilité de la matière passe par la connaissance des forces d'interaction existant entre les différents constituants de l'Univers.

1 La structure à grande échelle

A Structure du Système solaire

■ Le système solaire est constitué d'une étoile (le Soleil) autour de laquelle gravitent **huit planètes** et un ensemble de petits corps tels que les planètes naines (comme Pluton) et les astéroïdes.

■ Les planètes sont classées en deux catégories : les planètes telluriques (les plus proches du Soleil) et les planètes gazeuses (les plus éloignées du Soleil).

• Les **quatre planètes telluriques** (Mercure, Vénus, la Terre et Mars) possèdent une surface solide essentiellement composée de roche et de métal.
On trouve au centre un noyau métallique (principalement du fer et du nickel), entouré d'un manteau composé de roches et de métaux en fusion.

• Les **quatre planètes gazeuses** (Jupiter, Saturne, Uranus et Neptune) sont beaucoup plus grandes que les planètes telluriques. Mis à part leur noyau solide, elles sont essentiellement composées de liquides et de gaz.

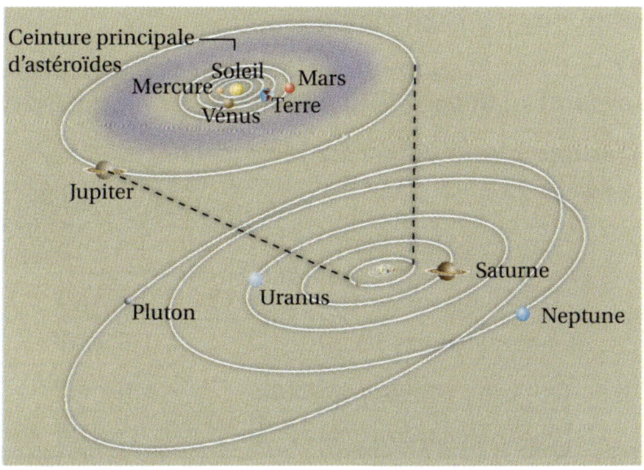

FIGURE 1 Le Système solaire

B Structure de la Voie lactée

Le Système solaire appartient à un regroupement de plusieurs milliards d'étoiles : notre galaxie appelée la **Voie lactée** dont le diamètre est estimé à environ 10^{18} km ou 100 000 années-lumière (al).

1 al = $9,46 \times 10^{15}$ m

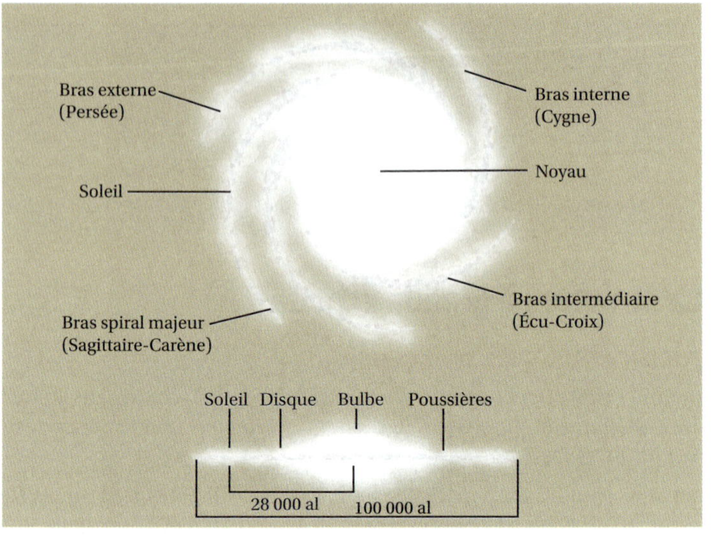

FIGURE 2 La Voie lactée

C Les amas et superamas de galaxies

- Un amas de galaxies est un regroupement de plus de cent galaxies, qui sont liées entre elles par la **gravitation**.
- Ces amas se regroupent eux-mêmes en **superamas de galaxies** qui forment les structures stables les plus grandes et les plus massives de l'Univers observable.
- Ordres de grandeur à grande échelle :

	Valeur approchée (m)	Ordre de grandeur (m)
Diamètre de la Terre	$1,3 \times 10^{7}$	10^{7}
Diamètre du Soleil	$1,4 \times 10^{9}$	10^{9}
Distance Terre-Soleil	$1,5 \times 10^{11}$	10^{11}
Diamètre du Système solaire	$6,0 \times 10^{12}$	10^{13}
Diamètre de la Voie lactée	1×10^{21}	10^{21}

2 La structure à petite échelle

A Les atomes

- La matière est constituée d'**atomes** qui peuvent s'assembler pour former des **molécules**.

- Un atome est assimilable à une sphère dont le diamètre est très petit (de l'ordre de 10^{-10} m).

B Les particules élémentaires : électrons, protons et neutrons

- Un atome comporte un **noyau** autour duquel gravitent des **électrons**, porteurs d'une **charge électrique négative**.

- Le **noyau** est constitué de **nucléons** :
  • les **protons** (porteurs d'une **charge électrique positive**) ;
  • les **neutrons** (ne portant **pas de charge électrique**).

C La charge électrique élémentaire

- La charge électrique portée par les protons est appelé **charge électrique élémentaire** ; elle est notée ***e*** et s'exprime **en coulombs (C)** :

$$e = 1{,}602 \times 10^{-19}\ \text{C}$$

- La charge d'un électron est l'opposée de la charge électrique élémentaire, on la note $-e$:

$$-e = -1{,}602 \times 10^{-19}\ \text{C}$$

La charge électrique est une propriété fondamentale de la matière.
Une charge électrique se note q et est exprimée en coulombs, de symbole C.
Toute charge électrique q est un multiple de la charge élémentaire :
$\boldsymbol{q = n \times e}$ avec n entier positif ou négatif.

- Un atome est constitué d'autant de protons que d'électrons : il est **électriquement neutre**.

Caractéristiques des constituants de l'atome

	Proton	Neutron	Électron
Masse (kg)	$1{,}67 \times 10^{-27}$	$1{,}67 \times 10^{-27}$	$9{,}1 \times 10^{-31}$
Charge électrique (C)	$1{,}602 \times 10^{-19}$	0	$-1{,}602 \times 10^{-19}$

Ordres de grandeur à petite échelle

Longueur	Valeur approchée (m)	Ordre de grandeur (m)
Diamètre d'un globule rouge	$7{,}0 \times 10^{-6}$	10^{-5}
Longueur d'une molécule d'eau	$4{,}0 \times 10^{-10}$	10^{-10}
Diamètre de l'atome d'oxygène	$1{,}2 \times 10^{-10}$	10^{-10}
Diamètre d'un virus	$9{,}1 \times 10^{-8}$	10^{-7}
Diamètre du noyau d'uranium	$3{,}2 \times 10^{-14}$	10^{-14}

3 La cohésion de la matière à grande échelle

À grande échelle, la cohésion de la matière est due à la **force d'interaction gravitationnelle**. Cette force attractive nous permet de comprendre la structure du Système solaire, de notre galaxie...

Loi d'interaction gravitationnelle

Deux corps de masse m_A et m_B, dont les masses sont régulièrement réparties autour de leurs centres notés A et B, séparés d'une distance d, exercent l'un sur l'autre des forces attractives $\vec{F}_{A\to B}$ et $\vec{F}_{B\to A}$, de même droite d'action, de sens opposés et de même valeur, soit :

$$\vec{F}_{A\to B} = -\vec{F}_{B\to A}$$

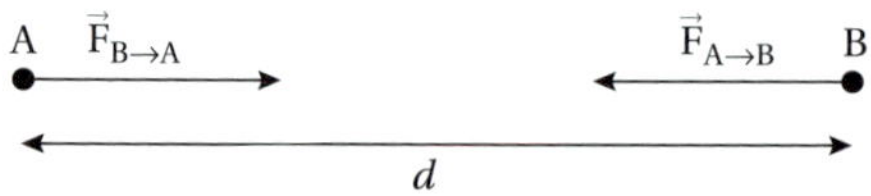

La valeur de ces forces est donnée par la formule suivante :

$$F_{A\to B} = F_{B\to A} = G \times \frac{m_A \times m_B}{d^2}$$

$F_{A\to B}$ et $F_{B\to A}$ en newtons (N)
m_A et m_B en kilogrammes (kg)
d en mètres (m)
G, constante gravitationnelle :
$G = 6{,}67 \times 10^{-11}$ SI

4 La cohésion de la matière à petite échelle

A L'interaction électromagnétique

Deux corps chargés électriquement exercent l'un sur l'autre des forces d'interaction électrique. Ces forces peuvent être soit **répulsives**, soit **attractives** : deux charges de même signe se repoussent, tandis que deux charges de signes opposés s'attirent.

Loi des interactions électriques ou loi de Coulomb

Deux corps ponctuels, de charge q_A et q_B, séparés d'une distance d, exercent l'un sur l'autre des forces $\vec{F}_{A\to B}$ et $\vec{F}_{B\to A}$ de même direction, de sens opposés et de même valeur, soit :

$$\vec{F}_{A\to B} = -\vec{F}_{B\to A}$$

• Cas où les charges sont de **signes opposés :** les forces d'interaction électriques sont **attractives**.

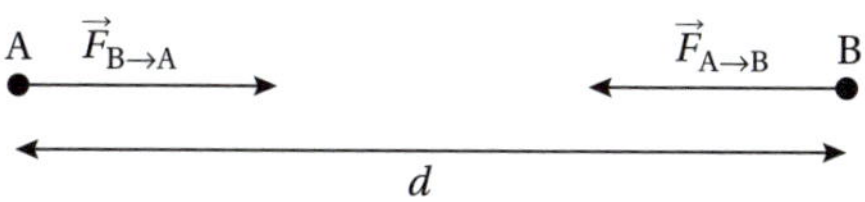

• Cas où les charges sont de **même signe :** les forces d'interaction électriques sont **répulsives**.

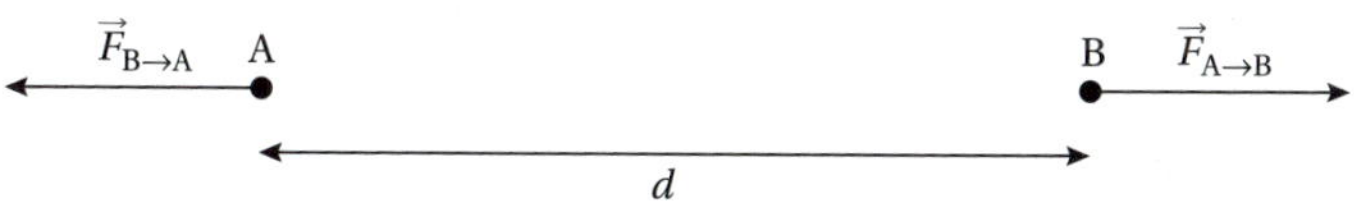

La valeur de ces forces est donnée par la formule suivante :

$$F_{A\to B} = F_{B\to A} = k \times \frac{|q_A| \times |q_B|}{d^2}$$

$F_{A\to B}$ et $F_{B\to A}$ en newtons (N)
q_A et q_B en coulombs (C)
d en mètres (m)
$k = 9{,}0 \times 10^9$ SI

Pour déterminer la valeur des forces d'interaction électriques, il faut prendre la valeur absolue des charges des corps considérés : la valeur de ces forces est toujours positive.

La cohésion de l'atome

Elle est assurée par les forces d'interaction électriques attractives entre les électrons (chargés négativement) et le noyau (chargé positivement).
Lorsque les particules chargées sont en mouvement, il se rajoute à la force électrique une autre force, appelée **force de Lorentz**, faisant intervenir le champ magnétique. La résultante de ces deux forces est appelée **force électromagnétique**.

B L'interaction forte

L'interaction électrique entre les protons est répulsive : la stabilité des noyaux s'explique par l'existence d'une force **attractive** entre les nucléons, appelée **interaction forte**. Sa valeur est supérieure à celle de l'interaction électromagnétique.

Cette force a une **très courte portée d'action** : elle n'agit que sur des distances inférieures ou égales à la dimension du noyau (10^{-15} m). Au contraire, les forces d'interaction gravitationnelle et électromagnétique ont une portée d'action infinie.

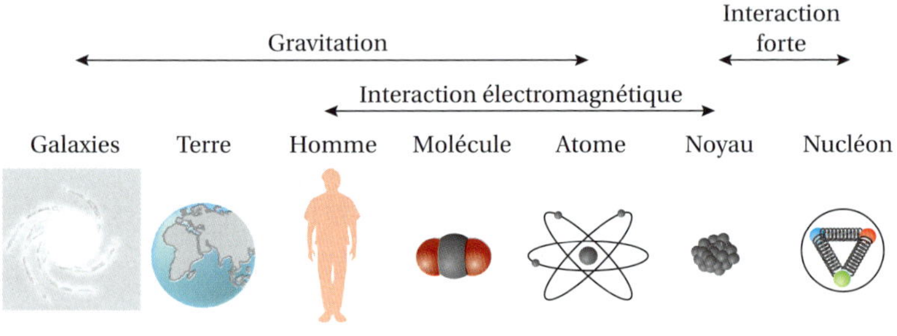

FIGURE 3 Champ d'action des différentes interactions

Pour des échelles supérieures ou égales à l'échelle humaine, les corps sont électriquement neutres : ils ne subissent pas l'interaction électromagnétique. En revanche, les particules qui constituent la matière subissent ses effets.

Il existe quatre interactions fondamentales parmi lesquelles on trouve l'interaction forte, électromagnétique et gravitationnelle. La quatrième est l'interaction faible qui intervient lors de la désintégration radioactive de certains noyaux atomiques instables (désintégrations β^- et β^+).

Déterminer un ordre de grandeur

ÉNONCÉ

La Lune est le satellite naturel de la Terre. Sa trajectoire est un cercle de rayon moyen $d_{TL} = 3{,}844 \times 10^5$ km. Sa période de révolution est environ égale à $T = 29{,}5$ jours. Sa masse est estimée à $m_L = 73{,}3 \times 10^{21}$ kg et son diamètre à $d_L = 3{,}48 \times 10^3$ km.

Déterminer les ordres de grandeur des caractéristiques physiques de la Lune et de son mouvement.

MÉTHODE

▶ L'ordre de grandeur est égal à la puissance de 10 la plus proche de la valeur considérée.

▶ Mettre la valeur X en notation scientifique :

$$\boldsymbol{X = a \times 10^n} \qquad \text{avec } 1 \leqslant a < 10 \text{ et } n \text{ entier relatif ;}$$

- si $a < 5$, l'ordre de grandeur est égal à $\mathbf{10^n}$;
- si $a \geqslant 5$, l'ordre de grandeur est égal à $\mathbf{10^{n+1}}$.

CORRIGÉ

Détermination de l'ordre de grandeur du rayon moyen de la trajectoire de la Lune :
$d_{TL} = 3{,}844 \times 10^5$ km.
L'ordre de grandeur est égal à 10^5 km.

Détermination de l'ordre de grandeur de la période de révolution de la Lune :
$T = 29{,}5$ jours $= 2{,}95 \times 10^1$ jours.
L'ordre de grandeur est égal à 10 jours.

Détermination de l'ordre de grandeur de la masse de la Lune :
$m_L = 73{,}3 \times 10^{21}$ kg $= 7{,}33 \times 10^{22}$ kg.
L'ordre de grandeur est égal à 10^{23} kg.

Détermination de l'ordre de grandeur du diamètre de la Lune :
$d_L = 3{,}48 \times 10^3$ km.
L'ordre de grandeur est égal à 10^3 km.

SE TESTER QUIZ

Dans le questionnaire à choix multiple (QCM) suivant, indiquer pour chaque proposition la (ou les) réponse(s) exacte(s).

1 En plus des planètes, le Système solaire est constitué de :

- ☐ **a.** plusieurs étoiles.
- ☐ **b.** une étoile.
- ☐ **c.** aucune étoile.

2 Le noyau atomique est constitué de :

- ☐ **a.** protons.
- ☐ **b.** électrons.
- ☐ **c.** nucléons.

3 À très grande échelle, ce sont les forces d'interaction électriques qui assurent la cohésion du Système solaire.

- ☐ **a.** Vrai.
- ☐ **b.** Faux.

4 Le noyau exerce sur les électrons une force :

- ☐ **a.** répulsive.
- ☐ **b.** attractive.

5 La force exercée par le Soleil sur une planète est d'autant plus grande que la planète est éloignée du Soleil.

- ☐ **a.** Vrai.
- ☐ **b.** Faux.

S'ENTRAÎNER

6 À propos de Saturne

Saturne est une planète de notre Système solaire située à 9,555 UA du Soleil. Cette planète possède plusieurs satellites naturels dont Titan, qui gravite autour de celle-ci à une distance moyenne de $1{,}212 \times 10^6$ km.

1. Déterminer la valeur de la distance moyenne Saturne-Titan en UA.

> **L'UNITÉ ASTRONOMIQUE**
>
> L'unité astronomique, notée UA, est une unité de longueur adaptée à l'échelle du Système solaire. Par définition, une unité astronomique est égale à la distance entre le Soleil et la Terre :
>
> $$1 \text{ UA} = 1{,}50 \times 10^8 \text{ km}.$$

2. Comparer les distances Saturne-Soleil et Saturne-Titan.

7 Ordres de grandeur à l'échelle microscopique

Remplir le tableau ci-dessous.

Longueur	Grain de sable	Bactérie	Chromosome
Valeur (m)	$3{,}0 \times 10^{-3}$	$8{,}9 \times 10^{-7}$	$8{,}0 \times 10^{-6}$
Ordre de grandeur (m)			

8 Utiliser la loi de Coulomb

On considère deux particules chargées A et B distantes de $7{,}2 \times 10^{-6}$ mm. La particule A possède une charge de $4{,}8 \times 10^{-19}$ C et la particule B, une charge de $3{,}2 \times 10^{-19}$ C.

1. Déterminer la valeur de la force d'interaction électrique existant entre ces particules.

> Ne pas oublier de convertir la distance en mètres, ni de l'élever au carré dans le calcul.

2. Les forces d'interaction électriques sont-elles attractives ou répulsives dans ce cas ?

Données : $k = 9{,}0 \times 10^{9}$ SI

> Deux charges de même signe se repoussent, tandis que deux charges de signes opposés s'attirent.

9 Utiliser la loi d'interaction gravitationnelle

Europe est l'un des 63 satellites naturels de Jupiter, la plus grosse planète du Système solaire. Le satellite Europe a été observé pour la première fois par Galilée en janvier 1610. Sa masse est de $4{,}8 \times 10^{22}$ kg, la distance séparant son centre et celui de Jupiter est de $6{,}7 \times 10^{5}$ km. Jupiter a une masse de $1{,}8986 \times 10^{27}$ kg.

Déterminer la valeur de l'interaction gravitationnelle entre Jupiter et Europe.

> Ne pas oublier de convertir la distance en mètres, ni de l'élever au carré dans le calcul.
> Faire attention aux chiffres significatifs lors du calcul.

Donnée : constante gravitationnelle $G = 6{,}67 \times 10^{-11}$ SI.

OBJECTIF BAC

10 Stabilité de l'atome d'hydrogène

L'atome d'hydrogène est constitué d'un électron et d'un proton.

1. Déterminer la valeur F_G de la force d'interaction gravitationnelle entre le proton et l'électron.

2. Déterminer la valeur F_E de la force d'interaction électrique entre le proton et l'électron.

3. Ces forces sont-elles attractives ou répulsives ?

4. Comparer les deux forces d'interaction.

5. En déduire quelle force est à l'origine de la cohésion de l'atome d'hydrogène.

6. Trouver l'ordre de grandeur des deux forces d'interaction.

Lors du calcul de la force d'interaction électrique, on prend la valeur absolue des charges électriques.

Données :

Particule	Proton	Neutron	Électron
Masse (kg)	$1{,}67 \times 10^{-27}$	$1{,}67 \times 10^{-27}$	$9{,}1 \times 10^{-31}$
Charge électrique (C)	$1{,}602 \times 10^{-19}$	0	$-1{,}602 \times 10^{-19}$

Distance moyenne proton-électron dans un atome d'hydrogène : $0{,}53 \times 10^{-10}$ m.

11 Forces gravitationnelles dans le système solaire

L'UNITÉ ASTRONOMIQUE

L'unité astronomique, notée U.A., est une unité de longueur adaptée à l'échelle du système solaire. Une unité astronomique est par définition égale à la distance entre le Soleil et la Terre :

$$1 \text{ U.A.} = 1{,}50 \times 10^{8} \text{ km.}$$

Les caractéristiques physiques des huit planètes du système solaire sont données dans le tableau suivant :

Planète	Type de planète	Masse (kg)	Diamètre (km)	Distance au Soleil (U.A.)
Mercure	tellurique	$3,25 \times 10^{23}$	$4,88 \times 10^{3}$	0,387
Vénus	tellurique	$4,87 \times 10^{24}$	$1,210 \times 10^{4}$	0,723
Terre	tellurique	$5,98 \times 10^{24}$	$1,276 \times 10^{4}$	1,000
Mars	tellurique	$6,43 \times 10^{23}$	$6,79 \times 10^{3}$	1,523
Jupiter	gazeuse	$1,90 \times 10^{27}$	$1,4298 \times 10^{5}$	5,203
Saturne	gazeuse	$5,68 \times 10^{26}$	$1,2054 \times 10^{5}$	9,555
Uranus	gazeuse	$9,66 \times 10^{25}$	$5,112 \times 10^{4}$	19,218
Neptune	gazeuse	$1,05 \times 10^{26}$	$4,953 \times 10^{4}$	30,110

Pluton : la planète déchue

Découverte en 1930 par l'astronome américain Clyde Tombaugh, Pluton a été considérée, durant tout le XXe siècle, comme la neuvième planète du système solaire.
C'est la planète à la fois la plus éloignée et la moins massive.
La découverte au début du XXIe siècle d'objets similaires tel que Eris, à la fois plus massive et plus grande que Pluton (identifiée en 2005), a amené l'Union Astronomique Internationale (U.A.I.) a reconsidérer sa définition des planètes.
Depuis août 2006, Pluton et Eris sont cataloguées comme étant des planètes naines.

1. Peut-on affirmer que la valeur de la force gravitationnelle $F_{S/M}$ exercée par le Soleil sur Mercure (qui est la planète la moins massive) est inférieure à la valeur de la force $F_{S/J}$ exercée par le Soleil sur Jupiter (qui est la planète la plus massive) ? Répondre sans effectuer de calculs numériques.

2. Calculer numériquement la valeur de la force gravitationnelle $F_{S/M}$ exercée par le soleil sur Mercure et la valeur de la force $F_{S/J}$ exercée par le Soleil sur Jupiter.

3. Quelle devrait être la masse M_M de Mercure pour être soumise à la même force gravitationnelle que Jupiter ?

4. Calculer la distance minimale entre la Terre et Jupiter au cours de leurs mouvements autour du Soleil.

5. Calculer le rapport de la valeur de la force gravitationnelle $F_{S/T}$ exercée par le Soleil sur la Terre sur la valeur de la force $F_{J/T}$ exercée par Jupiter sur la Terre (lorsque les deux planètes sont les plus proches).
Que peut-on en conclure ?

6. Comparer sans effectuer de calculs, la force gravitationnelle exercée par le Soleil sur Pluton à celles exercées par le Soleil sur les huit planètes principales.

Donnée : masse du Soleil : $M_S = 2{,}0 \times 10^{30}$ kg

SE TESTER

1 Réponse b. Le Système solaire est constitué de planètes et d'une étoile : le Soleil.

2 Réponses a. et c. Le noyau atomique est constitué de nucléons qui sont de deux sortes : les protons et les neutrons.

3 Réponse b. Faux : à très grande échelle, les forces d'interactions électriques n'interviennent pas dans la cohésion du Système solaire, car les corps considérés sont électriquement neutres.

4 Réponse b. Le noyau exerce sur les électrons une force attractive, car les signes des charges portées sont opposés.

5 Réponse b. Faux : la force exercée par le Soleil sur une planète est inversement proportionnelle au carré de la distance Soleil-planète.

S'ENTRAÎNER

6 À propos de Saturne

1. Détermination de la valeur de la distance moyenne Saturne-Titan en UA.

Distance en UA	1,00	0,00808
Distance en km	$1,50 \times 10^8$	$1,212 \times 10^6$

(flèche : $\div 1,50 \times 10^8$)

La distance est égale à $8,08 \times 10^{-3}$ UA.

2. Comparaison des distances Saturne-Soleil et Saturne-Titan.

$$\frac{d_{\text{Saturne - Soleil}}}{d_{\text{Saturne - Titan}}} = \frac{9,555}{8,08 \times 10^{-3}} = 1,18 \times 10^3$$

Saturne est $1,18 \times 10^3$ fois plus éloignée du Soleil que de Titan.

7 Ordres de grandeur à l'échelle microscopique

Longueur	Grain de sable	Bactérie	Chromosome
Valeur (m)	$3,0 \times 10^{-3}$	$8,9 \times 10^{-7}$	$8,0 \times 10^{-6}$
Ordre de grandeur (m)	10^{-3}	10^{-6}	10^{-5}

8 Utiliser la loi de Coulomb

1. Détermination de la valeur de la force d'interaction électrique existant entre ces particules :

$$F_{A \to B} = F_{B \to A} = k \times \frac{|q_A| \times |q_B|}{d^2}$$

La distance entre les deux particules est égale à $d = 7,2 \times 10^{-6}$ mm $= 7,2 \times 10^{-9}$ m.

Application numérique :

$$F_{A\to B} = F_{B\to A} = 9{,}0 \times 10^{9} \times \frac{|4{,}8 \times 10^{-19}| \times |3{,}2 \times 10^{-19}|}{(7{,}2 \times 10^{-9})^2} = 9{,}0 \times 10^{9} \times \frac{4{,}8 \times 10^{-19} \times 3{,}2 \times 10^{-19}}{(7{,}2 \times 10^{-9})^2}$$

$F_{A\to B} = F_{B\to A} = 2{,}7 \times 10^{-11}$ N.

2. Les charges sont de même signe : la force d'interaction électrique est répulsive.

9 Utiliser la loi d'interaction gravitationnelle

Détermination de la valeur de la force d'interaction gravitationnelle existant entre Europe et Jupiter :

$$F_{A\to B} = F_{B\to A} = G \times \frac{m_A \times m_B}{d^2}$$

On convertit la distance en mètres : $d = 6{,}7 \times 10^5$ km $= 6{,}7 \times 10^8$ m.

Application numérique :

$$F_{A\to B} = F_{B\to A} = 6{,}67 \times 10^{-11} \times \frac{4{,}8 \times 10^{22} \times 1{,}8986 \times 10^{27}}{(6{,}7 \times 10^{8})^2} = 1{,}4 \times 10^{22} \text{ N.}$$

OBJECTIF BAC

10 Stabilité de l'atome d'hydrogène

1. Détermination de la valeur de la force d'interaction gravitationnelle entre ces particules :

$$F_G = G \times \frac{m_A \times m_B}{d^2}$$

Application numérique :

$$F_G = 6{,}67 \times 10^{-11} \times \frac{1{,}67 \times 10^{-27} \times 9{,}1 \times 10^{-31}}{(0{,}53 \times 10^{-10})^2} = 3{,}6 \times 10^{-47} \text{ N.}$$

2. Détermination de la valeur de la force d'interaction électrique existant entre ces particules :

$$F_E = k \times \frac{|q_A| \times |q_B|}{d^2}$$

Application numérique :

$$F_E = 9{,}0 \times 10^{9} \times \frac{|1{,}602 \times 10^{-19}| \times |-1{,}602 \times 10^{-19}|}{(0{,}53 \times 10^{-10})^2} = 9{,}0 \times 10^{9} \times \frac{1{,}602 \times 10^{-19} \times 1{,}602 \times 10^{-19}}{(0{,}53 \times 10^{-10})^2}$$

$= 8{,}2 \times 10^{-8}$ N.

3. La force gravitationnelle est attractive par défintion. La force électrique est attractive, car les signes des charges de l'électron et du proton sont opposés.

4. Comparaison des deux forces d'interaction : $\frac{F_E}{F_G} = \frac{8{,}2 \times 10^{-8}}{3{,}6 \times 10^{-47}} = 2{,}3 \times 10^{39}$.

5. La force d'interaction gravitationnelle est négligeable par rapport à la force d'interaction électrique, qui est donc à l'origine de la cohésion de l'atome.

6. $F_G = 3{,}6 \times 10^{-47}$ N, donc l'ordre de grandeur est égal à 10^{-47} N.
$F_E = 8{,}2 \times 10^{-8}$ N, donc l'ordre de grandeur est égal à 10^{-7} N.

11 Forces gravitationnelles dans le système solaire

1. La force gravitationnelle exercée par le Soleil sur une planète est proportionnelle à la masse de la planète considérée et inversement proportionnelle au carré de la distance. Mercure étant moins massive que Jupiter, mais plus proche du Soleil que Jupiter, on ne peut pas affirmer que la force gravitationnelle exercée par le Soleil sur Mercure est inférieure à celle exercée par le Soleil sur Jupiter.

2. Calcul de la valeur de la force gravitationnelle exercée par le soleil sur Mercure :

$$F_{S/M} = G \times \frac{M_S \times M_M}{d_{S/M}^2}$$

Application numérique :

$$F_{S/M} = 6{,}67 \times 10^{-11} \times \frac{(2{,}0 \times 10^{30}) \times (3{,}25 \times 10^{23})}{(0{,}387 \times 1{,}50 \times 10^{11})^2} = 1{,}3 \times 10^{22}\ \text{N}.$$

Calcul de la valeur de la force gravitationnelle exercée par le Soleil sur Jupiter :

$$F_{S/J} = G \times \frac{M_S \times M_J}{d_{S/J}^2}$$

Application numérique :

$$F_{S/J} = 6{,}67 \times 10^{-11} \times \frac{(2{,}0 \times 10^{30}) \times (1{,}90 \times 10^{27})}{(5{,}203 \times 1{,}50 \times 10^{11})^2} = 4{,}2 \times 10^{23}\ \text{N}.$$

3. Calcul de la masse M_M de Mercure pour être qu'elle soit soumise à la même force gravitationnelle que Jupiter :

$$F_{S/J} = \frac{G \times M_S \times M_M}{d_{S/M}^2} \Leftrightarrow M_M = \frac{F_{S/J} \times d_{S/M}^2}{G \times M_S}$$

Application numérique :

$$M_M = \frac{(4{,}2 \times 10^{23}) \times (0{,}387 \times 1{,}50 \times 10^{11})^2}{(6{,}67 \times 10^{-11}) \times (2{,}0 \times 10^{30})} = 1{,}1 \times 10^{25}\ \text{kg}$$

4. Lorsque le Soleil, la Terre et Jupiter sont alignées, la distance minimale entre la Terre et Jupiter est :

$$d_{\min T/J} = d_{S/J} = d_{S/T}$$

Application numérique :

$d_{\min T/J} = 5{,}203 - 1{,}000 = 4{,}203$ U.A. soit $d_{\min T/J} = 6{,}305 \times 10^8$ km

5. Calcul de la valeur de la force gravitationnelle exercée par Jupiter sur la Terre :

$$F_{\text{J/T}} = \frac{G \times M_{\text{T}} \times M_{\text{J}}}{d^2_{\text{min T/J}}}$$

Application numérique :

$$F_{\text{S/J}} = 6{,}67 \times 10^{-11} \times \frac{(5{,}98 \times 10^{24}) \times (1{,}90 \times 10^{27})}{(6{,}305 \times 10^{11})^2} = 1{,}91 \times 10^{8}\ \text{N}$$

Calcul de la valeur de la force gravitationnelle exercée par le Soleil sur Jupiter :

$$F_{\text{S/T}} = \frac{G \times M_{\text{S}} \times M_{\text{T}}}{d^2_{\text{S/T}}}$$

Application numérique :

$$F_{\text{S/T}} = 6{,}67 \times 10^{-11} \times \frac{(2{,}0 \times 10^{30}) \times (5{,}98 \times 10^{24})}{(1{,}000 \times 1{,}50 \times 10^{11})^2} = 3{,}5 \times 10^{22}\ \text{N}$$

Calcul du rapport de la force gravitationnelle $F_{\text{S/T}}$ exercée par le Soleil sur la Terre sur la force gravitationnelle $F_{\text{J/T}}$ exercée par Jupiter sur la Terre (lorsque les deux planètes sont les plus proches) :

$$\frac{F_{\text{S/T}}}{F_{\text{J/T}}} = \frac{3{,}5 \times 10^{22}}{1{,}91 \times 10^{18}} = 1{,}8 \times 10^{4}$$

On peut conclure de ce résultat que la force gravitationnelle exercée par Jupiter sur la Terre est négligeable par rapport à celle exercée par le Soleil sur la Terre.

6. La valeur de la force gravitationnelle exercée par le Soleil sur une planète est proportionnelle à la masse de la planète considérée et inversement proportionnelle au carré de la distance entre le Soleil et la planète.

Pluton étant à la fois plus éloignée et moins massique que les huit planètes principales du système solaire, nous pouvons dire que la valeur de la force gravitationnelle exercée par le Soleil sur Pluton est inférieure à la valeur de la force exercée par le Soleil sur toutes les planètes principales du système solaire.

www.annabac.com

CHAPITRE

10 Le noyau atomique : stabilité et réaction

La physique nucléaire est née avec le XXe siècle et a marqué de son empreinte l'histoire : bombes atomiques sur Hiroshima et Nagasaki en 1945, accidents nucléaire de Tchernobyl (1986) et de Fukushima (2011). Toutefois, elle est aussi à l'origine d'importantes applications telles que la curiethérapie contre le cancer, l'imagerie médicale (IRM et scintigraphie), la datation au carbone 14 en archéologie...

1 Introduction à la physique nucléaire

A Description du noyau

■ Un noyau peut-être assimilé à une sphère dont le diamètre a pour ordre de grandeur 10^{-15} m. Ce noyau est constitué de nucléons de deux types :
- les **protons**, qui portent une charge électrique élémentaire positive e ;
- les **neutrons**, qui sont électriquement neutres.

■ Représentation symbolique du noyau :

$$^{A}_{Z}\mathrm{X}$$

X est le symbole de l'élément chimique auquel appartient le noyau ;
Z est le nombre de protons présents dans le noyau : Z est appelé **nombre de charge** ou **numéro atomique** ;
A est le nombre de nucléons (protons et neutrons) présents dans le noyau : A est appelé **nombre de masse**.

■ Composition de quelques noyaux :

Représentation du noyau	Élément chimique	Nombre de protons	Nombre de neutrons
$^{1}_{1}\mathrm{H}$	Hydrogène	1	0
$^{16}_{8}\mathrm{O}$	Oxygène	8	8
$^{23}_{11}\mathrm{Na}$	Sodium	11	12

- Représentation des particules en physique nucléaire :

$^{A}_{Z}P$

P : symbole de la particule
A : nombre de nucléons
Z : nombre de charges électriques élémentaires algébriques

Cette représentation s'appuie sur celle utilisée pour le noyau.

Particule	Représentation	Nombre de nucléons	Nombre de charges électriques élémentaires portées
Proton	$^{1}_{1}p$	1	1 charge positive
Neutron	$^{1}_{0}n$	1	aucune
Électron	$^{0}_{-1}e$	0	1 charge négative
Positon	$^{0}_{1}e$	0	1 charge positive

B Isotopie

- Deux noyaux sont isotopes s'ils possèdent **le même nombre de protons et un nombre de neutrons différent**.

- Deux isotopes appartiennent au même élément chimique.

- Pour nommer les différents isotopes d'un même élément chimique, on utilise le **nom de l'élément chimique suivi du nombre de masse de l'isotope**.

Deux noyaux isotopes possèdent un même nombre de charge Z et un nombre de masse A différent.

Exemple : les isotopes de l'hydrogène : hydrogène 1 $^{1}_{1}H$, hydrogène 2 (ou deutérium) $^{2}_{1}H$, hydrogène 3 (ou tritium) $^{3}_{1}H$

- **Applications de l'isotopie :**

• l'isotope 14 du carbone $^{14}_{6}C$ est utilisé pour dater des objets vieux de plusieurs milliers d'années ;

• l'isotope 235 de l'uranium $^{235}_{92}U$ est le combustible des centrales nucléaires à fission ;

• l'isotope 131 de l'iode $^{131}_{53}I$ est utilisé en médecine pour visualiser la thyroïde grâce à une technique appelée scintigraphie.

C Stabilité-instabilité d'un noyau

- Parmi les noyaux existants, certains conservent au cours du temps la même composition en protons et en neutrons : ils sont stables.
D'autres au contraire se transforment spontanément en d'autres noyaux : ce sont des noyaux instables.

- La stabilité d'un noyau résulte de la compétition entre l'interaction forte agissant sur les nucléons, qui est une force attractive, et la force d'interaction électrique agissant sur les protons, qui est répulsive.
L'interaction forte assure la cohésion du noyau, tandis que l'interaction électrique conduit à l'éclatement de celui-ci.

2 La désintégration radioactive d'un noyau

A Définition

La radioactivité désigne le phénomène physique au cours duquel un noyau instable se désintègre spontanément en un nouveau noyau avec émission d'une particule et d'un rayonnement.

B Les trois types de radioactivité

Au cours de leur désintégration, les noyaux radioactifs émettent des particules qui, en fonction de leur nature, définissent trois types de radioactivité.

- **Radioactivité α (alpha)**

La **particule α** est un **noyau d'hélium 4**. Un noyau possédant un excès de nucléons éjectera cette particule pour donner une nouveau noyau.
Cette radioactivité concerne principalement les noyaux radioactifs les plus lourds.

- **Radioactivité β^- (béta moins)**

La **particule β^-** est un **électron.**
Dans le noyau, un neutron se transforme en un proton et un électron est éjecté du noyau.

- **Radioactivité β^+ (béta plus)**

La **particule β^+** est un **positon, antiparticule de l'électron.**
Dans le noyau, un proton se transforme en un neutron et un positon est éjecté du noyau.

RADIOACTIVITÉ NATURELLE OU ARTIFICIELLE ?

Jusqu'en 1934, toutes les substances radioactives connues sont naturelles et issues des roches de l'écorce terrestre.

Puis, Irène Curie et Frédéric Joliot parviennent à synthétiser les premiers éléments radioactifs artificiels tels que le phosphore 30, non présent dans la nature : c'est le début de la radioactivité artificielle. Ils reçoivent le prix Nobel de chimie en 1935 pour leur découverte.

C Le rayonnement gamma (γ)

Lorsqu'un nouveau noyau se forme à l'issue d'une désintégration radioactive, celui-ci se trouve dans un **état d'énergie excité**. Pour retourner à son **état fondamental**, il se désexcite en émettant un **photon**. Le rayonnement émis par le noyau au cours de sa désexcitation, appartient au domaine du **rayonnement γ**.

LE DOMAINE DU RAYONNEMENT γ

Ce sont les ondes électromagnétiques qui ont les plus petites longueurs d'onde, inférieures à celles du rayonnement X.

Le rayonnement γ est très énergétique, extrêmement dangereux en cas d'exposition.

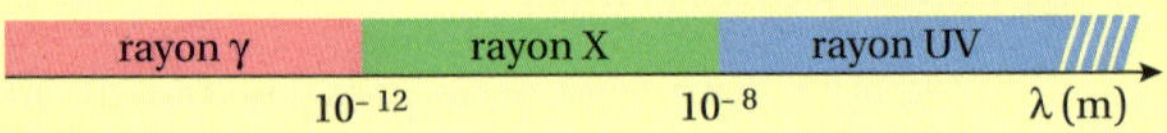

D Les équations de désintégration radioactive

La transmutation des noyaux

Au cours de la désintégration radioactive, le noyau de départ (appelé **noyau père**) se transforme en un nouveau noyau (appelé **noyau fils**).

Le noyau père et le noyau fils n'appartiennent pas au même élément chimique : c'est la transmutation nucléaire.

Les lois de conservation

Il existe deux lois de conservation (appelées aussi **lois de Soddy**) auxquelles obéit une réaction nucléaire :

• **conservation du nombre de nucléons** : au cours d'une transformation nucléaire, le nombre total de nucléons ne varie pas ;

• **conservation du nombre de charges électriques** : au cours d'une transformation nucléaire, la charge électrique totale ne varie pas.

Écriture des différents types de désintégration

Ces équations s'écrivent en respectant les deux lois de conservation. Dans les équations suivantes, X est l'élément chimique du noyau père et Y celui du noyau fils.

• **Radioactivité α :** ${}^{A}_{Z}X \rightarrow {}^{A-4}_{Z-2}Y + {}^{4}_{2}He$

• **Radioactivité β⁻ :** ${}^{A}_{Z}X \rightarrow {}^{A}_{Z+1}Y + {}^{0}_{-1}e$

• **Radioactivité β⁺ :** ${}^{A}_{Z}X \rightarrow {}^{A}_{Z-1}Y + {}^{0}_{1}e$

ÉCRITURE DES ÉQUATIONS AVEC LES PHOTONS γ

On représente les photons γ dans les équations de désintégration lorsque les noyaux fils sont produits dans un état excité, puis se désexcitent en émettant un photon γ :

${}^{A}_{Z}X \rightarrow {}^{A-4}_{Z-2}Y + {}^{4}_{2}He + \gamma$ ${}^{A}_{Z}X \rightarrow {}^{A}_{Z+1}Y + {}^{0}_{-1}e + \gamma$ ${}^{A}_{Z}X \rightarrow {}^{A}_{Z-1}Y + {}^{0}_{1}e + \gamma$

3 Évolution d'un échantillon radioactif au cours du temps

A Activité d'un échantillon radioactif

Définition

L'activité d'un échantillon radioactif est égale au **nombre de désintégrations radioactives ayant lieu par seconde**. On la note A et son unité est le **becquerel (Bq)**. Par définition, **un becquerel est égal à une désintégration par seconde**.

Mesure d'une activité

L'activité se mesure grâce à un dispositif appelé **compteur Geiger-Müller**.
Ce compteur contient un gaz qui s'ionise lors du passage d'une particule (α, β^+ ou β^-) ou d'un photon γ. Chaque passage s'accompagne d'une impulsion électrique qui est mesurée. Son défaut est de ne pas pouvoir distinguer les différentes particules entre elles ou le rayonnement γ.

Quelques ordres de grandeur

Échantillon	Valeur approchée (Bq)	Ordre de grandeur (Bq)
Un litre d'eau de mer	10	10
Un gramme d'uranium	$2,5 \times 10^4$	10^4
Un gramme de radium	$3,7 \times 10^{10}$	10^{10}
Un gramme de polonium	$1,7 \times 10^{14}$	10^{14}

B Évolution de l'activité au cours du temps

À chaque instant, des noyaux radioactifs d'un échantillon disparaissent : leur nombre diminue donc au cours du temps.

L'activité d'un échantillon diminue continuement au cours du temps.

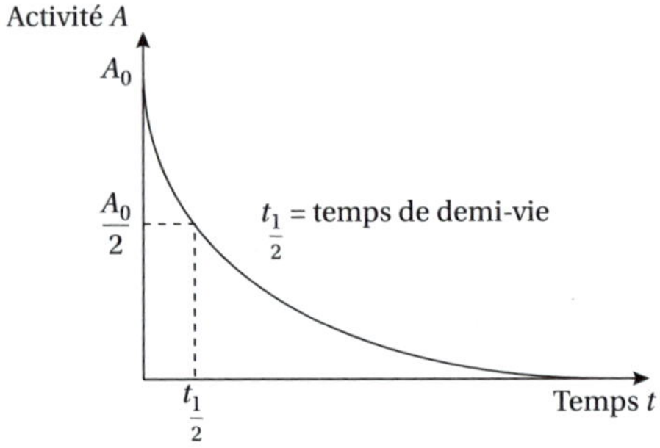

Temps de demi-vie d'un noyau radioactif

C'est la **durée au bout de laquelle l'activité initiale de l'échantillon a été divisée par deux**. Ce temps, noté $t_{\frac{1}{2}}$, est une caractéristique du type de noyau radioactif. Il est aussi appelé **période radioactive**.

Noyau	Technétium 99	Iode 131	Carbone 14	Uranium 238
Temps de demi-vie	6,0 h	8,0 j	$5,7 \times 10^3$ an	$4,5 \times 10^9$ an

4 Les réactions nucléaires

A Les réactions de fusion

Définition

La fusion nucléaire est une réaction au cours de laquelle **des noyaux légers fusionnent pour donner un noyau plus lourd**.
Cette réaction s'accompagne de l'émission de particules (protons, neutrons, positons, photons γ...).

Condition nécessaire à la réalisation d'une réaction de fusion

Pour que deux noyaux fusionnent, ceux-ci doivent pouvoir se rapprocher malgré la force de répulsion électrique due aux charges positives portées par chacun. Ils doivent donc posséder de très grandes vitesses pour vaincre cette **répulsion coulombienne** et entrer en contact. Cette condition est réalisée lorsque l'on se trouve **à très haute température : de l'ordre de quelques millions de degrés.**
Exemple : des réactions de fusion nucléaire ont lieu au cœur du Soleil, où règnent des températures de l'ordre de 15 millions de degrés.

Écriture d'une réaction de fusion

Les lois de conservation (lois de Soddy) s'appliquent à ces réactions.

$$^{2}_{1}\mathrm{H} + {}^{2}_{1}\mathrm{H} \rightarrow {}^{3}_{2}\mathrm{He} + {}^{1}_{0}\mathrm{n}$$

B Les réactions de fission

Définition

La fission nucléaire est une réaction au cours de laquelle **un noyau lourd se scinde en deux noyaux plus légers**.
Cette réaction s'accompagne de l'émission de particules (protons, neutrons, positons, photons γ...).

Condition de réalisation d'une réaction de fission

Des noyaux très lourds peuvent subir spontanément une fission ; mais dans la plupart des cas, **on bombarde le noyau avec un projectile tel qu'un neutron pour initier la fission**.
Exemple : des réactions de fission nucléaire ont lieu dans les réacteurs des centrales nucléaires.

Écriture d'une réaction de fission

Les lois de conservation (lois de Soddy) s'appliquent à ces réactions.

$$^{235}_{92}\mathrm{U} + {}^{1}_{0}\mathrm{n} \rightarrow {}^{93}_{36}\mathrm{Kr} + {}^{140}_{56}\mathrm{Ba} + 3\,{}^{1}_{0}\mathrm{n}$$

Identifier les différents types de radioactivité

ÉNONCÉ

Compléter les équations des trois désintégrations radioactives suivantes, puis identifier le type de radioactivité.

Désintégration 1 : ${}^{A}_{11}\mathrm{Na} \rightarrow {}^{26}_{12}\mathrm{Mg} + {}^{0}_{Z}\mathrm{e}$

Désintégration 2 : ${}^{174}_{71}\mathrm{Hf} \rightarrow {}^{A}_{Z}\mathrm{Yb} + {}^{4}_{2}\mathrm{He}$

Désintégration 3 : ${}^{12}_{7}\mathrm{N} \rightarrow {}^{A}_{6}\mathrm{C} + {}^{0}_{Z}\mathrm{e}$

MÉTHODE

▶ Appliquer les lois de conservation (lois de Soddy) aux équations de désintégration radioactive :
- conservation du nombre total de nucléons ;
- conservation de la charge électrique.

▶ Le type de radioactivité dépend de la nature de la particule émise :
- noyau d'hélium 4 : radioactivité α ;
- électron : radioactivité β^- ;
- positon : radioactivité β^+.

CORRIGÉ

Désintégration 1 : on applique les lois de Soddy pour trouver A et Z.

$A = 26 + 0$ soit $A = 26$.

$11 = 12 + Z$ soit $Z = -1$.

L'équation s'écrit : ${}^{26}_{11}\mathrm{Na} \rightarrow {}^{26}_{12}\mathrm{Mg} + {}^{0}_{-1}\mathrm{e}$

La particule émise est un électron : c'est une radioactivité de type β^-.

Désintégration 2 : on applique les lois de Soddy pour trouver A et Z.

$174 = A + 4$ soit $A = 170$.

$71 = Z + 2$ soit $Z = 69$.

L'équation s'écrit : ${}^{174}_{71}\mathrm{Hf} \rightarrow {}^{170}_{69}\mathrm{Yb} + {}^{4}_{2}\mathrm{He}$

La particule émise est un noyau d'hélium 4 : c'est une radioactivité de type α.

Désintégration 3 : on applique les lois de Soddy pour trouver A et Z.

$12 = A + 0$ soit $A = 12$.

$7 = 6 + Z$ soit $Z = 1$.

L'équation s'écrit : ${}^{12}_{7}\mathrm{N} \rightarrow {}^{12}_{6}\mathrm{C} + {}^{0}_{1}\mathrm{e}$

La particule émise est un positon : c'est une radioactivité de type β^+.

Exploiter une courbe de décroissance radioactive

ÉNONCÉ

On étudie l'évolution au cours du temps de l'activité d'un échantillon de technétium 99. Un technicien réalise une courbe d'évolution de l'activité et en tire le tableau de valeurs suivant.

Temps (h)	0	2	4	6	8	10	12
Activité ($\times 10^8$ Bq)	6,8	5,4	4,3	3,4	2,7	2,1	X

1 Quelle est, en becquerels, l'activité initiale A_0 de l'échantillon ?

2 Combien de désintégrations par seconde peut-on compter au bout d'une durée égale à 4 heures ?

3 À l'aide du tableau, trouver le temps de demi-vie $t_{\frac{1}{2}}$ du technétium 99.

4 Trouver la valeur de l'activité au bout d'une durée de 12 heures.

MÉTHODE

- Un becquerel correspond à une désintégration par seconde.
- Définition du temps de demi-vie : durée au bout de laquelle l'activité a été divisée par deux.

CORRIGÉ

1 D'après le tableau, $A_0 = 6{,}8 \times 10^8$ Bq.

2 Au bout de 4 heures, l'activité est égale à $4{,}3 \times 10^8$ Bq.

On en déduit qu'il y a $4{,}3 \times 10^8$ désintégrations par seconde.

3 Au temps de demi-vie, l'activité a été divisée par deux, soit :

$$\frac{A_0}{2} = \frac{6{,}8 \times 10^8}{2} = 3{,}4 \times 10^8 \text{ Bq.}$$

D'après le tableau, on trouve $t_{\frac{1}{2}} = 6$ h.

4 Il s'est écoulé une durée égale à $t_{\frac{1}{2}}$ entre 6 heures et 12 heures, donc l'activité est de nouveau divisée par deux :

$$A(t = 12\text{h}) = \frac{A(t = 6\text{h})}{2} = \frac{3{,}4 \times 10^8}{2} = 1{,}7 \times 10^8 \text{ Bq.}$$

SE TESTER QUIZ

Dans le questionnaire à choix multiples (QCM) suivant, indiquer pour chaque proposition la (ou les) réponse(s) exacte(s).

1 Le positon a pour symbole :

- ☐ **a.** ${}^{1}_{1}e$.
- ☐ **b.** ${}^{1}_{0}e$.
- ☐ **c.** ${}^{0}_{1}e$.

2 Deux noyaux sont isotopes s'ils possèdent le même nombre de nucléons.

- ☐ **a.** Vrai.
- ☐ **b.** Faux.

3 Au cours d'une réaction nucléaire, il y a conservation du nombre de protons.

- ☐ **a.** Vrai.
- ☐ **b.** Faux.

4 Si lors d'une désintégration radioactive, le noyau fils se trouve dans un état excité, il se désexcite en émettant :

- ☐ **a.** un électron.
- ☐ **b.** un positon.
- ☐ **c.** un photon γ.

5 Une réaction de désintégration se faisant avec émission d'un noyau d'hélium 4 correspond à la radioactivité de type :

- ☐ **a.** β^+.
- ☐ **b.** α.
- ☐ **c.** β^-.

S'ENTRAÎNER

6 Identifier le type d'une réaction nucléaire

Compléter le tableau suivant.

Équation de la réaction	Représentation de la particule ${}^{A}_{Z}P$	Type de réaction nucléaire
${}^{30}_{15}P \rightarrow {}^{30}_{14}Si + {}^{A}_{Z}e$		
${}^{2}_{1}H + {}^{3}_{1}H \rightarrow {}^{A}_{Z}He + {}^{1}_{0}n$		
${}^{235}_{92}U + {}^{1}_{0}n \rightarrow {}^{94}_{39}Y + {}^{A}_{Z}I + 2\,{}^{1}_{0}n$		

7 Fission de l'uranium 235

L'uranium 235 est un noyau fissible par des neutrons.
Il sert de combustible dans les centrales nucléaires et il participe à la réalisation d'armes nucléaires.
L'équation de sa réaction de fission est la suivante :

$$^{235}_{92}\mathrm{U} + ^{1}_{0}\mathrm{n} \rightarrow ^{91}_{36}\mathrm{Kr} + ^{142}_{Z}\mathrm{X} + x\,^{1}_{0}\mathrm{n}$$

1. Identifier le noyau produit lors de la fission : élément chimique X et nombre de charge Z.

2. Trouver le nombre x de neutrons émis au cours de la réaction.

Données :

Élément	Césium (Cs)	Baryum (Ba)	Lanthane (La)	Hafnium (Hf)
Nombre de charge Z	55	56	57	58

8 Réactions au cœur des étoiles

Dans les étoiles telles que le Soleil, on assiste aux réactions associées à la chaîne proton-proton :

réaction 1 : $^{1}_{1}\mathrm{H} + ^{1}_{1}\mathrm{H} \rightarrow ^{2}_{1}\mathrm{H} + ^{A}_{Z}\mathrm{X}$

réaction 2 : $^{2}_{1}\mathrm{H} + ^{1}_{1}\mathrm{H} \rightarrow ^{A}_{Z}\mathrm{He} + \gamma$

réaction 3 : $^{3}_{2}\mathrm{He} + ^{3}_{2}\mathrm{He} \rightarrow ^{4}_{2}\mathrm{He} + x\,^{1}_{1}\mathrm{H}$

1. Trouver la particule émise lors de la réaction 1.
Quel est le type de cette réaction ?

2. Quelle est la particule de symbole γ émise lors de la réaction 2 ?

3. Trouver les nombres A et Z associés au noyau d'hélium formé au cours de la réaction 2.

4. Déterminer le nombre x de noyaux d'hydrogène 1 produits dans la réaction 3.

5. Quelle particule peut être identifiée au noyau d'hydrogène 1 ?

OBJECTIF BAC

9 Datation des roches par la méthode potassium-argon

La méthode potassium-argon est adaptée à la datation des roches volcaniques (jusqu'à un milliard d'années). Dans les roches, le potassium 40 se désintègre dans 11 % des cas en un gaz, l'argon 40, qui reste emprisonné. Lors d'une éruption volcanique, tout l'argon 40 présent dans le magma est éliminé. Lorsque la lave se solidifie, l'argon 40 est à nouveau piégé et s'accumule dans la roche.

1. Le mode de désintégration radioactive du potassium 40 le plus fréquent (88 %) est celui aboutissant au calcium 40. Il s'agit d'une radioactivité β^-.
Écrire l'équation de la réaction.

2. L'équation de désintégration du potassium 40 en argon 40 est la suivante :

$$^{40}_{19}\text{K} \rightarrow {}^{40}_{18}\text{Ar} + {}^{A}_{Z}\text{P}$$

Identifier la particule émise et le type de radioactivité.

3. Un modèle numérique permet de donner l'évolution de l'activité d'un échantillon de un gramme de potassium 40 au cours du temps.

Temps ($\times 10^9$ ans)	0	1,0	1,2	1,3	1,4	1,6
Activité ($\times 10^5$ Bq)	2,6	1,5	1,4	1,3	1,2	1,1

a. Quelle est la valeur de l'activité initiale A_0 ?
b. Trouver le temps de demi-vie $t_{\frac{1}{2}}$ du potassium 40.
c. Quel est le nombre de désintégrations par seconde du potassium 40 au bout de 1,6 milliard d'années ?

4. Lors de la datation d'une coulée volcanique, des calculs permettent de remonter à la valeur de l'activité d'un gramme de potassium 40.
On trouve $A = 1{,}5 \times 10^5$ Bq.
a. Trouver l'âge de la coulée volcanique correspondant à la durée écoulée entre le temps initial et le temps de la datation.
b. Quelle serait la valeur de l'activité du potassium 40 au bout d'une durée égale à $2{,}6 \times 10^9$ ans ?

Données :

Élément	Argon (Ar)	Potassium (K)	Calcium (Ca)
Nombre de charge Z	18	19	20

10 La famille radioactive de l'uranium

Une famille radioactive est constituée par l'ensemble des noyaux issus d'un même noyau origine, ici l'uranium 238.

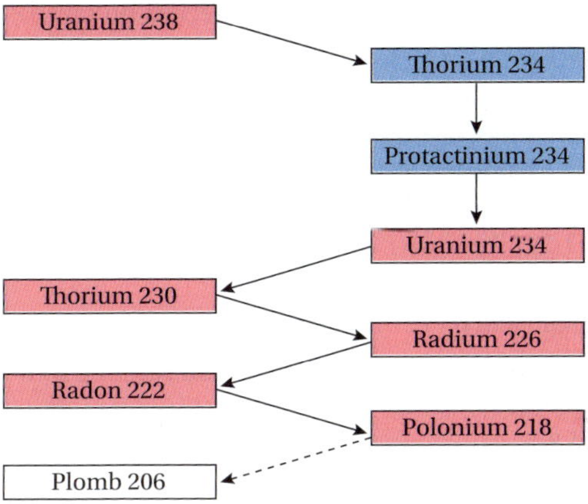

Écrire toutes les équations des désintégrations radioactives en précisant à chaque fois leur type.

Élément	Uranium U	Thorium Th	Protactinium Pa	Radium Ra	Radon Rn	Polonium Po
Z	92	90	91	88	86	84

11 Datation d'une poterie

Un fragment de poterie découvert aujourd'hui contient des noyaux radioactifs de carbone 14 en faible proportion.

La radioactivité étant un phénomène dépendant du temps, la mesure actuelle de l'abondance relative des noyaux de carbone 14 par rapport aux noyaux de carbone 12 non radioactifs, et leur comparaison à une valeur de référence permet d'estimer la durée nous séparant de l'évènement associé à l'échantillon étudié : l'époque de fabrication de la poterie.

Les noyaux de carbone 14 sont dits « cosmogéniques », c'est à dire qu'ils sont générés de façon continue par action du rayonnement cosmique sur les noyaux de la haute atmosphère. L'air contient l'élément carbone principalement sous la forme de dioxyde de carbone CO_2.

Ces molécules de dioxyde de carbone possèdent, pour la plupart, un atome de carbone 12 qui est stable dans le temps (non radioactif) et pour une très faible fraction d'entre-elles un atome de carbone 14 qui est radioactif.

Tant qu'un organisme est vivant, ses échanges avec son environnement (respiration, alimentation) font que la proportion de carbone 14 dans l'organisme est égale à celle de l'air environnant. Lorsque l'organisme meurt, les échanges avec l'extérieur cessent et la proportion en carbone 14 décroît du fait de la désintégration radioactive. Le temps de demi-vie du carbone 14 est égal à 5 730 ans.

1. Les noyaux cosmogéniques sont des noyaux radioactifs créés dans la haute atmosphère sous l'effet des rayonnements cosmiques. Le carbone 14 et le tritium (hydrogène 3) sont les principaux noyaux cosmogéniques.

a. Le noyau de carbone 14 est créé selon l'équation nucléaire suivante :

$^{1}_{0}\mathrm{n} + ^{A}_{Z}X \rightarrow ^{14}_{6}\mathrm{C} + ^{1}_{1}\mathrm{H}$

Identifier, en justifiant, la particule *X*.

b. Le tritium est radioactif β^-. Écrire son équation de désintégration.

2. Les abondances naturelles des trois isotopes du carbone sont :
- carbone 12 : 98,89% ;
- carbone 13 : 1,11 % ;
- carbone 14 : traces.

a. Donner la définition de deux noyaux isotopes.

b. Donner les représentations symboliques des trois isotopes du carbone.

c. Calculer la masse molaire atomique moyenne du carbone naturel.

3. L'isotope 14 se désintègre en un noyau d'azote 14, avec émission d'un rayonnement gamma. Écrire l'équation associée à la désintégration radioactive puis identifier le type de radioactivité.

4. On note $P(t)$ la proportion de carbone 14 par rapport au carbone 12 dans le fragment de poterie à un instant t et P_0 la proportion de carbone 14 initiale.
Remplir le tableau suivant en justifiant la réponse.

Temps (an)	0	5 730	11 460	17 190	22 920	28 650
Proportion $P(t)$	P_0					

5. Dans un échantillon d'argile actuelle, on détecte un atome de carbone 14 pour 1×10^{12} atomes de carbone 12. Pour le fragment de poterie découvert, la mesure donne un atome de carbone 14 pour 3×10^{12} atomes de carbone 12.

a. Calculer P_0.

b. Calculer $P(t)$ actuelle.

c. A l'aide du tableau, trouver un encadrement de l'âge du fragment de poterie.

Données :
- masses molaires : $M_{C12} = 12{,}000\ \mathrm{g \cdot mol^{-1}}$; $M_{C13} = 13{,}003\ \mathrm{g \cdot mol^{-1}}$
- nombres de charge : $Z(\mathrm{H}) = 1$; $Z(\mathrm{He}) = 2$; $Z(\mathrm{C}) = 6$; $Z(\mathrm{N}) = 7$

SE TESTER

1 Réponse c. Le positon a pour symbole ${}^{0}_{1}e$.

2 Réponse b. Faux : deux noyaux sont isotopes s'ils possèdent le même nombre de protons et un nombre de neutrons différent.

3 Réponse b. Faux : au cours d'une réaction nucléaire, il y a conservation du nombre de nucléons, pas de protons.

4 Réponse c. Le noyau fils se désexcite en émettant un photon γ.

5 Réponse b. Une réaction de désintégration se faisant avec émission d'un noyau d'hélium 4 correspond à la radioactivité de type α.

S'ENTRAÎNER

6 Identifier le type d'une réaction nucléaire

On complète le tableau en appliquant les lois de Soddy.
Conservation du nombre de nucléons :
réaction 1 : $30 = 30 + A$ soit $A = 0$;
réaction 2 : $2 + 3 = A + 1$ soit $A = 4$;
réaction 3 : $235 + 1 = 94 + A + 2 \times 1$ soit $A = 140$.
Conservation du nombre de charges :
réaction 1 : $15 = 14 + Z$ soit $Z = 1$;
réaction 2 : $1 + 1 = Z + 0$ soit $Z = 2$;
réaction 3 : $92 + 0 = 39 + Z + 2 \times 0$ soit $A = 53$.

Équation de la réaction	Représentation de la particule ${}^{A}_{Z}P$	Type de réaction nucléaire
${}^{30}_{15}P \rightarrow {}^{30}_{14}Si + {}^{0}_{1}e$	${}^{0}_{1}e$	Désintégration radioactive β^+
${}^{2}_{1}H + {}^{3}_{1}H \rightarrow {}^{4}_{2}He + {}^{1}_{0}n$	${}^{4}_{2}He$	Fusion
${}^{235}_{92}U + {}^{1}_{0}n \rightarrow {}^{94}_{39}Y + {}^{140}_{53}I + 2\,{}^{1}_{0}n$	${}^{140}_{53}I$	Fission

7 Fission de l'uranium 235

1. Conservation du nombre de charges : $92 + 0 = 36 + Z + x \times 0$ soit $Z = 56$.

D'après le tableau, l'élément chimique auquel appartient le noyau est le baryum de symbole Ba : ${}^{142}_{56}Ba$.

2. Conservation du nombre de nucléons : $235 + 1 = 91 + 142 + x \times 1$ soit $x = 3$.

L'équation s'écrit : ${}^{235}_{92}U + {}^{1}_{0}n \rightarrow {}^{91}_{36}Kr + {}^{142}_{56}Ba + 3\,{}^{1}_{0}n$.

8 Réactions au cœur des étoiles

1. On applique les lois de Soddy.
Conservation du nombre de nucléons : $1 + 1 = 2 + A$ soit $A = 0$.
Conservation du nombre de charges : $1 + 1 = 1 + Z$ soit $Z = 1$.
La particule recherchée est le positon, ${}^{0}_{1}e$.
La réaction 1 est une réaction de fusion.

2. La particule de symbole γ émise lors de la réaction 2 est un photon.

3. On applique les lois de Soddy.
Conservation du nombre de nucléons : $2 + 1 = A + 0$ soit $A = 3$.
Conservation du nombre de charges : $1 + 1 = Z + 0$ soit $Z = 2$.
Le noyau d'hélium a pour symbole : ${}^{3}_{2}He$.

4. On applique les lois de Soddy.
Conservation du nombre de nucléons : $3 + 3 = 4 + x$ soit $x = 2$.
Conservation du nombre de charges : $2 + 2 = 2 + x$ soit $x = 2$.
On obtient évidemment la même valeur de x. Il y a donc deux noyaux d'hydrogène 1 émis.

5. La particule qui peut être identifiée au noyau d'hydrogène 1 est le proton ${}^{1}_{1}p$.

OBJECTIF BAC

9 Datation des roches par la méthode potassium-argon

1. En utilisant le tableau des données pour obtenir les nombres de charge du potassium et du calcium, on peut écrire l'équation de la réaction. La particule émise est un électron.

$${}^{40}_{19}K \rightarrow {}^{40}_{20}Ca + {}^{0}_{-1}e$$

2. On applique les lois de Soddy.
Conservation du nombre de nucléons : $40 = 40 + A$ soit $A = 0$.
Conservation du nombre de charges : $19 = 18 + Z$ soit $Z = 1$.
La particule recherchée est le positon ${}^{0}_{1}e$. Il s'agit d'une radioactivité de type β^+.

3. a. L'activité initiale est $A_0 = 2{,}6 \times 10^5$ Bq.

b. Le temps de demi-vie du potassium 40 est égal à la durée au bout de laquelle l'activité a diminué de moitié.

On a : $\dfrac{A_0}{2} = 1{,}3 \times 10^5$ Bq. D'après le tableau, on obtient $t_{\frac{1}{2}} = 1{,}3 \times 10^9$ ans.

c. On sait que 1 Bq = 1 désintégration/seconde. Le nombre de désintégration par seconde au bout d'une durée de 1,6 milliard d'années est donc égal à $1{,}1 \times 10^5$.

4. a. D'après le tableau, l'âge de la coulée volcanique est de $1{,}0 \times 10^9$ ans.
b. La durée égale à $2{,}6 \times 10^9$ ans correspond à deux fois le temps de demi-vie du potassium. On en déduit que l'activité sera divisée par 4 au bout d'une telle durée, soit $A = \frac{A_0}{4} = 6{,}5 \times 10^4$ Bq.

10 La famille radioactive de l'uranium

On applique les lois de Soddy pour trouver la particule émise.

• Désintégration 1

$^{238}_{92}U \rightarrow {}^{234}_{90}Th + {}^{4}_{2}He$: c'est une désintégration α.

• Désintégration 2

$^{234}_{92}Th \rightarrow {}^{234}_{91}Pa + {}^{0}_{1}e$: c'est une désintégration β^+.

• Désintégration 3

$^{234}_{91}Pa \rightarrow {}^{234}_{92}U + {}^{0}_{-1}e$: c'est une désintégration β^-.

• Désintégration 4

$^{234}_{92}U \rightarrow {}^{230}_{90}Th + {}^{4}_{2}He$: c'est une désintégration α.

• Désintégration 5

$^{230}_{90}Th \rightarrow {}^{226}_{88}Ra + {}^{4}_{2}He$: c'est une désintégration α.

• Désintégration 6

$^{226}_{88}Ra \rightarrow {}^{222}_{86}Rn + {}^{4}_{2}He$: c'est une désintégration α.

Désintégration 7

$^{222}_{86}Rn \rightarrow {}^{218}_{84}Po + {}^{4}_{2}He$: c'est une désintégration α.

11 Datation d'une poterie

1. a. On applique les lois de Soddy pour déterminer A et Z.
Détermination du nombre de nucléons A de la particule X :
$1 + A = 14 + 1 \Leftrightarrow A = 14$
Détermination du nombre de charges électriques Z de la particule X :
$0 + Z = 6 + 1 \Leftrightarrow Z = 7$
D'après la classification périodique des éléments, l'élément auquel appartient le noyau est l'azote de symbole : $^{14}_{7}N$
b. L'équation de désintégration du tritium est :

$$^{3}_{1}H \rightarrow {}^{3}_{2}He + {}^{0}_{-1}e$$

2. a. Deux noyaux sont isotopes s'ils possèdent le même nombre de protons et un nombre de neutrons différents.

b. Les représentations symboliques des trois isotopes du carbone sont :

- carbone 12 : ${}^{12}_{6}C$
- carbone 13 : ${}^{13}_{6}C$
- carbone 14 : ${}^{14}_{6}C$

c. Calcul de la masse molaire atomique moyenne du carbone naturel :

$$M_C = 0{,}988\,9 \times M_{C12} + 0{,}0111 \times M_{C13}$$

Application numérique :

$M_C = 12{,}011\ g{\cdot}mol^{-1}$

3. L'équation associée à la désintégration radioactive du carbone 14 est :

${}^{14}_{6}C \rightarrow {}^{14}_{7}N + {}^{0}_{-1}e + \gamma$

Il s'agit d'une radioactivité β^-.

4. Nous savons que le temps de demi-vie du carbone 14 est de 5 730 ans, donc tous les 5 730 ans la quantité de carbone 14 aura diminué de moitié.

Temps (an)	0	5 730	11 460	17 190	22 920	28 650
Proportion $P(t)$	P_0	$\frac{P_0}{2}$	$\frac{P_0}{4}$	$\frac{P_0}{8}$	$\frac{P_0}{16}$	$\frac{P_0}{32}$

5. a. Calcul de P_0 :

$$P_0 = \frac{1}{1 \times 10^{12}} = 1 \times 10^{-12}$$

b. Calcul de $P(t)$ actuelle :

$$P(t) = \frac{1}{3 \times 10^{12}} = 3 \times 10^{-13}$$

c.

Temps (an)	0	5 730	11 460	17 190	22 920	28 650
Proportion $P(t)$	$1{\times}10^{-12}$	$5{\times}10^{-13}$	$2{,}5{\times}10^{-13}$	$1{,}25{\times}10^{-13}$	$6{,}25{\times}10^{-12}$	$3{,}125{\times}10^{-14}$

D'après le tableau, nous pouvons dire que l'échantillon de poterie a entre 5 730 ans et 11 460 ans.

www.annabac.com

CHAPITRE

11 Énergie et réactions nucléaires

Une fois les noyaux découverts, les physiciens soupçonnent rapidement que ces petites particules de matière contiennent de fabuleuses quantités d'énergie. Dès la fin des années 1930, ils découvrent les deux types de réaction qui permettent de libérer cette énergie : les réactions de fusion nucléaire, qui se déroulent notamment au cœur des étoiles ; et les réactions de fission nucléaire, qui seront utilisées dans les centrales nucléaires et les bombes atomiques. Aujourd'hui, une part notable de l'énergie électrique mondiale (de l'ordre de 15 %) est fabriquée à partir de l'énergie libérée par les fissions de noyaux d'uranium au sein des centrales nucléaires.

1 Équivalence masse-énergie

La relation d'Einstein

Tout corps de masse m possède une énergie au repos E donnée par la relation suivante :

$$E = m \times c^2$$

E en joules (J)
m en kilogrammes (kg)
c en mètres par seconde ($m{\cdot}s^{-1}$)

c est la vitesse de la lumière dans le vide : $c = 3{,}00 \times 10^8\ m{\cdot}s^{-1}$.

Cette formule, proposée par Albert Einstein en 1905, représente l'équivalence entre l'énergie (représentée par E) et la matière (représentée par la masse m).

Quelques applications de la relation aux particules

Particule	Symbole	Masse (kg)	Énergie au repos (J)
Noyau d'hélium 4	$^{4}_{2}He$	$6{,}64 \times 10^{-27}$	$5{,}98 \times 10^{-10}$
Noyau d'uranium 235	$^{235}_{92}U$	$3{,}90 \times 10^{-25}$	$3{,}51 \times 10^{-8}$

Des unités adaptées à la physique nucléaire

Le kilogramme et le joule sont des unités trop grandes pour la physique nucléaire.

On préfère utiliser des unités plus adaptées :

- **l'unité de masse atomique** (de symbole **u**) : **1 u = 1,66054 × 10^{-27} kg ;**
- **l'électronvolt** (de symbole **eV**) : **1 eV = 1,602 × 10^{-19} J.**

LES MULTIPLES DE L'ÉLECTRONVOLT

Le kilo-électronvolt : 1 keV = 10^3 eV = 1,602 × 10^{-16} J

Le méga-électronvolt : 1 MeV = 10^6 eV = 1,602 × 10^{-13} J

Le giga-électronvolt : 1 GeV = 10^9 eV = 1,602 × 10^{-10} J

Exemples :

Particule	Symbole	Masse (u)	Énergie au repos (MeV)
Noyau d'hélium 4	$^{4}_{2}He$	4,00	3,73 × 10^4
Noyau d'uranium 235	$^{235}_{92}U$	235	2,19 × 10^5

2 Variation de la masse au cours d'une réaction nucléaire

On calcule pour les trois types de réactions nucléaires, la masse des particules avant la réaction, notée m_{avant}, et la masse des particules après la réaction notée $m_{après}$. On compare ensuite ces masses entre elles.

A Cas d'une désintégration radioactive

$$^{12}_{7}N \rightarrow ^{12}_{6}C + ^{0}_{1}e$$

Données :

Particule	Azote 12	Carbone 12	Positon
Masse (u)	12,018 61	12,010 70	0,000 55

$m_{avant} = m(^{12}_{7}N) = 12{,}018\,61$ u.

$m_{après} = m(^{12}_{6}C) + m(^{0}_{1}e) = 12{,}011\,25$ u.

La variation de la masse Δm est égale à :

$\Delta m = m_{après} - m_{avant} = 12{,}011\,25 - 12{,}018\,61$.

Soit : $\Delta m = -\,0{,}007\,36$ u.

On constate que $\Delta m < 0$. La masse a diminué au cours de la réaction de désintégration radioactive : $m_{après} < m_{avant}$.

B Cas d'une réaction de fusion

$$^{2}_{1}\text{H} + ^{2}_{1}\text{H} \rightarrow ^{3}_{2}\text{He} + ^{1}_{0}\text{n}$$

Données :

Particule	Hydrogène 2	Hélium 3	Neutron
Masse (u)	2,013 55	3,014 93	1,008 66

$m_{\text{avant}} = 2 \times m(^{2}_{1}\text{H}) = 4{,}027\ 10$ u.

$m_{\text{après}} = m(^{3}_{2}\text{He}) + m(^{1}_{0}\text{n}) = 4{,}023\ 59$ u.

La variation de la masse Δm est égale à :
$\Delta m = m_{\text{après}} - m_{\text{avant}} = 4{,}023\ 59 - 4{,}027\ 10$.

Soit : $\Delta m = -\ 0{,}003\ 51$ u.

On constate que $\Delta m < 0$. La masse a diminué au cours de la réaction de fusion : $m_{\text{après}} < m_{\text{avant}}$.

C Cas d'une réaction de fission

$$^{235}_{92}\text{U} + ^{1}_{0}\text{n} \rightarrow ^{91}_{36}\text{Kr} + ^{142}_{56}\text{Ba} + 3\ ^{1}_{0}\text{n}$$

Données :

Particule	Uranium 235	Krypton 91	Baryum 142	Neutron
Masse (u)	235,044	90,923	141,916	1,008 66

$m_{\text{avant}} = m(^{235}_{92}\text{U}) + m(^{1}_{0}\text{n}) = 236{,}053$ u.

$m_{\text{après}} = m(^{91}_{36}\text{Kr}) + m(^{142}_{56}\text{Ba}) + 3 \times m(^{1}_{0}\text{n}) = 235{,}865$ u.

La variation de la masse Δm est égale à :

$\Delta m = m_{\text{après}} - m_{\text{avant}} = 235{,}865 - 236{,}053$.

Soit : $\Delta m = -\ 0{,}188$ u.

On constate que $\Delta m < 0$. La masse a diminué au cours de la réaction de fission : $m_{\text{après}} < m_{\text{avant}}$.

Au cours d'une réaction nucléaire, il y a une diminution de la masse totale des particules : $m_{\text{après}} < m_{\text{avant}}$.

La variation de la masse Δm, définie par $\Delta m = m_{\text{après}} - m_{\text{avant}}$, est négative.

3 Variation d'énergie au cours d'une réaction nucléaire

Au cours d'une transformation nucléaire, la variation de la masse Δm entraîne une variation de l'énergie ΔE du système, donnée par la relation suivante :

$\Delta E = \Delta m \times c^2$	E en joules (J) m en kilogrammes (kg) c en mètres par seconde ($m \cdot s^{-1}$)

La variation de la masse étant négative, on en déduit que la variation d'énergie du système est aussi négative : le système constitué par les particules impliquées dans la transformation nucléaire perd de l'énergie.

Application à quelques réactions nucléaires

• Cas d'une désintégration radioactive (voir réaction précédente) :

$$^{12}_{7}N \rightarrow {}^{12}_{6}C + {}^{0}_{1}e$$

$\Delta m = m_{après} - m_{avant} = -0{,}007\ 36\ u = -1{,}22 \times 10^{-29}$ kg.

Soit : $\Delta E = -1{,}10 \times 10^{-12}$ J $= -6{,}87$ MeV.

On constate que la variation d'énergie est de l'orde de 10 MeV.

LA CURIETHÉRAPIE : POUR LUTTER CONTRE LE CANCER

Des sources radioactives placées directement dans les tumeurs permettent de détruire les cellules cancéreuses grâce à l'énergie qui est libérée sur place par les désintégrations radioactives. Les noyaux les plus utilisés sont l'iridium 192 et l'iode 125. Les cancers de la prostate, du sein et de la peau peuvent être traités par cette méthode.

• Cas d'une réaction de fusion (voir réaction précédente) :

$$^{2}_{1}H + {}^{2}_{1}H \rightarrow {}^{3}_{2}He + {}^{1}_{0}n$$

$\Delta m = m_{après} - m_{avant} = -0{,}003\ 51\ u = -5{,}83 \times 10^{-30}$ kg.

Soit : $\Delta E = -5{,}25 \times 10^{-13}$ J $= -3{,}28$ MeV.

On constate que la variation d'énergie est de l'ordre de 1 MeV.

LA FUSION : L'ÉNERGIE DE DEMAIN ?

Le projet ITER est un projet international visant à démontrer la possibilité de fabriquer des réacteurs capables de produire de l'énergie électrique à partir de l'énergie libérée par les réactions de fusion. La faisabilité d'un tel réacteur permettrait de résoudre le problème des ressources énergétiques terrestres.

• Cas d'une réaction de fission (voir réaction précédente) :

$$^{235}_{92}U + ^{1}_{0}n \rightarrow ^{91}_{36}Kr + ^{142}_{56}Ba + 3\,^{1}_{0}n$$

$\Delta m = m_{après} - m_{avant} = -0{,}188\ u = -3{,}12 \times 10^{-28}$ kg.

Soit : $\Delta E = -2{,}81 \times 10^{-11}$ J = - 175 MeV.
On constate que la variation d'énergie est de l'orde de 200 MeV.

LA FISSION AU SERVICE DE LA PRODUCTION D'ÉNERGIE ÉLECTRIQUE
Les réacteurs actuels utilisent comme combustible l'uranium 235, dont la fission libère une énergie qui est utilisée pour produire de l'énergie électrique.

Au cours d'une transformation nucléaire (désintégration radioactive, fusion, fission) de l'énergie est libérée du fait de la perte de masse entre les particules avant la réaction et celles après la réaction.
L'énergie libérée varie de quelques MeV à quelques centaines de MeV.

LES DIFFÉRENTES FORMES DE L'ÉNERGIE LIBÉRÉE AU COURS D'UNE RÉACTION NUCLÉAIRE
L'énergie libérée se retrouve sous forme rayonnante portée par les photons γ et sous forme cinétique portée par les particules produites.

4 La stabilité des noyaux

On s'intéresse à un noyau d'hélium 4.
Il est constitué de deux protons et de deux neutrons.
Comparons la masse du noyau à celle de la masse totale de ses nucléons pris séparément :
$m(^{4}_{2}He) = 4{,}001\ 51$ u.
$m(\text{nucléons}) = 2 \times m(^{1}_{1}p) + 2 \times m(^{1}_{0}n) = 2 \times 1{,}007\ 28 + 2 \times 1{,}008\ 66$.
Soit : $m(\text{nucléons}) = 4{,}031\ 88$ u.
On constate que : $m(^{4}_{2}He) < m(\text{nucléons})$.
La masse du noyau d'hélium 4 est inférieure à celle de ses nucléons pris séparément.
Ce résultat est généralisable à tous les noyaux.

A Défaut de masse du noyau

Le défaut de masse Δm d'un noyau de symbole ${}^{A}_{Z}X$ est égal à la différence entre la masse totale de ses nucléons constitutifs et la masse du noyau.

$$\Delta m = [\, Z \times m({}^{1}_{1}p) + (A - Z) \times m({}^{1}_{0}n)\,] - m({}^{A}_{Z}X)$$

Conséquence : ce défaut de masse étant toujours positif, il y a une libération d'énergie au cours de la formation d'un noyau à partir de ses nucléons pris séparément.

B Énergie de liaison d'un noyau

L'énergie de liaison $E_{liaison}$ d'un noyau est égale à l'énergie qui est libérée au cours de la formation du noyau à partir de ses nucléons pris séparément et au repos.

L'énergie de liaison est toujours positive.

$$E_{liaison} = \Delta m \times c^2$$

$$E_{liaison} = [Z \times m({}^{1}_{1}p) + (A - Z) \times m({}^{1}_{0}n) - m({}^{A}_{Z}X)\,] \times c^2$$

$E_{liaison}$ en joules (J)
Δm et m en kilogrammes (kg)
c en mètres par seconde ($m{\cdot}s^{-1}$)

C Énergie de liaison par nucléon d'un noyau

Elle est égale au rapport de l'énergie de liaison du noyau par le nombre total de nucléons composant le noyau (c'est-à-dire le nombre de masse A). Elle s'exprime en MeV/nucléon selon la relation :

$$\frac{E_{liaison}}{A}$$

Exemples :

- Noyau de plutonium 239 :
$\dfrac{E_{liaison}({}^{239}_{94}Pu)}{A} = 7{,}58$ MeV/nucléon.

- Noyau de fer 56 :
$\dfrac{E_{liaison}({}^{56}_{26}Fe)}{A} = 8{,}79$ MeV/nucléon.

D Critère de stabilité d'un noyau

Un noyau est d'autant plus stable que son énergie de liaison par nucléon est grande.

Exemple : le noyau de fer 56 est plus stable que celui de plutonium 239.

$$\frac{E_{liaison}({}^{56}_{26}Fe)}{A} > \frac{E_{liaison}({}^{239}_{94}Pu)}{A}$$

Comparer la stabilité de deux noyaux

ÉNONCÉ

On considère les noyaux d'uranium 235 et d'uranium 238. Le nombre de charge de l'uranium est 92.

1 Calculer l'énergie de liaison de ces deux noyaux en joules, puis en MeV.

2 Trouver l'énergie de liaison de chaque noyau en MeV/nucléon.

3 Quel est le noyau le plus stable ?

Données :

Particule	Uranium 235	Uranium 238	Proton	Neutron
Masse (u)	235,044	238,051	1,007 28	1,008 66

Vitesse de la lumière : $c = 3{,}00 \times 10^8\ \text{m}\cdot\text{s}^{-1}$.

MÉTHODE

1 ▶ Appliquer la formule de l'énergie de liaison.

▶ Savoir convertir les joules en électronvolts.

2 ▶ Trouver l'énergie de liaison par nucléon de chaque noyau.

3 ▶ Un noyau est d'autant plus stable que son énergie de liaison par nucléon est grande.

CORRIGÉ

1 On applique la relation de l'énergie de liaison pour les deux noyaux :

$$E_{\text{liaison}} = \Delta m \times c^2$$

avec $\Delta m = [\, Z \times m(^1_1\text{p}) + (A - Z) \times m(^1_0\text{n})\,] - m(^A_Z\text{X})$.

Pour l'uranium 235 : $A = 235$ et $Z = 92$.

Pour l'uranium 238 : $A = 238$ et $Z = 92$.

Penser à convertir les masses exprimées en unités de masse atomique en kilogrammes : $1\ \text{u} = 1{,}660\,54 \times 10^{-27}$ kg

On calcule le défaut de masse Δm de chaque noyau :

$\Delta m(^{235}_{92}\text{U}) = 1{,}864$ u ; $\Delta m(^{238}_{92}\text{U}) = 1{,}883$ u.

Application numérique :

$E_{\text{liaison}}(^{235}_{92}\text{U}) = 1{,}864 \times 1{,}66054 \times 10^{-27} \times (3{,}00 \times 10^8)^2 = 2{,}79 \times 10^{-10}$ J.

$E_{\text{liaison}}(^{238}_{92}\text{U}) = 1{,}883 \times 1{,}66054 \times 10^{-27} \times (3{,}00 \times 10^8)^2 = 2{,}81 \times 10^{-10}$ J.

On convertit les deux énergies de liaison en MeV :

$$E_{\text{liaison}}\left({}^{235}_{92}\text{U}\right) = \frac{2,79 \times 10^{-10}}{1,602 \times 10^{-13}} = 1,74 \times 10^{3}\ \text{MeV.}$$

$$E_{\text{liaison}}\left({}^{238}_{92}\text{U}\right) = \frac{2,81 \times 10^{-10}}{1,602 \times 10^{-13}} = 1,75 \times 10^{3}\ \text{MeV.}$$

2 L'énergie de liaison par nucléon a pour expression : $\frac{E_{\text{liaison}}}{A}$.

Pour l'uranium 235 :

$$\frac{E_{\text{liaison}}}{A} = \frac{1,74 \times 10^{3}}{235} = 7,40\ \text{MeV/nucléon.}$$

Pour l'uranium 238 :

$$\frac{E_{\text{liaison}}}{\text{A}} = \frac{1,75 \times 10^{3}}{238} = 7,35\ \text{MeV/nucléon.}$$

3 Le noyau le plus stable est celui ayant la plus grande énergie de liaison par nucléon, soit l'uranium 235.

SE TESTER QUIZ

Dans le questionnaire à choix multiple (QCM) suivant, indiquer pour chaque proposition la (ou les) réponse(s) exacte(s).

1 La formule d'Einstein a pour expression :

☐ **a.** $E = m \times c$ ☐ **b.** $E = m \times c^2$ ☐ **c.** $E = \frac{m}{c^2}$

2 Au cours d'une réaction nucléaire, la variation d'énergie ΔE est négative car la masse a augmenté.

☐ **a.** Vrai. ☐ **b.** Faux.

3 Un noyau est d'autant plus stable que son énergie de liaison est grande.

☐ **a.** Vrai. ☐ **b.** Faux.

4 Le défaut de masse d'un noyau correspond à la différence de masse entre la masse du noyau et celle :

☐ **a.** des électrons. ☐ **b.** des nucléons. ☐ **c.** des neutrons.

5 La variation d'énergie au cours d'une réaction nucléaire peut s'écrire :

☐ **a.** $\Delta E = \Delta m \times c^2$ ☐ **b.** $\Delta E = \frac{\Delta m}{c^2}$ ☐ **c.** $\Delta E = \Delta m + c^2$

S'ENTRAÎNER

6 La relation d'équivalence masse-énergie d'Einstein

Compléter le tableau suivant.

Masse en kilogrammes (kg)	Masse en unités de masse atomique (u)	Énergie au repos en joules (J)	Énergie au repos en méga-électronvolts (MeV)
$2{,}50 \times 10^{-26}$			
	1,85		
			10

Donnée : vitesse de la lumière $c = 3{,}00 \times 10^8$ m·s^{-1}.

7 Les isotopes de l'iode en médecine

L'iode alimentaire sert à la fabrication d'hormones essentielles pour notre corps. Celles-ci sont fabriquées par la thyroïde, qui peut être étudiée en procédant à une scintigraphie : on injecte dans la thyroïde de l'iode radioactif. On dispose de deux isotopes de l'iode : l'iode 131 et l'iode 127. Le nombre de charge de l'iode est de 53.

1. Donner la définition de l'énergie de liaison.

2. Calculer l'énergie de liaison des deux isotopes en joules, puis en MeV.

3. Déterminer l'énergie de liaison par nucléon pour les deux isotopes.

4. En déduire quel est l'isotope le plus stable.

5. De la question précédente, trouver l'isotope à utiliser pour la scintigraphie.
Données : vitesse de la lumière $c = 3,00 \times 10^8$ m·s^{-1} ;
1 u = $1,660\ 54 \times 10^{-27}$ kg ; 1 MeV = $1,602 \times 10^{-13}$ J.

Particule	Iode 131	Iode 127	Proton	Neutron
Masse (u)	130,878	126,876	1,007 28	1,008 66

8 Désintégration radioactive du radium 226

Le radium a été l'un des premiers éléments radioactifs découvert et isolé par Pierre et Marie Curie (en 1898). Cet élément se désintègre selon la réaction d'équation :

$$^{226}_{88}\text{Ra} \rightarrow\ ^{222}_{86}\text{Rn} +\ ^{4}_{2}\text{He}$$

1. Calculer la variation de la masse au cours de la réaction.

2. Peut-il y avoir de l'énergie libérée au cours de la réaction ?

3. Calculer la variation d'énergie en joules, puis en MeV.

Particule	Radium 226	Radon 222	Hélium 4
Masse (u)	225,978	221,972	4,002

OBJECTIF BAC

9 L'énergie de la fission nucléaire

Les radio-isotopes les plus utilisés dans l'industrie nucléaire sont l'uranium 235 et le plutonium 239.

1. L'uranium 235 est le combustible nucléaire le plus courant. L'énergie libérée au cours d'une fission dépend des produits de la réaction de fission.
On considère l'équation de réaction de fission suivante :

$$^{235}_{92}\text{U} +\ ^{1}_{0}\text{n} \rightarrow\ ^{94}_{38}\text{Sr} +\ ^{140}_{54}\text{Xe} + 2\ ^{1}_{0}\text{n}$$

a. Calculer pour la réaction, la variation de la masse Δm.

b. Calculer l'énergie libérée en joules, puis en MeV.

c. Sous quelles formes est libérée cette énergie ?

2. Le plutonium 239 n'existe pas à l'état naturel, mais peut être fabriqué au cœur des réacteurs nucléaires selon la réaction suivante :

$$^{239}_{93}Np \rightarrow {}^{239}_{94}Pu + {}^{0}_{-1}e$$

a. De quel type de réaction s'agit-il ?

b. Donner la composition en protons et en neutrons des noyaux de neptunium 239 et de plutonium 239.

c. Calculer l'énergie de masse du plutonium 239.

d. Calculer l'énergie libérée au cours de la réaction en MeV.
Données : vitesse de la lumière $c = 3{,}00 \times 10^8$ m·s^{-1} ;
1 u = 1,660 54 × 10^{-27} kg ; 1 MeV = 1,602 × 10^{-13} J.

Particule	$^{235}_{92}U$	$^{94}_{38}Sr$	$^{140}_{54}Xe$	$^{1}_{0}n$
Masse (u)	235,044	93,915	139,925	1, 008 66
Particule	$^{239}_{93}Np$	$^{239}_{94}Pu$	$^{0}_{-1}e$	
Masse (u)	239,052 90	239,052 16	0,000 55	

10 L'énergie au cœur des étoiles

Dans les étoiles telles que le Soleil, on assiste aux réactions associées à la chaîne proton-proton :

Réaction 1 : $^{1}_{1}H + {}^{1}_{1}H \rightarrow {}^{2}_{1}H + {}^{0}_{1}e$

Réaction 2 : $^{2}_{1}H + {}^{1}_{1}H \rightarrow {}^{3}_{2}He + \gamma$

Réaction 3 : $^{3}_{2}He + {}^{3}_{2}He \rightarrow {}^{4}_{2}He + 2\,{}^{1}_{1}H$

1. Calculer l'énergie libérée au cours de la réaction 1 en joules, puis en MeV.

2. Calculer les énergies de masse des particules apparaissant dans la réaction 2, en MeV.

3. Quelle est l'autre écriture du noyau d'hydrogène 1 ?

4. Calculer les énergies de liaison par nucléon des noyaux d'hélium 3 et 4 apparaissant dans la réaction 3, en MeV/nucléon.

5. Classer ces deux particules par ordre de stabilité croissante.

6. Calculer l'énergie libérée au cours de la réaction 2 en joules, puis en MeV.
Données : vitesse de la lumière $c = 3{,}00 \times 10^8$ m·s^{-1} ;
1 u = 1,660 54 × 10^{-27} kg ; 1 MeV = 1,602 × 10^{-13} J.

Particule	$^{1}_{1}H$	$^{2}_{1}H$	$^{3}_{2}He$	$^{4}_{2}He$	$^{0}_{1}e$	$^{1}_{1}p$	$^{1}_{0}n$
Masse (u)	1,007 28	2,013 56	3,014 93	4,001 51	0,000 55	1,007 28	1, 008 66

11 Le projet ITER, réacteur à fusion thermonucléaire

L'objectif du projet ITER (International Thermonuclear Expérimental Reactor) est de démontrer la possibilité scientifique et technologique de la production d'énergie par la fusion des noyaux dans un réacteur.

Une fois les résultats validés, l'étape suivante consistera à mettre au point une centrale électrique où l'énergie électrique produite proviendra des réactions de fusion.

La fusion contrôlée représente un défi scientifique et technologique majeur car elle peut répondre au problème de disposer de nouvelles ressources énergétiques pouvant prendre le relais des énergies fossiles en voie d'épuisement.

Le réacteur ITER fonctionnera grâce à la fusion de deux isotopes de l'hydrogène : le deutérium et le tritium, portés à des températures très élevées, de l'ordre de 100 millions de degrés, et confinés dans une cage magnétique.

$$^{2}_{1}\mathrm{H} + ^{3}_{1}\mathrm{H} \rightarrow ^{4}_{2}\mathrm{He} + ^{1}_{0}\mathrm{n}$$

Données :

Particule	deutérium	tritium	hélium	neutron
Symbole	$^{2}_{1}\mathrm{H}$	$^{3}_{1}\mathrm{H}$	$^{4}_{2}\mathrm{He}$	$^{1}_{0}\mathrm{n}$
Masse (u)	2,013 55	3,015 50	4,001 50	1,008 66

- 1u = $1,660\ 54 \times 10^{-27}$ kg.
- 1 MeV=$1,602 \times 10^{-13}$J.
- $c = 2,998 \times 10^{8}$ m·s^{-1}.

1. Calculer la variation de masse Δm au cours de la réaction de fusion d'un noyau de deutérium et d'un noyau de tritium.
Donner sa valeur en kilogramme et commenter son signe.

2. Déterminer l'énergie libérée par cette réaction de fusion et convertir le résultat en MeV.

3. Le nombre de noyaux présents dans 2,0 g de noyaux de deutérium est de $6,0 \times 10^{23}$ noyaux.
On trouve le même nombre de noyaux dans 3,0 g de noyaux de tritium.
Calculer l'énergie libérée, en MeV puis en Joule, que l'on obtiendrait au cours de la réaction de fusion de 2,0 g de noyaux de deutérium avec 3,0 g de noyaux de tritium.

4. La tonne d'équivalent pétrole (tep) est une unité d'énergie qui représente $4,2 \times 10^{10}$J, c'est-à-dire l'énergie libérée par la combustion d'une tonne de pétrole.
Calculer, en tep, l'énergie libérée par la fusion de 2,0 g de deutérium et de 3,0 g de tritium.

5. Comparer l'énergie libérée par la fusion d'une tonne de combustible nucléaire à celle d'une tonne de pétrole.
Que peut-on en conclure ?

6. Dans une centrale nucléaire actuelle, la fission d'une masse $m = 1{,}0$ kg d'uranium libère une énergie de $1{,}8 \times 10^3$ tep.
Est-ce que la fusion constituera un progrès par rapport à la fission ?

SE TESTER

1 **Réponse b.** La formule d'Einstein a pour expression $E = m \times c^2$.

2 **Réponse b.** Faux : la variation d'énergie ΔE est négative du fait de la diminution de la masse au cours de la réaction nucléaire.

3 **Réponse b.** Faux : un noyau est d'autant plus stable que son énergie de liaison par nucléon est grande.

4 **Réponse b.** Le défaut de masse d'un noyau correspond à la différence de masse entre la masse du noyau et celle des nucléons.

5 **Réponse a.** La variation d'énergie au cours d'une réaction nucléaire peut s'écrire $\Delta E = \Delta m \times c^2$.

S'ENTRAÎNER

6 La relation d'équivalence masse-énergie d'Einstein

Convertir les masses exprimées en unités de masse atomique en kilogrammes, et inversement : 1 u = $1{,}660\ 54 \times 10^{-27}$ kg.
Convertir les joules en MeV, et inversement : 1 MeV = $1{,}602 \times 10^{-13}$ J.

Masse (kg)	Masse (u)	Énergie au repos (J)	Énergie au repos (MeV)
$2{,}50 \times 10^{-26}$	15,1	$2{,}25 \times 10^{-9}$	$1{,}40 \times 10^{4}$
$3{,}07 \times 10^{-27}$	1,85	$2{,}76 \times 10^{-10}$	$1{,}72 \times 10^{3}$
$1{,}8 \times 10^{-29}$	0,011	$1{,}6 \times 10^{-12}$	10

7 Les isotopes de l'iode en médecine

1. L'énergie de liaison E_{liaison} d'un noyau est égale à l'énergie qui est libérée au cours de la formation du noyau à partir de ses nucléons pris séparément et au repos.

2. On calcule le défaut de masse des deux noyaux :

$\Delta m({}^{127}_{53}\text{I}) = 53\ m_p + 74\ m_n - m({}^{127}_{53}\text{I}) = 1{,}151\ \text{u} = 1{,}911 \times 10^{-27}$ kg.

$\Delta m({}^{131}_{53}\text{I}) = 53\ \text{m}_p + 78\ m_n - m({}^{131}_{53}\text{I}) = 1{,}183\ \text{u} = 1{,}964 \times 10^{-27}$ kg.

On calcule ensuite l'énergie de liaison : $E_{\text{liaison}} = \Delta m \times c^2$.

$E_{\text{liaison}}({}^{127}_{53}\text{I}) = 1{,}720 \times 10^{-10}$ J ; $E_{\text{liaison}}({}^{131}_{53}\text{I}) = 1{,}768 \times 10^{-10}$ J.

3. L'énergie de liaison par nucléon a pour expression $\frac{E_{\text{liaison}}}{A}$.
On convertit en MeV les deux énergies :
$E_{\text{liaison}}(^{127}_{53}\text{I}) = 1{,}074 \times 10^3$ MeV ; $E_{\text{liaison}}(^{131}_{53}\text{I}) = 1{,}104 \times 10^3$ MeV.
On calcule les deux énergies de liaison par nucléon :
$\frac{E_{\text{liaison}}(^{127}_{53}\text{I})}{127} = 8{,}457$ MeV/nucléon ; $\frac{E_{\text{liaison}}(^{131}_{53}\text{I})}{131} = 8{,}427$ MeV/nucléon.

4. L'isotope le plus stable est celui dont l'énergie de liaison par nucléon est la plus grande : l'iode 127 est le plus stable.

5. L'isotope à utiliser pour la scintigraphie est celui qui est radioactif : il s'agit donc de l'iode 131, qui est le moins stable.

8 Désintégration radioactive du radium 226

1. Calcul de la variation de la masse au cours de la réaction.
On exprime la variation de masse :
$m_{\text{avant}} = m(^{226}_{88}\text{Ra}) = 225{,}978$ u ; $m_{\text{après}} = m(^{4}_{2}\text{He}) + m(^{222}_{86}\text{Rn}) = 225{,}974$ u.
D'où la variation de la masse : $\Delta m = m_{\text{après}} - m_{\text{avant}} = 225{,}974 - 225{,}978 = -0{,}004$ u.

2. Il peut y avoir de l'énergie libérée au cours de la réaction car il y a perte de masse au cours de la réaction.

3. On applique la relation $\Delta E = \Delta m \times c^2$ avec $\Delta m = -0{,}004$ u $= -7 \times 10^{-30}$ kg ;
soit : $\Delta E = -6 \times 10^{-13}$ J $= -4$ MeV.

OBJECTIF BAC

9 L'énergie de la fission nucléaire

1. a. On calcule la variation Δm de la masse.
$m_{\text{avant}} = m(^{235}_{92}\text{U}) + m(^{1}_{0}\text{n}) = 236{,}053$ u ; $m_{\text{après}} = m(^{94}_{38}\text{Sr}) + m(^{140}_{54}\text{Xe}) + 2 \times m(^{1}_{0}\text{n}) = 235{,}857$ u.
La variation de la masse Δm est égale à :
$\Delta m = m_{\text{après}} - m_{\text{avant}} = 235{,}857 - 236{,}053 = -0{,}196$ u.

b. On applique la relation $\Delta E = \Delta m \times c^2$, avec $\Delta m = -0{,}196$ u $= -3{,}25 \times 10^{-28}$ kg, soit :
$\Delta E = -2{,}93 \times 10^{-11}$ J $= -183$ MeV.

c. Cette énergie est libérée sous forme d'énergie rayonnante et d'énergie cinétique.

2. a. C'est une désintégration radioactive de type β^-.

b. Neptunium 239 : 93 protons et 146 neutrons.
Plutonium 239 : 94 protons et 145 neutrons.

Nombre de protons = Z
Nombre de neutrons = $A - Z$

c. L'énergie de masse du plutonium 239 a pour formule $E = m \times c^2$ avec $m = m(^{239}_{94}Pu) = 239{,}052\ 16\ u = 3{,}969\ 56 \times 10^{-25}$ kg soit : $E = 3{,}57 \times 10^{-8}$ J $= 2{,}23 \times 10^5$ MeV.

d. On calcule la variation Δm de la masse.

$m_{avant} = m(^{239}_{93}Np) = 239{,}052\ 90$ u ; $m_{après} = m(^{239}_{94}Pu) + m(^{0}_{-1}e) = 239{,}052\ 71$ u.

La variation de la masse Δm est égale à :

$\Delta m = m_{après} - m_{avant} = 239{,}052\ 71 - 239{,}052\ 90 = -\ 0{,}000\ 19$ u.

On applique la relation $\Delta E = \Delta m \times c^2$, avec $\Delta m = -\ 0{,}000\ 19$ u $= -\ 3{,}2 \times 10^{-31}$ kg soit :
$\Delta E = -\ 2{,}9 \times 10^{-14}$ J $= -\ 0{,}18$ MeV.

10 L'énergie au cœur des étoiles

1. On calcule la variation Δm de la masse.

$m_{avant} = 2 \times m(^{1}_{1}H) = 2{,}014\ 56$ u ; $m_{après} = m(^{2}_{1}H) + m(^{0}_{1}e) = 2{,}014\ 11$ u.

La variation de la masse Δm est égale à :

$\Delta m = m_{après} - m_{avant} = 2{,}014\ 11 - 2{,}014\ 56 = -\ 0{,}000\ 45$ u.

On applique la relation $\Delta E = \Delta m \times c^2$, avec $\Delta m = -\ 0{,}000\ 45$ u $= -\ 7{,}5 \times 10^{-31}$ kg soit :
$\Delta E = -\ 6{,}8 \times 10^{-14}$ J $= -\ 0{,}42$ MeV.

2. Calcul des énergies de masse des particules apparaissant dans la réaction 2, en MeV. On applique la relation $E = m \times c^2$.

Particule	$^{1}_{1}H$	$^{2}_{1}H$	$^{3}_{2}He$
Masse (u)	1,007 28	2,013 56	3,014 93
Masse (kg)	$1{,}672\ 63 \times 10^{-27}$	$3{,}343\ 60 \times 10^{-27}$	$5{,}006\ 41 \times 10^{-27}$
Énergie (J)	$1{,}51 \times 10^{-10}$	$3{,}01 \times 10^{-10}$	$4{,}51 \times 10^{-10}$
Énergie (MeV)	943	$1{,}88 \times 10^3$	$2{,}82 \times 10^3$

3. Le noyau d'hydrogène 1 est uniquement constitué d'un proton.
Son autre écriture est donc $^{1}_{1}p$.

4. On calcule le défaut de masse des deux noyaux :

$\Delta m(^{3}_{2}He) = 2\ m_p + m_n - m(^{3}_{2}He) = 0{,}008\ 29$ u $= 1{,}376 \times 10^{-29}$ kg.

$\Delta m(^{4}_{2}He) = 2\ m_p + 2\ m_n - m(^{4}_{2}He) = 0{,}030\ 37$ u $= 5{,}043 \times 10^{-29}$ kg.

On calcule ensuite l'énergie de liaison : $E_{liaison} = \Delta m \times c^2$.

$E_{liaison}(^{3}_{2}He) = 1{,}24 \times 10^{-12}$ J $= 7{,}74$ MeV ; $E_{liaison}(^{4}_{2}He) = 4{,}54 \times 10^{-12}$ J $= 28{,}3$ MeV.

L'énergie de liaison par nucléon a pour expression $\frac{E_{liaison}}{A}$.

$\frac{E_{liaison}(^{3}_{2}He)}{3} = 2{,}58$ MeV/nucléon ; $\frac{E_{liaison}(^{4}_{2}He)}{4} = 7{,}08$ MeV/nucléon.

5. L'isotope le plus stable est celui dont l'énergie de liaison par nucléon est la plus grande : le noyau d'hélium 4 est plus stable que le noyau d'hélium 3.

6. On calcule la variation Δm de la masse.

$m_{\text{avant}} = m({}^2_1\text{H}) + \text{m}({}^1_1\text{H}) = 3{,}020\ 84\ \text{u}$; $m_{\text{après}} = m({}^3_2\text{He}) = 3{,}014\ 93\ \text{u}$.

La variation de la masse Δm est égale à :

$\Delta m = m_{\text{après}} - m_{\text{avant}} = 3{,}014\ 93 - 3{,}020\ 84 = -\ 0{,}005\ 91\ \text{u}$.

Pour calculer la variation d'énergie, on applique la relation $\Delta E = \Delta m \times c^2$, avec $\Delta m = -\ 0{,}005\ 91\ \text{u} = -\ 9{,}81 \times 10^{-30}\ \text{kg}$, soit $\Delta E = -\ 8{,}83 \times 10^{-13}\ \text{J} = -\ 5{,}51\ \text{MeV}$.

L'énergie libérée est égale à l'opposée de la variation d'énergie : 5,51 MeV.

11 Le projet ITER, réacteur à fusion thermonucléaire.

1. Calcul de la variation de masse Δm au cours de la réaction de fusion d'un noyau de deutérium et d'un noyau de tritium :

$m_{\text{avant}} = m\,({}^2_1\text{H}) + m({}^3_1\text{H}) = 5{,}029\ 05\ \text{u}$

$m_{\text{après}} = m\,({}^4_2\text{He}) + m({}^1_0\text{n}) = 5{,}010\ 16\ \text{u}$

$\Delta m = m_{\text{après}} - m_{\text{avant}} = 0{,}018\ 89\ \text{u} = -\ 3{,}137 \times 10^{-29}\ \text{kg}$

On constate que $\Delta m < 0$. La masse a diminué au cours de la réaction de fusion : $m_{\text{après}} < m_{\text{avant}}$.

2. Détermination de l'énergie libérée par cette réaction de fusion.

L'énergie libérée est comptée positivement, donc $E_{\text{libérée}} = -\ \Delta m \times c^2$

Application numérique :

$E_{\text{libérée}} = 2,\ 820 \times 10^{-12}\ \text{J} = 17{,}60\ \text{MeV}$

3. Si on fait réagir 2,0 g de noyaux de deutérium avec 3,0 g de noyaux de tritium, on aura $6{,}0 \times 10^{23}$ fois plus de noyaux, donc l'énergie libérée est $6{,}0 \times 10^{23}$ fois plus grande :

$E_{\text{libérée}} = 1{,}056 \times 10^{25}\ \text{MeV} = 1{,}69 \times 10^{12}\ \text{J}$

4. L'énergie libérée par la fusion de 2,0 g de deutérium et de 3,0 g de tritium est de :

$$E_{\text{libérée 5 g}} = \frac{E_{\text{libérée}}\ (\text{en J})}{4{,}2 \times 10^{10}} = \frac{1{,}69 \times 10^{12}}{4{,}2 \times 10^{10}} = 40\ \text{tep}$$

5. Calcul de l'énergie libérée par une tonne de combustible nucléaire :

$\text{E}_{\text{libérée 1 tonne nucléaire}} = E_{\text{libérée 5g}} \times 2 \times 10^5 = 8{,}0 \times 10^6\ \text{tep}$

Comparaison de l'énergie libérée par la fusion d'une tonne de combustible nucléaire à celle d'une tonne de pétrole.

$$\frac{E_{\text{libérée 1 tonne nucléaire}}}{E_{\text{libérée 1 tonne pétrole}}} = \frac{8{,}0 \times 10^6}{1} = 8{,}0 \times 10^6$$

L'énergie libérée par une tonne de pétrole est très faible par rapport à l'énergie libérée par une tonne de combustible nucléaire.

6. Calcul de l'énergie libérée par la fusion de 1kg de combustible nucléaire :

$E_{\text{libérée 1 kg nucléaire}} = E_{\text{libérée 5 g}} \times 200 = 8{,}0 \times 10^3 \text{ tep} = E_{\text{libérée fusion}}$

Comparaison des énergies libérées selon les deux procédés :

$$\frac{E_{\text{libérée fusion}}}{E_{\text{libérée fission}}} = \frac{8{,}0 \times 10^3}{1{,}8 \times 10^3} = 4{,}4$$

La fusion constituera un progrès par rapport à la fission, car pour une même masse de combustible nucléaire elle libère 4,4 fois plus d'énergie.

www.annabac.com

CHAPITRE 12 Les édifices chimiques solides : cohésion et mise en solution

Les solides ioniques sont à la base de la préparation d'un très grand nombre de liquides utilisés dans la vie courante : eau de Javel (puissant désinfectant), engrais liquides pour la croissance des plantes, déboucheurs liquides, etc. On les trouve aussi à l'origine de la minéralisation des eaux de source et de la salinité de l'eau de mer.

1 Structure d'un solide ionique

A Organisation d'un solide ionique

- Un **solide ionique**, également appelé **cristal**, est un **empilement régulier et ordonné d'anions** (ions chargés négativement) **et de cations** (ions chargés positivement).

- Dans un cristal, chaque anion est entouré de cations et chaque cation est entouré d'anions.

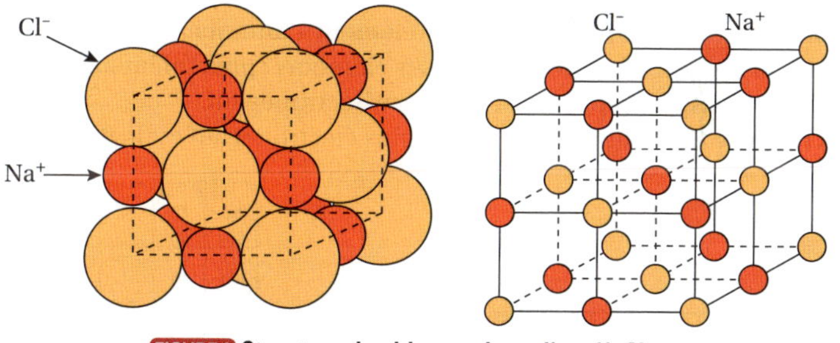

FIGURE 1 Structure du chlorure de sodium $NaCl_{(s)}$

- Trois types de forces d'interaction électriques (vues au chapitre 9) existent dans le cristal ionique :
• la force entre les anions et les cations : c'est une force attractive, car les anions et les cations ont des charges de signes opposés ;
• la force entre les anions : c'est une force répulsive, car les anions ont des charges de même signe ;
• la force entre les cations : c'est une force répulsive, car les cations ont des charges de même signe.

Les calculs montrent que la valeur de **la force attractive entre les cations et les anions est supérieure aux valeurs des autres forces.** C'est cette force qui permet d'assurer la **cohésion du cristal.**

B Formule d'un solide ionique

- Tout composé chimique étant **électriquement neutre**, les solides ioniques contiennent des cations et des anions dans des proportions telles que la charge positive des cations compense exactement la charge négative des anions.
- La formule d'un solide ionique est une **formule statistique** : elle indique la nature et les proportions des ions présents dans le cristal, mais ne mentionne pas leurs charges.

Exemple : la formule statistique du fluorure de calcium est $CaF_{2\,(s)}$.

2 Structure d'un solide moléculaire

A Électronégativité d'un élément

- L'**électronégativité** (notée χ) d'un élément traduit la tendance d'un atome de cet élément à attirer les électrons d'une liaison de covalence qu'il forme avec un autre atome dans une molécule.

> Plus un atome attire facilement les électrons de covalence, plus il est électronégatif.

- **Comment connaître l'électronégativité d'un élément chimique ?**

Pour connaître l'électronégativité d'un élément chimique, il faut considérer sa place dans la classification périodique des éléments : plus l'élément est à droite et en haut de la classification, plus celui-ci est électronégatif.
D'après l'échelle de Pauling, l'élément le plus électronégatif est le **fluor**.

χ ↗

3 10 Li 6,94	4 1,5 Be 9,01											5 2,0 B 10,81	6 2,5 C 12,1	7 3,0 N 14,1	8 3,5 O 16,0	9 4,0 F 19,00
11 0,9 Na 22,99	12 1,2 Mg 24,31											13 1,5 Al 26,98	14 1,5 Si 28,09	15 2,5 P 30,97	16 2,5 S 32,07	17 3,0 Cl 35,45
19 0,8 K 39,10	20 1,0 Ca 40,06	21 1,3 Sc 44,96	22 1,5 Ti 47,87	23 1,5 V 50,94	24 1,8 Cr 52,00	25 1,5 Mn 54,94	26 1,8 Fe 55,85	27 1,8 Co 58,93	28 1,8 Ni 58,69	29 1,9 Cu 63,55	30 1,6 Zn 65,38	31 1,5 Ga 69,72	32 1,5 Ge 72,64	33 2,0 As 74,92	34 2,4 Se 76,96	35 2,8 Br 79,90
37 0,8 Rb 85,47	38 1,0 Sr 87,62	39 1,2 Y 88,91	40 1,4 Zr 91,22	41 1,5 Nb 92,91	42 1,8 Mo 95,9	43 1,9 Tc 96	44 3,2 Ru 101,07	45 2,2 Rh 102,91	46 2,2 Pd 106,42	47 1,9 Ag 107,87	48 1,7 Cd 112,41	49 1,7 In 114,82	50 1,8 Sn 118,71	51 1,9 Sb 121,76	52 2,1 Te 127,60	53 2,5 I 126,90
55 133 Cs 132,91	56 138 Ba 137,33	57-71	72 1,3 Hf 178,49	73 1,5 Ta 180,95	74 1,7 W 183,84	75 1,9 Re 186,21	76 2,2 Os 190,23	77 2,2 Ir 192,22	78 2,2 Pt 195,08	79 2,4 Au 196,97	80 1,9 Hg 200,59	81 1,8 Tl 204,38	82 1,5 Pb 207,2	83 1,9 Bi 206,96	84 2,5 Po 209	85 2,2 At 210
87 0,7 Fr 223	88 0,9 Ra 226	89-103	104 - Rf 267	105 - Db 268	106 - Sg 271	107 - Bh 272	108 - Hs 277	109 - Mt 276	110 - Ds 281	111 - Rg 280	112 - Cn 285	113 - Uut 284	114 - Uuq 289	115 - Uup 288	116 - Uuh 293	117 - Uus 294

χ ↗

FIGURE 2 Variation de l'électronégativité en fonction de la position dans la classification périodique (échelle de Pauling)

Les éléments de la dernière colonne (les gaz nobles) ne sont pas pris en compte, car ils ne réalisent pas de liaisons covalentes du fait de leur structure électronique en octet ou en duet (voir le chapitre 8).

- Si les atomes intervenant dans une liaison covalente ont des électronégativités différentes, l'atome le plus électronégatif attire davantage les électrons de la liaison : la liaison est **polarisée**.

- La polarisation de la liaison est d'autant plus grande que la différence d'électronégativité est grande.

- L'atome le plus électronégatif porte un **excès de charge négative** noté **δ^-**, tandis que l'autre atome porte un **défaut de charge négative** noté **δ^+**.

Exemple : la liaison carbone-oxygène. L'oxygène est plus électronégatif que le carbone. Dans la liaison carbone-oxygène, les électrons sont davantage attirés par l'oxygène que par le carbone :

$$\overset{\delta^+}{\mathrm{C}}-\overset{\delta^-}{\mathrm{O}}$$

- Une liaison entre deux atomes identiques n'est pas polarisée, car les deux atomes mis en jeu ont la même électronégativité.

Exemples : les liaisons carbone-carbone C—C, hydrogène-hydrogène H—H, etc.

B Polarité des molécules

- On appelle **molécule polaire** une molécule dont les barycentres des charges positives (noyaux) et des charges négatives (électrons) ne coïncident pas.

Cela est dû à la **présence de liaisons polarisées** dans la molécule.

Exemples :

• la molécule d'eau H_2O contient deux liaisons polarisées et les barycentres des charges positives et négatives ne coïncident pas : **la molécule est polaire** ;

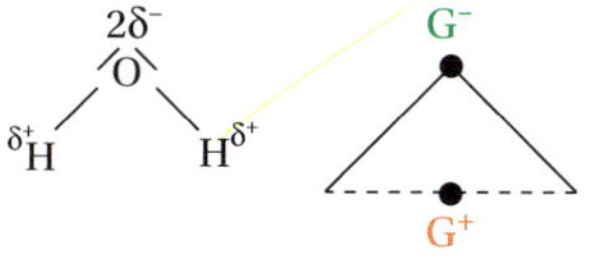

• la molécule de dioxyde de carbone CO_2 possède deux liaisons polarisées mais n'est pas polaire, car les barycentres des charges positives et négatives coïncident.

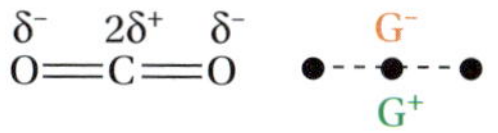

C Cohésion du solide moléculaire

■ Un solide moléculaire est constitué de molécules liées entre elles par des forces d'origine électrique : les **forces d'interaction électrique** et les **forces de Van der Waals.**

• Les forces de Van der Waals sont attractives et de faible intensité. Elles interviennent aussi bien entre les molécules polaires que non polaires.

• Les forces d'interaction électrique s'effectuent entre les charges partielles positives et négatives des molécules polaires. Les forces attractives l'emportent sur les forces répulsives.

La cohésion du solide est assurée par ces deux types de forces.

■ **La liaison hydrogène entre les molécules polaires**

C'est une force d'interaction électrique entre un atome d'hydrogène portant une charge électrique partielle positive δ^+ et un atome appartenant à une autre molécule portant une charge électrique partielle négative δ^-.

Par exemple, la grande cohésion de l'eau s'explique par l'existence de ces liaisons hydrogène entre les atomes d'hydrogène et d'oxygène.

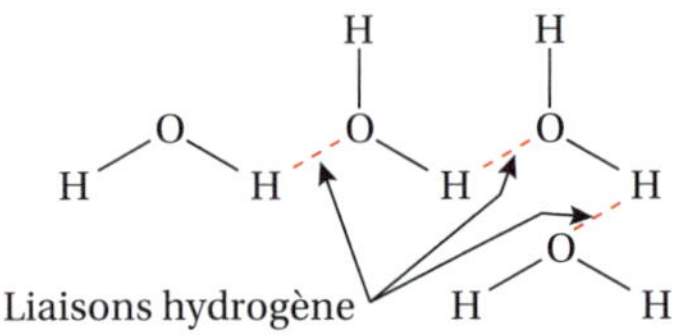

La liaison hydrogène n'est pas une liaison chimique, c'est pourquoi on la désigne aussi par « pont hydrogène ».

FIGURE 3 Liaisons hydrogène entre les molécules d'eau

3 Mise en solution d'un solide ionique

A Caractère polaire d'un solvant

Un solvant est dit polaire si les molécules qui le constituent sont polaires. L'eau, l'acétone et l'éthanol sont des solvants polaires, tandis que le cyclohexane, le pentane et le tétrachlorure de carbone sont des solvants apolaires.

B Dissolution d'un solide ionique dans l'eau

La dissolution d'un solide ionique dans l'eau se fait en 3 étapes : la solvatation, la dissociation, puis la dispersion.

■ **Étape 1 : la solvatation**

Les ions s'entourent de molécules de solvant : l'orientation des molécules d'eau autour des ions s'explique en fonction des interactions électriques attractive ou répulsive.

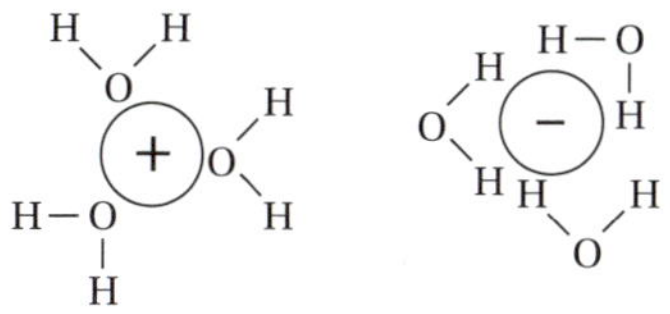

FIGURE 4 Solvatation des ions

La solvatation est aussi appelée hydratation lorsque l'eau est le solvant. Les ions solvatés sont alors appelés ions hydratés.

Un anion sera entouré par les atomes d'hydrogène (portant la charge partielle δ^+) des molécules d'eau, tandis qu'un cation sera entouré par les atomes d'oxygène (portant la charge partielle δ^-).

Étape 2 : la dissociation

Les ions entourés de molécules de solvant s'attirent beaucoup moins : la valeur des forces d'interaction électriques qui assurent la cohésion du cristal ionique sont grandement diminuées. Les ions peuvent alors s'éloigner les uns des autres.

Étape 3 : la dispersion

Les ions solvatés se dispersent dans toute la solution. On accélère le processus en agitant la solution : elle devient alors peu à peu homogène en cations et en anions.

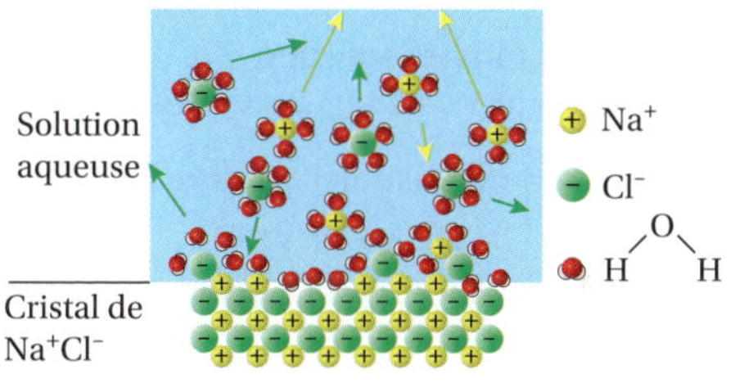

FIGURE 5 Dissolution du chlorure de sodium dans l'eau

L'équation de dissolution d'un solide ionique

Lorsqu'on introduit un solide ionique dans un solvant, il subit une transformation : il est dissous et on obtient une solution ionique.
Cette transformation est modélisée par l'équation de dissolution :

$$A_\alpha B_{\beta\,(s)} \rightarrow \alpha\, A^{\beta+}{}_{(aq)} + \beta\, B^{\alpha-}{}_{(aq)}$$

Le solide ionique est constitué du cation $A^{\beta+}$ et de l'anion $B^{\alpha-}$.

C Caractéristiques d'une solution ionique

- Après avoir dissous un solide ionique dans l'eau, on obtient une **solution aqueuse ionique** constituée d'anions et de cations dispersés et en mouvement parmi les très nombreuses molécules d'eau.

- Les solutions ioniques sont **électriquement neutres** mais **conduisent le courant électrique**, car elles possèdent des ions solvatés qui sont des charges mobiles.

Une solution conductrice du courant électrique est appelée électrolyte. Les solutions aqueuses ioniques sont des électrolytes.

Les solutions ioniques sont caractérisées par leur formule qui fait apparaître le type et les proportions des ions présents dans le solvant.
Exemple : la formule de la solution ionique de fluorure de calcium est $(Ca^{2+}_{(aq)} + 2\,F^{-}_{(aq)})$.

4 Concentration du soluté apporté et concentration effective

Concentration molaire du soluté apporté

Elle est notée $C_{soluté}$ et a pour formule :

$$C_{soluté} = \frac{n_{soluté}}{V_{solution}}$$

$C_{soluté}$ en moles par litre ($mol \cdot L^{-1}$)
$n_{soluté}$ en moles (mol)
$V_{solution}$ en litres (L)

Concentration effective des ions en solution

On note [X] la concentration effective d'un ion X présent en solution :

$$[X] = \frac{n_X}{V_{solution}}$$

[X] en moles par litre ($mol \cdot L^{-1}$)
n_X en moles (mol)
$V_{solution}$ en litres (L)

Relation entre concentration apportée et concentration effective

Pour déterminer la relation entre les différentes concentrations, il faut utiliser un tableau d'avancement :

Équation de dissolution		$A_\alpha B_{\beta(s)}$ →	$\alpha\, A^{\beta+}_{(aq)}$ +	$\beta\, B^{\alpha-}_{(aq)}$
État	Avancement (mol)	$n_{(A_\alpha B_\beta)}$(mol)	$n_{(A^{\beta+})}$(mol)	$n_{(B^{\alpha-})}$ (mol)
Initial	$x = 0$	n	0	0
Intermédiaire	x	$n - x$	αx	βx
Final	$x = x_f$	$n - x_f$	αx_f	βx_f

Dans l'état final, tout le solide a été dissous, d'où $n_{(A_\alpha B_\beta)} - x_f = 0$ donc $x_f = n_{(A_\alpha B_\beta)}$.

D'après le tableau d'avancement, on peut alors écrire, en remplaçant x_f par $n_{(A_\alpha B_\beta)}$:
$n_{(A^{\beta+})} = \alpha \times n_{(A_\alpha B_\beta)}$ et $n_{(B^{\alpha-})} = \beta \times n_{(A_\alpha B_\beta)}$.
On en déduit que : $[A^{\beta+}] = \alpha \times C_{(A_\alpha B_\beta)}$ et $[B^{\alpha-}] = \beta \times C_{(A_\alpha B_\beta)}$.

Écrire une équation de dissolution Déterminer la concentration de soluté apporté et la concentration effective

ÉNONCÉ

On dissout 0,30 mole de sulfate de fer III de formule $Fe_2(SO_4)_{3(s)}$ dans 500 mL d'eau.

1 Écrire l'équation de dissolution de ce cristal dans l'eau.

2 Déterminer la concentration molaire en soluté de la solution obtenue.

3 Déterminer la concentration effective en ions sulfates SO_4^{2-} et en ions fer III Fe^{3+} de la solution obtenue.

MÉTHODE

1 ▸ L'équation doit respecter les lois de conservation des quantités de matière de chaque élément chimique et de la charge électrique.

2 ▸ Appliquer la formule $C_{\text{soluté}} = \dfrac{n_{\text{soluté}}}{V_{\text{solution}}}$.

3 ▸ La concentration effective en ions est déterminée grâce à un tableau d'avancement.

▸ Il faut faire attention aux coefficients stœchiométriques lorsque l'on établit le tableau d'avancement.

CORRIGÉ

1 Équation de dissolution du sulfate de fer III :

$$Fe_2(SO_4)_{3(s)} \rightarrow 2\,Fe^{3+}{}_{(aq)} + 3\,SO_4^{2-}{}_{(aq)}$$

2 Détermination de la concentration molaire en soluté de la solution :

$$C_{Fe_2(SO_4)_3} = \frac{n_{Fe_2(SO_4)_3}}{V_{\text{solution}}} = \frac{0,30}{500 \times 10^{-3}} = 0,60\ \text{mol·L}^{-1}$$

3 Détermination de la relation entre concentration molaire en soluté et concentration molaire effective en ions :

Équation de dissolution		$Fe_2(SO_4)_{3(s)}$ →	$3\ SO_4^{2-}{}_{(aq)}$ +	$2\ Fe^{3+}{}_{(aq)}$
État	Avancement (mol)	$n_{Fe_2(SO_4)_3}$ (mol)	$n_{SO_4^{2-}}$ (mol)	$n_{Fe^{3+}}$ (mol)
Initial	$x = 0$	n	0	0
Intermédiaire	x	$n - x$	$3\,x$	$2\,x$
Final	$x = x_f$	$n - x_f$	$3\,x_f$	$2\,x_f$

Dans l'état final, tout le solide a été dissous :

$n_{Fe_2(SO_4)_3} - x_f = 0$ donc $x_f = n_{Fe_2(SO_4)_3}$

D'après le tableau d'avancement, on peut écrire, en remplaçant x_f par $n_{Fe_2(SO_4)_3}$:

$n_{SO_4^{2-}} = 3 \times n_{Fe_2(SO_4)_3}$;

$n_{Fe^{3+}} = 2 \times n_{Fe_2(SO_4)_3}$;

On en déduit que :

$[SO_4^{2-}] = 3 \times C_{Fe_2(SO_4)_3}$;

$[Fe^{3+}] = 2 \times C_{Fe_2(SO_4)_3}$.

Calcul de la concentration effective en ions sulfates :

$[SO_4^{2-}] = 3 \times C_{Fe_2(SO_4)_3} = 3 \times 0{,}60 = 1{,}80\ mol{\cdot}L^{-1}$.

Calcul de la concentration effective en ions fer III :

$[Fe^{3+}] = 2 \times C_{Fe_2(SO_4)_3} = 2 \times 0{,}60 = 1{,}20\ mol{\cdot}L^{-1}$.

SE TESTER QUIZ

Dans le questionnaire à choix multiple (QCM) suivant, indiquer pour chaque proposition la (ou les) réponse(s) exacte(s).

1 La cohésion d'un solide ionique est due à la force suivante :

- ☐ **a.** la force d'interaction gravitationnelle.
- ☐ **b.** la force d'interaction électrique entre les anions.
- ☐ **c.** la force d'interaction électrique entre les anions et les cations.

2 La liaison hydrogène est :

- ☐ **a.** une liaison chimique entre un atome d'hydrogène et un autre atome.
- ☐ **b.** une force d'interaction assurant la cohésion d'un solide moléculaire.

3 Le solide ionique chlorure d'aluminium contient des ions Al^{3+} et des ions Cl^-. Indiquer quelle est sa formule statistique correcte.

☐ **a.** $AlCl_{2\,(s)}$ ☐ **b.** $Al_3Cl_{2\,(s)}$ ☐ **c.** $AlCl_{3\,(s)}$

4 Parmi les formules suivantes de la solution aqueuse de chlorure de fer II, indiquer laquelle est correcte.

☐ **a.** $(Fe^{2+}_{(aq)} + Cl^-_{(aq)})$. ☐ **b.** $(Fe^{2+}_{(aq)} + 2\,Cl^-_{(aq)})$. ☐ **c.** $(Fe^{2+}_{(aq)} + 3\,Cl^-_{(aq)})$.

5 Une solution ionique peut être chargée positivement.

☐ **a.** Vrai. ☐ **b.** Faux.

S'ENTRAÎNER

6 Calculer des concentrations effectives

Une solution aqueuse de chlorure d'aluminium contient les ions chlorures Cl^- et aluminium Al^{3+}. La concentration en chlorure d'aluminium apporté est égale à $C_{AlCl_3} = 2{,}0 \times 10^{-3}\ mol{\cdot}L^{-1}$.

1. Trouver l'équation de dissolution.

2. Écrire le tableau d'avancement de la dissolution.

3. En déduire la relation entre les concentrations effectives en ions aluminium $[Al^{3+}]$ et chlorures $[Cl^-]$ et la concentration en chlorure d'aluminium apporté.

4. Calculer les valeurs des concentrations effectives de chaque ion.

OBJECTIF **BAC**

7 Cohésion d'un cristal de chlorure de sodium et mise en solution

Le cristal de chlorure de sodium est constitué par un empilement cubique régulier d'ions sodium Na^+ et chlorures Cl^-. Les ions chlorures se trouvent aux 8 sommets et au centre des 6 faces du cube tandis que les ions sodium occupent les milieux de chaque arête et le centre du cube.

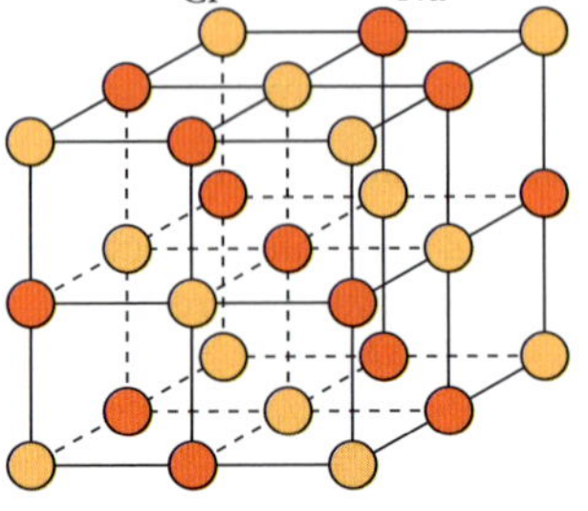

On peut calculer les distances entre les différents types d'ions :

Distance entre...	d (pm)
l'ion Cl^- et l'ion Na^+ les plus proches	$d_1 = 278$
les deux ions Na^+ les plus proches	$d_2 = 393$
les deux ions Cl^- les plus proches	$d_3 = 393$

1. Calculer la valeur F_{E1} de la force d'interaction électrique entre un ion sodium et un ion chlorure. Cette force est-elle attractive ou répulsive ?

2. Calculer la valeur F_{E2} de la force d'interaction électrique entre deux ions sodium. Cette force est-elle attractive ou répulsive ?

3. Sans calcul, donner la valeur F_{E3} de la force d'interaction électrique entre deux ions chlorures. Cette force est-elle attractive ou répulsive ?

> Utiliser la loi de Coulomb (voir le chapitre 9). Conversion des picomètres en mètres : 1 pm = 10^{-12} m.

4. Comparer les valeurs des forces F_{E1} et F_{E2} puis en déduire quelle est la force responsable de la cohésion du cristal de chlorure de sodium.

5. On réalise la dissolution du cristal de chlorure de sodium dans l'eau.

a. Donner la formule statistique du solide cristallisé.

b. Écrire l'équation de dissolution.

c. Trouver la formule de la solution aqueuse de chlorure de sodium.

Données :
- constante de la loi de Coulomb : $k = 9{,}0 \times 10^{-9}$ SI ;
- charge électrique élémentaire : $e = 1{,}602 \times 10^{-19}$ C.

8 Sulfate de cuivre cristallisé et mise en solution

Le sulfate de cuivre solide se présente sous deux formes :
- le sulfate de cuivre anhydre, solide blanc de formule $CuSO_{4(s)}$;
- le sulfate de cuivre hydraté, solide bleu de formule $CuSO_4, 5\ H_2O_{(s)}$.

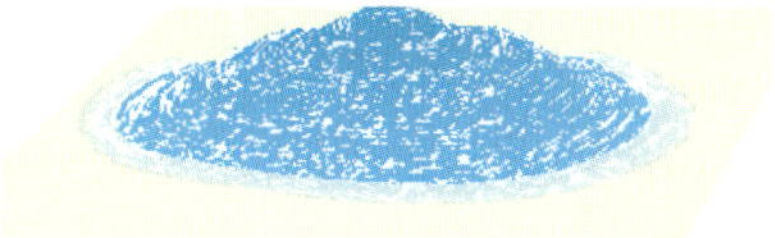

La couleur bleue est due à la présence de molécules d'eau entourant l'ion cuivre II.

1. Écrire les équations de dissolution des deux solides dans l'eau.

2. Pourquoi la dissolution du sulfate de cuivre anhydre dans l'eau donne-t-elle une solution aqueuse de couleur bleue ?

3. Quelle est la formule de la solution aqueuse de sulfate de cuivre ?

4. On réalise la dissolution d'une masse $m = 16$ g de sulfate de cuivre anhydre pour préparer une solution aqueuse de volume $V = 100$ mL. Calculer la concentration en sulfate de cuivre apporté C_{CuSO_4}.

5. Réaliser le tableau d'avancement de la dissolution du sulfate de cuivre anhydre.

6. En déduire les relations entre les concentrations effectives des ions et la concentration en sulfate de cuivre apporté.

7. Calculer les concentrations effectives de chaque ion.

Données : masses molaires atomiques :
- de l'oxygène : $M_O = 16{,}0$ g·mol^{-1} ;
- du soufre : $M_S = 32{,}1$ g·mol^{-1} ;
- du cuivre : $M_{Cu} = 63{,}5$ g·mol^{-1}.

9 Préparation d'une solution aqueuse de phosphate de potassium

On prépare une solution S par dissolution de phosphate de potassium K_3PO_4 qui est constitué d'ion potassium K^+ et d'ion phosphate PO_4^{3-}.

La masse *m* dissoute est égale à 6,50 g et le volume *V* de la solution S est égal à 100,0 mL.

1. Calculer la concentration molaire *C* en soluté apporté.

2. Écrire l'équation de dissolution dans l'eau du phosphate de potassium.

3. Trouver les concentrations molaires effectives des ions potassium et phosphate.

4. Pourquoi dit-on que les ions présents en solution sont « hydratés»?

5. Quelles sont les trois étapes de la dissolution d'un solide ionique dans l'eau?

6. Choisir la (ou les) bonne(s) réponses aux questions suivantes :

a. La solution aqueuse de phosphate de potassium a pour formule :

A : $(K^+_{(aq)} + PO_4^{3-}{}_{(aq)})$

B : $(3\ K^+_{(aq)} + PO_4^{3-}{}_{(aq)})$

C : $(K^+_{(aq)} + 3\ PO_4^{3-}{}_{(aq)})$

b. La solution aqueuse de phosphate de potassium possède les propriétés suivantes :

A : Elle est chargée positivement.

B : Elle est électriquement neutre.

C : Elle est chargée négativement.

D : Elle est isolante d'un point de vue électrique.

E : Elle est conductrice du courant électrique.

Données : $M_K = 39,1\ g{\cdot}mol^{-1}$; $M_O = 16,0\ g{\cdot}mol^{-1}$; $M_P = 31,0\ g{\cdot}mol^{-1}$.

SE TESTER

1 Réponse c. C'est la force d'interaction électrique entre les cations et les anions qui assure la cohésion d'un solide ionique.

2 Réponse b. La liaison hydrogène est une force d'interaction qui assure la cohésion du solide moléculaire.

3 Réponse c. Il s'agit de $AlCl_{3(s)}$.

4 Réponse b. Il s'agit de $(Fe^{2+}_{(aq)} + 2\ Cl^{-}_{(aq)})$.

5 Réponse b. Faux : elle est électriquement neutre.

S'ENTRAÎNER

6 Calculer des concentrations effectives

1. Équation de dissolution : $AlCl_{3\,(s)} \rightarrow Al^{3+}_{(aq)} + 3\ Cl^{-}_{(aq)}$

2. Tableau d'avancement de la dissolution :

Équation de dissolution		$AlCl_{3\,(s)}$	$\rightarrow Al^{3+}_{aq)}$	$+ 3\ Cl^{-}_{(aq)}$
État	Avancement (mol)	n_{AlCl_3} (mol)	$n_{Al^{3+}}$ (mol)	n_{Cl^-} (mol)
Initial	$x = 0$	n	0	0
Intermédiaire	x	$n - x$	x	$3\,x$
Final	$x = x_f$	$n - x_f$	x_f	$3\,x_f$

3. Dans l'état final, tout le solide a été dissous :
$n_{AlCl_3} - x_f = 0$ donc $x_f = n_{AlCl_3}$.

D'après le tableau d'avancement, on peut écrire, en remplaçant x_f par n_{AlCl_3} :
$n_{Al^{3+}} = n_{AlCl_3}$ et $n_{Cl^-} = 3 \times n_{AlCl_3}$.

On en déduit que : $[Al^{3+}] = C_{AlCl_3}$ et $[Cl^-] = 3 \times C_{AlCl_3}$.

4. Calcul de la concentration effective en ions aluminium :
$[Al^{3+}] = C_{AlCl_3} = 2{,}0 \times 10^{-3}\ mol{\cdot}L^{-1}$.

Calcul de la concentration effective en ions chlorures :
$[Cl^-] = 3 \times C_{AlCl_3} = 3 \times 2{,}0 \times 10^{-3} = 6{,}0 \times 10^{-3}\ mol{\cdot}L^{-1}$.

OBJECTIF BAC

7 Cohésion d'un cristal de chlorure de sodium et mise en solution

1. Détermination de la valeur de la force d'interaction électrique existant entre les ions sodium et chlorures. On applique la loi de Coulomb :

$$F_{E1} = k \times \frac{|q_{Cl^-}| \times |q_{Na^+}|}{d_1^2}$$

Les charges portées par chaque ion :
$q_{Cl^-} = -e = -1{,}602 \times 10^{-19}$ C et $q_{Na^+} = e = 1{,}602 \times 10^{-19}$ C.

Conversion de la distance en mètres : $d_1 = 278$ pm $= 278 \times 10^{-12}$ m.
Application numérique :

$$F_{E1} = 9{,}0 \times 10^9 \times \frac{|1{,}602 \times 10^{-19}| \times |-1{,}602 \times 10^{-19}|}{(278 \times 10^{-12})^2}$$

$$F_{E1} = 9{,}0 \times 10^9 \times \frac{1{,}602 \times 10^{-19} \times 1{,}602 \times 10^{-19}}{(278 \times 10^{-12})^2} = 3{,}0 \times 10^{-9}\ \text{N.}$$

Cette force est attractive car les deux charges ont des signes opposés.

2. Détermination de la valeur de la force d'interaction électrique existant entre deux ions sodium. On applique la loi de Coulomb :

$$F_{E2} = k \times \frac{|q_{Na^+}| \times |q_{Na^+}|}{d_2^2}$$

La charge portée par l'ion sodium : $q_{Na^+} = e = 1{,}602 \times 10^{-19}$ C.

Conversion de la distance en mètres : $d_2 = 393$ pm $= 393 \times 10^{-12}$ m.

Application numérique :

$$F_{E2} = 9{,}0 \times 10^9 \times \frac{|1{,}602 \times 10^{-19}| \times |1{,}602 \times 10^{-19}|}{(393 \times 10^{-12})^2}$$

$$F_{E2} = 9{,}0 \times 10^9 \times \frac{1{,}602 \times 10^{-19} \times 1{,}602 \times 10^{-19}}{(393 \times 10^{-12})^2} = 1{,}5 \times 10^{-9}\ \text{N.}$$

Cette force est répulsive car les deux charges ont même signe.

3. La distance entre deux ions chlorures est la même qu'entre deux ions sodium. La valeur absolue de la charge portée par un ion chlorure est la même que celle portée par un ion sodium.
On en conclut que la valeur F_{E3} de la force d'interaction électrique entre deux ions chlorures est égale à celle entre deux ions sodium : $F_{E3} = F_{E2}$.
Cette force est répulsive car les deux charges ont même signe.

4. On réalise la comparaison des deux forces :

$$\frac{F_{E1}}{F_{E2}} = \frac{3,0 \times 10^{-9}}{1,5 \times 10^{-9}} = 2,0$$

La valeur de la force attractive est deux fois plus grande que la valeur de la force répulsive.

La cohésion du cristal de chlorure de sodium est réalisée par la force d'interaction électrique attractive entre les ions sodium et chlorures.

5. a. Formule statistique du solide cristallisé : $NaCl_{(s)}$.

b. Équation de dissolution : $NaCl_{(s)} \rightarrow Na^+_{(aq)} + Cl^-_{(aq)}$.

c. Formule de la solution aqueuse : $(Na^+_{(aq)} + Cl^-_{(aq)})$.

8 Sulfate de cuivre cristallisé et mise en solution

1. Équation de dissolution du sulfate de cuivre anhydre :

$$CuSO_{4(s)} \rightarrow Cu^{2+}_{(aq)} + SO_4{}^{2-}_{(aq)}$$

Équation de dissolution du sulfate de cuivre hydraté :

$$CuSO_4, 5\,H_2O_{(s)} \rightarrow Cu^{2+}_{(aq)} + SO_4{}^{2-}_{(aq)} + 5\,H_2O_{(l)}$$

2. Les ions cuivre II sont hydratés au cours de la dissolution : ils se retrouvent entourés de molécules d'eau.

3. Formule de la solution aqueuse de sulfate de cuivre : $(Cu^{2+}_{(aq)} + SO^{2-}_{4\,(aq)})$.

4. Concentration en sulfate de cuivre apporté : $C_{CuSO_4} = \dfrac{n_{CuSO_4}}{V}$

avec $n_{CuSO_4} = \dfrac{m}{M_{CuSO_4}}$ et $M_{CuSO_4} = M_{Cu} + M_S + 4 \times M_O = 159,6\ g{\cdot}mol^{-1}$;

soit $n_{CuSO_4} = \dfrac{16}{159,6} = 0,10\ mol$, donc $C_{CuSO_4} = \dfrac{0,10}{0,100} = 1,0\ mol{\cdot}L^{-1}$.

5. Tableau d'avancement de la dissolution :

Équation de dissolution		$CuSO_{4(s)}$ →	$Cu^{2+}_{aq)}$ +	$SO_4{}^{2-}_{(aq)}$
État	Avancement (mol)	n_{CuSO_4} (mol)	$n_{Cu^{2+}}$ (mol)	$n_{SO_4^{2-}}$ (mol)
Initial	$x = 0$	n	0	0
Intermédiaire	x	$n - x$	x	x
Final	$x = x_f$	$n - x_f$	x_f	x_f

6. Dans l'état final, tout le solide a été dissous :
$n_{CuSO_4} - x_f = 0$ donc $x_f = n_{CuSO_4}$.

D'après le tableau d'avancement, on peut écrire, en remplaçant x_f par n_{CuSO_4} :
$n_{Cu^{2+}} = n_{CuSO_4}$ et $n_{SO_4^{2-}} = n_{CuSO_4}$.
On en déduit que : $[SO_4^{2-}] = C_{CuSO_4}$ et $[Cu^{2+}] = C_{CuSO_4}$.

7. Calcul de la concentration effective en ions cuivre II :
$[Cu^{2+}] = C_{CuSO_4} = 1{,}0 \text{ mol·L}^{-1}$.
Calcul de la concentration effective en ions sulfate :
$[SO_4^{2-}] = C_{CuSO_4} = 1{,}0 \text{ mol·L}^{-1}$.

9 Préparation d'une solution aqueuse de phosphate de potassium

1. Calcul de la concentration molaire C en soluté apporté.

$$C = \frac{m}{M_{K_3PO_4}} \times V$$

Masse molaire du phosphate de potassium : $M_{K_3PO_4} = 212{,}3 \text{ g·mol}^{-1}$

Application numérique :

$$C = \frac{m}{M \times V} = \frac{6{,}50}{212{,}3 \times (100{,}0 \times 10^{-3})} = 3{,}06 \times 10^{-1} \text{ mol·L}^{-1}$$

2. Équation de dissolution dans l'eau du phosphate de potassium :
$K_3PO_{4(s)} \rightarrow 3\ K^+_{(aq)} + PO_4^{3-}{}_{(aq)}$

3. Calcul de la concentration molaire effective des ions potassium :

$$[K^+] = 3 \times C$$

Application numérique : $[K^+] = 9{,}18 \times 10^{-1} \text{ mol·L}^{-1}$
Calcul de la concentration molaire effective des ions phosphate :

$$[PO_4^{3-}] = C$$

Application numérique : $[PO_4^{3-}] = 3{,}06 \times 10^{-1} \text{ mol·L}^{-1}$

4. On peut dire que les ions présents en solution sont hydratés, car le solvant utilisé ici est l'eau.

5. Les trois étapes de la dissolution d'un solide ionique dans l'eau sont :
- la solvatation ;
- la dissociation ;
- la dispersion.

6. a. Réponse B. La solution aqueuse de phosphate de potassium a pour formule $(3\ K^+_{(aq)} + PO_4^{3-}{}_{(aq)})$

b. Réponses B et E. La solution aqueuse de phosphate de potassium est électriquement neutre, et elle est conductrice du courant électrique.

www.annabac.com

CHAPITRE

13 Transformation physique d'un système

Tous les corps célestes, tous les objets et êtres vivants de la Terre sont composés de matière. Celle-ci peut exister sous trois états : solide, liquide ou gaz. Les différences de propriétés physiques entre ces états, observées à l'échelle macroscopique, peuvent s'expliquer en se plaçant au niveau microscopique. La transformation physique d'un système correspond au passage d'un état à un autre. Ces transformations jouent un grand rôle dans de nombreux domaines de l'activité économique : distillation fractionnée du pétrole, récolte du sel à partir de l'eau de mer, extraction des métaux en sidérurgie, fabrication des bijoux…

1 Les trois états de la matière

A Caractéristiques des trois états

Les trois états de la matière sont différenciables par leur structure et par leurs caractéristiques physiques.

L'état solide

C'est un état dans lequel les particules sont **ordonnées**, très proches les unes des autres et liées entre elles par des forces d'interaction : elles sont fixes les unes par rapport aux autres.
Un solide a une forme et un volume qui lui sont propres : il occupera toujours le même volume et sa forme ne pourra être modifiée. Un solide est **incompressible.**

L'état liquide

Les particules sont à la fois proches les unes des autres, et en mouvement les unes par rapport aux autres : c'est un état **désordonné.**
Un liquide a un volume propre, mais pas de forme propre : il prend la forme du récipient qui le contient et est **incompressible.**

L'état gazeux

À l'état gazeux, les particules ne sont plus liées les unes aux autres : la structure est **totalement désordonnée.** Les particules sont en mouvement permanent et sont éloignées les unes des autres afin d'occuper tout l'espace disponible : les gaz sont **expansibles.** À l'état gazeux, la matière n'a ni forme ni volume propres.

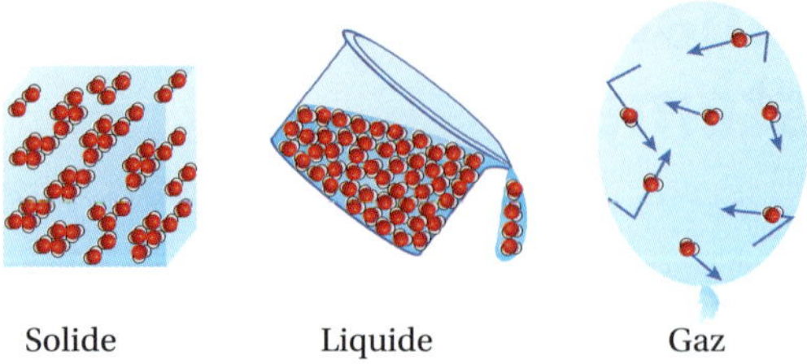

FIGURE 1 Structure de l'eau à l'état solide, liquide et gazeux

- Les états liquide et gazeux sont désordonnés, alors que l'état solide est un état ordonné.
- Les états solide et liquide sont des états condensés, alors que l'état gazeux est un état dispersé.

Comparaison des masses volumiques à l'état dispersé (gaz) et à l'état condensé (liquide et solide)

Le volume occupé par une même quantité de matière est supérieur pour l'état dispersé (les molécules sont éloignées les unes des autres) que pour l'état condensé (les molécules sont proches les unes des autres).
La masse volumique d'une espèce chimique est environ 1 000 fois plus grande pour l'état condensé que pour l'état dispersé.

B Aspect énergétique de la cohésion de la matière

L'**énergie de cohésion intermoléculaire** est égale à l'énergie qu'il faudrait apporter à un ensemble de molécules pour les **disperser** de manière à ce qu'elles n'aient plus d'interaction les unes avec les autres.

L'**énergie de cohésion d'un solide** est égale à l'énergie nécessaire pour **sublimer** une mole de ce solide (passage de l'état solide à l'état gazeux).

L'**énergie de cohésion d'un liquide** est égale à l'énergie nécessaire pour **vaporiser** une mole de ce liquide (passage de l'état liquide à l'état gazeux).

Exemples : énergies de cohésion de quelques liquides.

Nom de l'espèce	Eau	Méthane	Butane	Méthanol	Éthanol
Formule de l'espèce	H_2O	CH_4	C_4H_{10}	CH_3OH	C_2H_5OH
$E_{cohésion}$ (kJ·mol^{-1})	40,7	8,2	22,3	35,3	38,6

La cohésion d'un liquide ou d'un solide est d'autant plus importante que son énergie de cohésion est grande : l'eau est le liquide ayant la plus grande cohésion dans la liste précédente et le méthane la plus petite.

La présence de liaisons hydrogène (dans l'eau et les alcools) augmentent l'énergie de cohésion des liquides et des solides.

C L'agitation thermique

- L'agitation thermique se manifeste dans tous les états de la matière, elle correspond aux **mouvements des molécules** dans le système **à une température *T*.**

- L'énergie d'agitation thermique est une **fonction croissante de la température absolue *T*.**

- La comparaison de l'énergie de cohésion et de l'énergie d'agitation thermique permet d'interpréter la différence de comportement des solides et des liquides.
• Si $E_{cohésion} >> E_{th}$: les molécules gardent une position fixe ; c'est le cas des solides, qui gardent leur forme propre.
• Si $E_{cohésion} << E_{th}$: les molécules restent au voisinage les unes des autres mais peuvent se déplacer les unes par rapport aux autres ; c'est le cas des liquides, qui ont un volume propre mais n'ont pas de forme propre.

2 Les changements d'état de la matière

A Présentation

- Une **transformation physique** est une transformation au cours de laquelle il y a modification de la structure de la matière, mais pas de sa composition : les liaisons intermoléculaires sont rompues, mais pas les liaisons chimiques dans les molécules.

- Un **changement d'état** est une transformation physique.
Les différents changements d'état sont :
• la **fusion :** passage de l'état solide à l'état liquide ;
• la **solidification :** passage de l'état liquide à l'état solide.
• la **liquéfaction :** passage de l'état gazeux à l'état liquide (on parle aussi de **condensation liquide)** ;
• la **vaporisation :** passage de l'état liquide à l'état gazeux ;
• la **sublimation :** passage de l'état solide à l'état gazeux ;
• la **condensation :** passage de l'état gazeux à l'état solide.

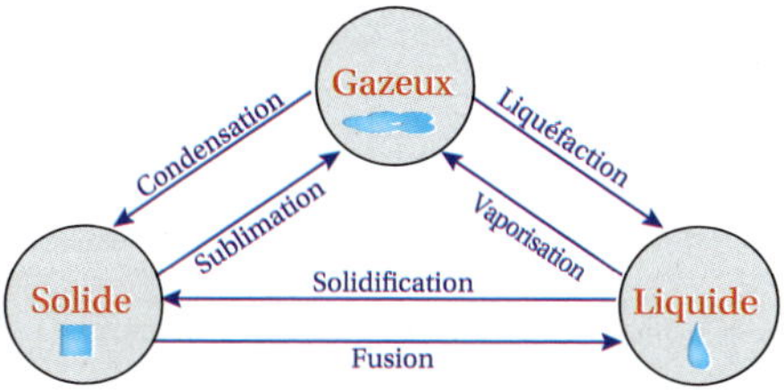

FIGURE 2 **Les changements d'état**

■ L'état physique d'un corps dépend **à la fois de la température et de la pression :** les changements d'état s'effectuent lorsque les conditions physiques évoluent.

■ À pression constante, lorsqu'on élève continûment la température, le système passe successivement de l'état solide à l'état liquide puis à l'état gazeux.

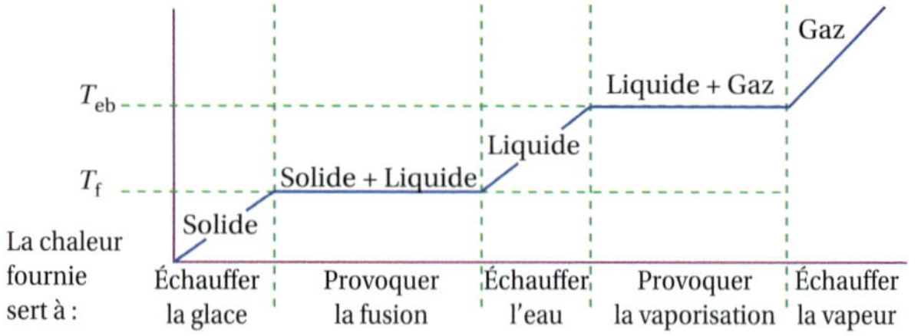

FIGURE 3 Les états de l'eau (corps pur) en fonction de la température

■ Pour les **corps purs**, lors du changement d'état, la température reste constante : on parle de **palier de température**. Cette température est appelée **température de changement d'état**.
Il y a identité des températures de changement d'état deux à deux :

$$T_{\text{fusion}} = T_{\text{solidifaction}}$$
$$T_{\text{vaporisation}} = T_{\text{liquéfaction}}$$
$$T_{\text{sublimation}} = T_{\text{condensation}}$$

■ Pour les **mélanges**, le changement d'état ne se fait pas à température constante.

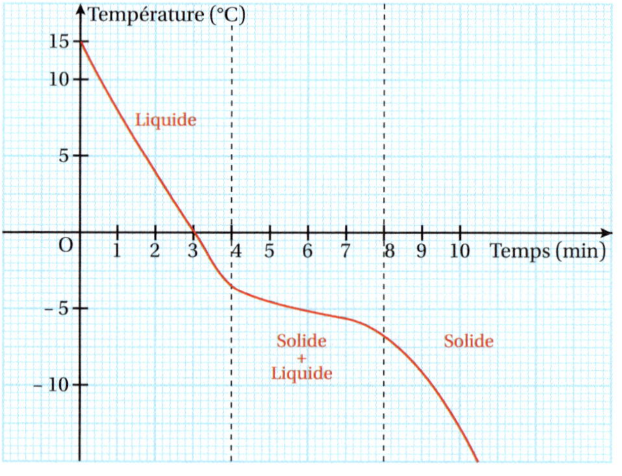

FIGURE 4 Les états de l'eau salée (mélange) en fonction de la température

B Aspect énergétique d'un changement d'état

Si un système reçoit de l'énergie thermique, alors sa température augmente : l'agitation thermique des molécules est de plus en plus importante. Lorsque la température du système atteint celle d'un changement d'état, l'énergie thermique reçue est utilisée pour effectuer le changement d'état physique du système.

Au cours d'un changement d'état, il y a variation des énergies de cohésion et thermique du système.
- Lors du **passage d'un état ordonné de la matière à un état plus désordonné** (fusion ou vaporisation), l'énergie thermique du système augmente alors que l'énergie de cohésion diminue : il s'agit d'un **phénomène endothermique**.
- Lors du **passage d'un état désordonné de la matière à un état plus ordonné** (solidification ou liquéfaction), l'énergie thermique du système diminue alors que l'énergie de cohésion augmente : il s'agit d'un **phénomène exothermique**.

ENDOTHERMIQUE OU EXOTHERMIQUE ?
Lors d'un échange thermique, si le système reçoit de l'énergie thermique, on parle de phénomène endothermique ; si le système libère de l'énergie thermique, on parle de phénomène exothermique.

3 Transformation physique des espèces chimiques organiques

La chimie organique est la chimie des composés du carbone. Les espèces chimiques organiques contiennent non seulement du carbone, mais aussi généralement de l'hydrogène, et parfois de l'oxygène, de l'azote...

A Les alcanes

Formule brute des alcanes

Les alcanes sont des composés organiques contenant uniquement des atomes de carbone et d'hydrogène. Ils ne forment que des liaisons simples. Leur formule brute est de la forme :

$$C_nH_{2n+2}$$

Les différentes catégories d'alcanes

- Les **alcanes linéaires :** la chaîne carbonée est linéaire.

Exemple : $CH_3-CH_2-CH_2-CH_3$
- Les **alcanes linéaires ramifiés :** ils sont constitués d'une chaîne carbonée linéaire sur laquelle se fixent des ramifications appelées **groupes alkyles.**

Exemple : $CH_3-CH-CH_3$
$\quad\quad\quad\quad\quad|$
$\quad\quad\quad\quad CH_3$

NOTION DE GROUPE ALKYLE

On appelle groupe alkyle une chaîne carbonée formée à partir d'un alcane qui aurait perdu un atome d'hydrogène pour former une liaison avec la chaîne principale d'une molécule.

Exemple : $CH_3-CH-CH_3$
$\quad\quad\quad\quad\quad|$
$\quad\quad\quad\quad CH_3$ ⟵ Groupe alkyle

• Les **alcanes cycliques :** les atomes de carbone sont liés de façon à former un cycle (leur formule brute est C_nH_{2n}).

Exemple : CH_2-CH_2
$\quad\quad\quad\quad|\quad\quad|$
$\quad\quad\quad\quad CH_2-CH_2$

Nomenclature des alcanes

Le nom d'une espèce organique dépend du nombre d'atomes de carbone contenus dans sa chaîne principale.

Les quatre premiers alcanes portent des noms usuels, les suivants portent des noms dont le préfixe indique le nombre d'atomes de carbone de la chaîne principale.

Tous les noms d'alcanes se terminent par le suffixe -**ane**.

Formule brute	Nom	Formule brute	Nom
CH_4	Méthane	C_6H_{14}	Hexane
C_2H_6	Éthane	C_7H_{16}	Heptane
C_3H_8	Propane	C_8H_{18}	Octane
C_4H_{10}	Butane	C_9H_{20}	Nonane
C_5H_{12}	Pentane	$C_{10}H_{22}$	Décane

NOMENCLATURE DES GROUPES ALKYLES

La nomenclature des groupes alkyles est basée sur celle des alcanes, mais leurs noms se terminent par le suffixe -yle.

Exemple : $CH_3-CH-CH_3$
$\quad\quad\quad\quad\quad|$
$\quad\quad\quad\quad CH_3$ ⟵ Le groupe alkyle est un méthyle.

Pour nommer un alcane (qu'il soit linéaire, ramifié ou cyclique), on commence par chercher la chaîne carbonée la plus longue : c'est elle qui donne son nom à l'alcane.

• **Si l'alcane est ramifié**, on ajoute en préfixe le nom du ou des groupe(s) alkyle(s) qui lui sont ramifiés en enlevant le *e* final du nom du groupe alkyle.

Il est important de signaler où se trouve la ramification.

Pour cela, on numérote tous les atomes de carbone de la chaîne principale de façon à ce que le carbone portant la ramification ait le plus petit nombre possible.

On indique la position du groupement alkyle en plaçant avant son nom le numéro de l'atome de carbone sur lequel il se trouve (appelé **indice de position**).

Si l'alcane contient plusieurs groupements alkyles, on les place par ordre alphabétique.

Si l'alcane est ramifié par plusieurs groupes identiques, on place le préfixe di- ou tri- devant le nom du groupement alkyle concerné.

Exemple :

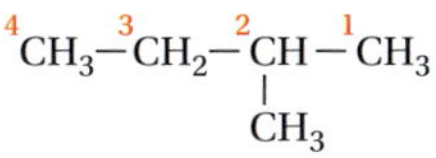

le groupement alkyle ne contient qu'un atome de carbone et se trouve sur le 2e atome de carbone de la chaîne principale : il s'agit du 2-méthylbutane.

• **Si l'alcane est cyclique**, on fait précéder le nom de l'alcane du préfixe **cyclo-**.

B Les alcools

Formule brute des alcools

Les alcools sont des composés organiques qui comportent le **groupe hydroxyle** de formule **–OH**. La formule brute des alcools est de la forme :

C_xH_yOH ou C_xH_zO

On appelle **carbone fonctionnel** l'atome de carbone portant le groupe hydroxyle.

Les différentes catégories d'alcools

• Les **alcools primaires :** le carbone fonctionnel est lié à un seul (ou aucun) atome de carbone, ses autres liaisons étant des liaisons carbone-hydrogène.

Ils sont de la forme 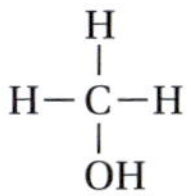 ou 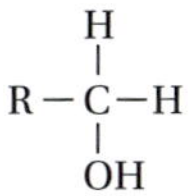

ÉCRIRE LA FORMULE D'UNE MOLÉCULE EN UTILISANT UN RADICAL R

En chimie organique, un radical est une portion de chaîne carbonée.
Dans une formule développée ou semi-développée, on peut remplacer une partie de la formule par la lettre **R**.
Exemple : $CH_3—CH_2—OH$ peut s'écrire $R—OH$
où R remplace le groupement $CH_3—CH_2—$.

• Les **alcools secondaires :** le carbone fonctionnel est lié à deux atomes de carbone, ses autres liaisons étant des liaisons carbone-hydrogène.
Ils sont de la forme :

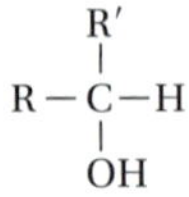

• Les **alcools tertiaires :** le carbone fonctionnel est lié à trois atomes de carbone.
Ils sont de la forme :

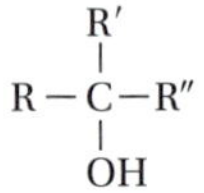

Nomenclature des alcools

La nomenclature des alcools s'appuie sur les mêmes règles que celle des alcanes, en utilisant le suffixe **-ol**.
On commence par compter le nombre d'atomes de carbone de la chaîne principale (la chaîne la plus longue possédant le groupement hydroxyle). On en déduit le nom de l'alcool, en précisant la position du groupe hydroxyle dans la chaîne principale.
Pour les alcools ramifiés, on procède comme pour les alcools linéaires, en ajoutant les noms et les positions des groupes alkyles sur la chaîne principale.

C Effet de la longueur de la chaîne carbonée sur les températures de changement d'état

La température de changement d'état des hydrocarbures d'une même famille augmente avec la longueur de la chaîne carbonée.

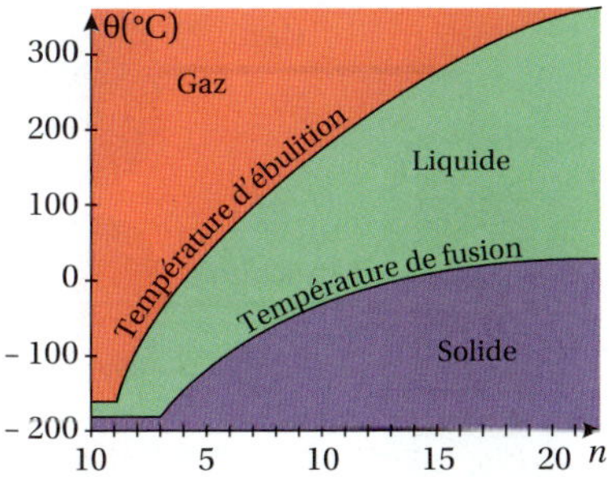

Plus la longueur de la chaîne carbonée d'une espèce organique est grande, plus la température de changement d'état est élevée.

FIGURE 5 Évolution des températures de changement d'état des alcanes linéaires à la pression atmosphérique en fonction du nombre *n* d'atomes de carbone contenus dans la chaîne principale

Pour une même longueur de chaîne carbonée, la température de changement d'état des alcools est plus élevée que celle des alcanes, en raison des liaisons hydrogène qui assurent une plus grande cohésion entre les molécules.

D Effet de la longueur de la chaîne carbonée sur la miscibilité des alcools dans l'eau

Les alcools sont constitués de deux parties aux propriétés différentes lorsqu'elles sont en contact avec l'eau :
- la **chaîne carbonée** est **hydrophobe** : elle tend à rendre la molécule **insoluble dans l'eau** ;
- la **fonction alcool** (groupement hydroxyle) est **hydrophile** : elle tend à rendre la molécule **soluble dans l'eau** en créant avec les molécules d'eau des liaisons hydrogène.

Plus la chaîne carbonée d'un alcool est longue, plus la partie hydrophobe de la molécule aura une grande influence par rapport à celle de la partie hydrophile.
La solubilité des alcools (à chaîne linéaire) dans l'eau diminue à mesure que la longueur de leur chaîne augmente.

E Une application : la distillation fractionnée du pétrole

Pour séparer les différents constituants du pétrole, on utilise la distillation fractionnée qui s'appuie sur les différences de températures de vaporisation des constituants. Cette opération, également appelée **raffinage**, se déroule au sein de tours de distillation.

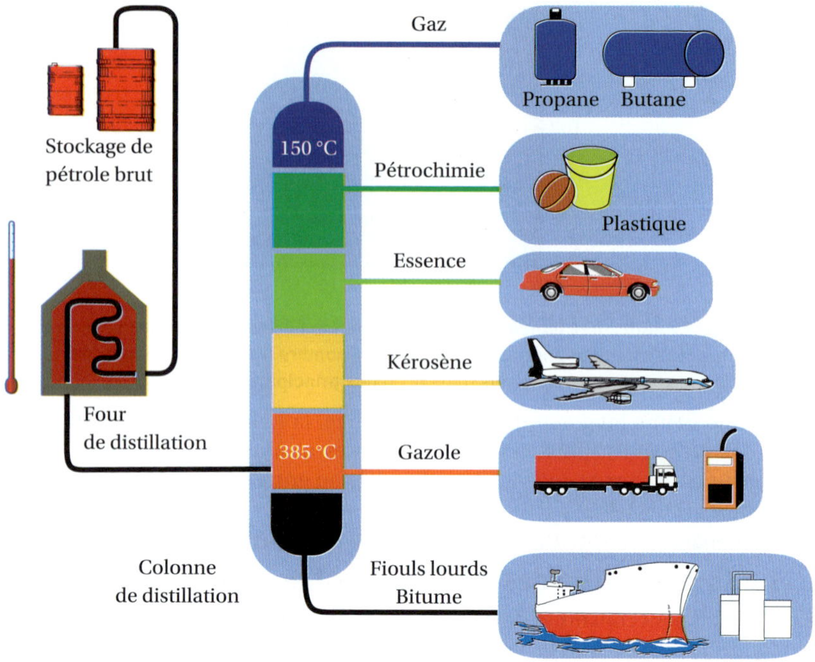

FIGURE 6 Distillation fractionnée du pétrole brut et utilisation de ses différents constituants

- Le pétrole brut est chauffé à 385 °C dans un four, puis est injecté en bas de la tour de distillation. À cette température, la plus grande partie des composés se vaporise et commence à monter dans la tour.

- À mesure que les vapeurs montent, la température diminue. Lorsqu'une espèce chimique atteint sa température de vaporisation, elle se condense et est récupérée sur des plateaux situés à différents niveaux dans la tour.

- En haut de la tour, la température est de 150 °C, on récupère les dernières vapeurs qui ne se sont pas condensées : les gaz de pétrole.
Il ne reste à la base de la tour que les produits très lourds, les résidus.

- Les composés les plus lourds ont une température de vaporisation élevée : ce seront les premiers à se condenser ; les composés les plus légers se condensent en dernier.

- Ce procédé permet de récupérer une dizaine de types de produits, des bitumes jusqu'aux gaz.

Trouver le nom d'une molécule

ÉNONCÉ

Donner les formules brute et semi-développée, ainsi que le nom de l'alcane suivant.

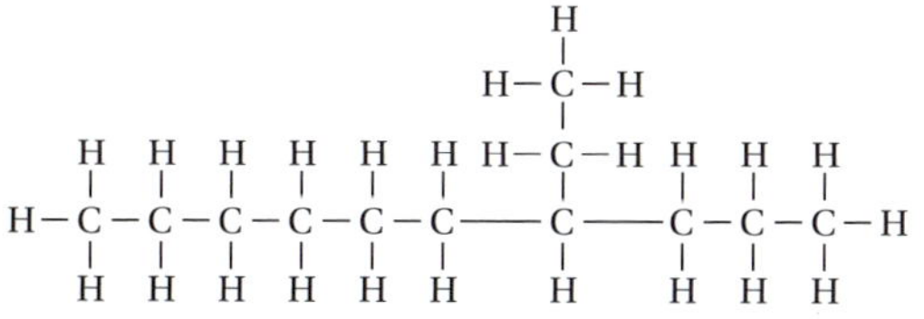

MÉTHODE

1 ▶ La formule brute d'un alcane est de la forme C_nH_{2n+2} où n correspond au nombre d'atomes de carbone contenus dans la molécule.

2 ▶ La formule semi-développée est basée sur la formule développée, mais ne fait pas apparaître les liaisons avec les atomes d'hydrogène.

3 ▶ Pour nommer une molécule, il faut commencer par déterminer le nombre de carbone contenu dans la chaîne principale de la molécule. On détermine ensuite le type et la position des différentes ramifications de la molécule.

CORRIGÉ

La molécule contient 12 atomes de carbone et 26 atomes d'hydrogène : sa formule brute est $C_{12}H_{26}$.

Sa formule semi-développée est :

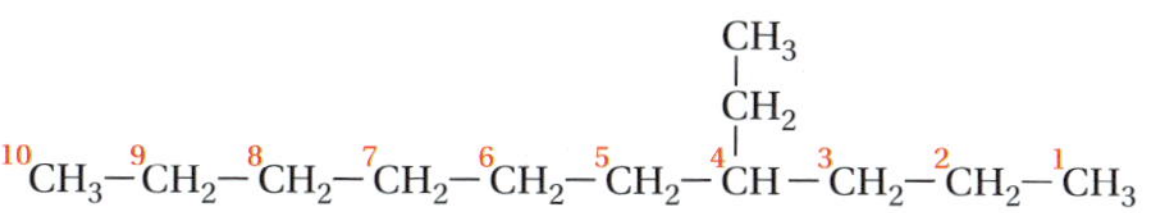

La chaîne principale contient 10 atomes de carbone, un groupement éthyle est ramifié sur le 4e carbone : le nom de l'alcane est le **4-éthyldécane.**

SE TESTER QUIZ

Dans le questionnaire à choix multiple (QCM) suivant, indiquer pour chaque proposition la (ou les) réponse(s) exacte(s).

1 Une réaction endothermique est une réaction au cours de laquelle le système :

☐ **a.** reçoit de l'énergie thermique.

☐ **b.** libère de l'énergie thermique.

2 Lorsque l'on introduit un morceau de sucre dans du café, il fond.

☐ **a.** Vrai. ☐ **b.** Faux.

3 Plus la température d'un corps est grande, plus l'agitation thermique des molécules qui le constituent est grande.

☐ **a.** Vrai. ☐ **b.** Faux.

4 La formule brute des alcanes linéaires est de la forme :

☐ **a.** C_nH_{2n}. ☐ **b.** C_nH_{2n+1}. ☐ **c.** C_nH_{2n+2}.

5 La miscibilité d'un alcool avec l'eau varie avec la longueur de la chaîne carbonée.

☐ **a.** Vrai. ☐ **b.** Faux.

S'ENTRAÎNER

6 Nomenclature et formules semi-développées

1. Compléter le tableau suivant.

Nom	Formule semi-développée
2-méthylpentane	
	CH_3-OH
2-méthylbutan-1-ol	
	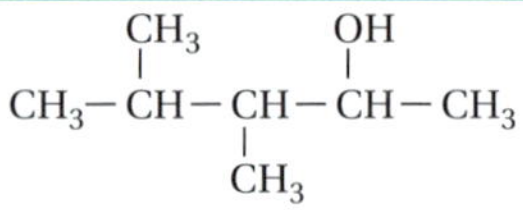

2. Indiquer pour chaque molécule s'il s'agit d'un alcane ou d'un alcool.

7 Température de changement d'état

Pour chacun des graphiques suivants :
- déterminer s'il s'agit de corps purs ou de mélanges ;
- indiquer quel changement d'état a lieu.

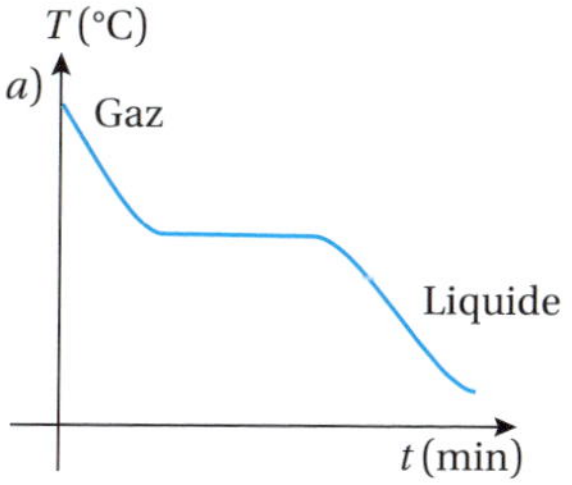

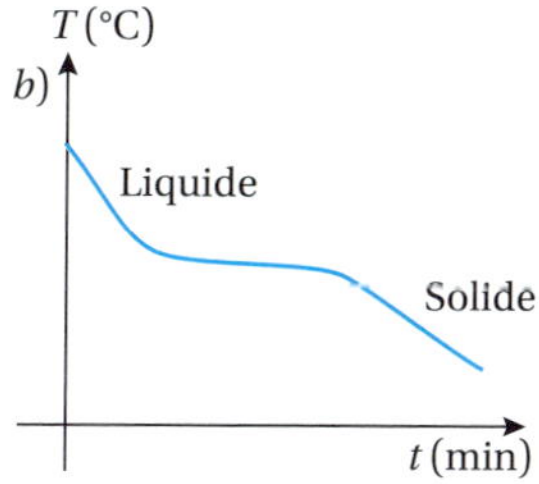

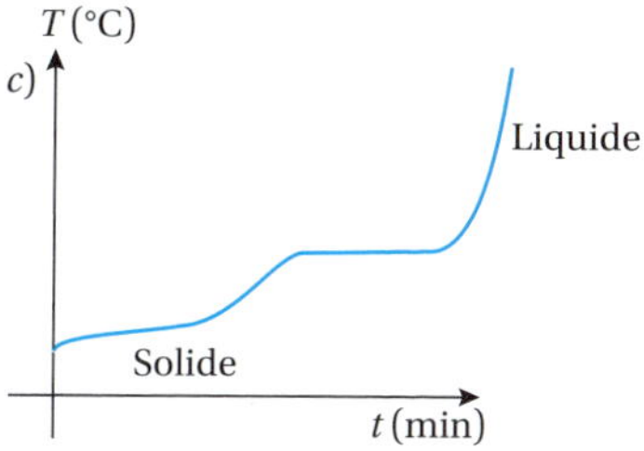

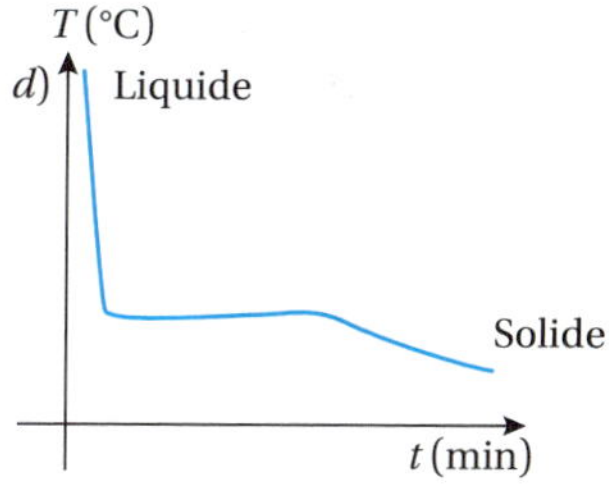

OBJECTIF BAC

8 Distillation fractionnée du pétrole

Le GPL (gaz de pétrole liquéfié) est utilisé dans les briquets, dans les bonbonnes de gaz pour la cuisine ou le chauffage, et comme carburant par certaines voitures (5 % de la production française). Il est essentiellement constitué de butane et/ou de propane.

1. Donner la formule brute des constituants principaux du GPL.

2. À l'aide du tableau fourni, compléter le schéma suivant en indiquant à quel niveau de la tour de distillation on récupère le GPL.

3. Le fioul (utilisé pour le chauffage de certaines habitations) est constitué d'hydrocarbures dont la chaîne principale contient entre 15 et 25 atomes de carbone. À l'aide du tableau fourni, compléter le schéma suivant en indiquant à quel niveau de la tour de distillation on récupère le fioul.

4. L'asphalte est l'un des produits les plus lourds obtenus lors de la distillation du pétrole, il ne se vaporise pas dans la tour. Il sert au revêtement autoroutier.
Compléter le schéma suivant en indiquant à quel niveau de la tour de distillation on récupère l'asphalte.

5. Quelle indication le schéma ci-dessous nous donne-t-il sur la température de vaporisation de l'asphalte ?

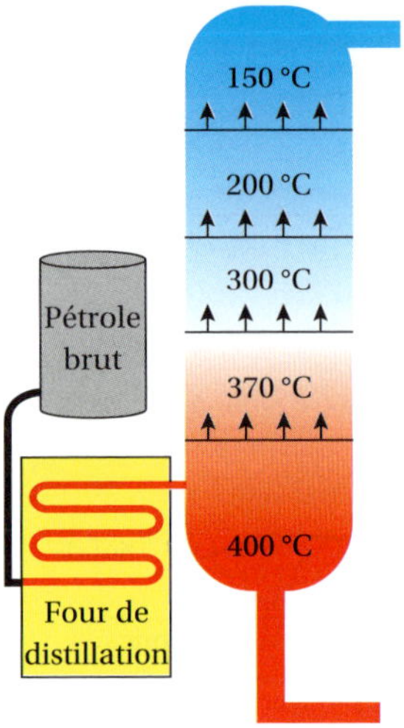

Nom commun	Température de vaporisation (°C)
Butane	0
Propane	- 42
Fioul	entre 271 et 343

9 Identification des alcanes et des alcools dans un mélange

1. a. Donner le nom et les formules semi-développées des six premiers alcanes linéaires.
b. En justifiant, donner le nom de l'alcane le moins volatil parmi ceux cités précédemment.
c. Nommer les alcanes correspondant aux formules semi-développées suivantes :

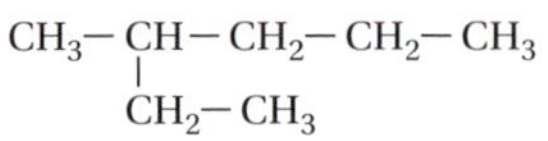

alcane A

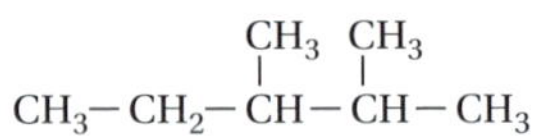

alcane B

2. a. Trouver les formules semi-développées des alcools suivants :
Alcool 1 : butan-1-ol.
Alcool 2 : butan-2-ol.
Alcool 3 : 2-méthylpropan-1-ol.

b. Que forment ces trois composés ? Justifier.
c. Trouver la formule semi-développée du quatrième alcool ayant la même formule brute et le nommer.
d. Sachant que la formule générale d'un alcool est $C_nH_{2n+1}OH$, montrer que la masse molaire d'un alcool peut s'écrire : $M(C_nH_{2n+1}OH) = 14 \times n + 18$.
e. La masse molaire de l'alcool recherché est égale à 88,0 $g \cdot mol^{-1}$.
Trouver la formule brute puis la formule semi-développée de celui-ci sachant que sa chaîne carbonée est linéaire et que le groupe hydroxyle se trouve en bout de chaîne.
Données : $M_C = 12{,}0\ g \cdot mol^{-1}$; $M_O - 16{,}0\ g \cdot mol^{-1}$; $M_H = 1{,}0\ g \cdot mol^{-1}$.

3. On dispose de quatre flacons contenant chacun un liquide.
Chaque flacon est muni d'une étiquette où il est noté une lettre : A, B, C ou D.
On cherche à identifier le contenu de chaque flacon sachant qu'il y a deux alcanes (de formules brutes C_7H_{16} et C_5H_{12}) et deux alcools (de formules brutes C_2H_5OH et $C_7H_{11}OH$).
a. Dans une première expérience on met un échantillon de chaque liquide dans un tube à essai et on y ajoute de l'eau.
On obtient les résultats suivants :

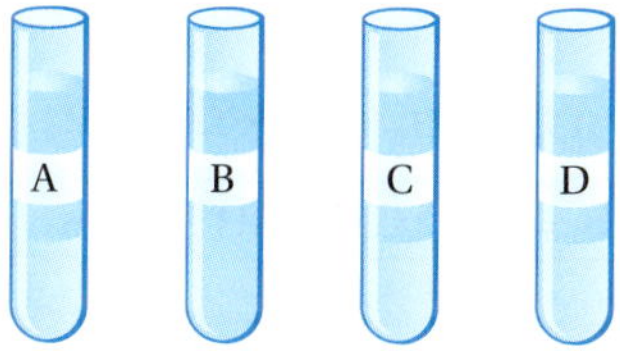

En justifiant, identifier le liquide B et donner sa formule brute.
b. On réalise la distillation fractionnée des trois liquides restants et on constate que le liquide C est celui qui reste au final dans le ballon.
En justifiant, identifier le liquide C et donner sa formule brute.
c. On mesure les températures de fusion des liquides A et D et on constate que $T_{fusion}(A) > T_{fusion}(D)$.
En justifiant, identifier les liquides A et D, et donner leurs formules brutes.

SE TESTER

1 Réponse a. Une réaction endothermique est une réaction au cours de laquelle le système reçoit de l'énergie thermique.

> Il ne faut pas confondre dissolution et fusion

2 Réponse b. Faux : lorsqu'on introduit un morceau de sucre dans du café, il est dissous.

3 Réponse a. Vrai : plus la température d'un corps est élevée, plus l'agitation thermique des molécules qui le constituent est grande.

4 Réponse c. La formule brute des alcanes est de la forme C_nH_{2n+2}.

5 Réponse a. Vrai : plus la chaîne carbonée d'un alcool est longue, moins l'alcool sera miscible avec l'eau.

S'ENTRAÎNER

6 Nomenclature et formules semi-développées

Nom	Formule semi-développée	Type de molécule
2-méthylpentane	$CH_3-CH_2-CH_2-\overset{\overset{\displaystyle CH_3}{\vert}}{C}H-CH_3$	alcane
méthanol	CH_3-OH	alcool
2-méthylbutan-1-ol	$CH_3-CH_2-\overset{\overset{\displaystyle CH_3}{\vert}}{C}H-CH_2-OH$	alcool
3,4-diméthylpentan-2-ol	$CH_3-\overset{\overset{\displaystyle CH_3}{\vert}}{C}H-\underset{\underset{\displaystyle CH_3}{\vert}}{C}H-\overset{\overset{\displaystyle OH}{\vert}}{C}H-CH_3$	alcool

7 Température de changement d'état

Le changement d'état d'un corps pur a lieu à température constante : les graphiques *a)*, *c)* et *d)* sont ceux de corps purs. Le graphique *b)* est celui d'un mélange.
Le graphique *a)* correspond à une condensation ou liquéfaction.
Le graphique *b)* correspond à une solidification.
Le graphique *c)* correspond à une fusion.
Le graphique *d)* correspond à une solidification.

OBJECTIF BAC

8 Distillation fractionnée du pétrole

1. Le butane a pour formule brute C_4H_{10} et le propane C_3H_8.

2. à **4.**

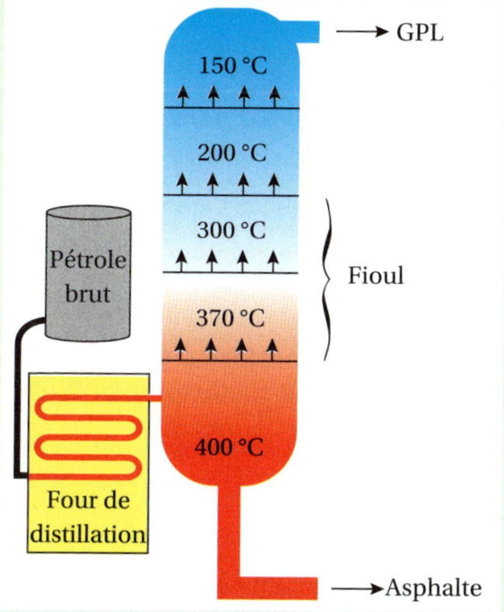

La température de vaporisation des composants des GPL est inférieure à 150 °C. Ces composants du pétrole sont donc récupérés dans la partie haute de la tour de distillation.

Le fioul se condense pour une température comprise entre 271 et 343 °C : il sera récupéré sur les plateaux correspondants à ces températures.

L'asphalte reste liquide dans la tour : il est récupéré dans la partie basse de celle-ci.

5. D'après le schéma et les indications données dans l'énoncé, nous pouvons dire que l'asphalte a une température de vaporisation supérieure à 400 °C.

9 Identification des alcanes et des alcools dans un mélange

1. a. Noms et formules semi-développées des six premiers alcanes linéaires:

Méthane : CH_4

Éthane : CH_3-CH_3

Propane : $CH_3-CH_2-CH_3$

Butane : $CH_3-CH_2-CH_2-CH_3$

Pentane : $CH_3-CH_2-CH_2-CH_2-CH_3$

Hexane : $CH_3-CH_2-CH_2-CH_2-CH_2-CH_3$

b. On sait, d'une part, que plus une espèce chimique est volatile, plus sa température de vaporisation sera basse et, d'autre part, que les températures de changement d'état des hydrocarbures augmentent avec la longueur de la chaine carbonée. On en déduit que l'alcane le moins volatil est l'hexane.

c. Alcane A : 3- méthylhexane

Alcane B : 2,3-diméthylpentane.

2. a. Alcool 1 : butan-1-ol.

$CH_3-CH_2-CH_2-CH_2-OH$

Alcool 2 : butan-2-ol.

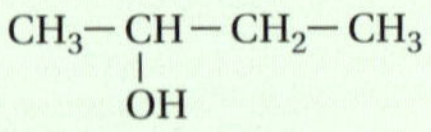

Alcool 3 : 2-méthylpropan-1-ol.

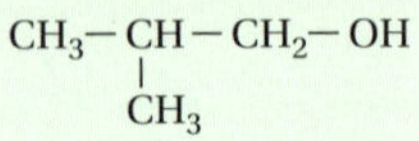

b. Ces trois composés ont tous la même formule brute : ce sont des isomères.

c. Le quatrième alcool isomère est le 2-méthylpropan-2-ol

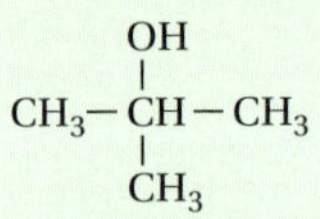

d. La formule générale d'un alcool étant $C_nH_{2n+1}OH$, on peut en déduire que la masse molaire d'un alcool a pour formule générale :

$M(C_nH_{2n+1}OH) = n \times M_C + (2n+1)\times M_H + M_O + M_H$

$M(C_nH_{2n+1}OH) = n \times M_C + (2n+2)\times M_H + M_O$

$M(C_nH_{2n+1}OH) = n \times 12{,}0 + (2n+2) \times 1{,}0 + 16{,}0$

$M(C_nH_{2n+1}OH) = n \times (12{,}0 + 2) + 18$

$M(C_nH_{2n+1}OH) = n \times 14 + 18$

e. À partir de la question précédente nous pouvons déterminer le nombre de carbone constituant la molécule :

$$M(C_nH_{2n+1}OH) = n \times 14 + 18 \text{ donc } n = \frac{M(C_nH_{2n+1}OH) - 18}{14}$$

Application numérique : $n = \dfrac{88{,}0 - 18}{14} = 5$

Sa formule brute est donc : $C_5H_{11}OH$

Sa formule semi-développée est :

$CH_3-CH_2-CH_2-CH_2-CH_2-CH_3$

3. a. On sait que les alcanes ne sont pas solubles dans l'eau et que la solubilité dans l'eau des alcools diminue lorsque la longueur de la chaîne carbonée augmente. Le liquide B est donc l'alcool de formule brute C_2H_5OH.

b. On sait, d'une part, que dans une même famille d'hydrocarbures, les températures de changement d'état augmentent avec la longueur de la chaîne et, d'autre part, que pour des hydrocarbures de même longueur de chaîne carbonée, l'alcool est plus volatil que l'alcane. On en déduit que :

$$T_{eb}(C_5H_{12}) < T_{eb}(C_7H_{16}) < T_{eb}(C_7H_{11}OH)$$

Le liquide qui reste dans le flacon à la fin de la distillation fractionnée est l'espèce chimique la moins volatile : le liquide C a pour formule $C_7H_{11}OH$.

c. Les deux liquides restant sont les alcanes : celui qui a la plus longue chaine carbonée a les plus hautes températures de changement d'état, donc l'espèce A a pour formule brute C_7H_{16} et l'espèce D a pour formule brute C_5H_{12}.

www.annabac.com

CHAPITRE 14 Description du monde physique à l'aide des champs

L'orientation des oiseaux migrateurs au cours de leur voyage, la faculté de « la pierre d'aimant » d'attirer les objets en fer, l'orientation de l'aiguille d'une boussole, tous ces phénomènes sont dus à l'existence d'un champ magnétique. La connaissance de ce champ et de ses propriétés sont aujourd'hui essentielles pour l'homme, tant dans la compréhension de la géophysique de la Terre que dans l'élaboration de dispositifs toujours plus performants d'orientation et de navigation.

1 Le champ magnétique terrestre

A Observation du champ magnétique terrestre à l'aide d'une boussole

- Une aiguille aimantée permet la détection du champ magnétique terrestre. Placée en un lieu fixé, l'aiguille aimantée d'une boussole s'oriente toujours dans la même direction et le même sens.

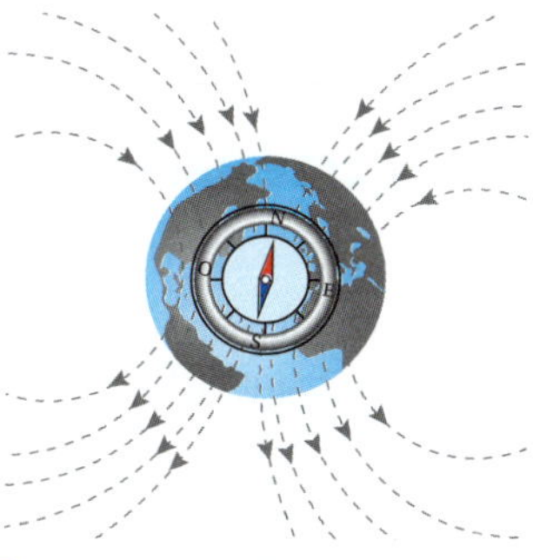

FIGURE 1 Orientation de l'aiguille d'une boussole dans le champ magnétique terrestre

- Cette aiguille possède des propriétés magnétiques du fait de la magnétite qu'elle contient et qui lui donne son aimantation.

- Une aiguille aimantée possède un pôle sud et un pôle nord repérés par un code de couleurs : rouge pour le nord et noir ou bleu pour le sud.

- Le pôle sud de l'aiguille s'oriente vers le pôle nord magnétique de la Terre et son pôle nord vers le pôle sud magnétique.

> Les pôles géographiques terrestres étant inversés par rapport aux pôles magnétiques terrestres, il s'avère que le pôle nord de l'aiguille aimantée pointe vers le nord géographique de la Terre.

- La direction et le sens du champ magnétique terrestre dépendent du lieu où l'on se trouve à la surface de la Terre. Des laboratoires de géophysique ont mesuré le champ magnétique terrestre : sa valeur dépend du lieu où s'effectue la mesure.
La valeur d'un champ magnétique est exprimée en **teslas (T).** La valeur moyenne du champ magnétique terrestre est de 5×10^{-5} T.

B Caractérisation du champ magnétique

Le champ magnétique en un point de l'espace est caractérisé par un vecteur noté $\vec{B}$, appelé **vecteur champ magnétique**, défini par :
- sa direction : celle prise par l'aiguille aimantée ;
- son sens : du pôle sud vers le pôle nord de l'aiguille ;
- sa longueur : proportionnelle à la valeur mesurée du champ magnétique exprimée en teslas (T).

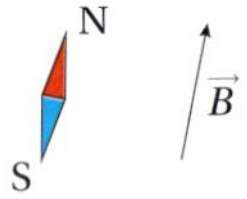

FIGURE 2 Vecteur champ magnétique

2 Champ magnétique créé par des aimants

A Présentation des aimants

- Un aimant est un objet constitué d'un matériau magnétique tel que la magnétite (minerai aussi appelé « pierre d'aimant »). Un aimant peut prendre différentes formes. Tous les aimants possèdent un pôle nord et un pôle sud.

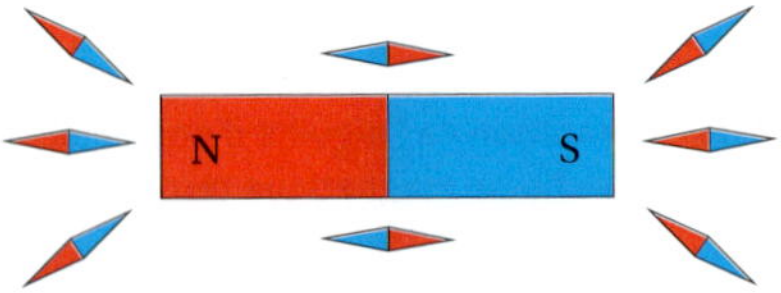

FIGURE 3 Orientation des aiguilles aimantées autour d'un aimant

- Une aiguille aimantée est sensible à la proximité d'un aimant : **un aimant est une source de champ magnétique**. L'orientation de l'aiguille dépend de la position relative de l'aiguille par rapport à l'aimant.

- Le pôle sud de l'aiguille aimantée est attiré par le pôle nord de l'aimant.

B Visualisation du champ magnétique

- On répand autour d'un aimant permanent de la limaille de fer (grains de fer). On constate que ces grains s'orientent suivant des lignes, appelées **lignes de champ.** La figure formée par ces lignes est appelée **spectre du champ magnétique.**

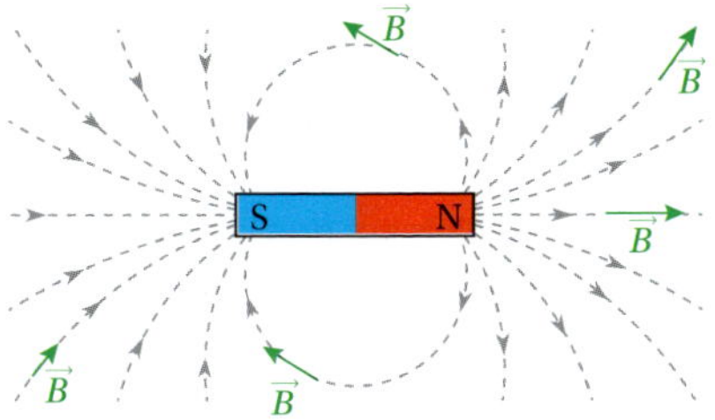

Les lignes de champ sont des lignes joignant le pôle nord au pôle sud de l'aimant. Elles sont orientées du pôle nord vers le pôle sud.

FIGURE 4 Spectre du champ magnétique produit par un aimant droit

- **Propriétés du vecteur champ magnétique**

Le vecteur champ magnétique est **tangent aux lignes de champ** en tout point de l'espace. L'orientation des lignes de champ correspond à celle du vecteur.

C Étude du champ magnétique dans l'entrefer d'un aimant en U

- On réalise le spectre du champ magnétique à l'aide de la limaille de fer, puis on représente les lignes de champ.

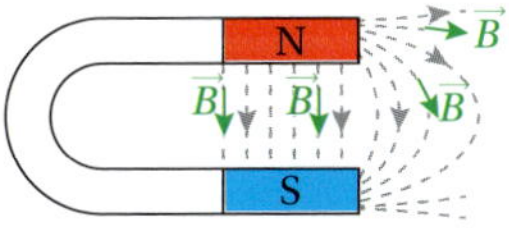

FIGURE 5 Spectre du champ magnétique produit par un aimant en U

On constate que toutes les lignes de champ dans l'entrefer sont parallèles et orientées dans le même sens ; de plus, la valeur du champ magnétique est également la même en tout point. On en déduit que **le champ magnétique dans l'entrefer de l'aimant en U est uniforme.**

- **Un champ est uniforme si en tout point de l'espace, il possède les mêmes caractéristiques.** En particulier, le vecteur champ associé est identique (sens, direction et valeur) en chaque point.
- Pour un champ magnétique uniforme, les lignes de champ sont parallèles.

3 Champ magnétique créé par des courants électriques

A L'expérience historique d'Oersted

En 1820, le physicien danois **Hans Christian Oersted** découvre la relation entre l'électricité et le magnétisme.
Son expérience consiste à faire passer un courant électrique dans un fil placé au voisinage d'une aiguille aimantée.
Il observe que l'aiguille aimantée change d'orientation suivant que le fil est ou non traversé par un courant, et que cette orientation dépend aussi du sens dans lequel le courant circule.
Il en conclut qu'**un courant électrique est une source de champ magnétique.**

B Champ créé par un fil rectiligne parcouru par un courant

Les lignes de champ sont des cercles centrés sur le fil. Elles forment des plans perpendiculaires à l'axe du fil. Leur sens est donné par la règle du tire-bouchon.

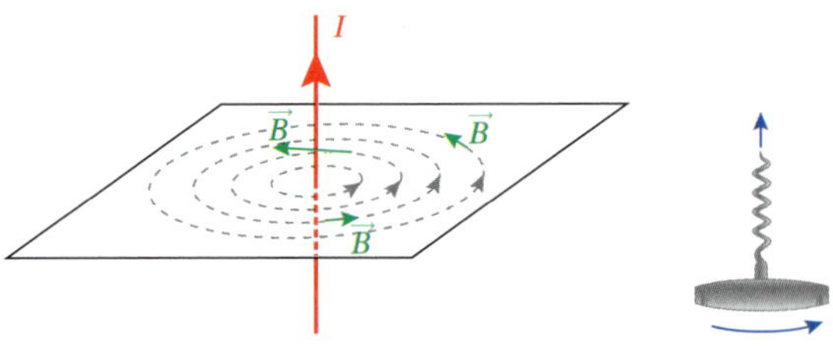

FIGURE 6 **Lignes de champ pour un fil conducteur**

RÈGLE DU TIRE-BOUCHON
En tournant le tire-bouchon dans le sens du courant parcourant la spire, celui-ci se « visse » dans le sens du champ magnétique.

C Champ créé par un solénoïde

■ Un solénoïde est constitué par l'enroulement d'un fil conducteur autour d'un cylindre.

■ Les lignes de champ à l'intérieur du solénoïde parcouru par un courant sont parallèles et orientées dans le même sens (selon la règle du tire-bouchon).
Le champ magnétique est donc uniforme à l'intérieur d'un solénoïde.

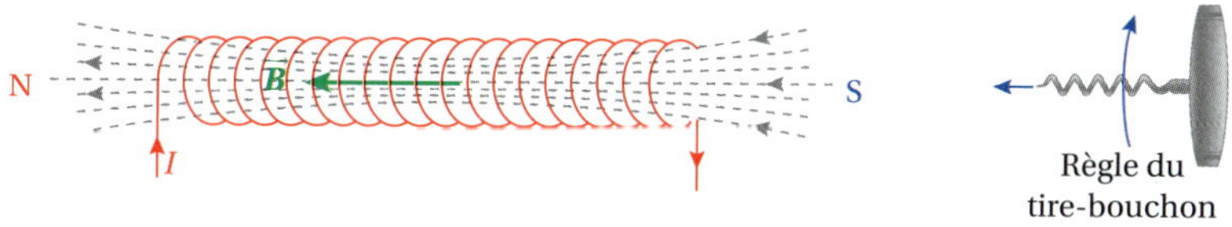

FIGURE 7 Lignes de champ pour un solénoïde

D Valeur du champ magnétique créé par un courant électrique

■ Quelle que soit la forme du circuit électrique, la valeur B du champ magnétique en un point est proportionnelle à l'intensité I du courant électrique.

$B = K \times I$	B en teslas (T) I en ampères (A) K en $T{\cdot}A^{-1}$

Le coefficient K dépend de la géométrie du circuit et de la position du point.

Tracer un vecteur champ magnétique en un point

ÉNONCÉ

On donne la schématisation du spectre magnétique d'un aimant droit sur la figure ci-contre. Représenter sans souci d'échelle le vecteur champ magnétique aux points A, B et C.

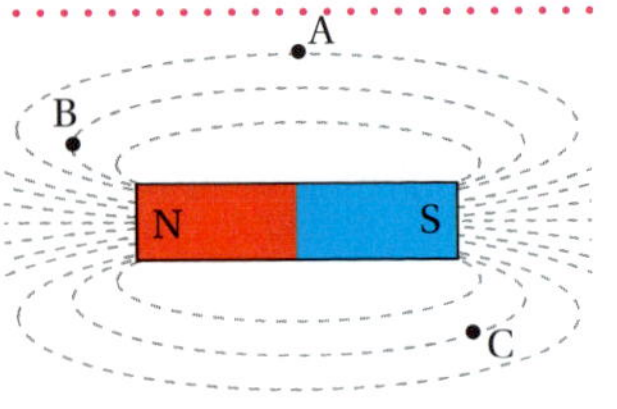

MÉTHODE

- Un champ magnétique est tangent aux lignes de champ.
- Le champ est orienté selon les lignes de champ.
- Les lignes de champ sont orientées du pôle nord au pôle sud de l'aimant.

CORRIGÉ

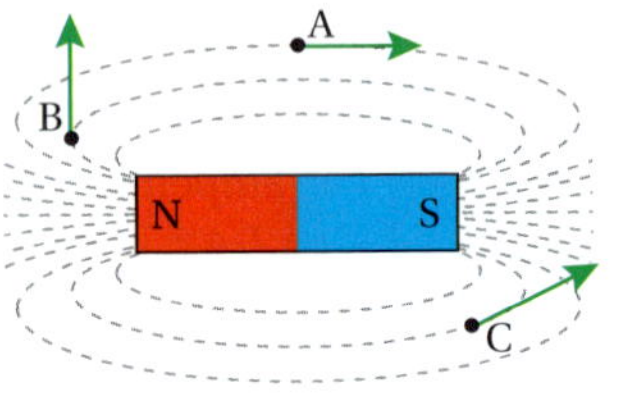

Calculer la valeur d'un champ magnétique

ÉNONCÉ

Un fil parcouru par un courant électrique d'intensité $I = 0{,}30$ A crée en un point un champ magnétique B de $6{,}0 \times 10^{-5}$ T.
Calculer le champ magnétique au même point si $I = 0{,}10$ A.

MÉTHODE

- Calculer le coefficient K, puis calculer la valeur de B.

CORRIGÉ

On applique la relation $K = \dfrac{B}{I}$. Soit : $K = \dfrac{6{,}0 \times 10^{-5}}{0{,}30} = 2{,}0 \times 10^{-4}\ \text{T·A}^{-1}$.

On calcule la valeur du champ magnétique : $B = K \times I$.
Soit : $B = 2{,}0 \times 10^{-4} \times 0{,}10 = 2{,}0 \times 10^{-5}$ T.

SE TESTER QUIZ

Dans le questionnaire à choix multiple (QCM) suivant, indiquer pour chaque proposition la (ou les) réponse(s) exacte(s).

1 Le pôle nord d'une aiguille aimantée indique :
- ☐ **a.** le pôle sud géographique.
- ☐ **b.** le pôle sud magnétique.
- ☐ **c.** le pôle nord géographique.

2 Un courant électrique est la source d'un champ électrique.
☐ **a.** Vrai. ☐ **b.** Faux.

3 Un champ magnétique est perpendiculaire aux lignes de champ.
☐ **a.** Vrai. ☐ **b.** Faux.

4 Les lignes de champ sont orientées :
- ☐ **a.** du pôle nord magnétique vers le pôle sud magnétique.
- ☐ **b.** du pôle sud magnétique vers le pôle nord magnétique.

5 La valeur du champ magnétique B créé par un courant d'intensité I a pour expression :

☐ **a.** $B = \frac{I}{K}$ ☐ **b.** $B = \frac{K}{I}$ ☐ **c.** $B = K \times I$

S'ENTRAÎNER

6 Tracer un vecteur champ magnétique et identifier le type de champ

On représente sur le schéma ci-contre les lignes de champ dans un petit espace.

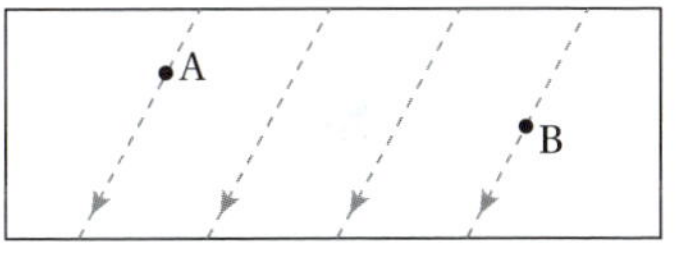

1. Tracer sans souci d'échelle un vecteur champ magnétique au point A et au point B.

2. Quelle est la propriété particulière de ce champ magnétique ?

7 Champ magnétique créé par un solénoïde

Un champ magnétique est créé par un solénoïde (ou bobine) parcouru par un courant d'intensité I. On représente sur le schéma ci-dessous la bobine, ainsi que les lignes de champ à l'extérieur de la bobine.

1. Tracer sans souci d'échelle le vecteur champ magnétique aux points A et B.

2. Sachant que le champ magnétique est uniforme à l'intérieur du solénoïde, orienter les lignes de champ à l'intérieur du solénoïde.

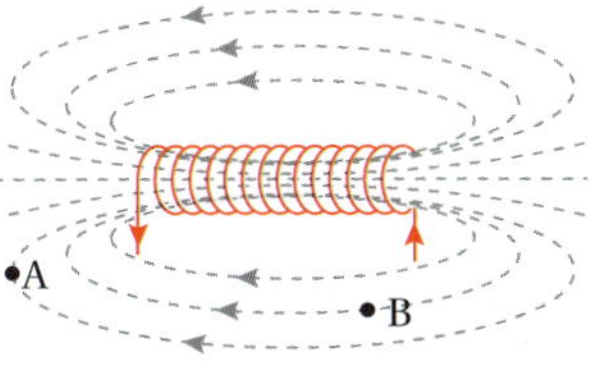

8 Relation entre champ magnétique et intensité du courant électrique

On considère différentes valeurs d'un champ magnétique B à l'intérieur d'un même solénoïde parcouru par courant d'intensité I. Compléter le tableau.

B (T)	I (A)	K (T·A^{-1})
$1{,}25 \times 10^{-4}$	0,10	
$3{,}75 \times 10^{-4}$		
	0,50	

OBJECTIF BAC

9 Étude du champ magnétique terrestre

Le champ magnétique terrestre est produit par les mouvements du noyau liquide métallique au centre de la Terre. On peut assimiler ce champ magnétique à celui que produirait un aimant droit placé en son centre. On représente sur la figure ci-dessous les lignes de champ du champ magnétique terrestre.

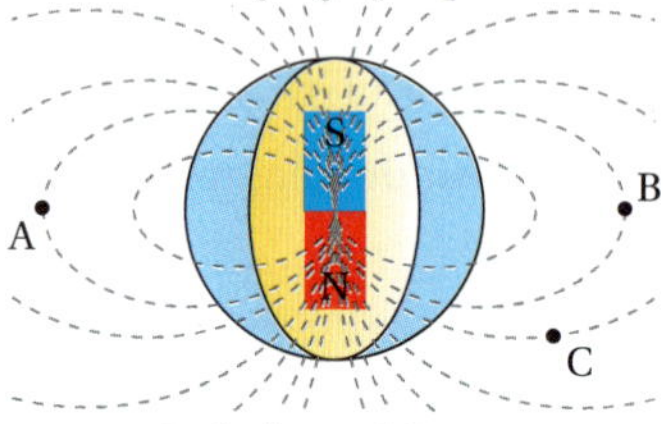

1. Orienter les lignes de champ.

2. Sans souci d'échelle, tracer le vecteur champ magnétique aux points A, B et C.

3. Vers quel pôle géographique (nord ou sud) pointe le pôle nord d'une aiguille aimantée ?

4. Dans un laboratoire, on place parallèlement à un fil conducteur une aiguille aimantée qui s'oriente selon le champ magnétique terrestre.
Lorsque le fil est traversé par un courant, l'aiguille change d'orientation : elle devient perpendiculaire au fil.

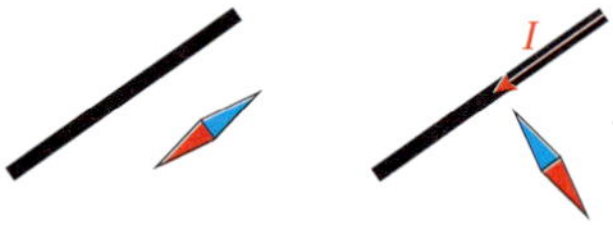

a. Que prouve cette expérience ?

b. Représenter le fil et l'aiguille aimantée lorsque l'on change le sens du courant dans le fil.

10 Étude du champ magnétique créé par un fil parcouru par un courant

Un fil conducteur parcouru par un courant électrique est source d'un champ magnétique dont les lignes de champ sont représentées ci-dessous.

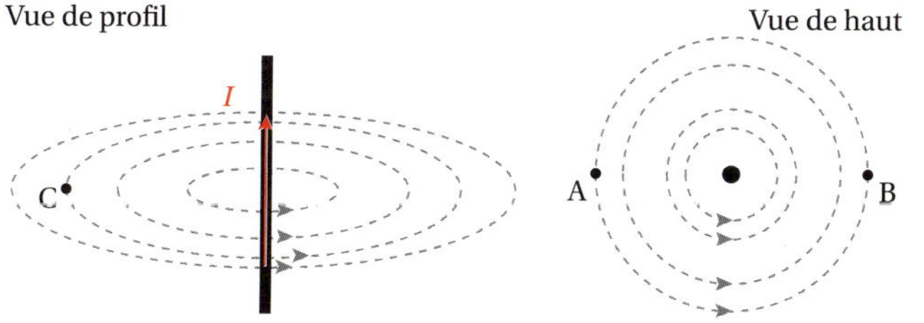

1. Sans souci d'échelle, sur la vue de haut, tracer le vecteur champ magnétique aux points A et B.

2. Tracer au point C, sur la vue de profil, une aiguille aimantée en précisant son pôle nord et son pôle sud. Comparer la direction du fil et celle de l'aiguille.

3. On réalise la mesure du champ magnétique B en un point, en fonction de la distance d au fil et pour un courant d'intensité I égale à $1{,}0 \times 10^3$ mA.

Distance d (cm)	1,0	2,0	4,0	8,0
Valeur de B (T)	$2{,}0 \times 10^{-5}$	$1{,}0 \times 10^{-5}$	$5{,}0 \times 10^{-6}$	$2{,}5 \times 10^{-6}$

a. Comment varie la valeur du champ magnétique en fonction de la distance au fil ?

b. Déterminer la valeur du coefficient K pour une distance au fil égale à d_1 =1,0 cm puis d_2 = 4,0 cm. Que peut-on constater ?

c. Sachant que $K = 2{,}5 \times 10^{-6}$ T·A^{-1} pour la distance d = 8,0 cm, trouver la valeur de B si l'intensité du courant I = 0,50 A. Comparer cette valeur à celle donnée dans le tableau pour la même distance. Que peut-on en conclure ?

11 Étude du champ magnétique d'un réacteur à fusion

Une des voies empruntées pour pallier à l'épuisement des sources d'énergie fossiles est celle de la fusion thermonucléaire par confinement magnétique d'un plasma. Il s'agit d'emprisonner dans une cage magnétique des particules chargées telles que des noyaux de deutérium ou de tritium afin que ceux-ci fusionnent en libérant de l'énergie qui pourrait ensuite être convertie en énergie électrique.
Le réacteur envisagé pour réaliser une telle prouesse est un tokamak **(figure 1)**.

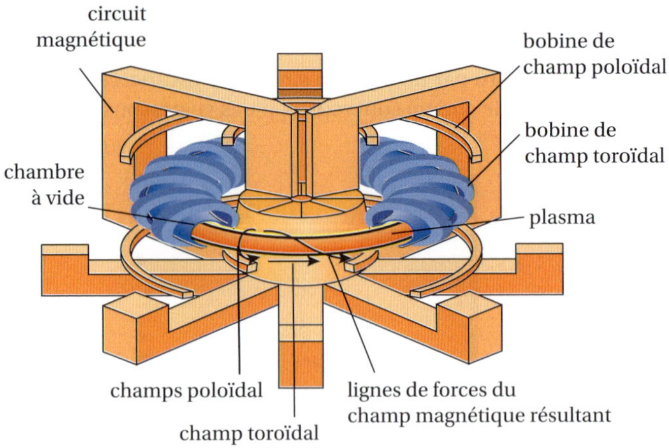

FIGURE 1 Schéma d'un réacteur de type tokamak

Les lignes de champ magnétique dans le tokamak s'enroulent sur des tores emboîtés les uns dans les autres : elles sont hélicoïdales **(figure 2)**.

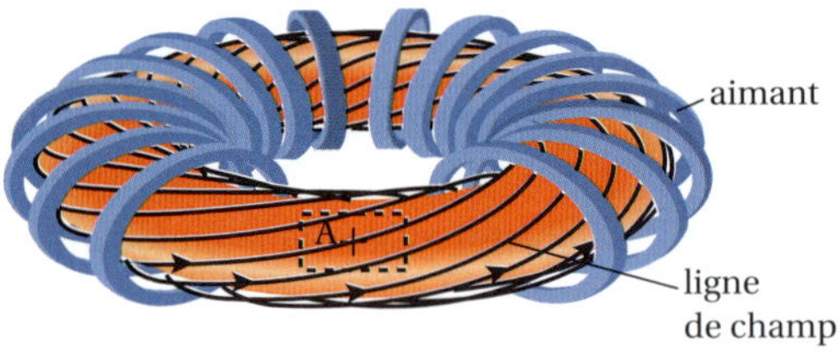

FIGURE 2 Lignes de champ magnétique dans un réacteur

1. Refaire la partie du de la figure 2 sélectionné par le cadre en pointillé et représenter le vecteur champ magnétique au point A, sans souci d'échelle,.

2. Représenter sur le même schéma, une aiguille aimantée placée au voisinage du point A.

3. Le champ magnétique d'un tokamak est-il uniforme ?

4. Chaque ligne de champ s'enroule autour d'un tore et effectue un certain nombre de grands tours avant de se refermer sur elle-même.
Ce nombre de tours est appelé facteur de sécurité q et a pour expression :

$$q(r) = 5{,}0 \times 10^6 \times \frac{r^2 \times B_0}{R_0 \times I_p(r)}$$

B_0 est la valeur du champ magnétique en tesla créé au centre du plasma du tokamak et R_0 est le grand rayon en mètre du plasma torique. On note r la distance en mètre au centre du plasma, appelé petit rayon et $I_p(r)$ l'intensité du courant en ampère qui circule à travers le tore de plasma de rayon r **(figure 3)**.

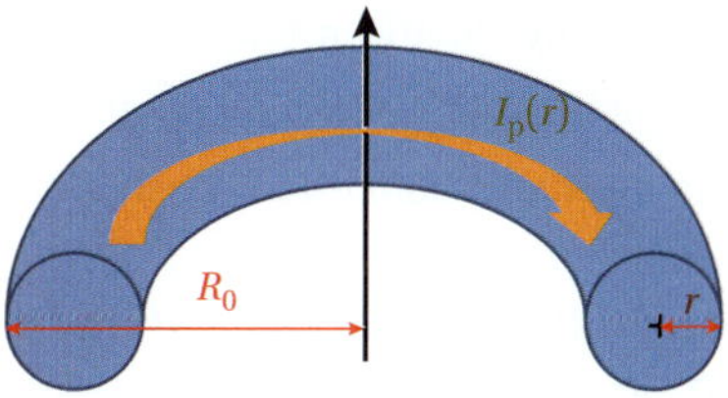

FIGURE 3 **Chambre toroïdale contenant du plasma**

Sur le tokamak Tore-Supra situé à Cadarache dans les Bouches-du-Rhône, le grand rayon est égal à 2,40 m et le champ magnétique B_0 est fixé à 4,2 T.

a. Calculer le facteur de sécurité aux environs du centre du plasma (r = 1,0 cm) sachant que la valeur de l'intensité du courant plasma est de 875 A.

b. Calculer l'intensité totale I_p du courant plasma sachant que le petit rayon r maximal du tore de plasma est égal à 0,72 m et que le facteur de sécurité au bord du plasma est égal à 3,0.

SE TESTER

1 Réponse b et c. Le pôle nord d'une aiguille aimantée indique à la fois le pôle sud magnétique et le pôle nord géographique.

2 Réponse b. Faux : un courant électrique est la source d'un champ magnétique

3 Réponse b. Faux : un champ magnétique est tangent aux lignes de champ.

4 Réponse a. Les lignes de champ sont orientées du pôle nord magnétique vers le pôle sud magnétique.

5 Réponse c. La valeur du champ magnétique B créé par un courant d'intensité I a pour expression $B = K \times I$.

S'ENTRAÎNER

6 Tracer un vecteur champ magnétique et identifier le type de champ

1.

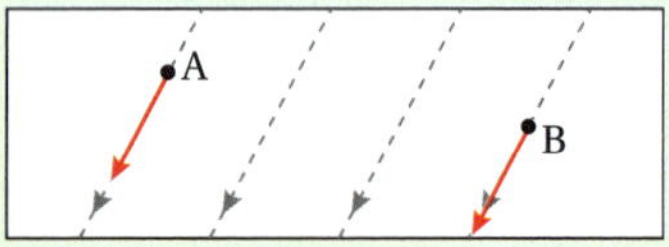

2. Les lignes de champ étant parallèles, on en déduit que le champ magnétique est uniforme.

7 Champ magnétique créé par un solénoïde

1. et 2. Les lignes de champ à l'intérieur du solénoïde sont parallèles.

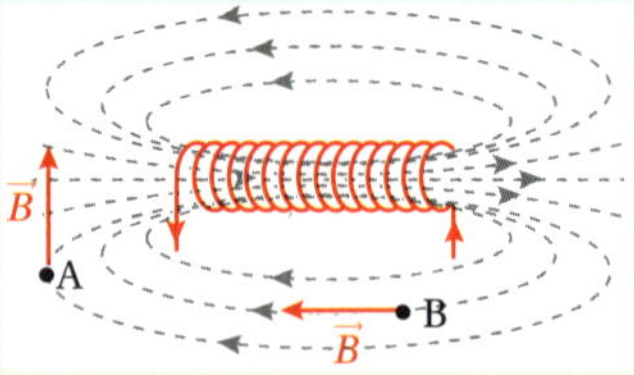

8 Relation entre champ magnétique et intensité du courant électrique

La première ligne nous permet de calculer le coefficient K associé au solénoïde :

$$K = \frac{B}{I}.$$

Pour calculer I dans la deuxième ligne, on utilise la valeur de K calculée précédemment : $I = \frac{B}{K}$.

Pour calculer B dans la troisième ligne, on utilise la formule $B = K \times I$.

B (T)	I (A)	K (T·A^{-1})
$1{,}25 \times 10^{-4}$	0,10	$1{,}3 \times 10^{-3}$
$3{,}75 \times 10^{-4}$	0,29	$1{,}3 \times 10^{-3}$
$6{,}5 \times 10^{-4}$	0,50	$1{,}3 \times 10^{-3}$

OBJECTIF BAC

9 Étude du champ magnétique terrestre

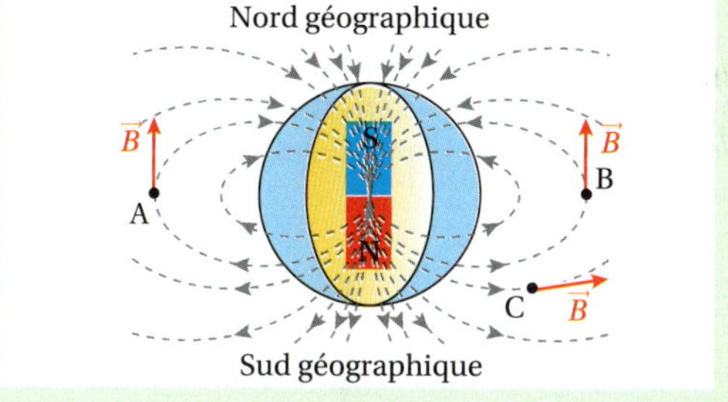

1. Les lignes de champ sont orientées du pôle nord magnétique vers le pôle sud magnétique.

2. Le vecteur champ magnétique aux points A, B et C est tangent aux lignes de champ et est orienté dans le sens de ces lignes.

3. Le pôle nord d'une aiguille aimantée pointe vers le pôle sud magnétique qui correspond au pôle nord géographique.

4. a. Cette expérience nous prouve qu'un courant électrique est une source de champ magnétique.

b. Lorsque l'on change le sens du courant dans le fil, l'aiguille garde la même direction mais avec une orientation opposée : les positions des pôles de l'aiguille s'inversent.

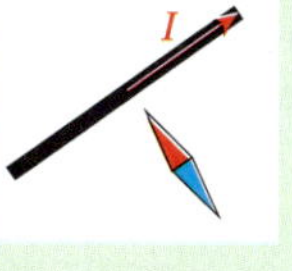

10 Étude du champ magnétique créé par un fil parcouru par un courant

1. Le vecteur champ magnétique aux points A et B est tangent aux lignes de champ circulaires et orienté dans le même sens que celles-ci.

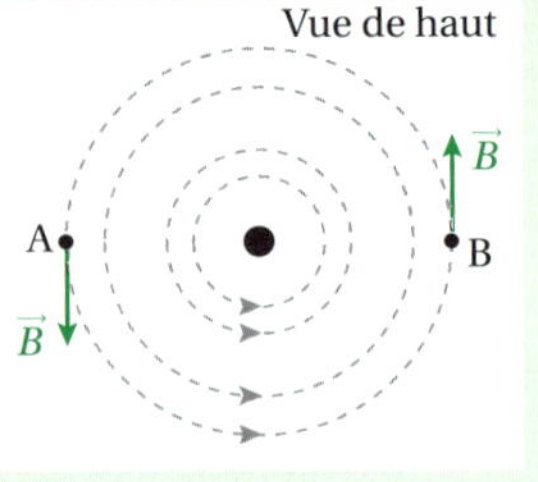

2. Au point C, l'aiguille aimantée est orientée de telle sorte que son pôle nord (en rouge sur le schéma) pointe dans le sens d'orientation des lignes de champ. L'aiguille aimantée est dans le même plan que les lignes de champ : elle est donc perpendiculaire à la direction du fil.

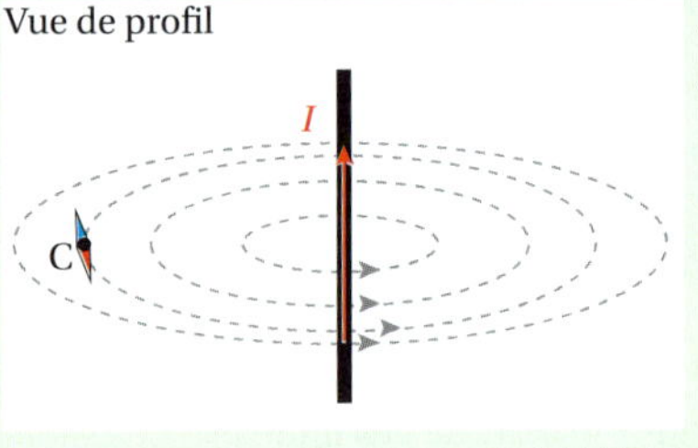

3. a. L'intensité du champ magnétique est une fonction décroissante de la distance au fil.

b. On applique la formule $K = \frac{B}{I}$.

Pour $d_1 = 1{,}0$ cm : $B = 2{,}0 \times 10^{-5}$ T, d'après le tableau.
Soit $K = 2{,}0 \times 10^{-5}$ T·A^{-1}.
Pour $d_2 = 4{,}0$ cm : $B = 5{,}0 \times 10^{-6}$ T, d'après le tableau.
Soit $K = 5{,}0 \times 10^{-6}$ T·A^{-1}.
On constate que K dépend de la distance au fil : c'est une fonction décroissante de cette distance.

> Penser à convertir l'intensité en ampères avant de réaliser le calcul :
> $I = 1{,}0 \times 10^3$ mA $= 1{,}0$ A

c. On applique la formule $B = K \times I$, avec $K = 2{,}5 \times 10^{-6}$ T.A^{-1} et $I = 0{,}50$ A. Soit $B = 1{,}3 \times 10^{-6}$ T.
On compare la valeur du tableau à celle calculée :
$B_{calcul} = 1{,}3 \times 10^{-6}$ T pour $I = 0{,}50$ A ; $B_{tableau} = 2{,}5 \times 10^{-6}$ T pour $I = 1{,}0$ A.
Soit $B_{calcul} < B_{tableau}$.
On en conclut que le champ magnétique B est une fonction croissante de l'intensité I.

11 Étude du champ magnétique d'un réacteur à fusion

1. et **2.** Le champ magnétique est tangent aux lignes de champ :

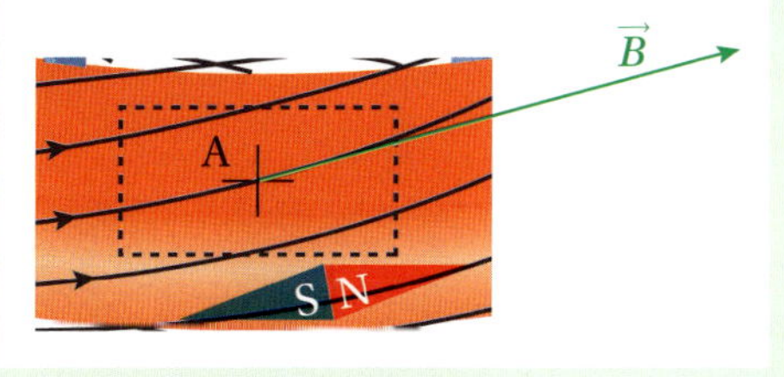

3. Non, le champ magnétique d'un tokamak n'est pas uniforme, car pour un champ est uniforme, le vecteur champ associé est identique (sens, direction et valeur) en chaque point. Ceci n'est pas le cas dans un tokamak.

4. a. Détermination de la valeur du facteur de sécurité aux environs du centre du plasma :

$$q(r) = 5{,}0 \times 10^6 \times \frac{r^2 \times B_0}{R_0 \times I_p(r)} = 5{,}0 \times 10^6 \times \frac{(0{,}010)^2 \times 4{,}2}{2{,}40 \times 875}$$

Application numérique : $q(r) = 1{,}0$

b. Détermination de l'intensité totale I_p du courant plasma :

$$I_p(r) = 5{,}0 \times 10^6 \times \frac{r^2 \times B_0}{R_0 \times q(r)} = 5{,}0 \times 10^6 \times \frac{2{,}40^2 \times 4{,}2}{2{,}40 \times 3{,}0}$$

Application numérique : $I_p(r) = 1{,}5 \times 10^6$ A.

www.annabac.com

CHAPITRE

15 Relation entre les champs et les forces

La masse et la charge électrique d'un système sont à l'origine de deux champs très importants régnant dans l'espace situé au voisinage de ce système : le champ de pesanteur, qui est directement lié à la masse de la Terre ; et le champ électrique, comme celui créé par la répartition de charges électriques de signes opposés entre le sol et la base des nuages à l'origine de la foudre. Ces champs sont liés aux forces gravitationnelles et électriques qui agissent sur les systèmes dans les zones d'espace où ils règnent.

1 Le champ de pesanteur

A La loi de la gravitation universelle appliquée à la Terre

- L'intensité de la force $F_{T \to S}$ exercée au voisinage de la Terre sur un système de masse m, situé à une distance D_{ST} du centre de la Terre, a pour expression :

$$F_{T \to S} = G \times \frac{M_T \times m}{D_{ST}{}^2}$$

$F_{T \to S}$ en newtons (N)
M_T et m en kilogrammes (kg)
D_{ST} en mètres (m)
G en unités du Système international (SI)

G est la **constante de la gravitation universelle :** $G = 6{,}67 \times 10^{-11}$ SI.
M_T est la masse de la Terre : $M_T = 5{,}98 \times 10^{24}$ kg.

- La distance D_{ST} peut s'exprimer en fonction du rayon de la Terre R_T et de l'altitude h du système :

$$D_{ST} = R_T + h$$

R_T et h en mètres (m)
$R_T = 6{,}38 \times 10^3$ km.

B Le poids d'un système à la surface de la Terre

- Par définition, le poids P d'un système à la surface de la Terre est égal au produit de sa masse m par une grandeur g appelée **intensité de la pesanteur**.

$P = m \times g$	P en newtons (N) m en kilogrammes (kg) g en newtons par kilogramme ($N{\cdot}kg^{-1}$)

- Le poids est représenté par un **vecteur poids $\vec{P}$**, dirigé vers le bas et dont la direction s'identifie avec la verticale du lieu considéré.
- **Lien entre poids et force gravitationnelle :** en un point, le vecteur poids d'un système s'identifie au vecteur force gravitationnelle exercée par la Terre sur le système :

$$\vec{P} = \vec{F}_{T \to S}$$

C Caractéristiques du champ de pesanteur

- Par définition, le vecteur champ de pesanteur $\vec{g}$ est donné par la relation suivante :

$$\vec{g} = \frac{\vec{F}_{T \to S}}{m}$$

- L'intensité du champ de pesanteur peut s'écrire :

$$g = G \times \frac{M_T}{D_{ST}^2}$$

- **Orientation du vecteur champ de pesanteur autour de la Terre :**
  - direction : celle du rayon issu du centre de la Terre et passant par le point où est estimé le champ ;
  - sens : il pointe vers le centre de la Terre.

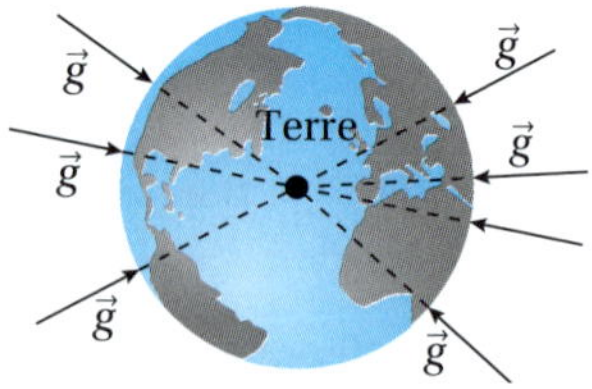

FIGURE 1 Vecteur champ de pesanteur autour de la Terre

- **Effet de l'altitude sur le champ de pesanteur**

On exprime la valeur du champ de pesanteur en fonction de l'altitude h en utilisant les relations : $D_{ST} = R_T + h$ et $g = G \times \frac{M_T}{D_{ST}^2}$.

On obtient :

$$g = G \times \frac{M_T}{(R_T + h)^2}$$

Le champ de pesanteur est une **fonction décroissante de l'altitude**.

h (m)	100	1 000	10 000	100 000	1 000 000
g (N·kg^{-1})	9,798	9,796	9,768	9,450	7,323

Le champ de pesanteur local

Sur une surface de la Terre relativement petite devant les dimensions de la planète, on peut considérer que la direction et le sens du champ de pesanteur restent les mêmes.

Pour des altitudes ne dépassant pas la centaine de mètres, on peut considérer que l'intensité du champ de pesanteur est inchangée.

En conclusion, le champ de pesanteur local est un **champ uniforme**.

2 Champ électrostatique dans un condensateur

A Présentation d'un condensateur

Un condensateur est constitué de deux plaques conductrices séparées par un isolant. Les plaques, appelées **armatures**, portent des charges électriques opposées.

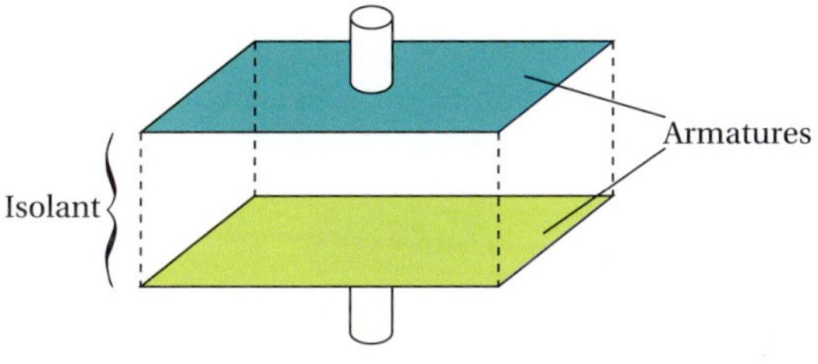

FIGURE 2 **Principaux éléments d'un condensateur**

B Le champ électrostatique

- Entre les deux armatures du condensateur règne un **champ électrique uniforme**.
- Les lignes de champ sont perpendiculaires aux armatures et sont orientées de l'armature positive vers l'armature négative.
- Le vecteur champ électrique a une droite d'action parallèle aux lignes de champ et est orienté vers l'armature chargée négativement.

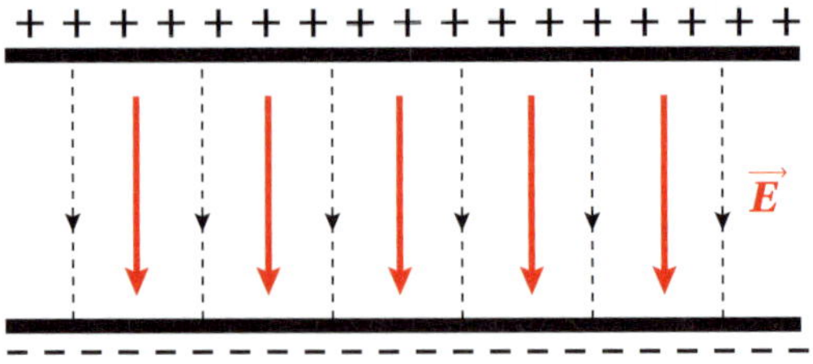

FIGURE 3 **Champ électrique et lignes de champ dans un condensateur**

L'intensité du champ électrique E est égale au rapport de la tension électrique U entre les deux plaques par la distance d entre les deux armatures.

$E = \frac{U}{d}$	E en volts par mètre ($V{\cdot}m^{-1}$) U en volts (V) d en mètres (m)

C Orientation du vecteur force électrique dans un condensateur

Une charge électrique q placée entre les armatures du condensateur est soumise à une force électrostatique $\vec{F_e}$ due au champ électrique $\vec{E}$ régnant entre les armatures. Le vecteur force électrique $\vec{F_e}$ a pour expression :

$$\vec{F_e} = q \times \vec{E}$$

La droite d'action de $\vec{F_e}$ est perpendiculaire aux plaques du condensateur.

Suivant le signe de la charge électrique q, le sens du vecteur force sera différent :
- si $q > 0$, $\vec{F_e}$ sera dirigé vers l'armature négative ;
- si $q < 0$, $\vec{F_e}$ sera dirigé vers l'armature positive.

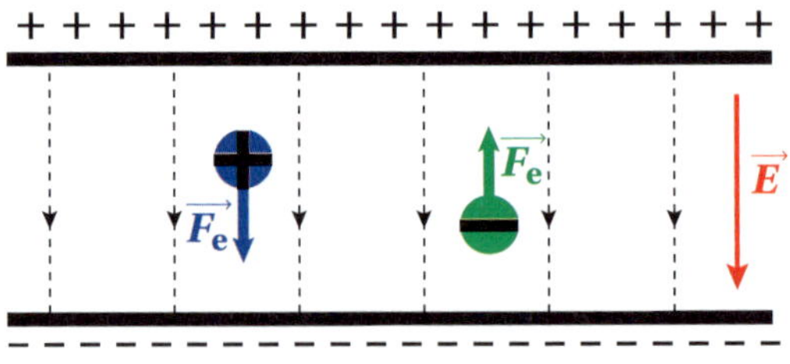

FIGURE 4 **Orientation du vecteur force électrique dans un condensateur**

Déterminer les caractéristiques du vecteur champ de pesanteur en un point

ÉNONCÉ

On veut connaître les caractéristiques du vecteur champ de pesanteur en deux points A et B situés au voisinage de la surface de la Terre, à une altitude z.

1 Représenter sans souci d'échelle le vecteur champ de pesanteur dans les deux cas.

2 Calculer la valeur du champ de pesanteur dans les deux cas.

Données : rayon terrestre : $R_T = 6{,}38 \times 10^3$ km ; masse de la Terre : $M_T = 5{,}98 \times 10^{24}$ kg ; $G = 6{,}67 \times 10^{-11}$ SI.

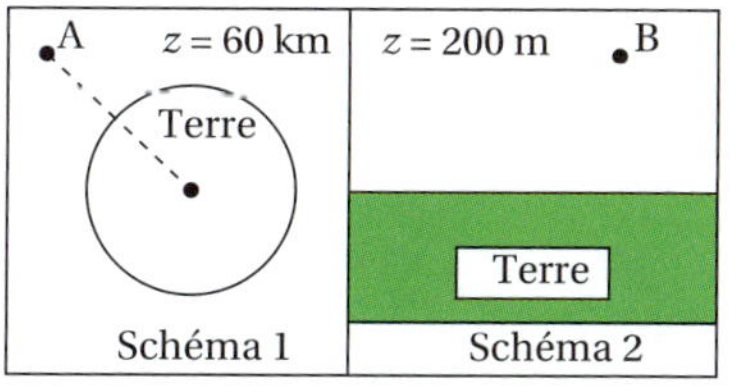

3 Quel est l'effet de l'altitude sur le champ de pesanteur ?

MÉTHODE

1 ▶ Le vecteur champ de pesanteur a une droite d'action qui passe par le point considéré et le centre de la Terre.
▶ Localement, cette droite d'action se confond avec la verticale locale.

2 ▶ Appliquer la formule de g en prenant soin de convertir la hauteur et le rayon terrestre en mètres.

CORRIGÉ

1

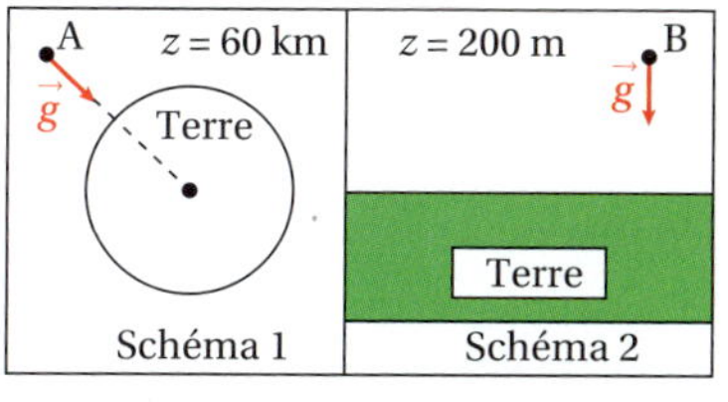

2 On applique la formule suivante : $g = G \times \dfrac{M_T}{(R_T + z)^2}$.

Pour le point A : $z = 60$ km $= 6{,}0 \times 10^4$ m et $R_T = 6{,}38 \times 10^6$ m. Soit $g = 9{,}62$ N·kg^{-1}.

Pour le point B : $z = 200$ m et $R_T = 6{,}38 \times 10^6$ m. Soit $g = 9{,}80$ N·kg^{-1}.

3 Plus l'altitude augmente, plus le champ de pesanteur est faible : le champ de pesanteur est une fonction décroissante de l'altitude.

SE TESTER QUIZ

Dans le questionnaire à choix multiple (QCM) suivant, indiquer pour chaque proposition la (ou les) réponse(s) exacte(s).

1 La force gravitationnelle exercée par la Terre sur un objet de masse m a pour expression :

☐ **a.** $F_{T \to S} = G \times \dfrac{(M_T \times m)^2}{D_{ST}}$

☐ **b.** $F_{T \to S} = G \times \dfrac{M_T + m}{{D_{ST}}^2}$

☐ **c.** $F_{T \to S} = G \times \dfrac{M_T \times m}{{D_{ST}}^2}$

2 Le champ de pesanteur est uniforme à la surface de la Terre.

☐ **a.** Vrai. ☐ **b.** Faux.

3 La valeur du champ de pesanteur est la même pour une altitude de 100 m et pour une altitude de 10 000 m.

☐ **a.** Vrai. ☐ **b.** Faux.

4 La relation entre le champ électrostatique et la force électrique peut s'écrire :

☐ **a.** $\overrightarrow{F_e} = \dfrac{q}{\overrightarrow{E}}$

☐ **b.** $\overrightarrow{F_e} = q + \overrightarrow{E}$

☐ **c.** $\overrightarrow{F_e} = q \times \overrightarrow{E}$

S'ENTRAÎNER

5 Des champs et des forces

Représenter sans souci d'échelle le vecteur force appliqué au système dans les trois cas suivants, en précisant de quel type de force il s'agit.

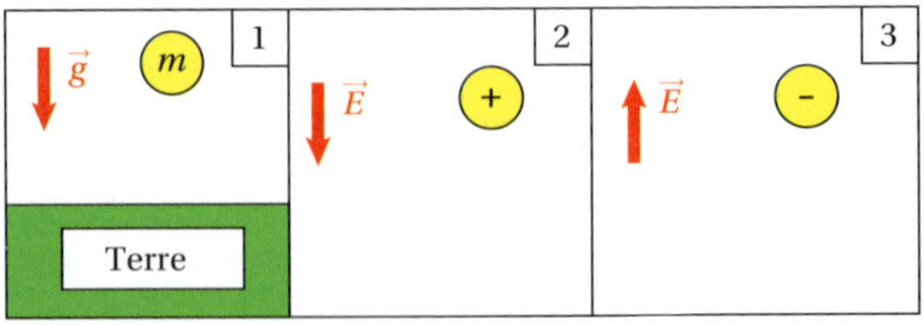

6 Dans le champ de pesanteur terrestre

On considère un point A situé au voisinage de la surface de la Terre et placé à une altitude z.

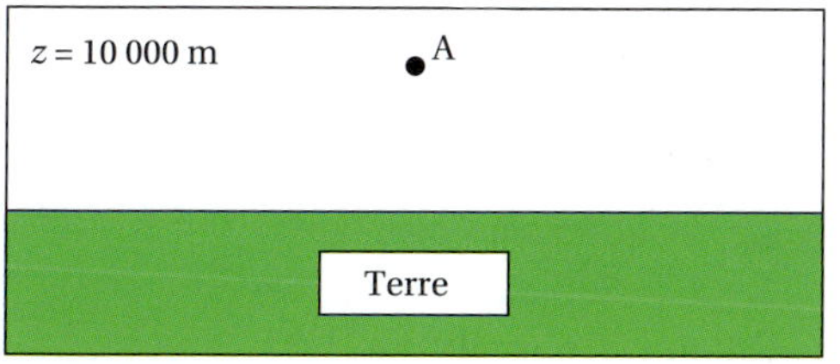

1. Représenter sans souci d'échelle le vecteur champ de pesanteur.

2. Calculer l'intensité du champ de pesanteur g.

Données : rayon terrestre $R_T = 6{,}38 \times 10^3$ km ; G = $6{,}67 \times 10^{-11}$ SI ; masse de la Terre : $M_T = 5{,}98 \times 10^{24}$ kg.

7 Mouvement d'une particule chargée dans un condensateur

On injecte entre les plaques d'un condensateur une particule chargée dont la valeur absolue de la charge électrique est égale à $|q| = 4{,}8 \times 10^{-19}$ C. Le champ électrique régnant à l'intérieur du condensateur a une intensité $E = 150$ V·m^{-1}. On représente sur le schéma ci-dessous l'allure de la trajectoire de la particule.

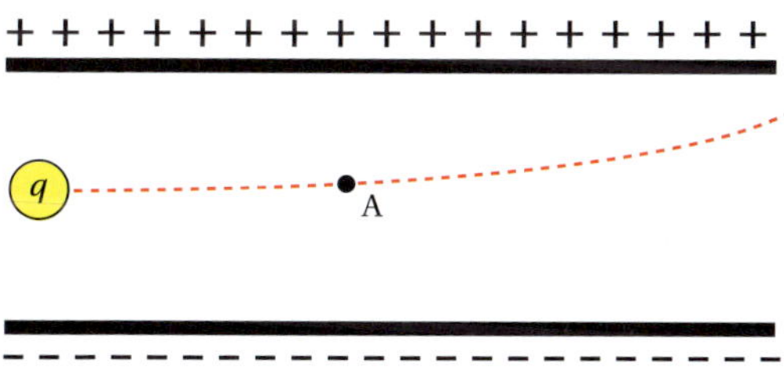

1. Représenter sans souci d'échelle le vecteur champ électrique $\vec{E}$ au point A.

2. Quelle est le signe de la charge portée par la particule ?

3. Représenter sans souci d'échelle le vecteur force électrique $\vec{F_e}$ au point A.

4. Calculer l'intensité de cette force.

OBJECTIF BAC

8 Lancement d'un satellite depuis la surface de la Terre

La Terre n'est pas parfaitement sphérique, elle est aplatie au niveau des pôles. Ceci a pour conséquence que l'on peut définir un rayon polaire R_P = 6 356 km et un rayon équatorial R_E = 6 378 km.

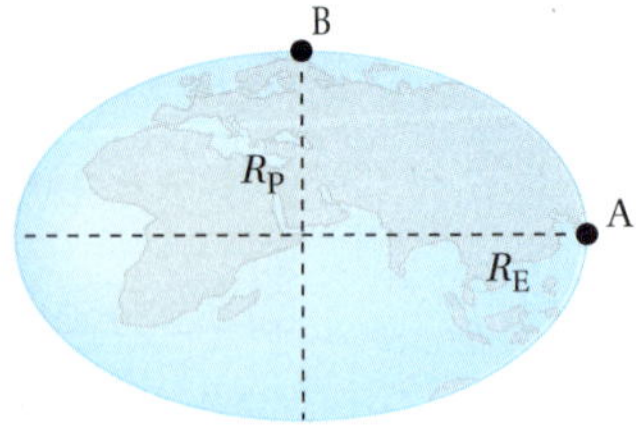

1. Calculer l'intensité du champ de pesanteur g_E à l'équateur et g_P aux pôles.

2. Représenter sans souci d'échelle les deux vecteurs intensités de la pesanteur aux points A (sur l'équateur) et au point B (au pôle nord).

3. Calculer la force gravitationnelle exercée par la Terre sur un lanceur (fusée capable de mettre en orbite des satellites) de masse m = 210 t, à l'équateur puis aux pôles.

> 1 t = 10^3 kg

4. Déduire du calcul précédent où il serait plus judicieux de placer les bases de lancement spatial.

5. Un satellite géostationnaire évolue à une altitude de 36 000 km, sur une orbite incluse dans le plan équatorial, à une vitesse telle qu'il se trouve toujours à la verticale du même point de la surface de la Terre.

a. Calculer l'intensité du champ de pesanteur sur cette orbite.

b. Comment évolue cette intensité entre le sol et l'orbite géostationnaire ?

c. Déterminer la force exercée sur un satellite géostationnaire en orbite, de masse m = 5 000 kg.

d. Quelle est la masse d'un satellite géostationnaire dont la force gravitationnelle appliquée par la Terre est égale à 444 N ?

Données : G = $6{,}67 \times 10^{-11}$ SI ; masse de la Terre : $M_T = 5{,}98 \times 10^{24}$ kg.

9 L'expérience de Millikan (1913) : la quantification de la charge électrique

Le principe de l'expérience du physicien Robert Millikan est le suivant : on observe le mouvement de petites particules chargées électriquement (gouttelettes d'huile sphériques) dans un champ électrique produit entre les armatures d'un condensateur.

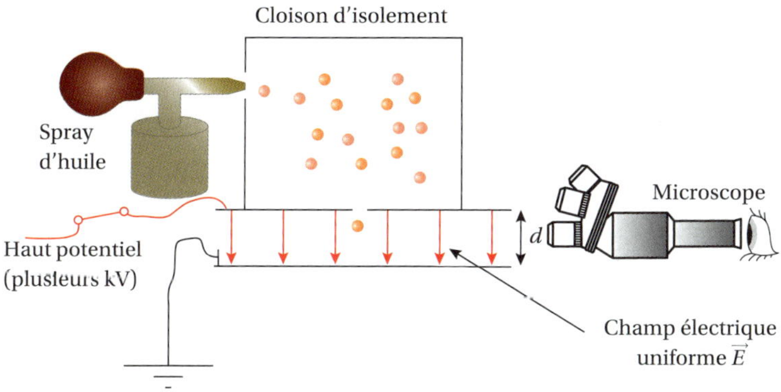

1. La distance d entre les armatures étant égale à 6,0 mm et la tension électrique U étant fixée à 3,0 kV, calculer l'intensité du champ électrique E régnant entre les armatures du condensateur (en $V{\cdot}m^{-1}$).

2. Les gouttelettes d'huile peuvent être chargées négativement ou positivement. Tracer sur le schéma ci-dessous les vecteurs forces électriques s'appliquant sur les deux types de charges, ainsi que le vecteur champ électrique.

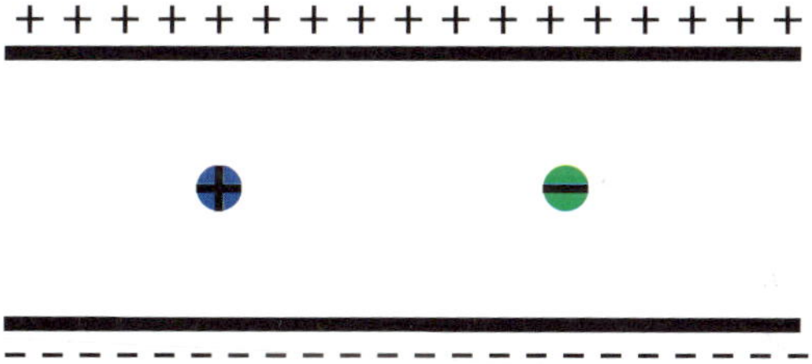

3. On s'intéresse à quatre particules chargées dont on connaît la charge électrique q. Calculer pour chacune des particules l'intensité de la force électrique.

Particule	1	2	3	4
Charge électrique (C)	$-4{,}8 \times 10^{-19}$	$-1{,}6 \times 10^{-19}$	$3{,}2 \times 10^{-19}$	$6{,}4 \times 10^{-19}$

4. La charge électrique élémentaire est $e = 1{,}60 \times 10^{-19}$ C.

Calculer pour les quatre particules le rapport $\frac{q}{e}$.

Que peut-on en conclure ?

10 Jupiter et ses satellites

Jupiter est la plus massive des planètes du système solaire ($M_J = 1,90 \times 10^{27}$ kg). Elle possède 16 satellites naturels actuellement répertoriés. Les premiers ont été observés par Galilée en 1610. Les quatre principaux satellites de cette planète sont Io, Europe, Callisto et Ganymède. Leurs caractéristiques physiques ainsi que leurs caractéristiques orbitales sont répertoriées dans le tableau suivant :

Satellite	Io	Ganymède	Europe	Callisto
Rayon (km)	1 821	2 631	1 561	2 410
Masse (kg)	$8,93 \times 10^{22}$	$1,48 \times 10^{23}$	$4,80 \times 10^{22}$	$1,08 \times 10^{23}$
D_{min}(km)	$4,200 \times 10^{5}$	$1,069 \times 10^{6}$	$6,648 \times 10^{5}$	$1,869 \times 10^{6}$
D_{max}(km)	$4,235 \times 10^{5}$	$1,072 \times 10^{6}$	$6,769 \times 10^{5}$	$1,898 \times 10^{6}$

Le centre de chaque satellite décrit une trajectoire autour de celui de Jupiter qui est une ellipse.

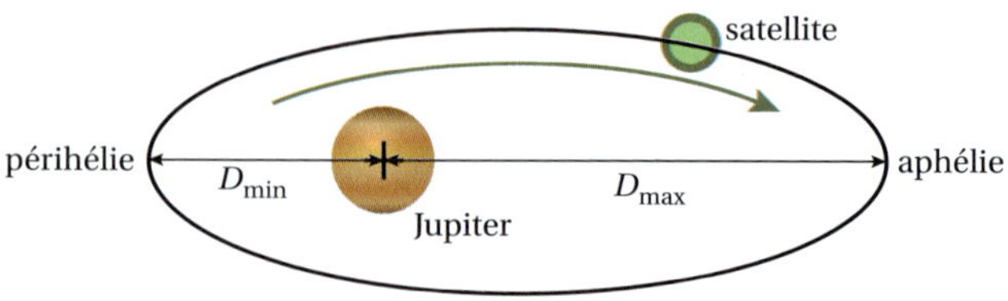

D_{min} est la plus petite distance entre le centre du satellite et celui de Jupiter et D_{max} en est la plus grande des distances. L'aphélie est le point où le centre du satellite est le plus éloigné de celui de Jupiter, tandis que le périhélie est le point le plus proche.

Donnée : constante de la gravitation universelle : $G = 6,67 \times 10^{-11}$ N·m²·kg⁻².

1. Pour chaque satellite, calculer l'intensité du champ de pesanteur à sa surface.

2. Sur quel satellite le poids d'un même objet sera-t-il le plus faible ?

3. Comparer la force gravitationnelle exercée par Jupiter sur le satellite Callisto à l'aphélie à celle au périhélie de la trajectoire. Ce résultat était-il prévisible ?

4. Quel est le satellite qui subit la plus grande force gravitationnelle exercée par Jupiter au périhélie ?

5. Comparer la force gravitationnelle exercée par Jupiter sur Europe (lorsqu'Europe est au périhélie) à celle qu'exercerait à la même distance le satellite le plus massif sur Europe.

6. Sur la base du résultat de la question précédente, quelle approximation peut-on faire ?

SE TESTER

1 **Réponse c.** La force gravitationnelle exercée par la Terre sur un objet de masse m a pour expression $F_{T\rightarrow S} = G \times \dfrac{M_T \times m}{{D_{ST}}^2}$.

2 **Réponse b.** Faux : le champ de pesanteur n'est pas uniforme à la surface de la Terre car il change de direction et de sens.

3 **Réponse b.** Faux : la valeur du champ de pesanteur dépend de l'altitude.

4 **Réponse c.** La relation entre le champ électrostatique et la force électrique peut s'écrire $\vec{F_e} = q \times \vec{E}$.

S'ENTRAÎNER

5 Des champs et des forces

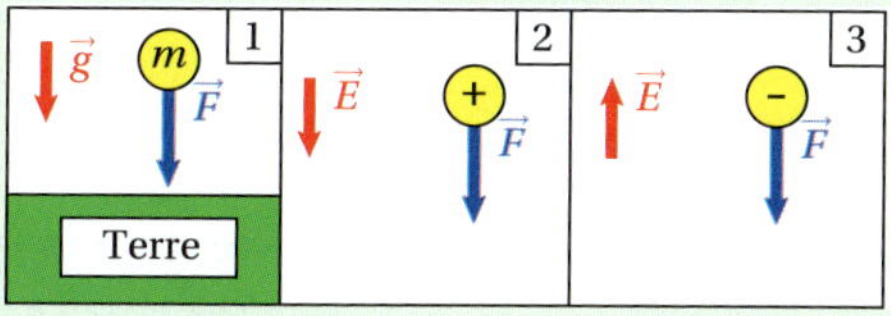

Cas 1 : il s'agit de la force gravitationnelle. Le vecteur force $\vec{F}$ a le même sens et la même direction que le vecteur $\vec{g}$.

Cas 2 : il s'agit de la force électrique. Le vecteur force $\vec{F}$ a le même sens et la même direction que le vecteur $\vec{E}$ car la charge est positive.

Cas 3 : il s'agit de la force électrique. Le vecteur force $\vec{F}$ a un sens opposé et la même direction que le vecteur $\vec{E}$ car la charge est négative.

6 Dans le champ de pesanteur terrestre

1.

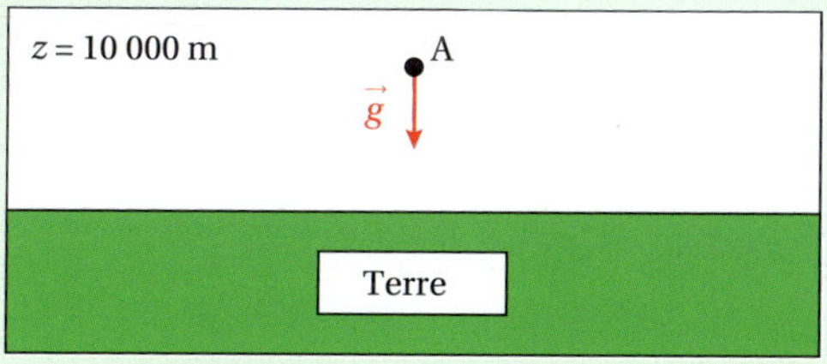

2. On applique la formule $g = G \times \dfrac{M_T}{(R_T + z)^2}$.

Pour le point A : $z = 10\,000$ m et $R_T = 6{,}38 \times 10^6$ m. Soit $g = 9{,}77\ N{\cdot}kg^{-1}$.

7 Mouvement d'une particule chargée dans un condensateur

1. Le vecteur champ électrique $\vec{E}$ pointe vers l'armature négative.

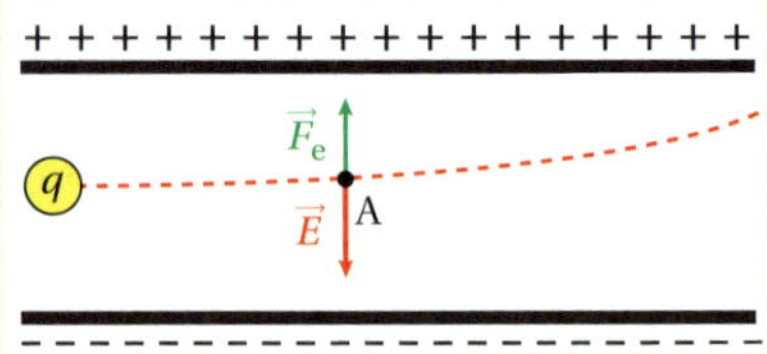

2. Le signe de la charge portée par la particule est négatif, car celle-ci est déviée vers l'armature positive.
3. Le vecteur force électrique $\vec{F_e}$ au point A possède la même direction que celle du vecteur champ électrique mais un sens opposé, car la charge est négative.
4. On applique la formule $F_e = |q| \times E$.

On a $|q| = 4{,}8 \times 10^{-19}$ C et $E = 150$ V·m^{-1} soit $F_e = 7{,}2 \times 10^{-17}$ N.

OBJECTIF BAC

8 Lancement d'un satellite depuis la surface de la Terre

1. et **2.** On applique la formule $g = G \times \dfrac{M_T}{(R_T + h)^2}$.

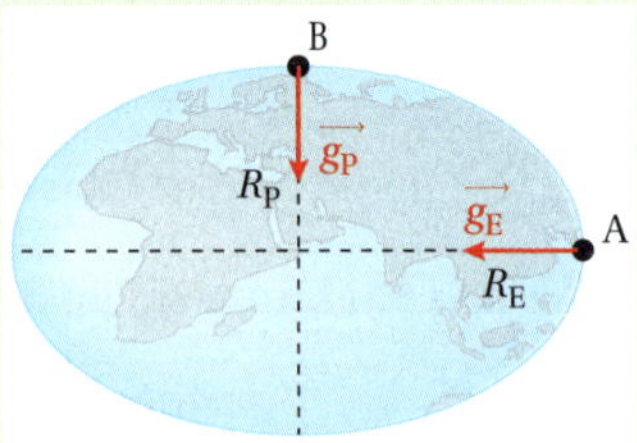

• Pour le point A à l'équateur : $h = 0$
et $R_T = R_E = 6{,}378 \times 10^6$ m.
Soit $g_E = 9{,}81$ N·kg^{-1}.
• Pour le point B au pôle nord : $h = 0$
et $R_T = R_P = 6{,}356 \times 10^6$ m.
Soit $g_P = 9{,}87$ N·kg^{-1}.

3. On a $\vec{g} = \dfrac{\vec{F}_{T\to L}}{m}$, soit $g = \dfrac{F_{T\to L}}{m}$, donc $F_{T\to L} = m \times g$.

• À l'équateur : $F_{T\to L} = m \times g_E$.

On a $m = 210$ t $= 2{,}10 \times 10^5$ kg et $g_E = 9{,}81$ N·kg^{-1}. Soit $F_{T\to L} = 2{,}06 \times 10^6$ N.

• Aux pôles : $F_{T\to L} = m \times g_P$.

On a $m = 210$ t $= 2{,}10 \times 10^5$ kg et $g_E = 9{,}87$ N·kg^{-1}. Soit $F_{T\to L} = 2{,}07 \times 10^6$ N.
4. Il est plus judicieux de placer les bases de lancement spatial à l'équateur, car la force gravitationnelle exercée par la Terre sur le lanceur y est plus faible.

5. a. On applique la formule $g = G \times \frac{M_T}{(R_T + h)^2}$.

Pour un point sur cette orbite : h = 36 000 km = 36 000 × 10^3 m et $R_T = R_E$ = 6 378 km = 6,378 × 10^6 m. Soit g = 0,222 N·kg^{-1}.

b. L'intensité de g diminue avec l'altitude.

c. $F_{T \to S} = m \times g$. On a m = 5 000 kg et g = 0,222 N·kg^{-1}. Soit $F_{T \to S}$ = 1,11 × 10^3 N.

d. Calcul de la masse d'un satellite géostationnaire dont la force gravitationnelle appliquée par la Terre est égale à 444 N :

$$g = \frac{F_{T \to S}}{m} \Leftrightarrow m = \frac{F_{T \to S}}{g}$$

On a $F_{T \to S}$ = 444 N et g = 0,222 N·kg^{-1}. Soit m = 2,00 × 10^3 kg.

9 L'expérience de Millikan (1913) : la quantification de la charge électrique

1. On applique la formule $E = \frac{U}{d}$.

On a U = 3,0 kV = 3,0 × 10^3 V et D = 6,0 mm = 6,0 × 10^{-3} m. Soit E = 5,0 × 10^5 V·m^{-1}.

2.

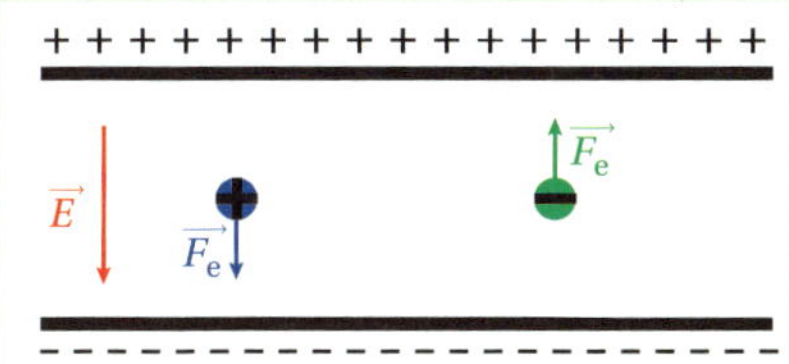

3. On applique la formule $F_e = |q| \times E$.

Particule	1	2	3	4
Force électrique (N)	2,4 × 10^{-13}	8,0 × 10^{-14}	1,6 × 10^{-13}	3,2 × 10^{-13}

4. On calcule pour les quatre particules le rapport $\frac{q}{e}$.

Particule	1	2	3	4
$\frac{q}{e}$	– 3,0	– 1,0	2,0	4,0

On peut en conclure que la charge électrique est égale à un nombre entier de fois la charge électrique élémentaire : c'est la quantification de la charge électrique.

> Cette expérience et les conclusions qu'elle apportait ont permis à Robert Millikan d'obtenir le prix Nobel de physique en 1923.

10 Jupiter et ses satellites

1. L'intensité du champ de pesanteur pour chaque satellite de Jupiter peut s'écrire :

$$g_{satellite} = G \times \frac{M_{satellite}}{R^2_{satellite}}$$

où la masse est en kilogramme et le rayon est en mètre.

Satellite	Io	Ganymède	Europe	Callisto
Intensité du champ de pesanteur (N)	1,80	1,43	1,31	1,24

2. Sur Callisto, le poids d'un objet sera le plus faible car c'est là que l'intensité du champ de pesanteur est la plus faible.

3. Calcul de la force gravitationnelle exercée par Jupiter sur le satellite Callisto à l'aphélie de la trajectoire:

$$F_{J/C_{aphélie}} = G \times \frac{M_J \times M_C}{D^2_{max}}$$

Application numérique : $F_{J/C_{aphélie}} = 3{,}80 \times 10^{21}$ N

Calcul de la force gravitationnelle exercée par Jupiter sur le satellite Callisto au périhélie de la trajectoire :

$$F_{J/C_{aphélie}} = G \times \frac{M_J \times M_C}{D^2_{min}}$$

Application numérique : $F_{J/C_{périhélie}} = 3{,}92 \times 10^{21}$ N

Détermination du rapport entre ces deux forces :

$$\frac{F_{J/C_{périhélie}}}{F_{J/C_{aphélie}}} = 1{,}03$$

La force gravitationnelle exercée par Jupiter sur Callisto est supérieure au périhélie qu'à l'aphélie.

Ce résultat était prévisible car la distance D_{max} est supérieure à D_{min} et la force est une fonction décroissante de la distance.

Néanmoins, les valeurs sont très proches car les valeurs de D_{max} et D_{min} sont pratiquement égales.

4. La force gravitationnelle exercée par Jupiter sur un satellite au périhélie de la trajectoire a pour expression :

$$F_{J/satellite} = G \times \frac{M_J \times M_{satellite}}{D^2_{min}}$$

Satellite	Io	Ganymède	Europe	Callisto
$F_{J/satellite}$(N)	$6,42 \times 10^{22}$	$1,64 \times 10^{22}$	$1,38 \times 10^{22}$	$3,92 \times 10^{21}$

Le satellite qui subit la plus grande force gravitationnelle exercée par Jupiter au périhélie est donc Io.

5. Calcul de la force gravitationnelle exercée par le satellite le plus massif (Ganymède) sur Europe s'il était à la même distance d'Europe que Jupiter :

$$F_{\text{Ganymède/Europe}} = G \times \frac{M_{\text{Ganymède}} \times M_{\text{Europe}}}{D^2_{\text{Jupiter/Europe}}}$$

Application numérique : $F_{\text{Ganymède/Europe}} = 1,07 \times 10^{18}$ N

La force exercée par Jupiter sur Europe est environ 10^4 fois plus grande que celle exercée par Ganymède.

6. On peut considérer que les forces exercées entre les satellites sont négligeables par rapport aux forces gravitationnelles exercées par Jupiter sur les satellites.

www.annabac.com

CHAPITRE

16 Mouvement et énergie

Un système possède de l'énergie sous différentes formes, dont une partie ou la totalité peut passer d'une forme à une autre (énergie mécanique en énergie électrique dans les barrages hydroélectriques par exemple). La notion d'énergie est liée à des modifications macroscopiques d'un système (mouvement, forme), mais aussi à des modifications microscopiques (agitation des molécules).

1 Énergie cinétique

Tout corps possède une énergie liée à son mouvement : l'**énergie cinétique**. Elle est proportionnelle à la masse du corps et au carré de sa vitesse. On la note E_c et a pour unité le **joule (J).**

$E_c = \frac{1}{2} \times m \times v^2$	E_c en joules (J) m en kilogrammes (kg) v en mètres par seconde ($m \cdot s^{-1}$)

2 Énergie potentielle de pesanteur

Tout corps dans un champ de pesanteur possède une énergie liée à sa position dans ce champ : l'**énergie potentielle de pesanteur**. Elle est proportionnelle à l'altitude z du corps et à l'intensité de pesanteur g du champ de pesanteur considéré. Elle se note E_p et est exprimée **en joules (J).**

Cette énergie est définie par rapport à une position choisie arbitrairement servant de référence, en général le sol.

$E_p = m \times g \times z$	E_p en joules (J) m en kilogrammes (kg) g en newtons par kilogramme ($N \cdot kg^{-1}$) z en mètres (m)

3 Énergie mécanique

A Définition

■ À chaque instant, l'énergie mécanique d'un système est égale à la somme de son énergie cinétique et de son énergie potentielle de pesanteur :

$$E_m = E_c + E_p$$

■ La variation de l'énergie mécanique d'un système entre deux instants est égale à la somme des variations d'énergie cinétique et potentielle de pesanteur de ce système :

$$\Delta E_m = \Delta E_c + \Delta E_p$$

B Évolution de l'énergie mécanique au cours d'une chute libre

■ **Un corps est en chute libre s'il n'est soumis qu'à son poids.**
Pour étudier son mouvement, on relève à intervalles de temps réguliers sa position $z(t)$ par chronophotographie et on en déduit sa vitesse $v(t)$.
À partir de ces mesures, on détermine à chaque instant les valeurs des énergies cinétique, potentielle de pesanteur et mécanique. Les variations de ces énergies sont représentées dans le graphique ci-dessous.

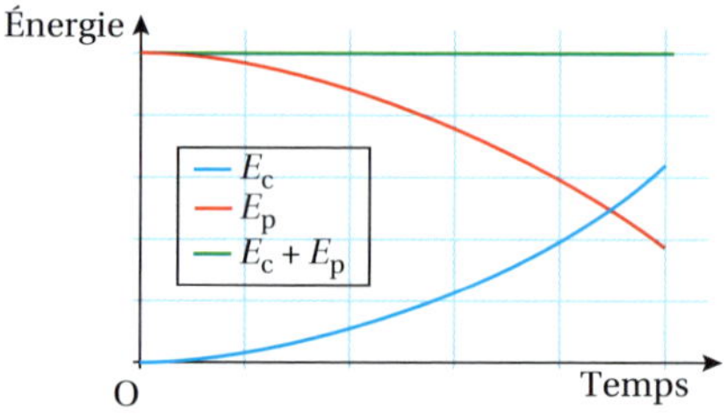

FIGURE 1 Variations des énergies cinétique, potentielle de pesanteur et mécanique d'un objet en chute libre au cours du temps.

■ On remarque que la valeur de l'énergie cinétique augmente au cours du temps. À l'instant $t = 0$, le système a été lâché sans vitesse initiale, son énergie cinétique est nulle. Dès que $t > 0$, il est en mouvement, sa vitesse augmente : son énergie cinétique aussi.

■ L'énergie potentielle de pesanteur diminue au cours du temps ; elle est proportionnelle à l'altitude de l'objet dans le champ de pesanteur. Le système se rapprochant du sol (origine du repère), son altitude diminue : son énergie potentielle de pesanteur aussi.

- L'énergie mécanique étant égale à la somme des énergies cinétique et potentielle de pesanteur, elle est constante au cours du temps.

- Si l'énergie mécanique est constante, cela signifie que sa variation est nulle, on en déduit $\Delta E_m = \Delta E_c + \Delta E_p = 0$, soit :

$$\Delta E_c = - \Delta E_p$$

Au cours du mouvement, l'énergie potentielle de pesanteur perdue par le système a été transformée en énergie cinétique : il y a eu **transfert d'énergie**.

Lors d'un mouvement de chute libre, l'énergie mécanique du système est conservée.

C Évolution de l'énergie mécanique lors d'une chute avec frottements

- On étudie la chute d'une bille dans un liquide visqueux.
Comme pour l'étude de la chute libre, on détermine à intervalles de temps réguliers la position $z(t)$ et la vitesse $v(t)$ de la bille.
À partir de ces mesures, on détermine à chaque instant les valeurs des énergies cinétique, potentielle de pesanteur et mécanique. Les variations de ces énergies sont représentées dans le graphique ci-dessous.

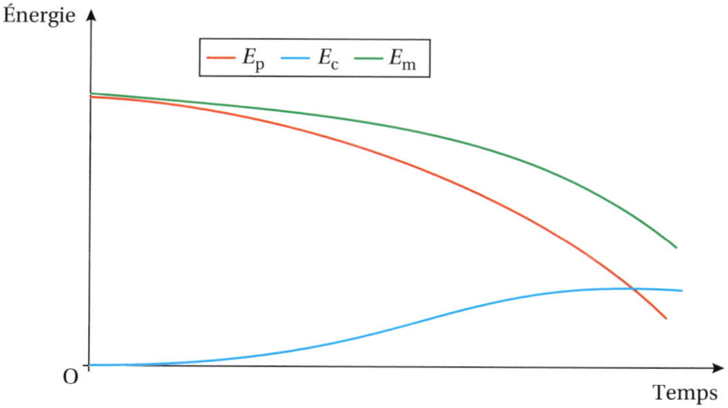

FIGURE 2 Variations des énergies cinétique, potentielle de pesanteur et mécanique d'un objet en chute avec frottements

On remarque que la valeur de l'énergie cinétique augmente au cours du mouvement pour atteindre une valeur maximale : la vitesse initiale du système est nulle ; une fois qu'elle est lâchée, la bille accélère jusqu'à atteindre une vitesse limite dont la valeur dépend des frottements subis par le système.

L'énergie potentielle de pesanteur diminue au cours du temps ; elle est proportionnelle à l'altitude de l'objet dans le champ de pesanteur. Le système se rapprochant du sol (origine du repère), son altitude diminue : son énergie potentielle de pesanteur aussi.

On remarque cette fois-ci qu'au cours du mouvement, l'énergie mécanique diminue.

Lors d'une chute av[ec] frottements, l'énerg[ie] mécanique n'est pa[s] conservée.

Les mouvements de solides avec frottements s'accompagnent généralement d'une **élévation de la température** du système. Celle-ci entraîne une augmentation de l'agitation des molécules et atomes constituant le système considéré : il y a eu modification de l'énergie thermique du système.

L'**énergie thermique** d'un corps est l'énergie cinétique d'agitation des particules constituant ce corps ; elle est due à l'agitation désordonnée des molécules et des atomes le constituant.
Lors d'un mouvement avec frottements, il n'y a plus conservation de l'énergie mécanique du système : une partie de l'énergie du système est passée sous une autre forme d'énergie par transfert thermique. La variation d'énergie mécanique est égale à la variation d'énergie thermique (notée Q) du système :

$$\Delta E_{\text{m}} = Q$$

4 Transfert d'énergie entre énergie cinétique et énergie potentielle de pesanteur

A Travail d'une force

Une force exercée sur un système peut « travailler ». Les effets du travail d'une force sont variés :
- modification de la vitesse du système ;
- modification de son altitude ;
- déformation du système (temporaire ou définitive) ;
- élévation de la température.

- Une force travaille à condition que :
  - **son point d'application se déplace** (le système est en mouvement) ;
  - **sa direction ne soit pas perpendiculaire au déplacement.**

- Le travail d'une force constante $\vec{F}$ pour un déplacement de son point d'application entre deux points A et B est le **produit scalaire** de $\vec{F}$ par $\overrightarrow{AB}$:

$$W_{AB}(\vec{F}) = \vec{F} \cdot \overrightarrow{AB} = F \times AB \times \cos \alpha$$

W_{AB} en joules (J)
F en newtons (N)
AB en mètres (m)
α en degrés ou radians (° ou rad)

- Le travail d'une force constante $\vec{F}$ dont le point d'application M se déplace d'un point A à un point B ne dépend pas du trajet suivi par M entre A et B, mais de la distance séparant les deux points.

- Selon la valeur de l'angle α, **le travail peut être positif, négatif ou nul** (c'est une grandeur algébrique).

$W_{AB} > 0$	$W_{AB} = 0$	$W_{AB} < 0$
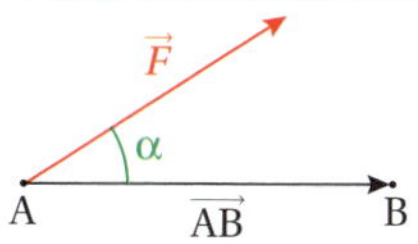	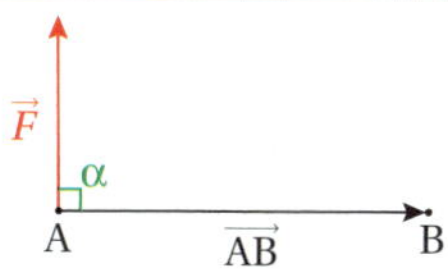	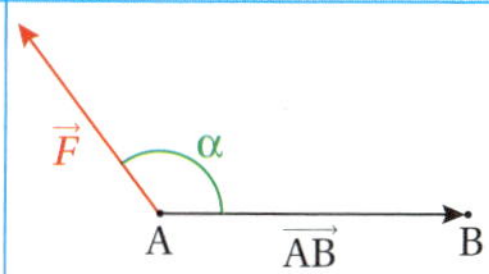
$0 \leqslant \alpha < 90°$	$\alpha = 90°$	$90° < \alpha \leqslant 180°$
$0 < \cos \alpha \leqslant 1$	$\cos \alpha = 0$	$-1 \leqslant \cos \alpha < 0$
La force favorise le mouvement	La force n'a pas d'effet sur le mouvement	La force s'oppose au mouvement
Le travail est moteur	Le travail est nul	Le travail est résistant

Le travail d'une force est dit moteur si la force favorise le mouvement ; il est dit résistant lorsque la force s'oppose au mouvement.

B Travail du poids

On considère que dans une zone étendue à quelques kilomètres au-dessus de la surface de la Terre, le poids est une force constante.

Lorsque le centre d'inertie G d'un corps passe d'un point A à un point B, le travail du poids dépend seulement de l'altitude z_A du point de départ et de l'altitude z_B du point d'arrivée. **Il ne dépend pas du chemin suivi** :

$$W_{AB}(\vec{P}) = m \times g \times (z_A - z_B)$$

$$W_{AB}(\vec{P}) = - m \times g \times \Delta z$$

avec $\Delta z = z_B - z_A$

- Si le système descend, $z_A > z_B$, $\Delta z < 0$: le travail est moteur, le poids favorise le mouvement du système.
- Si le système s'élève, $z_A < z_B$, $\Delta z > 0$: le travail est résistant, le poids « s'oppose » au mouvement du système.
- Si le mouvement est horizontal, $z_A = z_B$, $\Delta z = 0$: le travail du poids est nul, le poids n'a pas d'influence sur le mouvement du système.

On remarque que le travail du poids est égal à l'inverse de la variation de l'énergie potentielle du système au cours du mouvement :

$$W_{AB}(\vec{P}) = - \Delta E_p(AB)$$

Or on sait que la variation de l'énergie potentielle du système au cours du mouvement de chute libre est égale à l'opposé de la variation de son énergie cinétique :

$$- \Delta E_p = \Delta E_c$$

On en déduit :

$$W_{AB}(\vec{P}) = - \Delta E_p(AB) = \Delta E_c(AB)$$

Le travail du poids permet le transfert de l'énergie potentielle en énergie cinétique.

Calculer une énergie cinétique

ÉNONCÉ

Le Rafale est un avion militaire français pouvant atteindre la vitesse maximale de 2 203 km·h^{-1}, lorsqu'il est armé et plein de carburant ; sa masse est alors de $2{,}45 \times 10^4$ kg.
Calculer l'énergie cinétique de l'avion lorsqu'il vole à vitesse maximale.

MÉTHODE

▶ L'unité légale de la vitesse est le mètre par seconde ; il faut penser à convertir les unités sachant que 3,6 km·h^{-1} = 1 m·s^{-1}.

CORRIGÉ

Conversion de la vitesse de l'avion :

$$v = 2\,203 \text{ km·h}^{-1} = \frac{2\,203}{3{,}6} = 611{,}9 \text{ m·s}^{-1}.$$

Calcul de l'énergie cinétique de l'avion :

$$E_c = \frac{1}{2} \times m \times v^2 = \frac{1}{2} \times 2{,}45 \times 10^4 \times 611{,}9^2 = 4{,}59 \times 10^9 \text{ J}.$$

Déterminer le travail d'une force

ÉNONCÉ

Un enfant tire un jouet à l'aide d'une corde sur une distance de 1,0 m. La force exercée par la corde sur le jouet est de 10 N. L'angle entre la corde et le jouet est de 30°.
Déterminer la valeur du travail de la force *F* exercée par la corde sur le jouet.

MÉTHODE

▶ Le travail d'une force est égal au produit de la longueur de la force *F*, de la distance parcourue AB et du cosinus de l'angle α entre F et AB.

CORRIGÉ

$$W_{AB}(\vec{F}) = \vec{F} \cdot \overrightarrow{AB} = F \times AB \times \cos \alpha$$

$$W_{AB}(\vec{F}) = 10 \times 1{,}0 \times \cos 30 = 8{,}7 \text{ J}$$

Déterminer le travail du poids

ÉNONCÉ

On s'intéresse au mouvement d'une balle de masse $m = 30{,}0$ g le long d'un rail incurvé.
La balle est lâchée sans vitesse initiale en haut du rail à une hauteur de 25,0 cm.
Déterminer la valeur du travail du poids de cette balle.
Donnée : intensité de pesanteur $g = 9{,}81\ \text{N·kg}^{-1}$.

MÉTHODE

▶ Le travail du poids ne dépend pas du chemin suivi, mais de la différence d'altitude du système au cours de son mouvement.

▶ Il faut exprimer les longueurs en mètres et les masses en kilogrammes.

CORRIGÉ

$W_{AB}(\vec{P}) = \vec{P} \cdot \overrightarrow{AB}$

$W_{AB}(\vec{P}) = m \times g \times (z_A - z_B)$

$W_{AB}(\vec{P}) = -\,m \times g \times \Delta z$

$\Delta z = z_B - z_A = 0 - 25{,}0 \times 10^{-2} = -\,25{,}0 \times 10^{-2}$ m

$W_{AB}(\vec{P}) = -\,30{,}0 \times 10^{-3} \times 9{,}81 \times -\,25{,}0 \times 10^{-2} = 7{,}36 \times 10^{-2}$ J

SE TESTER QUIZ

Dans le questionnaire à choix multiple (QCM) suivant, indiquer pour chaque proposition la (ou les) réponse(s) exacte(s).

1 Lors de la chute libre d'un système :
- ☐ **a.** le système n'est soumis à aucune force de frottement.
- ☐ **b.** le système n'est soumis qu'à son poids.

2 L'énergie mécanique est égale à :
- ☐ **a.** la somme de toutes les énergies du système.
- ☐ **b.** la somme des énergies potentielle et cinétique.

3 Lors d'un mouvement avec frottements :
- ☐ **a.** la variation de l'énergie mécanique est nulle.
- ☐ **b.** la variation de l'énergie mécanique est égale à la variation de l'énergie cinétique.
- ☐ **c.** la variation de l'énergie mécanique est égale à la variation de l'énergie potentielle.
- ☐ **d.** la variation de l'énergie mécanique est égale à l'énergie thermique.

4 Le travail d'une force est exprimé :
- ☐ **a.** en joules. ☐ **b.** en newtons.

5 Une force perpendiculaire à la trajectoire du mouvement d'un système fournit un travail moteur.
- ☐ **a.** Vrai. ☐ **b.** Faux.

S'ENTRAÎNER

6 Chute libre d'une bille

Un enfant laisse tomber sans vitesse initiale une bille de verre, de masse $m = 13$ g, d'un balcon au 5e étage situé à une hauteur $h = 14{,}0$ m. La bille ne subit aucun frottement et n'est soumise qu'à son poids.

Donnée : intensité de pesanteur $g = 9{,}81\ \text{N}\cdot\text{kg}^{-1}$.

1. Calculer la valeur de l'énergie mécanique de la bille au moment ou l'enfant la lâche.

2. Déterminer la valeur de l'énergie mécanique de la bille lorsqu'elle touche le sol.

3. Déterminer l'énergie cinétique de la bille lorsqu'elle arrive au sol.

4. En déduire la vitesse de la bille lorsqu'elle arrive au sol.

> Lors d'une chute libre, il y a conservation de l'énergie mécanique.

> L'énergie mécanique est égale la somme des énergies cinétique et potentielle.

7 Travail du poids

Deux jumeaux de même masse $m = 75{,}0$ kg montent au 5ᵉ étage d'un immeuble en partant du rez-de-chaussée. Le jumeau X emprunte l'ascenseur et le jumeau Y l'escalier. La distance entre le plancher du rez-de-chaussée et celui du 5ᵉ étage est de 16,5 m.

Donnée : intensité de pesanteur $g = 9{,}81\ \text{N}\cdot\text{kg}^{-1}$.

1. Calculer la valeur du travail du poids de X au cours du déplacement.

2. Sans calculs, donner la valeur du travail du poids de Y au cours du déplacement.

3. Le travail est-il moteur ou résistant lorsque les jumeaux montent au 5ᵉ étage ?

Le travail d'une force ne dépend pas du chemin suivi.

OBJECTIF BAC

8 Skateboard

Un skateur de 50,0 kg prend son élan pour atteindre le haut d'une rampe lisse (point C sur le schéma). Pour cela il parcourt une distance AB de 30 mètres afin d'avoir une vitesse suffisante lui permettant d'atteindre le point C. Lorsqu'il atteint cette position C, le skateur a une vitesse nulle.

Le haut de la rampe se trouve à une hauteur $z_C = 2{,}0$ m. La rampe BC étant lisse, on néglige tous les frottements à sa surface.

Donnée : intensité de pesanteur $g = 9{,}81\ \text{N}\cdot\text{kg}^{-1}$.

1. Déterminer la valeur de l'énergie potentielle du skateur en B.

2. Déterminer la valeur de l'énergie potentielle du skateur en C.

3. Déterminer la valeur de l'énergie cinétique du skateur en C.

4. Que peut-on dire de l'énergie mécanique au cours du mouvement entre B et C ?

5. En utilisant les réponses aux questions précédentes, déterminer la valeur de l'énergie cinétique du skateur au point B.

6. En déduire la vitesse du skateur lorsqu'il passe au point B.

7. Entre A et B, le poids travaille-t-il ? Si oui, est-il moteur ou résistant ?

8. Lors de la montée entre B et C, le poids travaille-t-il ? Si oui, est-il moteur ou résistant ?

9 Descente de la sonde Huygens dans l'atmosphère de Titan

Le principal satellite de la planète Saturne est Titan qui s'apparente par sa structure aux planètes telluriques. Titan possède une masse M_{Titan} égale à $1{,}346 \times 10^{23}$ kg et la valeur de l'intensité du champ de pesanteur g_{Titan} à sa surface est égale à $1{,}35\ \text{N·kg}^{-1}$.

La sonde Huygens a eu pour mission d'étudier l'atmosphère de Titan (composition, structure, orientation et force des vents, constitution des nuages...) en étant larguée par la sonde Cassini dont la mission principale était l'étude de Saturne.

La sonde Huygens a une masse totale m_{Huygens} égale à 343 kg et emporte avec elle 6 instruments de mesure.

Le scénario de l'arrivée de la sonde Huygens sur le sol de Titan est résumé sur le schéma suivant, où t_0 correspond à l'instant où le parachute principal s'ouvre pour freiner la sonde dans sa chute.

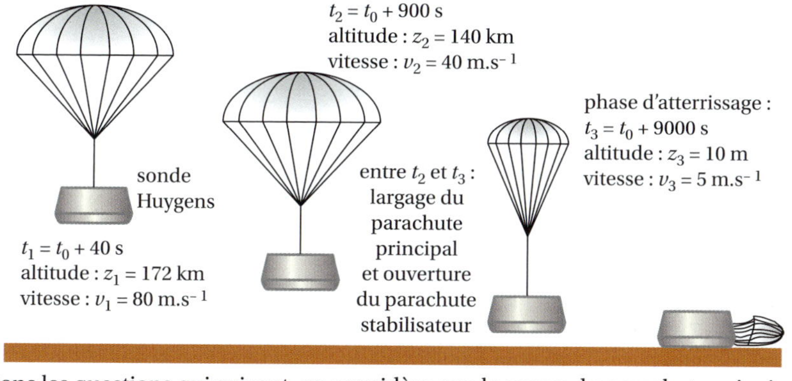

Dans les questions qui suivent, on considère que la masse du parachute principal est négligeable devant la masse totale de la sonde Huygens.

1. Calculer les valeurs E_{p1} et E_{p2} de l'énergie potentielle de la sonde aux instants t_1 et t_2.

2. Calculer les valeurs E_{c1} et E_{c2} de l'énergie cinétique de la sonde aux instants t_1 et t_2.

3. Calculer les variations ΔE_p et ΔE_c des énergies cinétiques et potentielle entre les instants t_1 et t_2.

4. Comment ont varié ces deux formes d'énergie ?

5. Calculer la variation de l'énergie mécanique ΔE_m entre les instants t_1 et t_2.

6. Que peut-on déduire du résultat de la question précédente ? Quelle conséquence cela va-t-il avoir sur la température de la sonde au cours de la chute ?

7. Calculer la valeur de l'énergie mécanique E_m de la sonde à l'instant t_3.

SE TESTER

1 Réponses a. et b. Lors de la chute libre d'un système, le système n'est soumis qu'à son poids, il ne subit donc aucune force de frottement.

2 Réponse b. L'énergie mécanique est égale à la somme des énergies potentielle et cinétique.

3 Réponse d. Lors d'un mouvement avec frottements, la variation de l'énergie mécanique est égale à l'énergie thermique.

4 Réponse a. Le travail d'une force est exprimé en joules.

5 Réponse b. Une force perpendiculaire à la trajectoire du mouvement d'un système ne fournit aucun travail.

S'ENTRAÎNER

6 Chute libre d'une bille

1. Calcul de la valeur de l'énergie mécanique de la bille au moment ou l'enfant la lâche : $E_m = E_c + E_p$.

Au moment ou l'enfant lâche la bille, celle-ci a une vitesse nulle :

$E_c = \frac{1}{2} \times m \times v^2 = 0$ J.

Au moment où l'enfant lâche la bille, celle-ci se trouve à une hauteur de 14,0 m :

$E_p = m \times g \times z = 13 \times 10^{-3} \times 9{,}81 \times 14{,}0 = 1{,}8$ J.

Soit $E_m = E_c + E_p = 0 + 1{,}8 = 1{,}8$ J.

2. Détermination de la valeur de l'énergie mécanique de la bille lorsqu'elle touche le sol.

D'après l'énoncé, la bille n'est soumise qu'à son poids : elle est en chute libre. L'énergie mécanique de la bille est constante au cours du mouvement : $E_m(\text{initiale}) = E_m(\text{finale})$.

Soit $E_m(\text{finale}) = 1{,}8$ J.

3. Détermination de la valeur de l'énergie cinétique de la bille lorsqu'elle arrive au sol : $E_c = E_m - E_p$.

Au sol, l'altitude est nulle, $z_{sol} = 0$: $E_p = m \times g \times z_{sol} = 0$ J.

Soit $E_c = 1{,}8 - 0 = 1{,}8$ J.

4. Calcul de la vitesse de la bille lorsqu'elle arrive au sol :

$E_c = \frac{1}{2} \times m \times v^2$ d'où $v = \sqrt{\frac{2 \times E_c}{m}}$.

Soit $v = \sqrt{\frac{2 \times 1{,}8}{13 \times 10^{-3}}} = 17$ m·s^{-1}.

7 Travail du poids

1. Calcul de la valeur du travail du poids de X :

$$W_{AB}(\overrightarrow{P_X}) = -\, m \times g \times \Delta z$$

avec $\Delta z = 16{,}5$ m.
$W_{AB}(\overrightarrow{P_X}) = -\,75{,}0 \times 9{,}81 \times 16{,}5 = -\,1{,}21 \times 10^4$ J.

2. Le travail d'une force ne dépend pas du chemin suivi, les jumeaux X et Y ont les mêmes points de départ et d'arrivée et la même masse :
$W_{AB}(\overrightarrow{P_Y}) = W_{AB}(\overrightarrow{P_X}) = -\,1{,}21 \times 10^4$ J.

3. Le travail du poids des jumeaux est négatif : il est donc résistant lorsque les jumeaux montent au 5e étage.

8 Skateboard

1. Détermination de la valeur de l'énergie potentielle du skateur en B :
$E_p(B) = m \times g \times z_B$ soit $E_p(B) = 50{,}0 \times 9{,}81 \times 0 = 0$ J.

2. Détermination de la valeur de l'énergie potentielle du skateur en C :
$E_p(C) = m \times g \times z_C$ soit $E_p(C) = 50{,}0 \times 9{,}81 \times 2{,}0 = 9{,}8 \times 10^2$ J.

3. Détermination de la valeur de l'énergie cinétique du skateur en C :
au point C (hauteur maximale que peut atteindre le skateur), la vitesse du skateur est nulle : $v_C = 0\ \text{m·s}^{-1}$.

Soit $E_c(C) = \frac{1}{2} \times m \times v_C^{\,2} = 0$ J.

4. Au cours du mouvement entre B et C, il y a conservation de l'énergie mécanique du skateur : $\Delta E_m = 0$.

5. D'après la question précédente, on peut écrire :
$\Delta E_m = \Delta E_c + \Delta E_p = 0$ soit $\Delta E_c = -\,\Delta E_p$.
On en déduit : $E_c(C) - E_c(B) = E_p(B) - E_p(C)$ d'où $E_c(B) = E_p(C) - E_p(B) + E_c(C)$.
Soit $E_c(B) = 9{,}8 \times 10^2 - 0 + 0 = 9{,}8 \times 10^2$ J.

6. Calcul de la vitesse du skateur lorsqu'il passe au point B :

$E_c(B) = \frac{1}{2} \times m \times v_B^{\,2}$ d'où $v_B = \sqrt{\frac{2 \times E_c(B)}{m}}$.

Soit $v_B = \sqrt{\frac{2 \times 9{,}8 \times 10^2}{50{,}0}} = 6{,}3\ \text{m·s}^{-1}$.

7. $z_A = z_B$ donc $\Delta z = 0$, le poids ne travaille pas.

8. Lors de la montée entre B et C, le poids travaille (car $\Delta z > 0$). Dans ce cas, le travail du poids est résistant, le poids « s'oppose » à la montée du skateur.

9 Descente de la sonde Huygens dans l'atmosphère de Titan

1. Détermination de la valeur de l'énergie potentielle de la sonde à l'instant t_1 :

$$E_{p1\,(sonde)} = m_{Huygens} \times g_{Titan} \times z_1$$

Application numérique : $E_{p1\,(sonde)} = 7{,}96 \times 10^7$ J

Détermination de la valeur de l'énergie potentielle de la sonde à l'instant t_2 :

$$E_{p2\,(sonde)} = m_{Huygens} \times g_{Titan} \times z_2$$

Application numérique : $E_{p2\,(sonde)} = 6{,}48 \times 10^7$ J

2. Détermination de la valeur de l'énergie cinétique de la sonde à l'instant t_1 :

$$E_{c1\,(sonde)} = \frac{1}{2} \times m_{Huygens} \times v_1^2$$

Application numérique : $E_{c1}\,(_{(sonde)} = 1{,}1 \times 10^6$ J

Détermination de la valeur de l'énergie cinétique de la sonde à l'instant t_2 :

$$E_{c2\,(sonde)} = \frac{1}{2} \times m_{Huygens} \times v_2^2$$

Application numérique : $E_{c2\,(sonde)} = 2{,}7 \times 10^5$ J

3. Détermination de la variation d'énergie potentielle entre t_1 et t_2 :

$$\Delta E_p = E_{p2} - E_{p1}$$

Application numérique : $\Delta E_p = -1{,}48 \times 10^7$ J

Détermination de la variation d'énergie cinétique entre t_1 et t_2 :

$$\Delta E_c = E_{c2} - E_{c1}$$

Application numérique : $\Delta E_c = -\,8{,}3 \times 10^5$ J

4. Au cours du mouvement, les énergies cinétiques et potentielles ont diminué.

5. Détermination de la variation d'énergie mécanique entre t_1 et t_2.

$$E_m = E_p + E_c \Leftrightarrow \Delta E_m = \Delta E_p + \Delta E_c$$

Application numérique : $\Delta E_m = -\,1{,}56 \times 10^7$ J

6. Au cours du mouvement, l'énergie mécanique n'est pas conservée, on peut en déduire qu'une partie de l'énergie mécanique est convertie en énergie thermique.

7. Détermination de la valeur de l'énergie mécanique de la sonde à l'instant t_3 :

$$E_m = E_p + E_c = (m_{Huygens} \times g_{Titan} \times z_3) + \left(\frac{1}{2} \times m_{Huygens} \times v_3^2\right)$$

Application numérique : $E_m = 8{,}9 \times 10^3$ J

www.annabac.com

CHAPITRE

17 La conservation de l'énergie

Nous avons vu dans le chapitre précédent que l'on peut associer une énergie mécanique à un mouvement.
Quelles sont les autres formes d'énergie d'un système ?
Comment l'énergie passe-t-elle d'une forme à l'autre ?
L'énergie totale d'un système est-elle constante ou variable ?

1 L'énergie d'un système

A Énergie interne d'un système

■ Lorsqu'un corps est déformé ou que sa température augmente, c'est au niveau microscopique que le système a subi des modifications.

• Si la température du corps a évolué, les particules le constituant n'ont plus la même agitation thermique : une partie de l'énergie mécanique a été transformée en **énergie cinétique microscopique**.
L'énergie cinétique microscopique est assimilable à l'agitation thermique : plus les particules ont un mouvement désordonné et rapide, plus elles vont posséder une énergie cinétique élevée, et plus la température du corps va augmenter.

• Si le système a été déformé, c'est la distance entre les particules du système qui a changé : une partie de l'énergie mécanique du système a été transformée en **énergie potentielle microscopique**.
L'énergie potentielle microscopique correspond aux énergies de liaison entre les particules (voir le chapitre 13, Transformation physique d'un système).

■ On appelle **énergie interne** d'un système, l'ensemble des formes d'énergie que possède un système au niveau microscopique : l'énergie potentielle microscopique ($E_{p,m}$) et l'énergie cinétique microscopique ($E_{c,m}$).
On la note $\boldsymbol{U}$ et elle s'exprime **en joules (J).**

$$U = E_{p,m} + E_{c,m}$$

B Énergie totale d'un système

À tout système, dans un état donné, on peut associer une grandeur appelée **énergie totale** notée E, égale à la somme de son énergie mécanique E_m (énergie cinétique E_c + énergie potentielle de pesanteur E_p) et de son énergie interne U.
Comme toutes les énergies, l'énergie totale est exprimée **en joules (J).**

$$E = E_m + U \quad \text{ou} \quad E = E_c + E_p + U$$

- Si le système reçoit de l'énergie, son énergie totale augmente (on ajoute l'énergie gagnée à l'énergie totale initiale).
- Si le système cède de l'énergie, son énergie totale diminue (on soustrait l'énergie cédée à l'énergie totale initiale).

2 Variation de l'énergie d'un système

Si l'énergie totale d'un système varie, cela signifie qu'il y a eu variation de son énergie mécanique ou de son énergie interne par transfert d'énergie avec l'extérieur.
Ce transfert d'énergie peut s'effectuer sous différentes formes.

A Les transferts d'énergie

Travail d'une force

Le travail d'une force est un transfert d'énergie ayant pour effet de modifier le mouvement ou la forme d'un corps.
On le note W_m et il s'exprime **en joules (J).**

Transfert thermique

Le transfert thermique a pour effet de modifier la température du corps ou de provoquer un changement d'état.
On le note Q et il s'exprime **en joules (J).**

Lorsque deux corps de températures différentes sont en contact, il y a spontanément un transfert thermique.
Celui-ci s'effectue toujours du corps de plus haute température vers le corps de plus basse température : la température du corps froid augmente et celle du corps chaud diminue.
Lorsque $T_{\text{corps chaud}} = T_{\text{corps froid}}$, les deux corps sont à l'équilibre thermique.

Transfert par rayonnement

Le transfert d'énergie par rayonnement s'effectue lorsque le corps absorbe ou émet des radiations électromagnétiques (lumière, rayonnement infrarouge...). On le note W_R et il s'exprime **en joules (J).**

En absorbant des radiations, le corps voit son énergie augmenter, tandis qu'en émettant des radiations, l'énergie du corps diminue.

B Principe de la conservation de l'énergie

La variation de l'énergie totale d'un système fermé est égale à la somme des transferts d'énergie avec le milieu extérieur :

$$\Delta E = Q + W_m + W_R$$

Pour un système isolé avec l'extérieur, c'est-à-dire qui n'échange ni matière ni énergie avec l'extérieur, on a :

$$\Delta E = 0$$

On appelle système fermé, un système qui n'échange pas de matière avec l'extérieur.

L'énergie d'un système isolé est conservée.

3 Application du principe de conservation de l'énergie

En 1914, le physicien anglais James Chadwick étudie la distribution de l'énergie lors du processus de radioactivité β, dans lequel un neutron se transforme en proton avec émission d'un électron. Ses mesures montrent que l'énergie du neutron est supérieure à la somme des énergies du proton et de l'électron émis : il n'y aurait pas conservation de l'énergie dans ce processus !

En 1930, certain de la validité du principe de conservation de l'énergie, le physicien autrichien Wolfgang Pauli émet l'hypothèse de l'existence d'une particule neutre inconnue : le neutrino. Cette hypothèse sera finalement validée environ 25 ans plus tard par deux physiciens américains, Frederick Reines et Clyde Cowan.

Le principe de conservation de l'énergie a permis la découverte d'une particule élémentaire jusqu'alors inconnue : le neutrino.

4 Énergie d'une particule chargée dans un champ électrostatique

■ Une particule chargée située dans un champ électrique possède une énergie appelée **énergie potentielle électrique**, notée E_p.
Cette énergie dépend de la charge q de la particule et du potentiel électrique V auquel la particule est soumise :

$E_p = q \times V$	E_p en joules (J) q en coulombs (C) V en volts (V)

■ Le **potentiel électrique** est une grandeur qui permet de définir l'état électrique d'un point de l'espace.
Il se note V et son unité est **le volt (V).**

■ Dans un condensateur règne un champ électrostatique uniforme $\vec{E}$.
La **tension électrique** entre les deux armatures est égale à la différence de potentiel ΔV entre les armatures.
Elle est notée U et s'exprime **en volts (V).**

La tension électrique U_{AB} entre deux points A et B est égale à la différence de potentiel entre les deux points :

$$U_{AB} = \Delta V = V_A - V_B$$

■ Le potentiel électrique, à l'intérieur du condensateur, est une fonction linéaire de la position z du point situé entre les deux armatures.

$V(z) = \frac{U}{2} - \frac{U}{d} \times z$	$V(z)$ et U en volts (V) d et z en mètres (m)

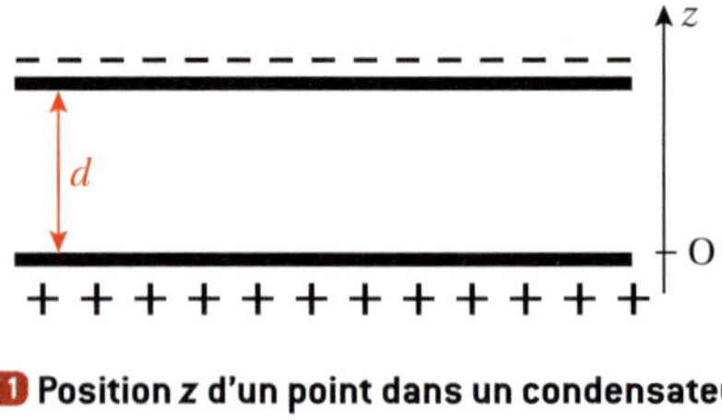

FIGURE 1 **Position z d'un point dans un condensateur plan**

Transfert thermique et principe de conservation de l'énergie

ÉNONCÉ

Le transfert thermique Q correspondant à une variation de température ΔT d'une masse d'eau m a pour expression :

$$Q = 4{,}18 \times m \times \Delta T$$

Q est en joules (J), m en grammes (g) et ΔT en degrés Celsius (°C).

1 Calculer le transfert thermique Q lorsqu'une masse d'eau de 100 g voit sa température augmenter de 10 °C.

2 Quelle est la variation de l'énergie totale du système « eau » ?

3 Calculer le transfert thermique Q si cette même masse d'eau voit sa température baisser de 20 °C.

4 Quelle est dans ce cas la variation de l'énergie totale du système « eau » ?

MÉTHODE

2 ▶ et **4** ▶ Utiliser l'expression de la variation de l'énergie totale d'un système en fonction des transferts d'énergie : $\Delta E = Q + W_m + W_R$.

CORRIGÉ

1 Calcul du transfert thermique Q lorsqu'une masse d'eau de 100 g voit sa température augmenter de 10 °C :
On a : $\Delta T = 10$ °C et $m = 100$ g.
Soit $Q = 4{,}18 \times 100 \times 10 = 4{,}2 \times 10^3$ J.

2 Calcul de la variation de l'énergie totale du système « eau » :
$\Delta E = Q + W_m + W_R$ avec $W_m = W_R = 0$ J.
Soit $\Delta E = Q$ donc $\Delta E = 4{,}2 \times 10^3$ J.
L'énergie totale augmente.

3 Calcul du transfert thermique Q lorsqu'une masse d'eau de 100 g voit sa température diminuer de 20 °C :
On a : $\Delta T = -20$ °C et $m = 100$ g.
Soit $Q = 4{,}18 \times 100 \times (-20) = -8{,}4 \times 10^3$ J.

4 La variation de l'énergie totale du système « eau » est :
$\Delta E = Q + W_m + W_R$ avec $W_m = W_R = 0$ J.
Soit $\Delta E = Q$ donc $\Delta E = -8{,}4 \times 10^3$ J.
L'énergie totale diminue.

SE TESTER QUIZ

Dans le questionnaire à choix multiple (QCM) suivant, indiquer pour chaque proposition la (ou les) réponse(s) exacte(s).

1 L'énergie interne d'un système correspond à :
- ☐ **a.** la somme de toutes les énergies du système.
- ☐ **b.** la somme des énergies microscopiques du système.
- ☐ **c.** la somme des énergies potentielle et cinétique du système.

2 Un transfert thermique se fait toujours :
- ☐ **a.** entre deux corps de même température.
- ☐ **b.** du corps à la plus haute température vers le corps à la plus basse.
- ☐ **c.** du corps à la plus basse température vers le corps à la plus haute.

3 La variation d'énergie totale d'un système est nulle pour :
- ☐ **a.** un système isolé. ☐ **b.** un système fermé. ☐ **c.** tous les systèmes.

4 L'énergie potentielle d'une charge électrique dans un champ électrique dépend de sa position.
- ☐ **a.** Vrai. ☐ **b.** Faux.

S'ENTRAÎNER

5 Étude d'un gaz dans un piston

Lors d'une séance de travaux pratiques, le professeur demande aux élèves d'étudier la variation de l'énergie interne d'un gaz enfermé dans un récipient cylindrique. Le récipient est fermé par un piston (schéma A). On considère que le système récipient/piston est fermé.

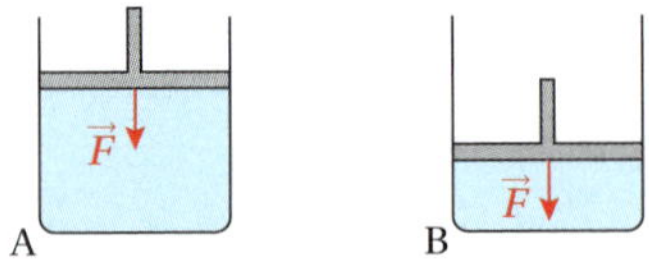

1. Que signifie « le système récipient/piston est fermé» ?

2. Le professeur exerce une force $\vec{F}$ constante de valeur $F = 50$ N, qui a pour effet d'enfoncer le piston de 10 cm (schéma B). Sous quelle(s) forme(s) l'énergie est-elle transférée au cours de cette expérience ?

3. Que peut-on dire des énergies potentielle et cinétique du système ?

4. Déterminer la variation de l'énergie totale du système.

6 Un électron dans un condensateur

Un électron se déplace entre les armatures d'un condensateur (la distance *d* entre les deux armatures est de 6,0 mm). La tension entre les armatures du condensateur est égale à $U = 2{,}0$ V.

1. Déterminer la valeur du potentiel auquel est soumis l'électron lorsqu'il se trouve à égale distance des deux armatures du condensateur.

2. Déterminer la valeur du potentiel auquel est soumis l'électron lorsqu'il se trouve à $z = 2{,}0 \times 10^{-3}$ m de l'armature du condensateur chargée positivement.

3. Calculer son énergie potentielle en ce point.

Données : $q_{\text{électron}} = -e = -1{,}6 \times 10^{-19}$ C.

OBJECTIF BAC

7 Chute d'un grêlon

Les grêlons se forment dans les nuages à des altitudes comprises entre 1 000 et 10 000 m. Lorsque le grêlon chute depuis une altitude de 1 500 m, celui-ci atteint le sol avec une vitesse égale à 150 km·h^{-1}.

Données : intensité de pesanteur $g = 9{,}81$ N·kg^{-1} ; masse du grêlon : $m = 10{,}0$ g.

1. Calculer la valeur de l'énergie mécanique du grêlon au début de sa chute, sachant que sa vitesse initiale est nulle.

2. Déterminer la valeur de l'énergie mécanique du grêlon lorsqu'il touche le sol, en considérant qu'il s'agit d'une chute libre (le grêlon est soumis uniquement à son propre poids).

3. Déterminer l'énergie cinétique du grêlon lorsqu'il arrive au sol.

4. En déduire la vitesse du grêlon lorsqu'il arrive au sol.

5. Comparer avec la vitesse donnée dans l'énoncé. Que peut-on en déduire ?

6. Calculer la variation de l'énergie mécanique au cours de la chute du grêlon, puis en déduire la variation de l'énergie du système « grêlon ».

7. Trouver la valeur du travail de la force de frottement qui s'exerce sur le grêlon au cours de sa chute.

> L'énergie mécanique est égale la somme des énergies cinétique et potentielle.

> Lors d'une chute libre, il y a conservation de l'énergie mécanique.

> Conversion : 1 m·s^{-1} = 3,6 km·h^{-1}

8 Purification d'un métal par bombardement électronique

L'obtention de hauts degrés de pureté dans les métaux ou les alliages peut se faire en réalisant leur fusion dans des fours à bombardement électronique. Dans ces fours, un faisceau d'électrons accélérés fourni par un système appelé canon à électrons va frapper le métal à l'état solide contenu dans un creuset. Sous l'effet des chocs avec les électrons, le métal s'échauffe jusqu'à atteindre sa température de fusion. Dans ces conditions, on réalise l'évaporation des impuretés présentes initialement dans le métal.

• Partie A : le canon à électrons

Des électrons (de charge électrique $q = -1{,}60 \times 10^{-19}$ C) sont accélérés entre une grille (appelée « cathode ») portée à un potentiel négatif égal à $V_C = -20$ kV et une plaque métallique (appelée « anode ») portée à un potentiel positif égal à $V_A = 20$ kV. Au centre de l'anode est pratiqué un orifice par lequel les électrons accélérés pourront passer.

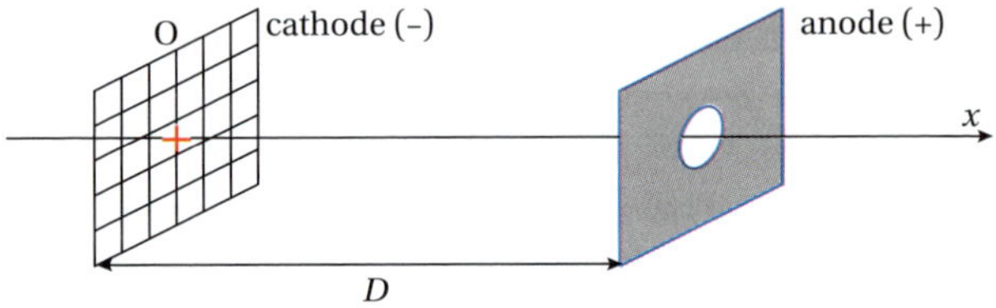

L'expression du potentiel électrique V exprimé en volts, entre la cathode et l'anode est la suivante :

$$V(x) = 2{,}0 \times 10^4 \times \left(\frac{2x}{D} - 1\right)$$

D est la distance en mètre entre les deux électrodes, et x est la position en mètre selon l'axe (Ox) définit sur la figure précédente.

1. Calculer le potentiel V_C sur la cathode. Comparer à la valeur de l'énoncé.

2. Calculer le potentiel V_A sur l'anode. Comparer à la valeur de l'énoncé.

3. Calculer l'énergie potentielle électrique d'un électron sur la cathode E_{pC} et sur l'anode E_{pA}.

4. Comment varie l'énergie potentielle électrique de l'électron au cours de la traversée du canon à électrons ?

5. La variation de l'énergie cinétique de l'électron entre la cathode et l'anode est $\Delta E_c = 6{,}4 \times 10^{-15}$ J.
Comparer celle-ci à la variation ΔE_p de l'énergie potentielle électrique.
Que peut-on en déduire au niveau des transferts d'énergie ?

• Partie B : la fusion du métal

Le faisceau d'électrons permet de transférer une puissance $P = 2{,}5 \times 10^5$ W par centimètre carré de surface atteinte du métal.
Cette énergie a pour effet d'augmenter la température du corps jusqu'à sa température de fusion puis de provoquer la fusion du métal.

1. De quel type de transfert s'agit-il ?

2. Calculer la variation d'énergie ΔE du métal si sa surface exposée est égale à 0,80 cm² et si la durée d'exposition Δt est égale à 0,60 s.
On rappelle qu'un watt correspond à un transfert d'un joule par seconde.

3. Le métal en fusion atteint une température suffisante pour émettre de la lumière.
Exprimer dans ces conditions la variation de l'énergie totale ΔE.

• Partie C : le refroidissement d'une barre de métal purifié

Une fois purifiée puis refroidie jusqu'à une température de 79,80°C, on plonge une barre de métal de masse égale à 3,00 g dans un calorimètre contenant une masse d'eau égale à 2 000 g et de température égale à 20,00°C.
On mesure avec précision la température du mélange une fois celle-ci stabilisée et on trouve $T_f = 29{,}40$°C.
Les expressions des transferts thermiques concernant l'eau et le métal sont les suivantes :

$$Q_{\text{eau}} = 4{,}18 \times m_{\text{eau}} \times (T_f - T_{\text{i eau}})$$
$$Q_{\text{métal}} = 520 \times m_{\text{métal}} \times (T_f - T_{\text{i métal}})$$

où $T_{\text{i eau}}$ et $T_{\text{i métal}}$ sont les températures initiales respectives de l'eau et du métal.
Les masses sont en grammes, les températures en degrés Celsius et les transferts thermiques en joules.

1. Dans quel sens s'est effectué le transfert thermique dans le calorimètre ?

2. Calculer les deux transferts thermiques.
Le résultat est-il en accord avec la réponse à la question précédente ?

3. La variation totale ΔE de l'énergie du calorimètre a pour expression :

$$\Delta E = Q_{\text{eau}} + Q_{\text{métal}}$$

Calculer cette variation.
Que peut-on en déduire concernant le calorimètre ?

SE TESTER

1 **Réponse b.** L'énergie interne d'un système correspond à la somme des énergies microscopiques du système.

2 **Réponse b.** Un transfert thermique se fait toujours du corps à la plus haute température vers le corps à la plus basse.

3 **Réponse a.** La variation d'énergie totale d'un système est nulle pour un système isolé.

4 **Réponse a.** L'énergie potentielle d'une charge électrique dans un champ électrique dépend de sa position.

S'ENTRAÎNER

5 Étude d'un gaz dans un piston

1. « Le système récipient/piston est fermé» signifie que l'ensemble récipient/piston n'échange pas de matière avec le milieu extérieur.

2. Le professeur exerce une action mécanique sur le piston : le transfert d'énergie s'effectue grâce au travail mécanique de la force $\vec{F}$.

3. Le système est immobile : son énergie cinétique et son énergie potentielle restent constantes au cours de l'expérience.

4. La variation d'énergie interne est égale au travail de la force exercée par le professeur sur le système :

$$\Delta E = W_{AB}(\vec{F}) = \vec{F} \cdot \overrightarrow{AB} = F \times AB \times \cos \alpha$$

$\vec{F}$ et $\overrightarrow{AB}$ sont colinéaires, donc $\alpha = 0$.
Soit $\Delta E = 50 \times 10 \times 10^{-2} \times \cos 0 = 5{,}0$ J.

6 Un électron dans un condensateur

1. Détermination du potentiel auquel est soumis un électron situé à $z = \frac{d}{2}$:

on applique la formule $V(z) = \frac{U}{2} - \frac{U}{d} \times z$ avec $z = \frac{d}{2}$.

Donc $V\left(\frac{d}{2}\right) = \frac{U}{2} - \frac{U}{d} \times \frac{d}{2} = \frac{U}{2} - \frac{U}{2} = 0{,}0$ V.

2. Détermination du potentiel auquel est soumis un électron situé à $z = 2{,}0 \times 10^{-3}$ m :

on applique la formule $V(z) = \frac{U}{2} - \frac{U}{d} \times z$ avec $z = 2{,}0 \times 10^{-3}$ m.

Donc $V(z) = \frac{2{,}0}{2} - \frac{2{,}0}{6{,}0 \times 10^{-3}} \times 2{,}0 \times 10^{-3} = 0{,}33$ V.

Conversion :
1 mm = 10^{-3} m

3. Calcul de l'énergie potentielle de l'électron en ce point : on applique la formule $E_p = q \times V$.

Soit $E_p = -1{,}6 \times 10^{-19} \times 0{,}33 = -5{,}3 \times 10^{-20}$ J.

OBJECTIF BAC

7 Chute d'un grêlon

1. Calcul de la valeur de l'énergie mécanique au début de la chute : $E_m = E_c + E_p$.

La vitesse initiale est nulle : $E_c = \frac{1}{2} \times m \times v^2$ donc $E_c = 0$ J.

Initialement : $z = 1\,500$ m.

$E_p = m \times g \times z$ soit $E_p = 10{,}0 \times 10^{-3} \times 9{,}81 \times 1\,500 = 147$ J.

On obtient : $E_m = E_c + E_p = 0 + 147 = 147$ J.

> Conversion : $1 \text{ g} = 10^{-3} \text{ kg}$

2. En chute libre, l'énergie mécanique est constante au cours du mouvement : E_m(initiale) = E_m(arrivée au sol).

Donc E_m(arrivée au sol) = 147 J.

3. Détermination de la valeur de l'énergie cinétique au sol.

L'énergie mécanique est égale la somme des énergies cinétique et potentielle : $E_m = E_c + E_p$ soit $E_c = E_m - E_p$.

Au sol, l'altitude est nulle, $z_{sol} = 0$:

$E_p = m \times g \times z_{sol}$ soit $E_p = 0$ J.

On obtient : $E_c = 147 - 0 = 147$ J.

4. Calcul de la vitesse au sol :

$$E_c = \frac{1}{2} \times m \times v^2 \text{ d'où } v = \sqrt{\frac{2 \times E_c}{m}}$$

$$\text{soit } v = \sqrt{\frac{2 \times 147}{10{,}0 \times 10^{-3}}} = 171 \text{ m·s}^{-1}.$$

5. On réalise la conversion de la vitesse calculée dans la question précédente : $v = 171 \times 3{,}6 = 616$ km·h^{-1}.

On constate que : 616 km·h^{-1} > 150 km·h^{-1}.

Le grêlon n'est pas soumis qu'à son propre poids au cours de sa chute.

Il existe une force qui limite sa vitesse : la force de frottement de l'air.

Ce n'est donc pas une chute libre.

6. Calcul de la variation de l'énergie mécanique au cours de la chute du grêlon :
$\Delta E_m = E_m$(arrivée au sol) - E_m(initiale).

On a : E_m(initiale) = 147 J

et E_m(arrivée au sol) $= \frac{1}{2} \times m \times v^2 + m \times g \times z_{sol}$

avec $v = 150$ km·h^{-1} = 41,7 m·s^{-1} ; m = 10,0 g ; z_{sol} = 0 m ;

soit E_m(arrivée au sol) = 8,69 J.

On obtient au final : ΔE_m = 8,69 - 147 = - 138 J.

La variation d'énergie du système « grêlon » s'identifie à la variation d'énergie mécanique donc : $\Delta E = \Delta E_m$ = - 138 J.

7. On sait que : $\Delta E = Q + W_m + W_R$ or $Q = W_R$ = 0 J.
Donc $\Delta E = W_m$ (force de frottement). Soit W_m (force de frottement) = - 138 J.
Le travail de la force de frottement est négatif : c'est un travail résistant.

8 Purification d'un métal par bombardement électronique

• Partie A : le canon à électrons

1. Détermination de la valeur du potentiel V_C sur la cathode pour laquelle $x = 0$.

$$V_C = 2{,}0 \times 10^4 \times \left(\frac{0}{D} - 1\right) = -2{,}0 \times 10^4 \text{ V} = -20 \text{ kV}.$$

Il s'agit de la même valeur que celle de l'énoncé.

2. Détermination de la valeur du potentiel V_A sur l'anode pour laquelle $x = D$:

$$V_A = 2{,}0 \times 10^4 \times \left(\frac{2 \times D}{D} - 1\right) = 2{,}0 \times 10^4 \text{ V} = 20 \text{ kV}.$$

Il s'agit de la même valeur que celle de l'énoncé.

3. Détermination de la valeur de l'énergie potentielle électrique d'un électron sur la cathode E_{pC} :

$$E_{pC} = q \times V_C$$

Application numérique : $E_{pC} = 3{,}2 \times 10^{-15}$ J

Détermination de la valeur de l'énergie potentielle électrique d'un électron sur l'anode E_{pA} :

$$E_{pA} = q \times V_A$$

Application numérique : $E_{pA} = -3{,}2 \times 10^{-15}$ J

4. Au cours de la traversée du canon à électrons, la valeur de l'énergie potentielle de l'électron diminue.

5. Détermination de la valeur de la variation d'énergie potentielle de l'électron entre la cathode et l'anode : $\Delta E_p = E_{pA} - E_{pC} = -6{,}4 \times 10^{-15}$ J. On remarque que $\Delta E_c = -\Delta E_p$
On peut déduire de ce résultat que dans le système {électron} il y a transfert d'énergie potentielle en énergie cinétique.

• Partie B : la fusion du métal

1. Lors de ce transfert il y a modification de la température du corps et changement d'état, il s'agit donc d'un transfert thermique.

2. Détermination de la valeur de la variation d'énergie ΔE pour une surface de 0,80 cm² sur une durée Δt:

$$\Delta \mathrm{E} = P \times S \times \Delta t$$

Application numérique : $\Delta E = 2{,}5 \times 10^5 \times 0{,}80 \times 0{,}60 = 1{,}2 \times 10^5$ J.

3. La variation de l'énergie totale est : $\Delta E = Q + W_\mathrm{R}$

• Partie C : le refroidissement d'une barre de métal purifié

1. Comme pour tous les transferts thermiques, le transfert se fait du corps dont la température est la plus basse vers celui dont la température est la plus haute, donc dans le calorimètre le transfert thermique se fait du métal vers l'eau.

2. Détermination de la valeur du transfert thermique de la barre de métal :

$$Q_{\text{métal}} = 520 \times m_{\text{métal}} \times (T_\mathrm{f} - T_{\text{i métal}})$$

Application numérique :

$Q_{\text{métal}} = 520 \times 3{,}00 \times (29{,}40 - 79{,}80) = -7{,}86 \times 10^4$ J

Détermination de la valeur du transfert thermique de la barre de métal :

$$Q_{\text{eau}} = 4{,}18 \times m_{\text{eau}} \times (T_\mathrm{f} - T_{\text{i eau}})$$

Application numérique :

$Q_{\text{eau}} = 4{,}18 \times 2\,000 \times (29{,}40 - 20{,}00) = 7{,}86 \times 10^4$ J

Le transfert thermique du métal est négatif donc son énergie a diminué, le transfert thermique de l'eau est positif, donc son énergie a augmenté : ces observations montrent que le transfert thermique a eu lieu du métal vers l'eau.

3. Détermination de la valeur de la variation totale ΔE de l'énergie du calorimètre:

$$\Delta E = Q_{\text{eau}} + Q_{\text{métal}} = 0 \text{ J}$$

On peut déduire de ce résultat que le système {calorimètre} est un système isolé.

Agir
Défis du XXIe siècle

L'amélioration de notre quotidien a été l'une des grandes réussites de la recherche scientifique du XXe siècle. Cela a été rendu possible grâce à la mise au point de nouvelles technologies, permettant de créer et de transformer l'énergie autant que la matière. Aujourd'hui, les hommes font face à un nouveau défi : comment économiser les ressources énergétiques de notre planète, tout en gardant le même niveau de vie ?

Transformer l'énergie et économiser les ressources

La production industrielle de l'énergie électrique a été le moteur du développement des sociétés tout au long du XXe siècle. Des systèmes permettent de transformer cette énergie en d'autres formes, utiles à l'homme : énergie rayonnante, mécanique... L'énergie chimique est quant à elle une source capable de produire de l'énergie thermique (combustions).

▸ **Chapitres 18 à 21.**

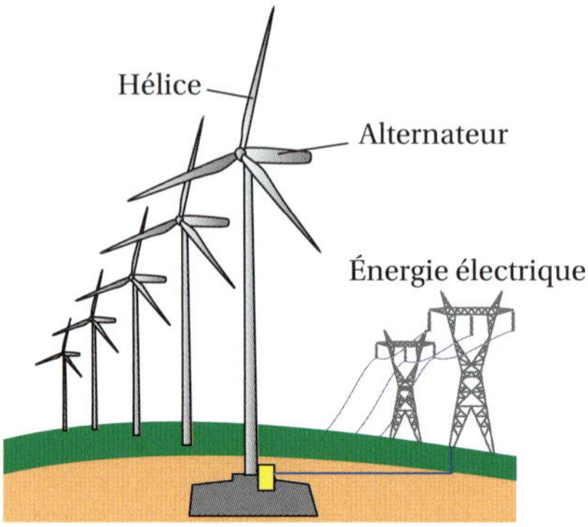

▲ **Principe d'une centrale éolienne**

Synthétiser des molécules et fabriquer de nouveaux matériaux

La qualité de vie dont nous bénéficions actuellement est en partie due à la création de médicaments aux effets thérapeutiques de plus en plus efficaces, de vêtements davantage adaptés à notre mode de vie... Les chimistes ont relevé ce défi, en réalisant la synthèse de nouvelles espèces chimiques organiques.

▸ **Chapitres 22 et 23.**

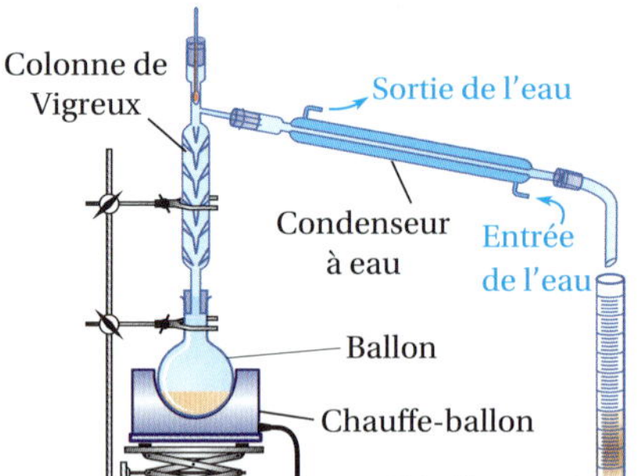

▲ **Montage de distillation**

www.annabac.com

CHAPITRE

18 La production d'énergie

De nos jours, la vie sans électricité est inenvisageable.
Pour subvenir à ses besoins, l'homme a dû inventer et construire des usines capables de produire de l'énergie électrique.
Nous avons vu dans les chapitres précédents que l'énergie totale d'un système se conserve, on ne peut donc pas créer de l'énergie électrique à partir de rien : on l'obtient en transformant une autre forme d'énergie.
Il n'existe aucun moyen de la stocker en grande quantité : l'homme doit donc adapter sa production à sa consommation.

1 Les ressources énergétiques

- Il existe différentes méthodes de production de l'énergie électrique, qui utilisent chacune des ressources différentes.
Certaines ressources sont disponibles en **quantité limitée** (énergies fossiles et uranium), les autres sont appelées **énergies renouvelables** (énergies solaire, éolienne, hydraulique).

- Les ressources en **énergies fossiles** (charbon, pétrole, gaz naturel) sont des produits de la fossilisation d'éléments organiques (végétaux et animaux morts).
Elles sont disponibles en quantités limitées car il faudrait plusieurs millions d'années pour renouveler complètement le stock d'énergies fossiles déjà consommé par les hommes.
De même, la quantité disponible d'uranium, l'énergie primaire des centrales nucléaires, est limitée.

- Les ressources d'**énergies renouvelables** sont inépuisables : elles ne sont pas consommées, mais seulement exploitées.
Les éoliennes utilisent l'énergie du vent mais ne consomment pas l'air mis en mouvement ; de même les centrales hydroélectriques exploitent l'énergie d'une chute d'eau, mais ne consomment pas l'eau elle-même.

2 Production de l'énergie électrique

En fonction du type **d'énergie primaire** utilisée pour produire l'énergie électrique, les centrales ont des noms et des fonctionnements différents.
Il existe cinq types principaux de centrales électriques :
- les centrales thermiques à combustibles fossiles (charbon, pétrole et gaz naturel) ;
- les centrales thermiques à combustibles nucléaires ;
- les centrales hydroélectriques ;
- les centrales éoliennes ;
- les centrales solaires ou photovoltaïques.

Dans une **centrale thermique**, on fait chauffer de l'eau afin de la vaporiser, grâce à l'énergie issue de la combustion d'une matière fossile ou des réactions de fission.
Cette vapeur d'eau est alors transportée sous haute pression et sous haute température vers une turbine.
Sous la pression, les pales de la turbine se mettent à tourner : l'énergie thermique est donc transformée en énergie mécanique.
Puis celle-ci est transformée à son tour en énergie électrique *via* un alternateur.
À la sortie de la turbine, la vapeur d'eau est retransformée en eau liquide au contact de parois froides (par condensation) pour être renvoyée dans la chaudière où le cycle recommence.

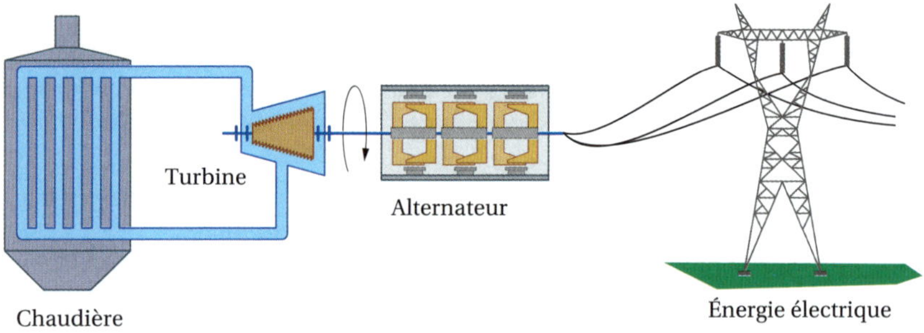

FIGURE 1 Principe d'une centrale thermique (classique ou nucléaire)

Dans les **centrales hydroélectriques**, c'est l'eau accumulée dans les barrages ou l'eau mise en mouvement par les marées qui va fournir l'énergie mécanique (potentielle et/ou cinétique) nécessaire à la rotation de la turbine.
Cette énergie mécanique est ensuite convertie à son tour en énergie électrique *via* un alternateur.

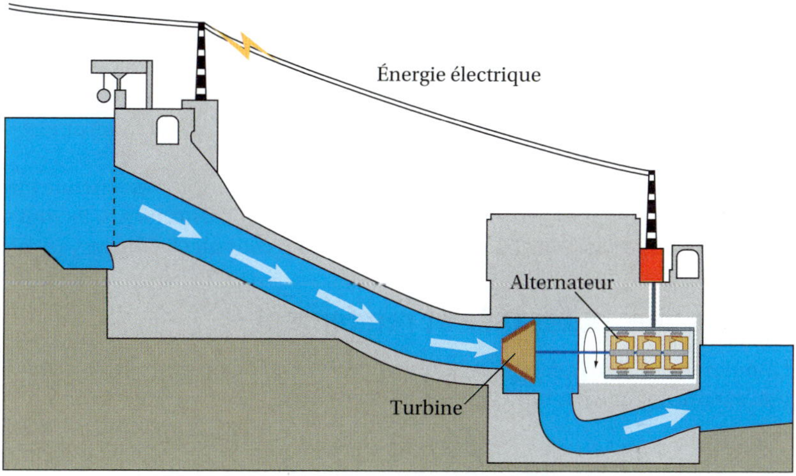

FIGURE 2 **Principe d'une centrale hydroélectrique**

- Les **centrales éoliennes** ne contiennent pas de turbine, les pales jouent ce rôle : elles transforment l'énergie cinétique du vent en énergie mécanique, qui sera directement convertie par l'alternateur en énergie électrique.

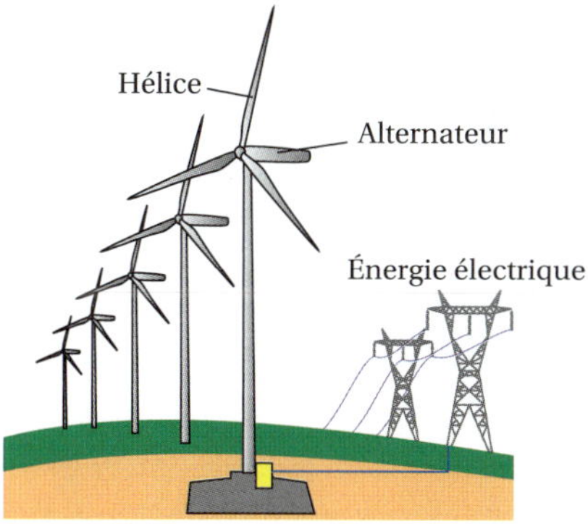

FIGURE 3 **Principe d'une centrale éolienne**

- Les **centrales solaires** ne produisent pas de l'énergie électrique de la même façon que les centrales citées précédemment.

Dans les centrales solaires, l'énergie des rayonnements lumineux du Soleil est directement transformée en un courant électrique par des cellules photovoltaïques.

Toutes les **centrales électriques** (sauf les centrales solaires) fonctionnent grâce à :

- un **réservoir d'énergie** dite primaire, qui sera transformée en énergie mécanique ;
- une **turbine**, qui possède de l'énergie mécanique du fait de son mouvement de rotation (sauf les centrales éoliennes) ;
- un **alternateur**, qui convertit l'énergie mécanique de la turbine en énergie électrique à l'aide de bobines et d'électroaimants ayant la propriété, lorsqu'ils sont en mouvement par rapport aux bobines, de produire un courant électrique.

3 Énergie, puissance et rendement

La **puissance électrique P_e** est la quantité d'énergie électrique W_e fournie ou reçue par un système par unité de temps (durée Δt).

$$P_e = \frac{W_e}{\Delta t}$$

P_e en watts (W)
W_e en joules (J)
Δt en secondes (s)

Quelques ordres de grandeur de puissances électriques :

Appareil électrique	Ordinateur	Bouilloire	Réacteur nucléaire	Barrage hydroélectrique
Puissance (W)	300	1×10^3	900×10^6	10×10^9

Le rendement η d'une centrale électrique est le rapport de l'énergie électrique produite par la centrale sur l'énergie primaire :

$$\eta = \frac{W_{e\,produite}}{W_{primaire}}$$

η sans unité
$W_{e\,produite}$ et $W_{primaire}$ en joules (J)

Calculer un rendement

ÉNONCÉ

Pour faire fonctionner une centrale thermique classique pendant une journée, il faut lui fournir une énergie $W = 1{,}0 \times 10^{14}$ J sous forme d'énergie thermique par combustion de charbon. En une journée, une telle centrale fournit une énergie électrique $W_e = 4{,}7 \times 10^{13}$ J, le reste de l'énergie reçue est perdue essentiellement par effet Joule (voir le chapitre 19).

Calculer le rendement de cette centrale électrique.

MÉTHODE

▶ Le rendement d'une centrale électrique permet d'évaluer son efficacité ; il correspond au rapport de l'énergie électrique produite sur l'énergie primaire :

$$\eta = \frac{W_{\text{e produite}}}{W_{\text{primaire}}}$$

Un rendement est toujours inférieur à 1.

CORRIGÉ

Le rendement de cette centrale est $\eta = \frac{W_e}{W}$.

Application numérique : $\eta = \frac{4{,}7 \times 10^{13}}{1{,}0 \times 10^{14}} = 0{,}47$ soit 47 %.

SE TESTER QUIZ

Dans le questionnaire à choix multiple (QCM) suivant, indiquer pour chaque proposition la (ou les) réponse(s) exacte(s).

1 Les ressources en énergies fossiles, issues de la fossilisation du carbone, sont :

- ☐ **a.** non renouvelables.
- ☐ **b.** renouvelables rapidement.
- ☐ **c.** renouvelables très lentement.

2 Dans une centrale nucléaire, c'est le mouvement de l'uranium qui entraine la turbine.

- ☐ **a.** Vrai.
- ☐ **b.** Faux.

3 Quelle est le rôle de l'alternateur dans les centrales électriques ?

- ☐ **a.** Faire fonctionner les appareils de contrôle de la centrale.
- ☐ **b.** Convertir l'énergie électrique reçue en énergie thermique.
- ☐ **c.** Faire alterner les phases de production d'énergie de la centrale et celles de repos.
- ☐ **d.** Convertir l'énergie mécanique reçue en énergie électrique.

S'ENTRAÎNER

4 Chaîne énergétique

Une chaîne énergétique permet de schématiser les différentes transformations de l'énergie au cours d'un processus physique.
Pour construire une chaîne énergétique, il faut utiliser les symboles suivants :

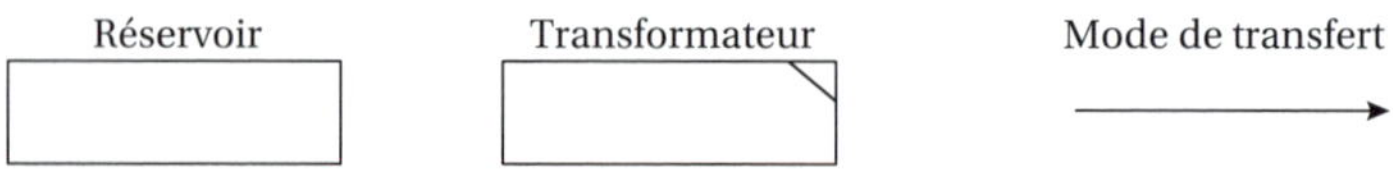

On indique :
- dans chaque rectangle le nom du système correspondant à la situation décrite ;
- sous chaque flèche le mode de transfert (une flèche par mode de transfert).

Il faut aussi tenir compte des règles suivantes :
- une chaîne énergétique complète commence et finit par un réservoir ;
- le réservoir initial est différent du réservoir final.

Exemple : chaîne énergétique d'une centrale solaire.

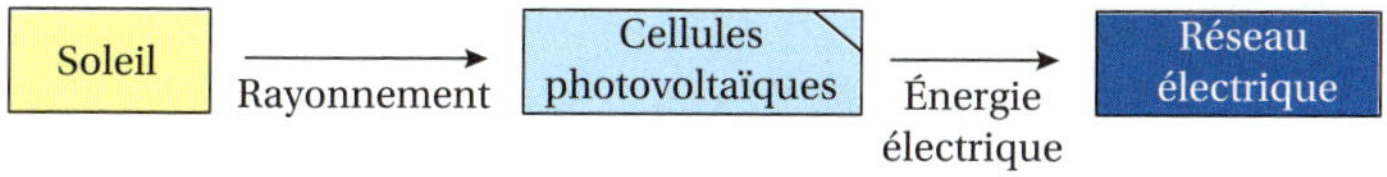

En suivant ces consignes, construire la chaîne énergétique d'une centrale nucléaire.

5 Centrale nucléaire ou éoliennes ?

Une centrale nucléaire a une puissance $P = 900$ MW. La centrale fonctionne en moyenne 200 jours par an.
Une éolienne fournit par an une énergie $E = 1{,}0 \times 10^6$ kWh.
Calculer le nombre d'éoliennes nécessaires pour remplacer la centrale nucléaire.

> Exprimer les énergies en joules : 1 kWh = $3{,}6 \times 10^6$ J.

6 Centrale hydroélectrique

Une centrale hydroélectrique utilise l'énergie cinétique d'une chute d'eau pour faire tourner une turbine entraînant un alternateur, afin de produire de l'électricité.
Le rendement global de la centrale est de 60 %.
Sachant que la centrale délivre une puissance électrique de 150 MW, déterminer l'énergie cinétique de l'eau utilisée par la centrale pendant 10 jours.

> • L'énergie primaire est l'énergie cinétique de l'eau.
> • Utiliser la formule du rendement pour déterminer la puissance associée à l'énergie primaire.
> • À partir de la puissance calculée, déterminer la valeur de l'énergie cinétique de l'eau.

OBJECTIF BAC

7 Étude d'une centrale électrique de cogénération

La cogénération permet à partir d'un seul combustible fossile, la production simultanée d'énergie électrique et d'énergie thermique.

Document 1.

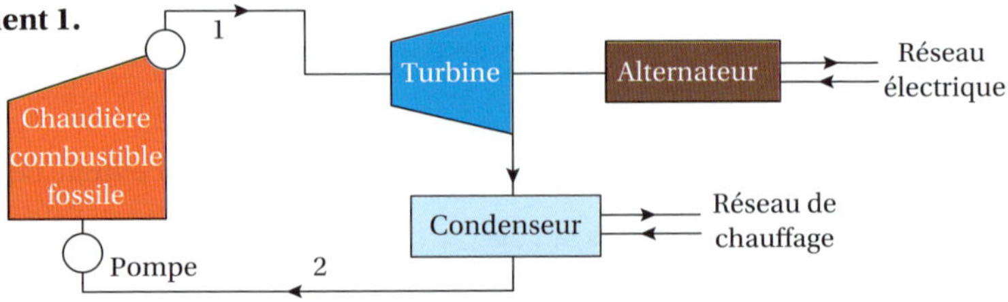

L'énergie mécanique produite par une turbine est utilisée pour entraîner un alternateur produisant de l'énergie électrique. La récupération d'énergie thermique au niveau du condenseur permet d'alimenter un réseau de chauffage (production d'eau chaude pour le chauffage de diverses installations).

1. Quel est le rôle principal d'une centrale thermique ?

2. Quel est le rôle de l'alternateur ?

3. Indiquer l'état physique sous lequel se trouve l'eau dans les parties 1 et 2 de la centrale thermique du document 1.

4. Quel est le rôle du condenseur ?

5. Tracer la chaîne énergétique de la production de l'énergie électrique de cette centrale.

6. La cogénération a un rendement global plus élevé que celui de systèmes séparés.

Document 2.

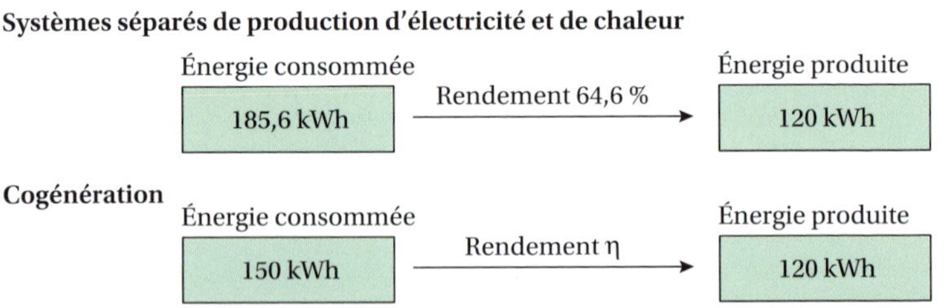

À partir des informations du document 2, calculer le rendement η de la cogénération. Le comparer au rendement lorsque la production d'électricité et de chaleur sont séparées.

8 Étude d'une centrale thermique et d'une centrale nucléaire

• Partie A: la centrale thermique

Dans une centrale thermique la combustion du charbon libère en une année $3{,}48 \times 10^{16}$ J d'énergie thermique pour produire $8{,}6 \times 10^{6}$ GJ d'énergie électrique.

1. Calculer la puissance électrique *P* délivrée par la centrale en un an, en watts puis en mégawatts.

2. Définir puis calculer le rendement de cette centrale.

3. Schématiser la chaîne énergétique la plus simple de la centrale thermique.

4. Sachant qu'une tonne de charbon libère une énergie thermique égale à $2{,}9 \times 10^{10}$ J, calculer la masse de charbon consommée pendant une année par la centrale, exprimée en tonnes.
Données : 1 an = 365,25 j ; 1 jour = 24 h ; 1 h = 3600 s

• Partie B: la centrale nucléaire

Dans une centrale nucléaire, l'énergie nucléaire provenant de l'uranium fissile du réacteur nucléaire est convertie en énergie thermique qui est ensuite transférée au générateur de vapeur qui produit de la vapeur d'eau pressurisée qui porte de l'énergie cinétique. La vapeur d'eau met en mouvement une turbine qui produit de l'énergie mécanique utilisée par un alternateur qui produit de l'énergie électrique.

1. Schématiser la chaîne énergétique la plus simple d'une centrale nucléaire.

2. Afin de compléter la chaîne énergétique de la centrale suivante, indiquer, pour chacun des numéros 1 à 9, quel type d'énergie est transférée.

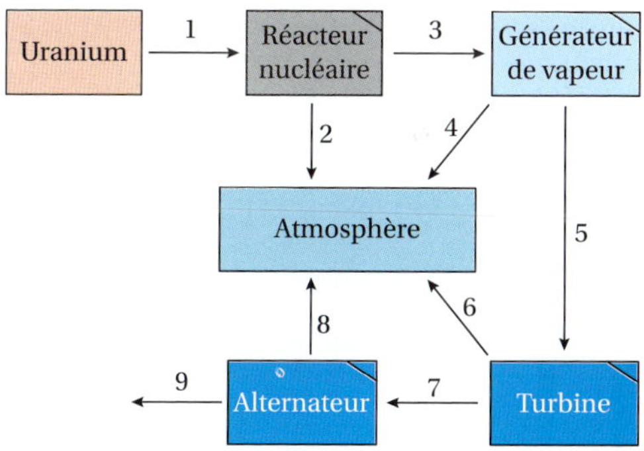

3. Exprimer le rendement au niveau de la turbine.

4. Exprimer le rendement au niveau de l'alternateur.

5. Le rendement de la turbine est de 65% et celui de l'alternateur est de 84 %.
Calculer le rendement global de l'ensemble constitué par la turbine et l'alternateur.

6. La puissance électrique délivrée par une centrale nucléaire est égale à 1500 MW. Calculer l'énergie fournie au réseau électrique pendant une heure, exprimée en kilowattheures.

SE TESTER

1 **Réponse c.** Les ressources en énergies fossiles sont renouvelables très lentement.

2 **Réponse b.** Faux : la turbine est entraînée par de l'eau vaporisée.

3 **Réponse d.** L'alternateur convertit de l'énergie mécanique en énergie électrique.

S'ENTRAÎNER

4 Chaîne énergétique

Chaîne énergétique d'une centrale nucléaire :

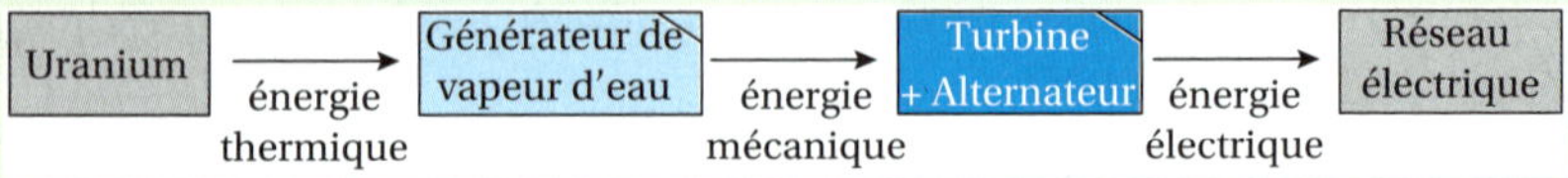

5 Centrale nucléaire ou éoliennes ?

Calcul de l'énergie délivrée par la centrale nucléaire par année : $E_{\text{nucléaire}} = P \times \Delta t$.

Application numérique :

$$E_{\text{nucléaire}} = 900 \times 10^6 \times 200 \times 24 \times 60 \times 60 = 1,56 \times 10^{16}\ \text{J}.$$

Conversion de l'énergie délivrée par une éolienne par année en joules :

$$E_{\text{éolienne}} = 1,0 \times 10^6 \times 3,6 \times 10^6 = 3,6 \times 10^{12}\ \text{J}.$$

Comparaison des énergies annuelles délivrées par la centrale nucléaire et par une éolienne :

$$\frac{E_{\text{nucléaire}}}{E_{\text{éolienne}}} = \frac{1,56 \times 10^{16}}{3,6 \times 10^{12}} = 4,3 \times 10^3.$$

Il faut près de 4 300 éoliennes pour remplacer une centrale nucléaire.

6 Centrale hydroélectrique

Détermination de la puissance délivrée par l'eau :

$$\eta = \frac{P_e}{P_{\text{primaire}}} \text{ soit } P_{\text{primaire}} = \frac{P_e}{\eta}.$$

Application numérique : $P_{\text{primaire}} = \dfrac{150 \times 10^6}{0,60} = 2,5 \times 10^8\ \text{W}$.

Détermination de l'énergie cinétique de l'eau utilisée par la centrale pendant 10 jours : $E = P_{\text{primaire}} \times \Delta t$.

Application numérique :
$E = 2,5 \times 10^8 \times 10 \times 24 \times 60 \times 60 = 2,2 \times 10^{14}\ \text{J}$.

7 Étude d'une centrale électrique de cogénération

1. Le rôle principal d'une centrale thermique est de produire de l'énergie électrique.

2. L'alternateur permet de convertir l'énergie mécanique en énergie électrique.

3. Dans la partie 1, l'eau est à l'état gazeux (vapeur d'eau).
Dans la partie 2, l'eau est à l'état liquide.

4. Le condenseur permet de condenser l'eau : passage de l'état gazeux à l'état liquide.

5.

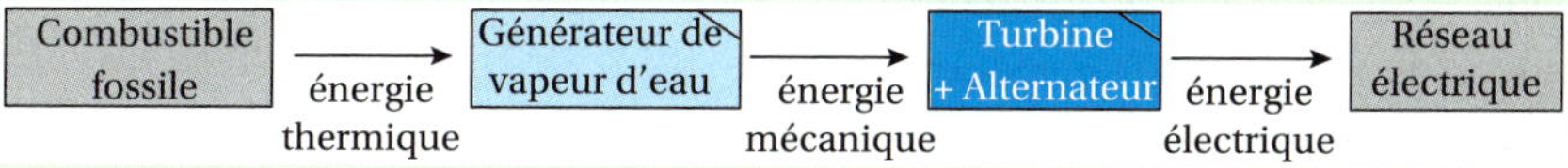

6. Calcul du rendement η de la cogénération : $\eta = \dfrac{E_{\text{produite}}}{E_{\text{consommée}}}$.

Application numérique : $\eta = \dfrac{120}{150} = 0{,}800$ soit 80,0 %.

Le rendement de la centrale de cogénération est supérieur à celui des deux systèmes séparés de production d'électricité et de chaleur.

8 Étude d'une centrale thermique et d'une centrale nucléaire

• Partie A : la centrale thermique

1. Détermination de la puissance électrique P délivrée par la centrale :

$$P = \frac{W_{\text{e}}}{\Delta t}$$

Application numérique : $P = 2{,}7 \times 10^{8}$ W $= 2{,}7 \times 10^{2}$ MW.

2. Le rendement de cette centrale a pour formule :

$$\eta = \frac{W_{\text{e produite}}}{W_{\text{primaire}}}$$

(avec W_{primaire} : énergie thermique libérée par la combustion)

Application numérique :

$$\eta = \frac{8{,}6 \times 10^{15}}{3{,}48 \times 10^{16}} = 0{,}25$$

3. Schématisation de la chaîne énergétique la plus simple possible de la centrale thermique :

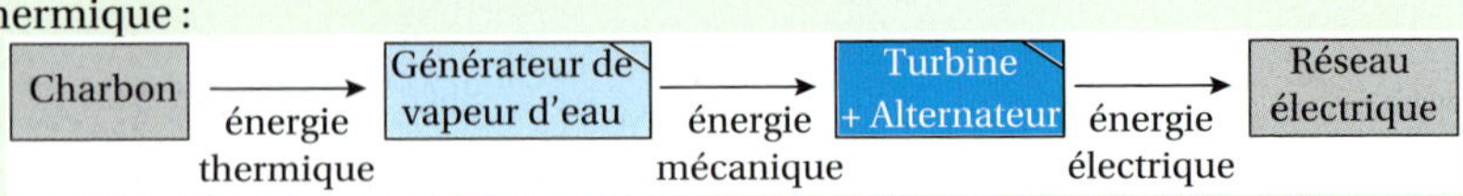

4. Détermination de la masse de charbon consommée pendant une année par la centrale :

$$m_{\text{charbon consommée en un an}} = \frac{W_{\text{libérée en un an}}}{W_{\text{libérée par tonne}}}$$

Application numérique : $m_{\text{charbon consommée en un an}} = \dfrac{3{,}48 \times 10^{16}}{2{,}9 \times 10^{10}} = 1{,}2\ 10^6$ tonnes.

• Partie B: la centrale nucléaire

1. Schématisation de la chaîne énergétique la plus simple possible de la centrale nucléaire :

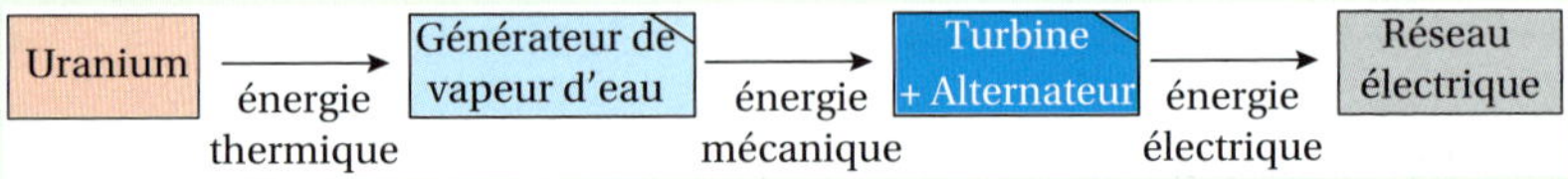

2. Les énergies transférées sont les suivantes :

1 : énergie nucléaire.
2 : énergie thermique.
3 : énergie thermique.
4 : énergie thermique.
5 : énergie mécanique.
6 : énergie thermique.
7 :énergie mécanique.
8 : énergie thermique.
9 : énergie électrique.

3. Le rendement de la turbine a pour expression : $\eta_{\text{turbine}} = \dfrac{W_7}{W_5}$

4. Le rendement de l'alternateur a pour expression: $\eta_{\text{alternateur}} = \dfrac{W_9}{W_7}$

5. Le rendement global de l'ensemble turbine/alternateur a pour expression :

$$\eta_{\text{turbine/alternateur}} = \frac{W_9}{W_5} = \frac{W_9}{W_7} = \frac{W_7}{W_5} = \eta_{\text{turbine}} \times \eta_{\text{alternateur}}$$

Application numérique : $\eta_{\text{turbine/alternateur}} = 0{,}55$ soit 55%.

6. Détermination de l'énergie fournie au réseau électrique pendant une heure par la centrale nucléaire :

$$W_e = P_e \times \Delta t$$

Application numérique : $W_e = 1\,500 \times 10^3$ kWh

www.annabac.com

CHAPITRE

19 Transformation de l'énergie dans un circuit électrique

La plupart des appareils qui nous entourent utilisent de l'énergie électrique pour fonctionner. Ils transforment l'énergie électrique qu'ils reçoivent en d'autres formes d'énergie.
Mais comment s'effectuent ces changements ?
Toute l'énergie électrique reçue par un appareil est-elle utilisée ou y a-t-il des pertes ?

1 Montages

Un **circuit électrique** est une suite ininterrompue de conducteurs électriques reliés par des fils conducteurs.
On distingue deux types de composants électriques :
- les **générateurs** (pile ou batterie par exemple), qui produisent un courant électrique ;
- les **récepteurs** (lampe ou moteur par exemple), qui sont simplement traversés par le courant électrique.

On représente les circuits selon une schématisation normalisée.
Par convention, chaque constituant d'un circuit électrique est représenté par un symbole.

Dipôle	Générateur	Pile	Interrupteur ouvert	Interrupteur fermé	Fil
Symbole	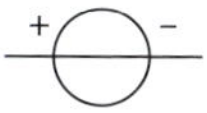	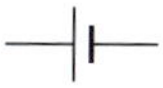			
Dipôle	Diode	Électrolyseur	Résistance	Moteur	Lampe
Symbole	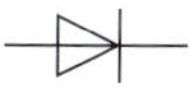		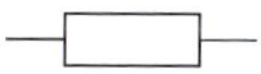	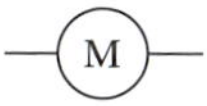	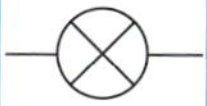

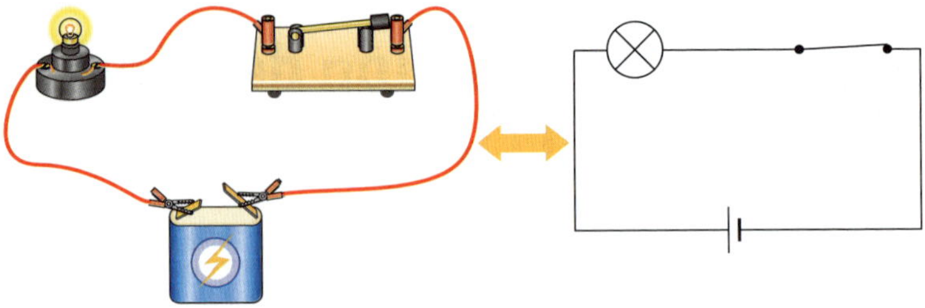

FIGURE 1 Représentation d'un circuit en série

- Dans les **circuits en série**, les dipôles sont branchés les uns à la suite des autres de façon à ne former qu'une seule « boucle » (voir figure 1).

- Les **circuits en dérivation** sont des circuits comportant plusieurs « boucles ».
On appelle **nœud** d'un circuit électrique, un point du circuit où plus de deux fils sont connectés ensemble.
On appelle **branche**, une portion de circuit se trouvant entre deux nœuds.
La **branche principale** est la branche du circuit contenant le générateur, les **branches secondaires** sont les branches reliées à la branche principale.

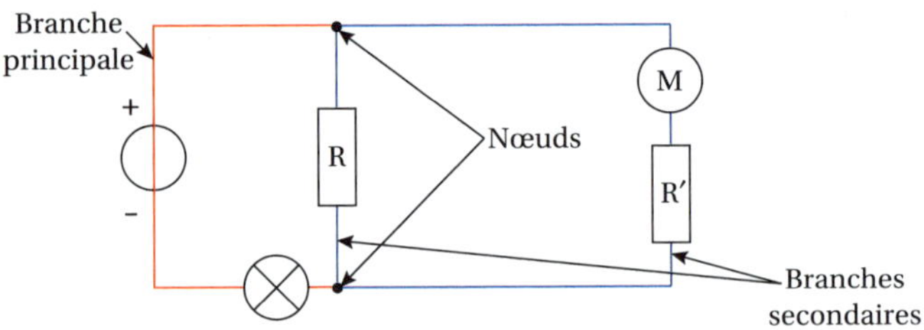

FIGURE 2 Circuit en dérivation

2 Grandeurs électriques caractéristiques d'un circuit

A L'intensité du courant

- Un **courant électrique** est un déplacement de charges électriques (électrons dans les métaux ou ions dans les solutions électrolytiques).

- L'**intensité** du courant électrique est notée I et s'exprime **en ampères (A)**.

Sens conventionnel du courant : à l'extérieur du générateur, le courant circule de la borne positive vers la borne négative du générateur. Il est représenté par une flèche placée sur les fils, orienté dans le circuit de la borne + du générateur vers la borne –.

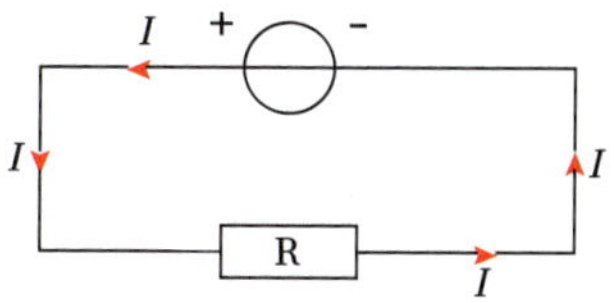

L'intensité du courant se mesure avec un **ampèremètre** (symbolisé par —(A)—), qui se branche **en série** dans la branche du circuit dont on veut déterminer l'intensité du courant.

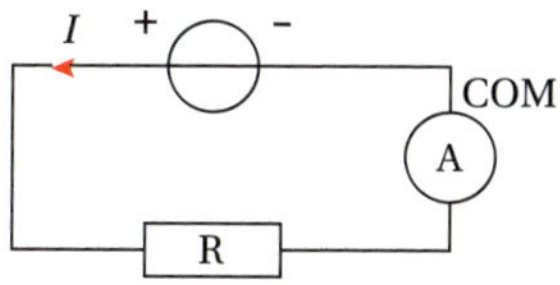

• **Loi d'unicité de l'intensité**

Dans un circuit en série, l'intensité du courant électrique est partout la même.
Dans l'exemple ci-contre : $I_1 = I_2 = I_3$.

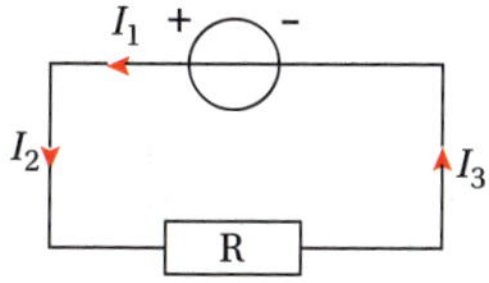

• **Loi des nœuds (ou loi d'additivité des intensités)**

La somme des intensités des courants arrivant à un nœud est égale à la somme des intensités des courants qui en partent.
Dans l'exemple ci-contre :
- au nœud A : $I_1 = I_2 + I_3$;
- au nœud B : $I_2 + I_3 = I_1$.

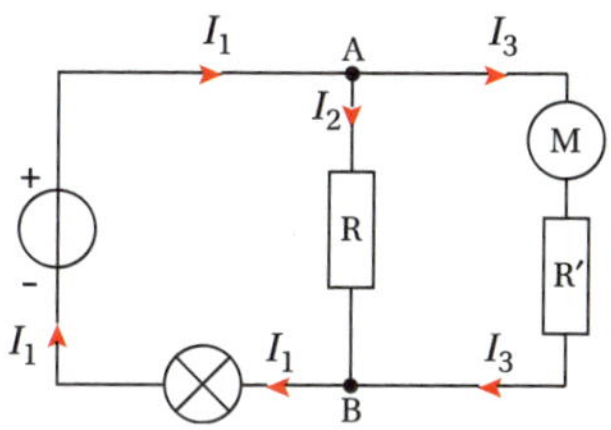

B Le potentiel électrique

Le potentiel électrique d'un point du circuit caractérise son état électrique. Il est noté V_X, où X désigne le point du circuit. Son unité est le **volt (V).**

On ne peut pas mesurer directement le potentiel électrique d'un point ; par contre, on peut mesurer la différence de potentiel électrique entre deux points, aussi appelée **tension électrique.**

C La tension électrique

La tension U_{AB} aux bornes d'un dipôle est la différence de potentiel électrique entre les points A et B :

$$U_{AB} = V_A - V_B$$

C'est une grandeur algébrique : $U_{AB} = -U_{BA}$.

- Une tension U_{AB} aux bornes d'un dipôle AB est représentée par une flèche placée à côté du dipôle, orientée de B vers A.

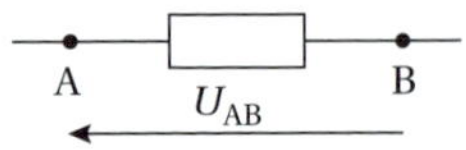

- La tension se mesure avec un **voltmètre** (symbolisé par 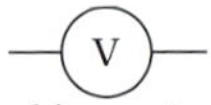) qui se branche **en dérivation** aux bornes du composant dont on veut déterminer la tension.

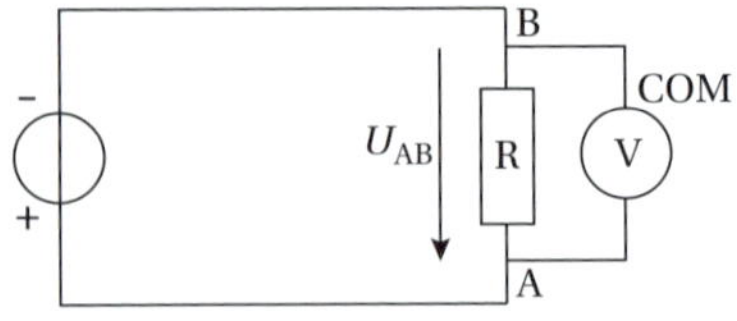

Pour mesurer une tension U_{AB}, il faut relier la borne COM
voltmètre au point

- **Loi d'unicité des tensions**

Les tensions aux bornes de dipôles branchés en dérivation sont égales.
Dans l'exemple ci-dessous :

$$U_G = U_R = U_M.$$

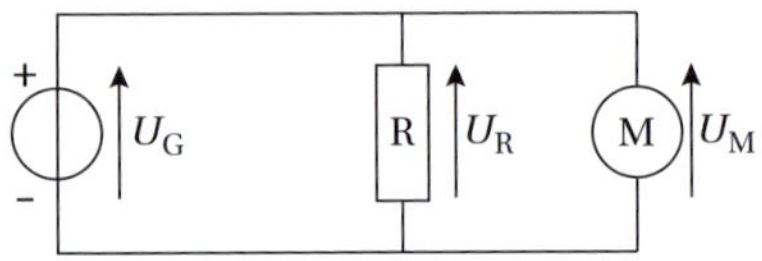

- **Loi d'additivité des tensions**

La tension aux bornes d'un ensemble de dipôles branchés en série est égale à la somme des tensions aux bornes de chacun des dipôles.
Dans l'exemple ci-dessous :

$$U_3 = U_1 + U_2.$$

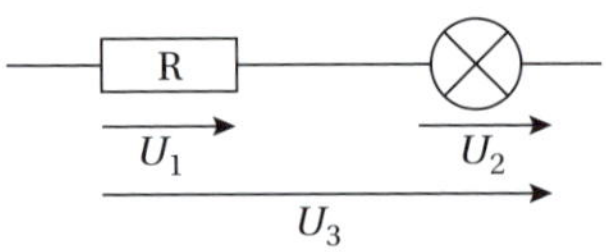

3 Relation entre intensité et tension

Pour chaque dipôle (générateur ou récepteur), il existe une relation mathématique entre tension et intensité.
On appelle **caractéristique d'un dipôle**, la représentation graphique de la tension en fonction de l'intensité du courant qui le traverse : cette courbe caractérise le fonctionnement du dipôle.

A Caractéristique d'un générateur

- La tension aux bornes d'un générateur est une fonction affine de l'intensité du courant :

$$U_{AB} = E - r \times I$$

avec U_{AB}, la tension électrique aux bornes du générateur en volts (V) ;
E, la force électromotrice du générateur en volts (V) ;
r, la résistance interne du générateur en ohms (Ω) ;
I, l'intensité du courant fourni par le générateur en ampères (A).

- La caractéristique d'un générateur a l'allure suivante :

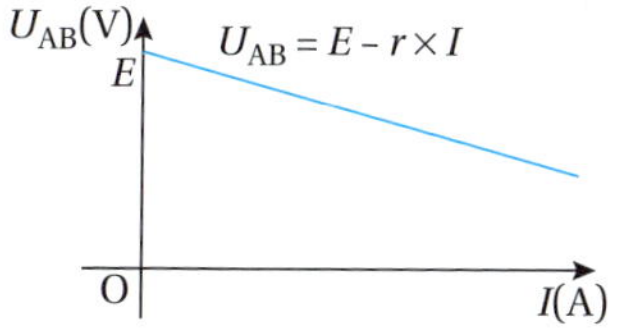

ou

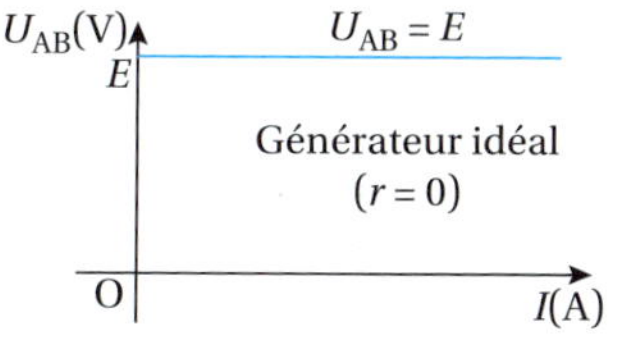

B Caractéristique d'un récepteur

- La tension aux bornes d'un récepteur est une fonction affine de l'intensité du courant :

$$U_{AB} = E' + r' \times I$$

avec U_{AB}, la tension électrique aux bornes du récepteur en volts (V) ;
E', la force contre-électromotrice du récepteur en volts (V) ;
r', la résistance interne du récepteur en ohms (Ω) ;
I, l'intensité du courant traversant le récepteur en ampères (A).

- La caractéristique d'un récepteur a l'allure ci-contre.

- Les dipôles dont la caractéristique ne passe pas par l'origine sont appelés **dipôles actifs.**

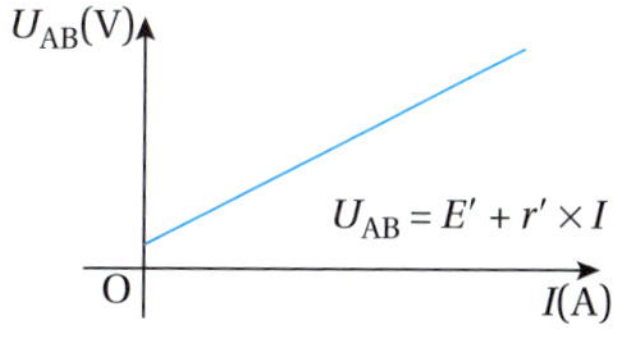

C La loi d'Ohm

- La tension U_{AB} aux bornes d'un conducteur ohmique de résistance R est égale au produit de l'intensité du courant I qui circule de A vers B par la résistance R.

$$U_{AB} = R \times I$$

U_{AB} en volts (V)
R en ohms (Ω)
I en ampères (A)

- La caractéristique d'un conducteur ohmique a l'allure ci-contre. La caractéristique d'un conducteur ohmique passe par l'origine : le conducteur ohmique est un **dipôle passif.**

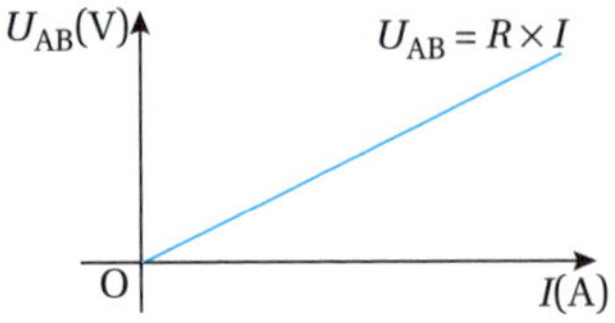

4 Conversion d'énergie dans un circuit

L'énergie électrique reçue ou fournie par un dipôle a pour expression :

$$W_e = U_{AB} \times I \times \Delta t$$

avec W_e, l'énergie reçue ou fournie par le dipôle en joules (J) ;
U_{AB}, la tension électrique aux bornes du dipôle en volts (V) ;
I, l'intensité du courant traversant le dipôle en ampères (A) ;
Δt, la durée de fonctionnement du dipôle en secondes (s).

A Bilan énergétique des récepteurs

- Un **récepteur** est un composant électrique qui transforme l'énergie électrique reçue en une ou plusieurs autres formes d'énergie.

- Les **conducteurs ohmiques** sont des dipôles qui transforment toute l'énergie électrique reçue en énergie thermique : c'est l'**effet Joule.**

Pour ces dipôles : $U_{AB} = R \times I$.
L'énergie électrique reçue par un conducteur ohmique est donc :

$$W_e \text{ (conducteur ohmique)} = R \times I^2 \times \Delta t$$

On en déduit que l'énergie thermique dissipée par ce dipôle a pour expression : $Q_J = R \times I^2 \times \Delta t$.

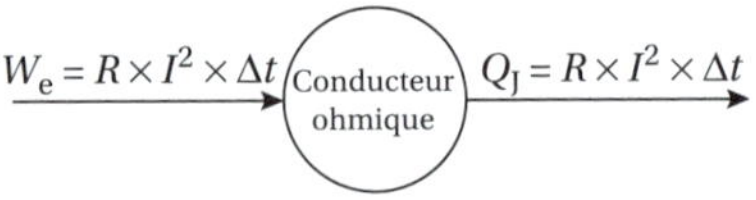

FIGURE 3 Bilan énergétique d'un conducteur ohmique

- Pour un **récepteur actif** : $U_{AB} = E' + r' \times I$.

L'énergie électrique reçue par un dipôle actif est donc :

$$W_e \text{ (dipôle actif)} = E' \times I \times \Delta t + r' \times I^2 \times \Delta t$$

On peut écrire l'énergie reçue par le dipôle actif sous la forme :

$$W_e \text{ (dipôle actif)} = W_u + Q_J$$

avec $W_u = E' \times I \times \Delta t$ et $Q_J = r' \times I^2 \times \Delta t$.

Les récepteurs actifs transforment seulement une partie de l'énergie électrique reçue en énergie thermique, le reste peut être transformé en différentes formes d'énergie qui vont dépendre du dipôle considéré. L'énergie reçue par le dipôle qui n'est pas transformée en énergie thermique est appelée **énergie utile (W_u)** :

$$W_u = W_e - Q_J$$

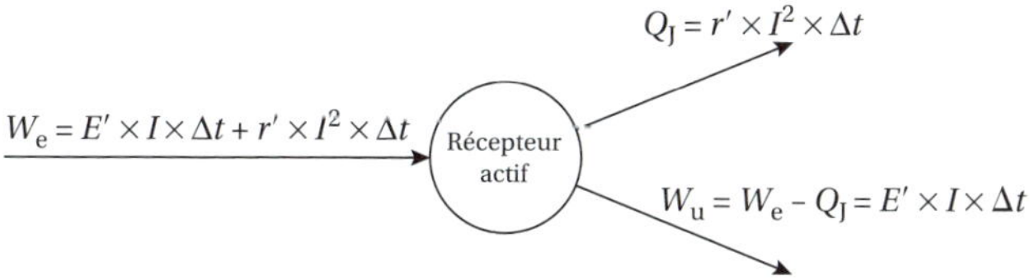

FIGURE 4 Bilan énergétique d'un récepteur actif

Exemple : le moteur transforme une partie de l'énergie électrique reçue en énergie thermique et l'autre partie en énergie mécanique.

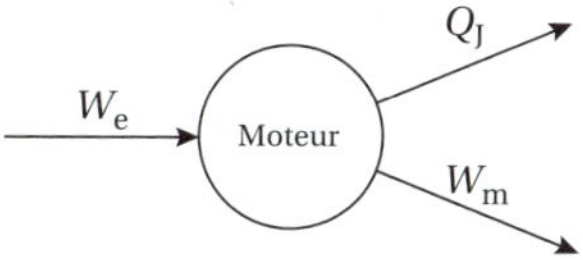

FIGURE 5 Bilan énergétique d'un moteur

B Bilan énergétique d'un générateur

- Un **générateur** est un composant électrique qui fournit de l'énergie électrique.

Pour un générateur : $U_{AB} = E - r \times I$.

L'énergie électrique délivrée par un générateur est :

W_e (générateur) $= E \times I \times \Delta t - r \times I^2 \times \Delta t$ soit $W_e \text{ (générateur)} = W_t - Q_J$

D'après la relation précédente, seulement une partie de l'énergie totale fournie par le générateur (**W_t**) est transférée au circuit sous forme d'énergie électrique (**W_e**), le reste est dissipé sous forme d'énergie thermique (**Q_J**).

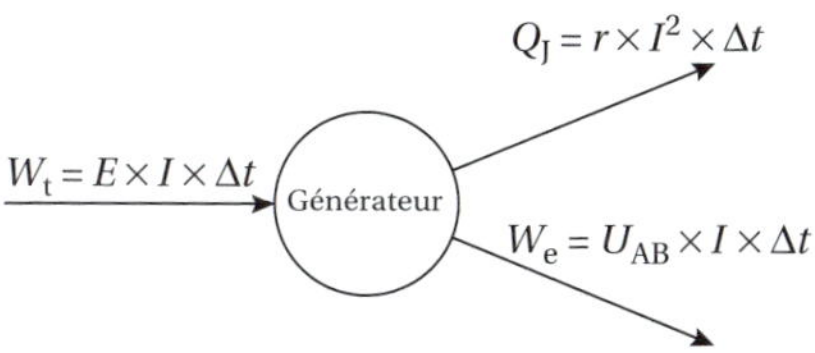

FIGURE 6 Bilan énergétique d'un générateur

Déterminer l'intensité du courant dans un circuit électrique

ÉNONCÉ

Déterminer l'intensité du courant électrique traversant la lampe L_2.

Données :

$I_1 = 25{,}0 \times 10^{-3}$ A

$I_2 = 17{,}0$ mA

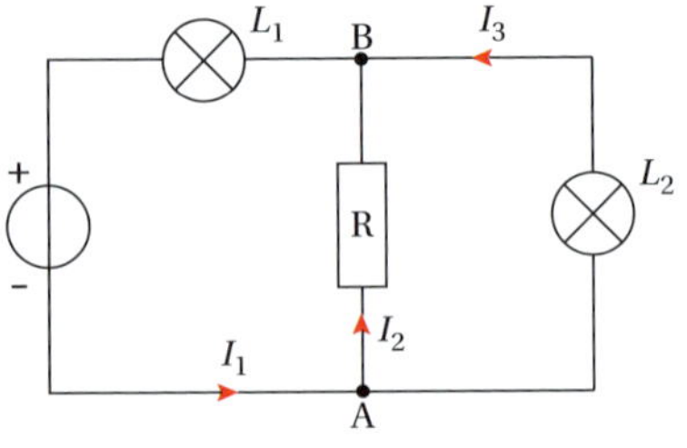

MÉTHODE

▶ Il faut appliquer la loi des nœuds.

CORRIGÉ

D'après la loi des nœuds appliquée au nœud A, on a $I_1 = I_2 + I_3$

soit $I_3 = I_1 - I_2 = 25{,}0 \times 10^{-3} - 17{,}0 \times 10^{-3} = 8{,}0 \times 10^{-3}$ A.

Déterminer la tension électrique aux bornes d'un dipôle

ÉNONCÉ

1 Déterminer la tension aux bornes du moteur M.

Données :

$U_{pile} = 9,0$ V

$U_L = 3,5$ V

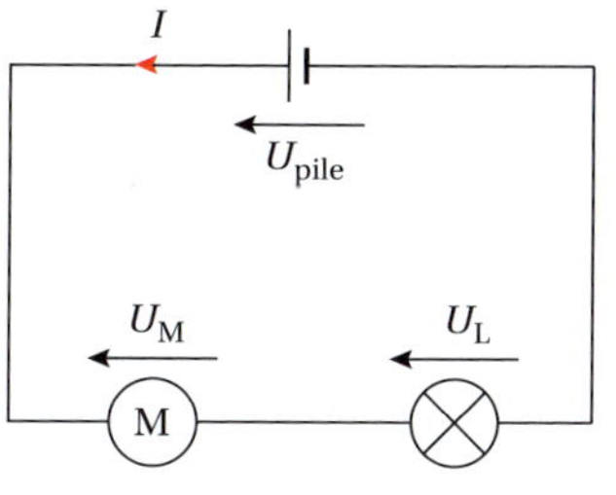

2 Déterminer la tension aux bornes du conducteur ohmique R et de la lampe L_1.

Données :

$U_G = 12,0$ V

$U_{L_2} = 8,2$ V

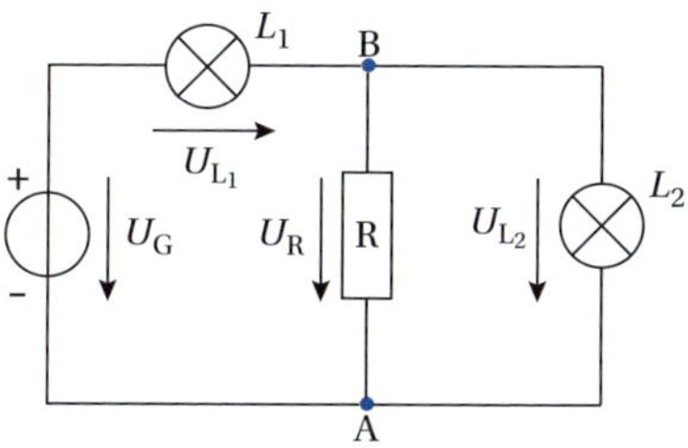

MÉTHODE

1 ▸ Il faut appliquer la loi d'additivité des tensions.

2 ▸ Il faut appliquer la loi d'unicité des tensions.

CORRIGÉ

1 D'après la loi d'additivité des tensions, on a $U_{pile} = U_M + U_L$

soit $U_M = U_{pile} - U_L = 9,0 - 3,5 = 5,5$ V.

2 Calcul de la tension aux bornes du conducteur ohmique :

d'après la loi d'unicité des tensions, on a $U_R = U_{L_2} = 8,2$ V.

Calcul de la tension aux bornes de la lampe L_1 :

d'après la loi d'unicité des tensions, on a $U_G - U_{L_1} = U_{L_2} = U_R$

soit $U_{L_1} = U_G - U_{L_2} = 12,0 - 8,2 = 3,8$ V.

SE TESTER QUIZ

Dans le questionnaire à choix multiple (QCM) suivant, indiquer pour chaque proposition la (ou les) réponse(s) exacte(s).

1 À chaque fois que le courant électrique traverse un dipôle, son intensité diminue.

- ☐ **a.** Vrai.
- ☐ **b.** Faux.

2 Pour un générateur, la relation existant entre tension et intensité est :

- ☐ **a.** $U_{AB} = E - r \times I$
- ☐ **b.** $U_{AB} = E + r \times I$

3 L'énergie électrique d'un dipôle dépend de :

- ☐ **a.** sa résistance interne.
- ☐ **b.** la tension entre ses bornes.
- ☐ **c.** l'intensité du courant qui le traverse.
- ☐ **d.** sa place dans le circuit.
- ☐ **e.** sa durée d'utilisation.
- ☐ **f.** sa température.

4 On appelle récepteurs actifs, des récepteurs qui produisent un courant électrique.

- ☐ **a.** Vrai.
- ☐ **b.** Faux.

5 Dans un circuit électrique, l'énergie fournie par le générateur est entièrement transformée en énergie mécanique ou chimique.

- ☐ **a.** Vrai.
- ☐ **b.** Faux.

S'ENTRAÎNER

6 Énergie reçue par une lampe

On considère le circuit ci-contre :
$E = 6{,}0$ V
$r = 2{,}0$ Ω

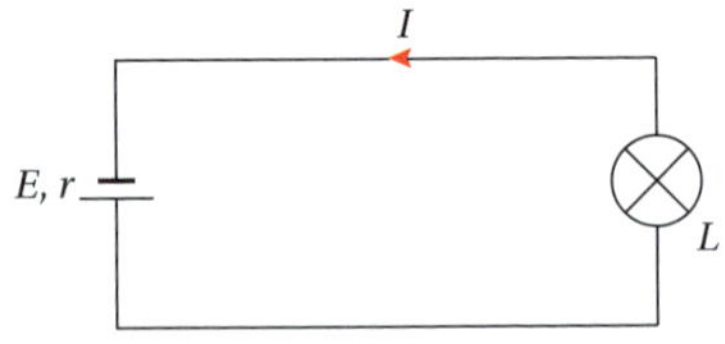

1. Déterminer l'énergie totale délivrée par le générateur s'il fournit un courant d'intensité $I = 0{,}540$ A pendant 20 minutes.

2. Déterminer l'énergie reçue par la lampe pendant cette durée.

Énergie électrique d'un dipôle : $W_e = U_{AB} \times I \times \Delta t$
Pour un générateur : $U_{AB} = E - r \times I$
L'énergie reçue par la lampe est égale à l'énergie électrique fournie par le générateur au circuit.

7 Énergie utile d'un électrolyseur

On considère le montage ci-contre :
$E' = 8{,}5$ V
$r' = 5{,}0$ Ω
$E = 14{,}0$ V

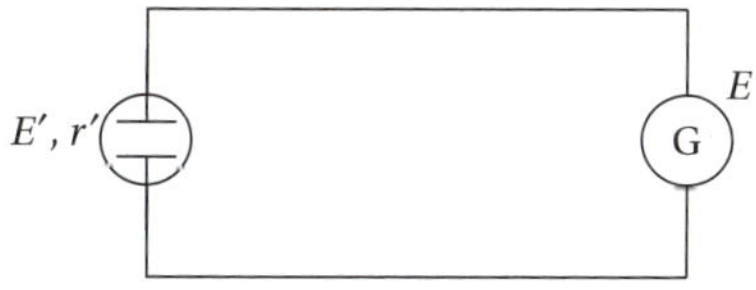

Le générateur est un générateur de tension idéal (sa résistance interne est nulle). Le générateur fonctionne pendant 300 secondes, le courant électrique a une intensité $I = 0{,}30$ A.

1. Déterminer l'énergie fournie W_e par le générateur au circuit.

2. Déterminer la valeur de l'énergie utile W_u de l'électrolyseur.

8 Bouilloire

Une bouilloire est constituée d'un récipient contenant une résistance électrique. Pour élever d'un degré la température d'une masse $m = 1$ g d'eau, il faut fournir une énergie $E = 4{,}18$ J.
La tension aux bornes de la bouilloire est de 220 V et elle est traversée par un courant électrique d'intensité égale à 4,0 A.

1. On veut faire bouillir 700 g d'eau initialement à 20 °C à l'aide de cette bouilloire. Déterminer l'énergie nécessaire pour réaliser cette ébullition ($T_{\text{ébullition}} = 100$ °C).

2. Sous quelle forme la bouilloire transfère-t-elle l'énergie à l'eau ?
Comment appelle-t-on ce phénomène ?

3. Déterminer le temps nécessaire pour faire bouillir les 700 g d'eau.
(On considère que toute l'énergie électrique reçue par la bouilloire sert à faire bouillir l'eau).

Utiliser la relation $W_e = U_{AB} \times I \times \Delta t$

OBJECTIF BAC

9 Étude d'une plaque à induction

La puissance électrique P est égale au produit de la tension U aux bornes d'un dipôle par l'intensité du courant I qui le traverse :

$$P = U \times I$$

P en watts (W)
U en volts (V)
I en ampères (A)

La puissance nominale est la puissance nécessaire à un appareil électrique pour qu'il fonctionne dans des conditions optimales.
Soit une table à induction possédant trois plaques (ou foyers), chacune ayant une puissance nominale de 2 000 W.
Cette table à induction est alimentée par une tension de 220 V.

1. Déterminer l'intensité du courant qui alimente un foyer lorsqu'il fonctionne dans des conditions optimales.

2. Déterminer l'énergie électrique reçue par une plaque à induction si elle est utilisée pendant 30 minutes dans des conditions optimales.

3. On appelle rendement d'un appareil électrique le rapport entre l'énergie utile et l'énergie électrique reçue par l'appareil. Pour une plaque à induction le rendement moyen est de 90 %.
Déterminer la valeur de l'énergie utile pour une plaque à induction.

4. En déduire la valeur de la force contre-électromotrice de chaque foyer de cette table à induction.

10 Équipement d'une habitation

Une habitation est équipée d'un système de panneaux solaires.
Chacun de ces panneaux est composé de cellules photovoltaïques dont le rôle est de transformer l'énergie rayonnante provenant du Soleil en énergie électrique.
L'énergie électrique produite par les panneaux est ensuite stockée dans des batteries qui peuvent alimenter des appareils électriques fonctionnant en 12 V, 24 V ou 220 V.
Dans l'une des chambres, se trouvent une lampe fonctionnant sous 12 V et un radiateur fonctionnant sous 220 V.
Les caractéristiques de ces deux appareils sont données ci-dessous.

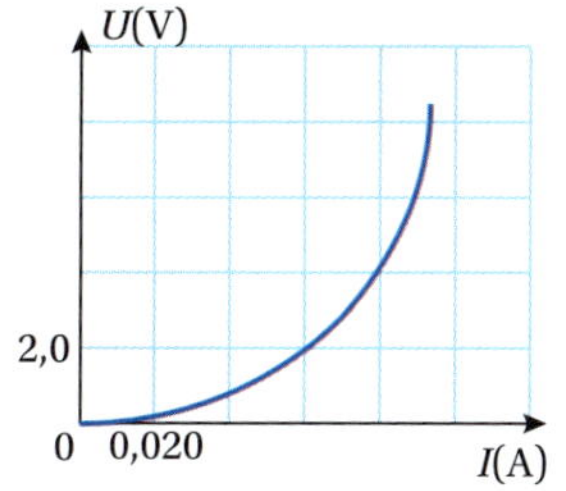

Caractéristique A

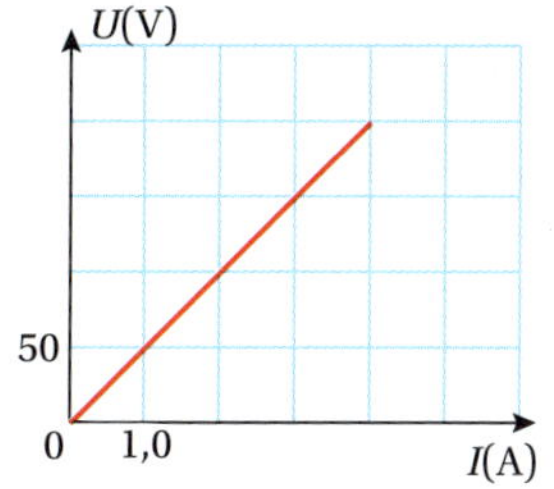

Caractéristique B

1. Identifier à quel appareil correspondent chacune des caractéristiques.

2. Est-ce que l'un des appareils est un dipôle actif ?

3. Lequel de ces deux appareils peut-être qualifié de conducteur ohmique ?

4. Calculer la résistance R du conducteur ohmique identifié.

5. Calculer l'énergie électrique W_e reçue par le conducteur ohmique pendant une durée Δt égale à une heure, lorsqu'il est parcouru par un courant d'intensité $I = 4{,}4$ A.

6. Quelle est la valeur de l'énergie thermique Q_J dissipée par ce conducteur ohmique pendant la même durée ?

7. Calculer l'énergie électrique W'_e reçue par l'autre appareil au cours de la même durée si celui-ci est traversé par un courant d'intensité $I = 0{,}060$ A.

8. Lequel des deux appareils consomme le plus d'énergie électrique ?

9. La chaîne énergétique détaillée de la chambre est schématisée ci-dessous.
Afin de compléter cette chaîne énergétique, indiquer, pour chacun des numéros 1 à 7, quel type d'énergie est transférée.

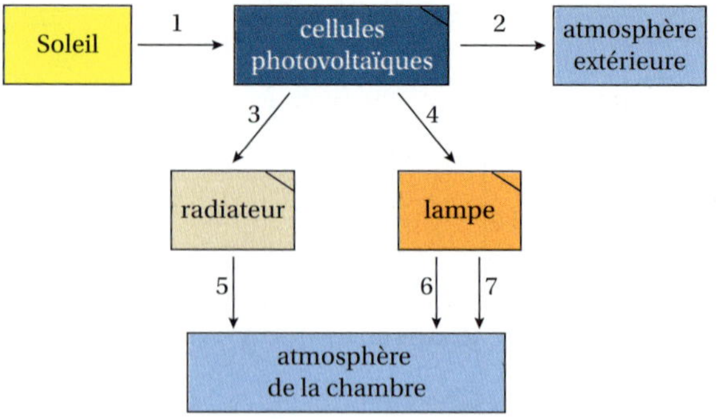

Mettre du bleu foncé pour le rectangle des cellules photovotaïques, du beige pour le radiateur et du orange pour la lampe.

SE TESTER

1 **Réponse b.** L'intensité n'est pas modifiée.

2 **Réponse a.** Pour un générateur : $U_{AB} = E - r \times I$.

3 **Réponses a, b, c, et e.** $W_e = U_{AB} \times I \times \Delta t = (E \pm r \times I) \times I \times \Delta t$.

4 **Réponse b.** Faux : il s'agit des générateurs.

5 **Réponse b.** Faux : l'énergie électrique peut aussi être transformée en énergie thermique.

S'ENTRAÎNER

6 Énergie reçue par une lampe

Penser à convertir les durées en secondes.

1. Calcul de l'énergie totale délivrée par le générateur :
W_t (générateur) $= E \times I \times \Delta t$.
Application numérique :
W_t (générateur) $= 6{,}0 \times 0{,}540 \times 20 \times 60 = 3{,}9 \times 10^3$ J.

2. Énergie reçue par la lampe pendant cette durée :
W_e (lampe) $= W_e$ (générateur) $= U_{AB} \times I \times \Delta t$ avec $U_{AB} = E - r \times I$.
Application numérique :
W_e (lampe) $= (6{,}0 - 2{,}0 \times 0{,}540) \times 0{,}540 \times 20 \times 60 = 3{,}2 \times 10^3$ J.

7 Énergie utile d'un électrolyseur

1. Énergie fournie W_e par le générateur au circuit :
W_e (générateur) $= U_{AB} \times I \times \Delta t$ avec $U_{AB} = E$.
Application numérique :
W_e (générateur) $= 14{,}0 \times 0{,}30 \times 300 = 1{,}3 \times 10^3$ J.

2. L'énergie utile W_u de l'électrolyseur est l'énergie reçue qui n'est pas transformée en énergie thermique :
$W_u = E' \times I \times \Delta t$.
Application numérique :
$W_u = 8{,}5 \times 0{,}30 \times 300 = 7{,}7 \times 10^2$ J .

8 Bouilloire

1. Calcul de l'énergie nécessaire pour faire bouillir 700 g d'eau, initialement à 20 °C, à l'aide de cette bouilloire :
$E_{700\,\text{g eau}} = m_{\text{eau}} \times (T_{\text{ebullition}} - T_{\text{initiale}}) \times E$.

Application numérique :
$E_{700\text{g eau}} = 700 \times (100 - 20) \times 4{,}18 = 2{,}3 \times 10^5$ J.

2. La résistance de la bouilloire transforme l'énergie électrique en énergie thermique ; c'est cette énergie qui va permettre le changement d'état de l'eau. Ce phénomène est appelé effet Joule.

3. Détermination du temps nécessaire pour faire bouillir les 700 g d'eau :
d'après l'énoncé et la question 1, $W_e = E_{700\text{g eau}} = 2{,}3 \times 10^5$ J.

Or $W_e = U_{AB} \times I \times \Delta t$ soit $\Delta t = \dfrac{W_e}{U_{AB} \times I}$.

Application numérique : $\Delta t = \dfrac{2{,}3 \times 10^5}{220 \times 4{,}0} = 2{,}6 \times 10^2$ s.

OBJECTIF BAC

9 Étude d'une plaque à induction

1. Détermination de l'intensité du courant qui traverse la plaque à induction lorsqu'elle fonctionne dans des conditions optimales :

$P = U \times I$ soit $I = \dfrac{P}{U}$.

Application numérique : $I = \dfrac{2\,000}{220} = 9{,}09$ A.

2. Détermination de l'énergie électrique reçue par une plaque à induction utilisée pendant 30 minutes dans des conditions optimales :
$W_e = U_{AB} \times I \times \Delta t$.

Application numérique : $W_e = 220 \times 9{,}09 \times 30 \times 60 = 3{,}6 \times 10^6$ J.

3. Détermination de la valeur de l'énergie utile de la plaque à induction :

$\eta = \dfrac{W_u}{W_e}$ soit $W_u = \eta \times W_e$.

Application numérique : $W_u = 0{,}90 \times 3{,}6 \times 10^6 = 3{,}2 \times 10^6$ J.

4. Calcul de la force contre-électromotrice d'une plaque à induction :

$W_u = E' \times I \times \Delta t$ soit $E' = \dfrac{W_u}{I \times \Delta t}$.

Application numérique : $E' = \dfrac{3{,}2 \times 10^6}{9{,}09 \times 30 \times 60} = 2{,}0 \times 10^2$ V.

10 Équipement d'une habitation

1. Les valeurs de la tension de la caractéristique B dépassent les 12V tandis que celles de la caractéristique A restent inférieures à 12V. Nous pouvons en déduire que la caractéristique A correspond à la lampe et la caractéristique B au radiateur.

2. Aucun des deux dipôles est un dipôle actif car, d'après leurs caractéristiques respectives, lorsque l'intensité I est nulle, la tension U entre leurs bornes est nulle : ce sont tous les deux des dipôles passifs.

3. Le radiateur est un conducteur ohmique, car sa caractéristique est une droite qui passe par l'origine.

4. Pour calculer la résistance R du radiateur, on relève les coordonnées d'un des points de la caractéristique.

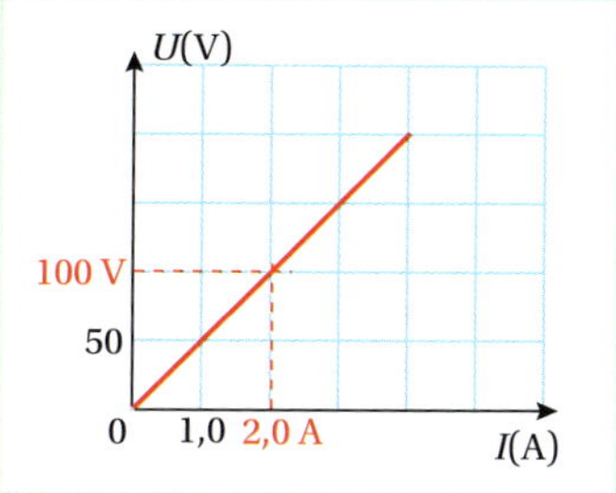

On applique la loi d'Ohm :

$$R = \frac{U}{I}$$

Application numérique : $R = \frac{100}{2,0} = 50\ \Omega$

5. Calcul de l'énergie électrique W_e reçue par le conducteur ohmique :

$$W_e = R \times I^2 \times \Delta t$$

Application numérique : $\Delta t = 1\text{h} = 3\,600$ s et $W_e = 3,5 \times 10^6$ J

6. Un conducteur ohmique transforme toute l'énergie électrique reçue en énergie thermique (effet Joule), donc :

$$Q_j = 3,5 \times 10^6 \text{ J}$$

7. Calcul de l'énergie électrique W'_e reçue par la lampe pour une durée d'une heure :

$$W'_e = U \times I \times \Delta t$$

Par lecture graphique sur la caractéristique A, on relève la tension U correspondant à l'intensité $I = 0,060$A :

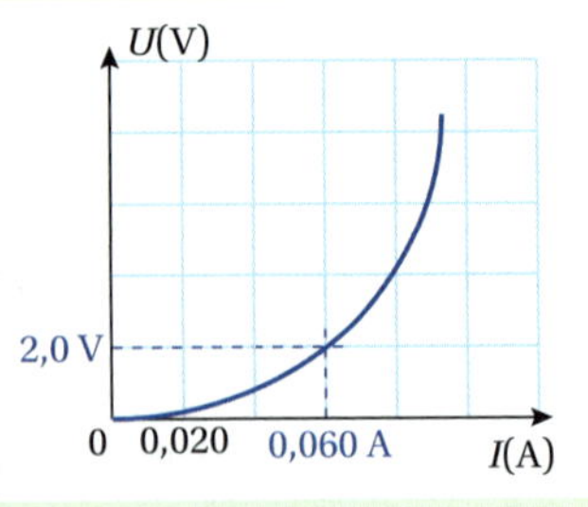

Pour $I = 0{,}060$ A on obtient $U = 2{,}0$ V.
Application numérique : $\Delta t = 1$ h = 3 600 s et $W_e = 4{,}3 \times 10^2$ J

8. L'appareil qui consomme le plus d'énergie électrique est le radiateur.

9. Les énergies transférées sont les suivantes :
1 : énergie rayonnante.
2 : énergie thermique.
3 : énergie électrique.
4 : énergie électrique.
5 : énergie thermique.
6 : énergie thermique.
7 : énergie rayonnante.

www.annabac.com

CHAPITRE

20 Énergie et réaction chimique

Depuis longtemps, les hommes utilisent l'énergie libérée au cours de certaines réactions chimiques : centrales thermiques au charbon ou au pétrole, piles électrochimiques... Au cours d'une réaction chimique, il y a une réorganisation des liaisons entre les atomes, ce qui entraîne dans certains cas une libération d'énergie de la part du système chimique. C'est le cas en particulier des réactions de combustion.

1 Réaction de combustion des alcanes et des alcools

La réaction de combustion d'un alcane ou d'un alcool correspond à une réaction entre l'espèce organique considérée et le **dioxygène**. Il se forme du **dioxyde de carbone** et de l'**eau**.

Voir le chapitre 13 pour la nomenclature des alcanes et des alcools.

- **Équation-bilan de la combustion d'un alcane**

Combustion du méthane dans le dioxygène :

$CH_{4(g)} + 2\ O_{2(g)} \rightarrow CO_{2(g)} + 2\ H_2O_{(g)}$

Combustion de l'éthane dans le dioxygène :

$C_2H_{6(g)} + \frac{7}{2}\ O_{2(g)} \rightarrow 2\ CO_{2(g)} + 3\ H_2O_{(g)}$

Équation générale (n est un entier supérieur ou égal à 1) :

$$C_nH_{2n+2} + \frac{(3n+1)}{2} O_2 \rightarrow n\ CO_2 + (n+1)\ H_2O$$

Une équation est équilibrée si les lois de conservation sont respectées : conservation des éléments chimiques, des quantités de matière associées et de la charge électrique.

• **Équation-bilan de la combustion d'un alcool**

Combustion du méthanol dans le dioxygène :

$CH_3OH_{(l)} + \frac{3}{2} O_{2(g)} \rightarrow CO_{2(g)} + 2\,H_2O_{(g)}$

Combustion de l'éthanol dans le dioxygène :

$C_2H_5OH_{(l)} + 3\,O_{2(g)} \rightarrow 2\,CO_{2(g)} + 3\,H_2O_{(g)}$

Équation générale (n est un entier supérieur ou égal à 1) :

$$C_nH_{2n+1}OH + \frac{3n}{2} O_2 \rightarrow n\,CO_2 + (n+1)\,H_2O$$

2 Énergie dans une molécule

Pour une liaison A–B entre deux atomes A et B, l'**énergie de liaison** est l'énergie nécessaire pour rompre cette liaison.
Elle est notée D_{A-B} et a pour unité usuelle le **kilojoule par mole ($kJ\cdot mol^{-1}$)**.
La rupture des liaisons est réalisée à l'état gazeux.

L'énergie de liaison dépend du nombre de liaisons entre les atomes et du type d'atome engagé dans la liaison :
$D_{C-C} = 345\ kJ\cdot mol^{-1}$; $D_{C=C} = 615\ kJ\cdot mol^{-1}$; $D_{C-O} = 356\ kJ\cdot mol^{-1}$.

La solidité d'une molécule est mesurée par son **énergie molaire de cohésion :** c'est l'énergie qu'il faut fournir à une mole de cette molécule pour la dissocier en tous ses atomes constitutifs.
Au cours du processus, toutes les liaisons entre les atomes sont rompues.
L'énergie molaire de cohésion est égale à la somme des énergies des liaisons entre les atomes de la molécule.

$$E_{mC} = \sum_i D_{A_i-B_i}$$

$E_{mC} > 0$

E_{mC} et $D_{A_i-B_i}$ en kilojoules par mole ($kJ\cdot mol^{-1}$)

3 Énergie libérée au cours d'une combustion

A Énergie molaire de réaction

■ Au cours d'une réaction chimique, il y a une réorganisation des atomes constituant les réactifs pour former de nouvelles espèces chimiques (les produits).
Il y a donc des liaisons qui se rompent et de nouvelles liaisons qui se forment.

■ Une liaison rompue consomme de l'énergie (comptée positivement) tandis qu'une liaison formée en libère (comptée négativement).
Le bilan des énergies consommées et libérées nous fournit l'énergie de réaction.

■ L'**énergie molaire de réaction** est égale à la somme algébrique des énergies des liaisons rompues et formées, sur la base de l'équation-bilan de la réaction.

$$E_{mR} = \sum_i D_{A_i\text{-}B_i}\,(\text{rompues}) - \sum_j D_{A_j\text{-}B_j}\,(\text{formées})$$

E_{mR} et $D_{A_i\text{-}B_i}$ en kJ·mol^{-1}

B Variation de l'énergie chimique

■ La réorganisation des liaisons chimiques entraîne une variation de l'énergie chimique du système constitué par les espèces réactives et produites.
Cette variation $\Delta E_{chimique}$ est appelée **énergie de réaction**.

■ L'énergie molaire de réaction est égale à la variation de l'énergie chimique du système lorsque l'avancement x de la réaction varie d'une mole.

$$\Delta E_{chimique} = x \times E_{mR}$$

$\Delta E_{chimique}$ en kJ
x en mol
E_{mR} en kJ·mol^{-1}

C Cas de la combustion des alcanes et des alcools

■ Lors d'une combustion, la variation d'énergie chimique est négative. Ce qui signifie que le système chimique perd de l'énergie. La totalité de cette énergie chimique perdue est convertie en énergie thermique cédée à l'extérieur du système chimique : **une réaction de combustion libère de l'énergie.**

■ Une réaction au cours de laquelle il y a un dégagement d'énergie thermique est dite **exothermique** (une réaction qui consomme de l'énergie est dite **endothermique**). Les réactions de combustion des alcanes et des alcools sont donc exothermiques.

Les énergies molaires des réactions de combustion des alcanes et des alcools sont négatives.

Déterminer l'énergie molaire de cohésion d'une molécule

ÉNONCÉ

Déterminer l'énergie molaire de cohésion du méthanol de formule CH_3OH.

Données :

$D_{C\text{-}H} = 415\ kJ{\cdot}mol^{-1}$; $D_{C\text{-}O} = 356\ kJ{\cdot}mol^{-1}$; $D_{O\text{-}H} = 463\ kJ{\cdot}mol^{-1}$.

MÉTHODE

- Identifier et compter tous les types de liaisons dans la molécule.
- On peut s'aider d'une formule développée ou semi-développée de la molécule.
- Appliquer la formule $E_{mC} = \sum_i D_{A_i\text{-}B_i}$.

CORRIGÉ

La formule semi-développée du méthanol est $CH_3\text{–}OH$.
On compte ainsi 3 liaisons C–H, 1 liaison C–O et 1 liaison O–H.
On applique la formule $E_{mC} = 3\ D_{C\text{-}H} + D_{C\text{-}O} + D_{O\text{-}H}$.

Application numérique : $E_{mC} = 2\ 064\ kJ{\cdot}mol^{-1}$.

Déterminer l'énergie molaire de réaction d'une combustion

ÉNONCÉ

On réalise la combustion du méthane dans le dioxygène.

1 Écrire l'équation de la réaction.

2 Déterminer l'énergie molaire de la réaction.

Données :

$D_{C\text{-}H} = 415$ kJ·mol^{-1} ; $D_{O=O} = 498$ kJ·mol^{-1} ;

$D_{C=O} = 743$ kJ·mol^{-1} ; $D_{O\text{-}H} = 463$ kJ·mol^{-1}.

MÉTHODE

1 ▶ Une équation est équilibrée si les lois de conservation sont respectées.

▶ Lors d'une combustion, il se forme du dioxyde de carbone et de l'eau.

2 ▶ Identifier et compter tous les types de liaisons rompues parmi les réactifs.

▶ Identifier et compter tous les types de liaisons formées parmi les produits.

▶ Appliquer la formule $E_{mR} = \sum_i D_{A_i\text{-}B_i}$ (rompues) $- \sum_j D_{A_j\text{-}B_j}$ (formées).

CORRIGÉ

1 L'équation-bilan est la suivante :

$CH_{4(g)} + 2\ O_{2(g)} \rightarrow CO_{2(g)} + 2\ H_2O_{(g)}$

2 Liaisons rompues parmi les réactifs : 4 liaisons C–H et 2 liaisons O=O.
Liaisons formées parmi les produits : 2 liaisons C=O et 4 liaisons O–H.
On applique la formule $E_{mR} = 4\ D_{C\text{-}H} + 2\ D_{O=O} - (2\ D_{C=O} + 4\ D_{O\text{-}H})$.

Application numérique : $E_{mR} = -\ 682$ kJ·mol^{-1}.

SE TESTER QUIZ

Dans le questionnaire à choix multiple (QCM) suivant, indiquer pour chaque proposition la (ou les) réponse(s) exacte(s).

1 La combustion d'un alcane donne les produits suivants :

☐ **a.** du dioxyde d'azote et de l'eau.

☐ **b.** du dioxyde de soufre et de l'eau.

☐ **c.** du dioxyde de carbone et de l'eau.

2 La variation de l'énergie chimique au cours d'une réaction de combustion est positive.

☐ **a.** Vrai. ☐ **b.** Faux.

3 L'énergie molaire de réaction d'une réaction de combustion a pour expression :

☐ **a.** $E_{mR} = \sum_i D_{A_i-B_i}$ (rompues) - $\sum_j D_{A_j-B_j}$ (formées).

☐ **b.** $E_{mR} = \sum_i D_{A_i-B_i}$ (formées) - $\sum_j D_{A_j-B_j}$ (rompues).

4 Une réaction de combustion est endothermique.

☐ **a.** Vrai. ☐ **b.** Faux.

S'ENTRAÎNER

5 Équations de combustion

Équilibrer les équations de combustion.

1. $C_4H_{10} + O_2 \rightarrow CO_2 + H_2O$

2. $C_5H_{12} + O_2 \rightarrow CO_2 + H_2O$

3. $C_3H_7OH + O_2 \rightarrow CO_2 + H_2O$

4. $C_4H,OH + O_2 \rightarrow CO_2 + H_2O$

6 Étude de la combustion du propane

La combustion du propane dans le dioxygène est représentée par l'équation-bilan suivante :

$$C_3H_{8\,(g)} + 5\,O_{2\,(g)} \rightarrow 3\,CO_{2\,(g)} + 4\,H_2O_{(g)}$$

1. Calculer l'énergie molaire de la réaction.

2. Calculer la variation de l'énergie chimique si l'avancement varie de 1,0 mol.

3. Au cours d'une combustion, l'avancement atteint une valeur finale égale à 3,0 mol. Calculer la variation de l'énergie chimique du système.

Données : D_{C-C} = 345 kJ·mol^{-1}; D_{C-H} = 415 kJ·mol^{-1} ; $D_{O=O}$ = 498 kJ·mol^{-1}; $D_{C=O}$ = 743 kJ·mol^{-1}; D_{O-H} = 463 kJ·mol^{-1}.

7 La cohésion de quelques molécules

On considère les quatre espèces chimiques suivantes : le méthanol, le propanol, le méthane et le propane.

1. Trouver les formules brutes des quatre espèces chimiques.

2. Calculer l'énergie molaire de cohésion des alcools.

3. Calculer l'énergie molaire de cohésion des alcanes.

4. À longueur de chaîne égale, qui des alcanes ou des alcools possèdent la plus grande cohésion ?

Données : $D_{C-C} = 345$ kJ·mol^{-1}; $D_{C-H} = 415$ kJ·mol^{-1};

$D_{O-H} = 463$ kJ·mol^{-1} ; $D_{C-O} = 356$ kJ·mol^{-1}.

OBJECTIF BAC

8 L'éthanol : un biocarburant

L'éthanol est un alcool issu de la culture des betteraves ou des céréales, obtenu après fermentation des sucres.
C'est un composant important des carburants au Brésil, qui contiennent 20 % d'éthanol et 80 % d'essence.
En France, un biocarburant nommé E85 est en cours d'expérimentation ; il est composé de 85 % d'éthanol et de 15 % d'essence.

1. Donner la formule brute de l'éthanol.

2. Calculer l'énergie molaire de cohésion de l'éthanol.

3. Écrire l'équation de combustion de l'éthanol dans le dioxygène.

4. Déterminer l'énergie molaire de cette réaction.

5. Établir le tableau d'avancement correspondant à cette combustion.

6. On fait réagir une mole d'éthanol avec du dioxygène en excès. Calculer le volume de dioxyde de carbone qui est émis.

Données :
volume molaire des gaz : $V_m = 25{,}0$ L·mol^{-1} ;
énergies de liaison :
$D_{C-C} = 345$ kJ·mol^{-1}; $D_{C-H} = 415$ kJ·mol^{-1} ; $D_{C-O} = 356$ kJ·mol^{-1} :
$D_{O-H} = 463$ kJ·mol^{-1}; $D_{O=O} = 498$ kJ·mol^{-1}; $D_{C=O} = 743$ kJ·mol^{-1}.

9 Étude de quelques combustibles

On trouve différents alcanes dans les combustibles ou les carburants les plus employés :

- le méthane compose le gaz de ville ;
- le butane se trouve dans le GPL (gaz de pétrole liquéfié) ;
- l'heptane est un des composants principaux de l'essence.

1. Donner les formules brutes de ces trois alcanes.

2. Calculer l'énergie molaire de cohésion de ces alcanes et en déduire celui qui possède la plus grande cohésion.

3. Écrire l'équation de combustion de l'heptane dans le dioxygène.

4. Déterminer l'énergie molaire de cette réaction.

5. Calculer la masse molaire de l'heptane.

6. Calculer, en kilojoules par kilogramme, l'énergie thermique (comptée positivement) dégagée au cours de la réaction de combustion d'un kilogramme de ce combustible.

Données :
$D_{C\text{-}C} = 345\ kJ{\cdot}mol^{-1}$;
$D_{C\text{-}H} = 415\ kJ{\cdot}mol^{-1}$;
$D_{O\text{-}H} = 463\ kJ{\cdot}mol^{-1}$;
$D_{O=O} = 498\ k{\cdot}mol^{-1}$;
$D_{C=O} = 743\ kJ{\cdot}mol^{-1}$;
$M_H = 1{,}0\ g{\cdot}mol^{-1}$;
$M_C = 12{,}0\ g{\cdot}mol^{-1}$.

SE TESTER

1 **Réponse c.** La combustion d'un alcane donne du dioxyde de carbone et de l'eau.

2 **Réponse b.** Faux : la variation de l'énergie chimique au cours d'une réaction de combustion est négative.

3 **Réponse a.** $E_{mR} = \sum_i D_{A_i-B_i}$ (rompues) - $\sum_j D_{A_j-B}$j (formées).

4 **Réponse b.** Faux : une réaction de combustion est exothermique.

5 Équations de combustion

1. $C_4H_{10} + \frac{13}{2} O_2 \rightarrow 4\ CO_2 + 5\ H_2O$

2. $C_5H_{12} + 8\ O_2 \rightarrow 5\ CO_2 + 6\ H_2O$

3. $C_3H_7OH + \frac{9}{2} O_2 \rightarrow 3\ CO_2 + 4\ H_2O$

4. $C_4H_9OH + 6\ O_2 \rightarrow 4\ CO_2 + 5\ H_2O$

S'ENTRAÎNER

6 Étude de la combustion du propane

1. $E_{mR} = \sum_i D_{A_i-B_i}$ (rompues) - $\sum_j D_{A_j-B_j}$ (formées)

Liaisons rompues parmi les réactifs :
2 liaisons C–C, 8 liaisons C–H et 5 liaisons O=O.

Liaisons formées parmi les produits :
6 liaisons C=O et 8 liaisons O–H.

On applique la formule :
$E_{mR} = 2\ D_{C\text{-}C} + 8\ D_{C\text{-}H} + 5\ D_{O=O} - (6\ D_{C=O} + 8\ D_{O\text{-}H})$.

Application numérique : $E_{mR} = -1\,662$ kJ·mol^{-1}.

2. On applique la formule $\Delta E_{chimique} = x \times E_{mR}$.

Application numérique : $\Delta E_{chimique} = 1{,}0 \times (-1\,662) = -1{,}7 \times 10^3$ kJ·mol^{-1}.

3. On applique à nouveau la formule $\Delta E_{chimique} = x \times E_{mR}$.

$\Delta E_{chimique} = 3{,}0 \times (-1\,662) = -5{,}0 \times 10^3$ kJ·mol^{-1}.

7 La cohésion de quelques molécules

1. Méthanol : CH_3OH ; propanol : C_3H_7OH ; méthane : CH_4 ; propane : C_3H_8.

2. Méthanol : 3 liaisons C–H, 1 liaison C–O et 1 liaison O–H.

On applique la formule : $E_{mC} = 3\ D_{C-H} + D_{C-O} + D_{O-H}$.

Application numérique : $E_{mC} = 2\ 064\ kJ{\cdot}mol^{-1}$.

Propanol : 2 liaisons C–C, 7 liaisons C–H, 1 liaison C–O et 1 liaison O–H.

On applique la formule : $E_{mC} = 2\ D_{C-C} + 7\ D_{C-H} + D_{C-O} + D_{O-H}$.

Application numérique : $E_{mC} = 4\ 414\ kJ{\cdot}mol^{-1}$.

3. Méthane : 4 liaisons C–H.

On applique la formule : $E_{mC} = 4\ D_{C-H}$.

Application numérique : $E_{mC} = 1\ 660\ kJ{\cdot}mol^{-1}$.

Propane : 2 liaisons C–C, 8 liaisons C–H.

On applique la formule : $E_{mC} = 2\ D_{C-C} + 8\ D_{C-H}$.

Application numérique : $E_{mC} = 4\ 010\ kJ{\cdot}mol^{-1}$.

4. On constate que :

$E_{mC}(CH_4) < E_{mC}(CH_3OH)$ et $E_{mC}(C_3H_8) < E_{mC}(C_3H_7OH)$

On en conclut qu'à longueur de chaîne égale, les alcools possèdent une cohésion plus grande que celle des alcanes.

OBJECTIF BAC

8 L'éthanol : un biocarburant

1. Formule brute de l'éthanol : C_2H_5OH.

2. On compte 1 liaison C–C, 5 liaisons C–H, 1 liaison C–O et 1 liaison O–H.

On applique la formule : $E_{mC} = D_{C-C} + 5\ D_{C-H} + D_{C-O} + D_{O-H}$.

Application numérique : $E_{mC} = 3\ 239\ kJ{\cdot}mol^{-1}$.

3. $C_2H_5OH_{(l)} + 3\ O_{2(g)} \rightarrow 2\ CO_{2(g)} + 3\ H_2O_{(g)}$

4. $E_{mR} = \sum_i D_{A_i-B_i}$ (rompues) – $\sum_i D_{A_i-B_i}$ (formées)

Liaisons rompues parmi les réactifs : 1 liaison C–C, 5 liaisons C–H, 1 liaisons C–O, 1 liaisons O–H et 3 liaisons O=O.

Liaisons formées parmi les produits : 4 liaisons C=O et 6 liaisons O–H.

On applique la formule :
$E_{mR} = D_{C\text{-}C} + 5\,D_{C\text{-}H} + D_{C\text{-}O} + D_{O\text{-}H} + 3\,D_{O=O} - (4\,D_{C=O} + 6\,D_{O\text{-}H})$.
Application numérique : $E_{mR} = -\,1\,017$ kJ·mol^{-1}.

5. Tableau d'avancement correspondant à cette combustion :

Équation-bilan		$C_2H_5OH_{(g)}$ +	$3\,O_{2(g)}$ →	$2\,CO_{2(g)}$ +	$3\,H_2O_{(g)}$
État	Avancement (mol)	$n_{C_2H_5OH}$ (mol)	n_{O_2} (mol)	n_{CO_2} (mol)	n_{H_2O} (mol)
Initial	$x = 0$	$n_{i(C_2H_5OH)}$	$n_{i(O_2)}$	0	0
Intermédiaire	x	$n_{i(C_2H_5OH)} - x$	$n_{i(O_2)} - 3\,x$	$2\,x$	$3\,x$
Final	$x = x_f$	$n_{i(C_2H_5OH)} - x_f$	$n_{i(O_2)} - 3\,x_f$	$2\,x_f$	$3\,x_f$

6. Le dioxygène étant en excès, l'éthanol est le réactif limitant. L'avancement final est donc égal à :
$n_{i(C_2H_5OH)} - x_f = 0$ soit $x_f = n_{i(C_2H_5OH)} = 1{,}0$ mol.
On en déduit la quantité de dioxyde de carbone formé :
$n_{f(CO_2)} = 2\,x_f = 2{,}0$ mol.
On peut calculer le volume de dioxyde de carbone émis :
$V_{(CO_2)} = n_{f(CO_2)} \times V_m = 50$ L.

9 Étude de quelques combustibles

1. Formules brutes :
- méthane : CH_4
- butane : C_4H_{10}
- heptane : C_7H_{16}

2. Calcul des énergies molaires de cohésion :
E_{mC}(méthane) $= 4 \times D_{C\text{-}H}$
Application numérique : E_{mC}(méthane) $= 1\,660$ kJ·mol^{-1}
E_{mC}(buthane) $= 10 \times D_{C\text{-}H} + 3 \times D_{C\text{-}C}$
Application numérique : E_{mC}(buthane) $= 5\,185$ kJ·mol^{-1}
E_{mC}(hepthane) $= 16 \times D_{C\text{-}H} + 6 \times D_{C\text{-}C}$
Application numérique : E_{mC}(hepthane) $= 8\,710$ kJ·mol^{-1}
L'alcane qui possède la plus grande énergie de cohésion est l'heptane.

3. Équation de combustion de l'heptane dans le dioxygène :

$$C_7H_{16} + 11\,O_2 \rightarrow 7\,CO_2 + 8\,H_2O$$

4. Calcul de l'énergie molaire de cette réaction :

$$E_{\text{mR}} = \sum_i D_{A_i - B_i}(\text{rompues}) - \sum_j D_{A_j - B_j}(\text{formées})$$

Il s'est rompu : 16 liaisons C–H, 6 liaisons C – C et 11 liaisons O = O.

$$E_{\text{mR}} = \sum_i D_{A_i - B_i}(\text{rompues}) = 16 \times D_{\text{C - H}} + 6 \times D_{\text{C-C}} + 11 \times D_{\text{O = O}}$$

Il s'est formé : 16 liaisons O–H et 14 liaisons C = O.

$$E_{\text{mR}} = \sum_j D_{A_j - B_j}(\text{formées}) = 16 \times D_{\text{O - H}} + 14 \times D_{\text{C - O}}$$

Application numérique : $E_{\text{mR}} = -\,3\,622\ \text{kj·mol}^{-1}$

5. Calcul de la masse molaire de l'heptane : $M(C_7H_{16}) = 7 \times M_C + 16 \times M_H$

Application numérique : $M(C_7H_{16}) = 100{,}0\ \text{g·mol}^{-1}$

6. La combustion d'une mole d'heptane produit 3 622 kJ d'énergie thermique. Sachant qu'une mole d'heptane a une masse égale à 100,0 g :

$$Q = \frac{|-3\,622|}{0{,}100\,0} = 3{,}622 \times 10^4\ \text{kJ·kg}^{-1}$$

www.annabac.com

CHAPITRE 21

Transformation de l'énergie chimique en énergie électrique dans une pile

Les piles et les batteries font aujourd'hui partie de notre quotidien : télécommandes, jouets, montres, téléphones et ordinateurs portables... Aucun de ces appareils ne pourrait fonctionner de manière autonome sans ces réserves d'énergie. Mais d'où provient l'énergie électrique délivrée ? Quels types de réactions chimiques ont lieu dans les piles et les batteries ?

1 Réactions d'oxydoréduction

A Définition d'un couple oxydant/réducteur

- Un **réducteur** est une espèce chimique susceptible de céder un ou plusieurs électrons.

- Un **oxydant** est une espèce chimique susceptible de capter un ou plusieurs électrons.

- Un **couple oxydant/réducteur** est constitué d'un oxydant et d'un réducteur, dans lequel on passe d'un membre du couple à l'autre par un transfert d'électrons e^-. On peut symboliser ce passage par une demi-équation redox :

$$\text{oxydant} + n\,e^- = \text{réducteur}$$

Ce couple est appelé **couple redox** et se note **Ox/Red**.

Exemples : Couple $Zn^{2+}_{(aq)}/Zn_{(s)}$: $Zn^{2+}_{(aq)} + 2\,e^- = Zn_{(s)}$

Couple $Cu^{2+}_{(aq)}/Cu_{(s)}$: $Cu^{2+}_{(aq)} + 2\,e^- = Cu_{(s)}$

B Écrire les réactions d'oxydoréduction

- Au cours d'une réaction d'oxydoréduction, il y a un transfert d'électrons e^- entre l'oxydant d'un couple redox et le réducteur d'un autre couple redox.

> Le nombre d'électrons cédés par le réactif réducteur est égal au nombre d'électrons captés par le réactif oxydant.

■ Ainsi, une réaction redox, qui met en jeu le réducteur d'un couple Ox_1/Red_1 et l'oxydant d'un couple Ox_2/Red_2, traduit le transfert d'un ou plusieurs électrons de Red_1 vers Ox_2 selon l'équation-bilan suivante.

$$\begin{array}{lr} Red_1 = n_1\,e^- + Ox_1 & (\times n_2) \\ Ox_2 + n_2\,e^- = Red_2 & (\times n_1) \\ \hline n_2\,Red_1 + n_1\,Ox_2 \rightarrow n_2\,Ox_1 + n_1\,Red_2 & \end{array}$$

On multiplie les deux demi-équations électroniques par les coefficients n_1 et n_2 pour respecter la loi de conservation de la charge électrique au cours de la réaction chimique.

Exemple : la réaction entre le métal zinc et les ions cuivre II produit des ions zinc II et du métal cuivre :

$$Zn_{(s)} + Cu^{2+}{}_{(aq)} \rightarrow Zn^{2+}{}_{(aq)} + Cu_{(s)}$$

1 Principe d'une pile électrochimique

A Caractère réducteur des métaux

Les métaux perdent facilement un ou plusieurs électrons au cours d'une réaction redox pour former des cations métalliques.

Couple redox : $M^{n+}{}_{(aq)}/M_{(s)}$.

Demi-équation redox : $M^{n+}{}_{(aq)} + n\,e^- = M_{(s)}$.

B La demi-pile

Une demi-pile est constituée par une plaque d'un métal M plongeant dans une solution aqueuse contenant les ions métalliques M^{n+}, oxydant du couple M^{n+}/M.

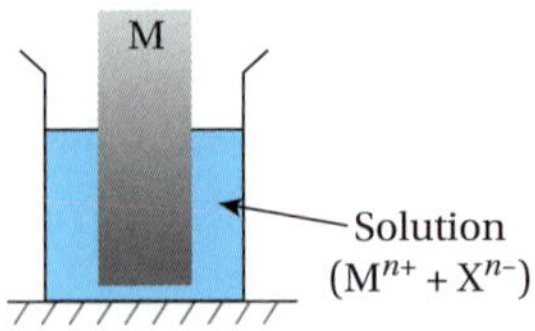

FIGURE 1 Demi-pile

C Constitution d'une pile

- Une pile est constituée de **deux demi-piles**, chacune formée par l'un des couples oxydant/réducteur : $M_1{}^{n_1+}{}_{(aq)}/M_{1(s)}$ et $M_2{}^{n_2+}{}_{(aq)}/M_{2(s)}$. Les deux demi-piles sont reliées par un **pont salin.**

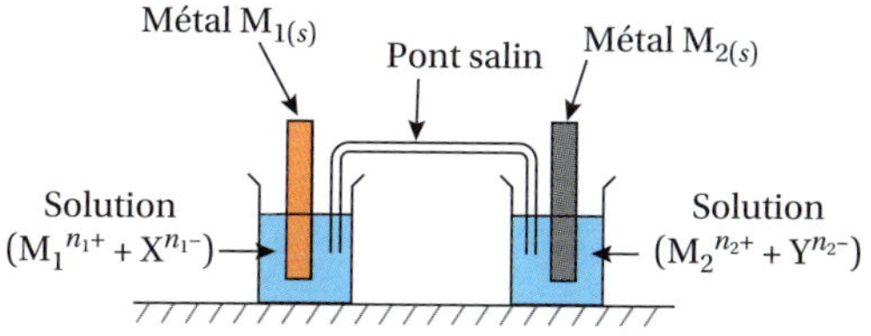

FIGURE 2 Schéma d'une pile

- Le pont salin contient des ions, ce qui permet le passage du courant électrique entre les deux demi-piles, lorsque la pile fonctionne.
Le pont salin assure l'électroneutralité des solutions aqueuses.

- Les plaques métalliques M_1 et M_2 sont appelées les **électrodes** : elles constituent les bornes de la pile.
  - L'**électrode négative** est appelée **anode**.
  - L'**électrode positive** est appelée **cathode**.

2 Fonctionnement d'une pile

A Les réactions aux électrodes

- À l'**anode** (électrode négative) a lieu une **oxydation** : $M_{1\,(s)} = M_1{}^{n_1+}{}_{(aq)} + n_1\,e^-$.
- À la **cathode** (électrode positive) a lieu une **réduction** : $M_2{}^{n_2+}{}_{(aq)} + n_2\,e^- = M_{2\,(s)}$.

B La réaction de fonctionnement global de la pile

- Elle traduit la réaction globale qui s'effectue dans la pile :

$$n_2\,M_{1\,(s)} + n_1\,M_2{}^{n_2+}{}_{(aq)} \rightarrow n_2\,M_1{}^{n_1+}{}_{(aq)} + n_1\,M_{2\,(s)}$$

- Au cours du fonctionnement de la pile, il y a un **transfert indirect et spontané d'électrons** entre un **métal** (**réducteur**) et un **cation métallique** (**oxydant**).
Le transfert s'effectue à travers un circuit de charge à l'extérieur de la pile.

C Migration des ions dans la pile et circulation des électrons à l'extérieur de la pile

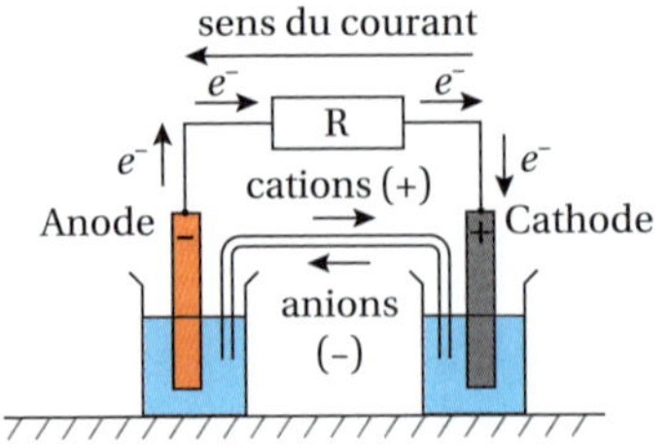

Le sens de circulation du courant est l'opposé de celui des électrons et des anions.

D Rôle de la pile

- La pile est un **générateur électrochimique** : elle fournit un courant électrique au circuit auquel elle est branchée.
- Dans la pile, il y a **conversion d'énergie chimique en énergie électrique.**

E Énergie électrique fournie

Considérons une pile ayant fonctionné pendant une **durée Δt** et ayant débité un **courant d'intensité constante I**. La **tension U** aux bornes de la pile est également constante au cours du fonctionnement.
L'**énergie électrique W_e** fournie au circuit durant le fonctionnement est égale à :

$$W_e = U \times I \times \Delta t$$

W_e en joules (J)
U en volts (V)
I en ampères (A)
Δt en secondes (s)

La tension U d'une pile débitant un courant électrique d'intensité I a pour expression : $U = E - r \times I$
où r est la résistance interne de la pile et E sa force électromotrice.

Compléter le schéma d'une pile et prévoir son fonctionnement

ÉNONCÉ

On réalise une pile formée à partir des couples d'oxydoréduction suivants : Ni^{2+}/Ni et Zn^{2+}/Zn.

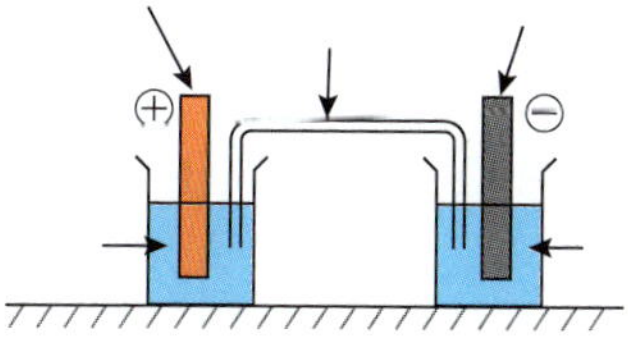

L'électrode négative de cette pile est l'électrode de zinc.

1 Compléter la figure précédente avec les expressions suivantes : électrode de nickel, électrode de zinc, pont salin, solution contenant des ions Zn^{2+}, solution contenant des ions Ni^{2+}.

2 Préciser à chaque électrode s'il s'agit d'une oxydation ou d'une réduction, puis écrire les demi-équations des réactions se produisant aux électrodes.

3 Écrire l'équation de la réaction globale qui a lieu quand la pile débite un courant électrique.

MÉTHODE

1 ▶ Chaque demi-pile est constituée par une électrode métallique M plongeant dans une solution aqueuse contenant le cation métallique associé M^{n+}.

2 ▶ À l'anode (électrode négative) a lieu une oxydation et à la cathode (électrode positive) une réduction.

3 ▶ Multiplier les demi-équations redox par des coefficients permettant d'assurer que le nombre d'électrons cédés par le réducteur est égal à celui captés par l'oxydant.

CORRIGÉ

1 Schéma complété :

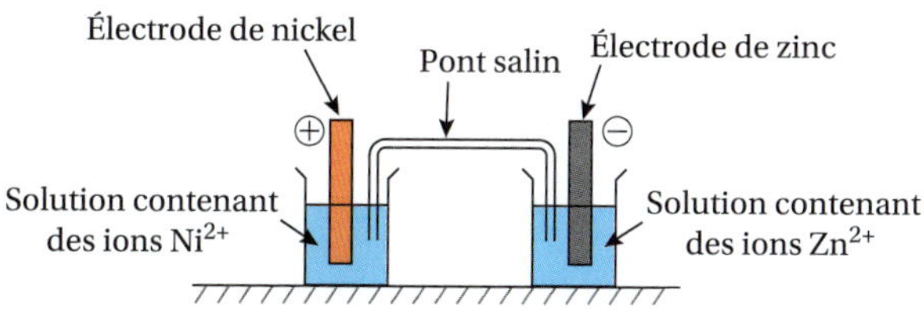

2 À l'électrode de nickel (cathode) a lieu la réduction : $Ni^{2+}{}_{(aq)} + 2\ e^- = Ni_{(s)}$.

À l'électrode de zinc (anode) a lieu l'oxydation : $Zn_{(s)} = Zn^{2+}{}_{(aq)} + 2\ e^-$.

3 La réaction chimique ayant lieu lorsque la pile débite un courant électrique a pour équation-bilan : $Ni^{2+}{}_{(aq)} + Zn_{(s)} \rightarrow Zn^{2+}{}_{(aq)} + Ni_{(s)}$.

Prévoir la polarité d'une pile électrochimique

ÉNONCÉ

On mesure à l'aide d'un voltmètre la tension aux bornes d'une pile qui ne débite aucun courant. La borne V du voltmètre est branchée sur l'électrode en cuivre tandis que la borne COM est branchée sur l'électrode en zinc. On mesure une tension $U = 1{,}05$ V.

1 Trouver la polarité des deux électrodes.

2 Quelle est la valeur de la force électromotrice E de cette pile ?

MÉTHODE

1 ▶ La tension U mesurée est égale à la différence de potentiel entre l'électrode M_1 branchée sur V et celle M_2 branchée sur COM.

▶ Le signe de la tension U nous renseigne sur le signe de chaque électrode :

si $U > 0$ alors $V_{M_1} > 0$ et $V_{M_2} < 0$ et si $U < 0$ alors $V_{M_1} < 0$ et $V_{M_2} > 0$.

2 ▶ La force électromotrice E est égale à la tension entre les deux bornes de la pile lorsqu'elle ne produit pas de courant ($I = 0$).

CORRIGÉ

1 La tension U étant positive, on en déduit que : $V_{Cu} > 0$ et $V_{Zn} < 0$.
L'électrode en cuivre est positive et celle en zinc est négative.

2 La pile ne débitant aucun courant : $E = U = 1{,}05$ V.

SE TESTER QUIZ

Dans le questionnaire à choix multiple (QCM) suivant, indiquer pour chaque proposition la (ou les) réponse(s) exacte(s).

1 Au cours d'une réaction d'oxydoréduction :

☐ **a.** le réactif réducteur capte les électrons cédés par le réactif oxydant.

☐ **b.** le réactif oxydant capte les électrons cédés par le réactif réducteur.

☐ **c.** il y a un transfert d'électrons entre le réactif réducteur et le réactif oxydant.

2 Dans une pile, il y a conversion d'énergie chimique en énergie électrique.

☐ **a.** Vrai. ☐ **b.** Faux.

3 L'énergie électrique cédée par une pile à un circuit a pour expression :

☐ **a.** $W_e = \frac{U \times I}{\Delta t}$ ☐ **b.** $W_e = U \times I \times \Delta t$

4 Le sens de passage du courant est le même que celui des électrons et des anions.

☐ **a.** Vrai. ☐ **b.** Faux.

S'ENTRAÎNER

5 Équations d'oxydoréduction

Établir les demi-équations redox, puis l'équation-bilan, à partir des couples redox suivants :

1. Réaction entre le fer (Fe) et les ions plomb II (Pb^{2+}) ; couples redox mis en jeu : $Fe^{2+}_{(aq)}/Fe_{(s)}$ et $Pb^{2+}_{(aq)}/Pb_{(s)}$.

2. Réaction entre le cuivre (Cu) et les ions argent (Ag^{+}) ; couples redox mis en jeu : $Ag^{+}_{(aq)}/Ag_{(s)}$ et $Cu^{2+}_{(aq)}/Cu_{(s)}$.

3. Réaction entre l'aluminium (Al) et les ions cuivre II (Cu^{2+}) ; couples redox mis en jeu : $Al^{3+}_{(aq)}/Al_{(s)}$ et $Cu^{2+}_{(aq)}/Cu_{(s)}$.

6 Étude d'un accumulateur au plomb

Un accumulateur au plomb est utilisé comme source d'énergie électrique pour le démarrage des moteurs thermiques des véhicules, car il est capable de débiter des courants de forte intensité. Un élément d'accumulateur est identifié à une pile, dont l'une des électrodes est en plomb (Pb) et l'autre en plomb recouverte d'oxyde de plomb (PbO_2).
Les couples redox mis en jeu sont : $Pb^{2+}_{(aq)}$ / $Pb_{(s)}$ et $PbO_{2(s)}/Pb^{2+}_{(aq)}$.

1. Écrire les demi-équations redox associées.

Utiliser l'ion $H^+_{(aq)}$ et la molécule d'eau $H_2O_{(l)}$ pour équilibrer la demi-équation redox du couple $PbO_{2(s)}/Pb^{2+}_{(aq)}$.

2. Établir l'équation-bilan de la réaction de fonctionnement, sachant que l'ion plomb II constitue l'un des produits.

3. Au démarrage, l'accumulateur fournit un courant d'intensité $I = 55$ A sur une durée de 4,0 s.
La tension U est égale à 24 V.
Calculer l'énergie qui est fournie au circuit du moteur.

4. Un accumulateur peut être rechargé en branchant entre ses deux bornes un générateur électrique.
Dans ces conditions, les réactifs sont régénérés selon une transformation chimique inverse à celle du fonctionnement.
Écrire l'équation-bilan de la réaction ayant lieu au cours de la charge.

7 La pile Daniell

La pile Daniell a été conçue par le physicien britannique John Daniell en 1836. Son principal atout à l'époque est de délivrer un courant constant. Le modèle étudié est constitué de deux demi-piles (une électrode de zinc et une électrode de cuivre) reliées par un pont salin. L'équation-bilan de la réaction de fonctionnement a pour expression :

$$Zn_{(s)} + Cu^{2+}_{(aq)} \rightarrow Zn^{2+}_{(aq)} + Cu_{(s)}$$

L'électrode positive de cette pile est l'électrode de cuivre.

1. Identifier l'oxydant et le réducteur parmi les réactifs, puis écrire les couples redox mis en jeu.

2. Réaliser un schéma de la pile.

3. Ajouter aux bornes de la pile un conducteur ohmique et indiquer le sens de passage du courant dans et hors de la pile.

4. Une pile Daniell délivre un courant constant d'intensité $I = 124$ mA pendant une durée de 20 minutes.
La tension U est égale à 1,05 V.
Calculer l'énergie électrique fournie par la pile.

5. Calculer la résistance interne r de la pile, sachant que la force électromotrice E est égale à 1,25 V.

OBJECTIF BAC

8 La pile à combustible

Les premiers prototypes de pile à combustible datent des années 1950. C'est une pile non polluante, qui constituerait le générateur idéal des futurs moteurs électriques de voiture. Elle a déjà alimenté en électricité les missions spatiales Apollo, qui ont permis d'envoyer des astronautes américains se poser sur la Lune, et on les trouve également dans les navettes spatiales.
Une cellule de pile à hydrogène est constituée de deux électrodes poreuses séparées par un électrolyte (acide dans le cas présent).

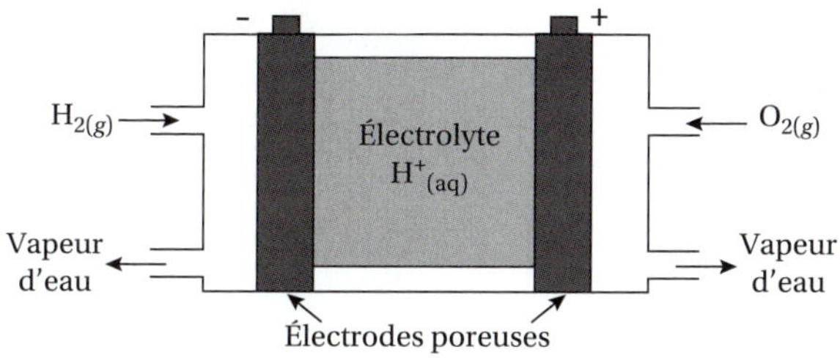

Le couple $H^+_{(aq)}/H_{2(g)}$ est mis en jeu à la borne négative, tandis que le couple $O_{2(g)}/H_2O_{(l)}$ intervient à la borne positive.

1. Établir les demi-équations redox associées à chacune des bornes.

2. Associer le type de réaction qui se déroule à chaque borne : oxydation ou réduction.

3. En déduire l'équation de la réaction ayant lieu. Pourquoi peut-on affirmer que cette pile est non polluante ?

4. On appelle « combustible » le réactif qui est oxydé. Trouver le combustible de cette pile.

5. On considère une cellule de pile à hydrogène sous une tension $U = 1,2$ V et délivrant un courant d'intensité $I = 1,5$ A. Calculer l'énergie électrique délivrée sur 24 heures.

6. Une voiture dotée d'un moteur électrique qui est alimenté par une pile à hydrogène consomme 0,50 kg de dihydrogène pour parcourir 100 km. Calculer le volume de dihydrogène correspondant. Quel problème technologique soulève le résultat obtenu ?

Données : volume molaire des gaz : $V_m = 25,0\ L{\cdot}mol^{-1}$; masse molaire de l'hydrogène : $M_H = 1,0\ g{\cdot}mol^{-1}$.

9 La pile de Volta

La première pile électrique a été mise au point par Alessandro Volta (1745-1827) et a été fabriquée pour la première fois en 1800.

Cette pile est une colonne où s'empile des disques de zinc et de cuivre alternés, séparés par un tissu imbibé d'une solution aqueuse concentrée de chlorure de sodium, contenant des ions sodium $Na^{+}_{(aq)}$ et chlorure $Cl^{-}_{(aq)}$, appelée saumure.

Un élément de la pile est constitué par un disque de cuivre et un disque de zinc séparés par le tissu imbibé.

Les bornes de la pile sont constituées respectivement par un disque de cuivre et un disque de zinc et leurs polarités sont indiquées sur la figure suivante.

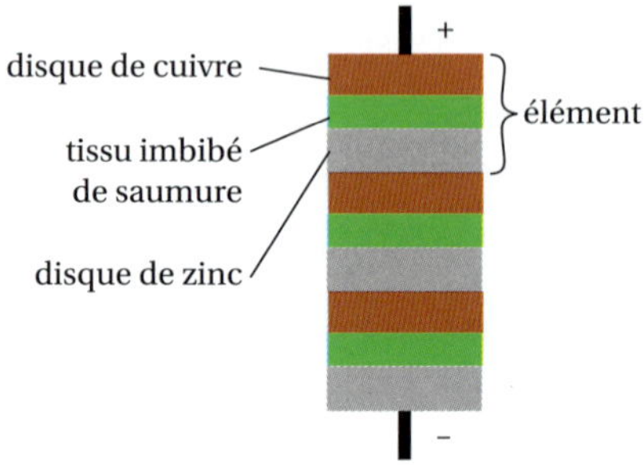

1. Quel est le rôle du tissu imbibé de saumure?

2. Quel type de réaction s'effectue au niveau de la borne constituée par le disque de zinc ?

3. Quel type de réaction s'effectue au niveau de la borne constituée par le disque de cuivre ?

4. Écrire les demi-équations des réactions se produisant aux bornes de la pile.

5. Écrire l'équation de la réaction globale lorsque la pile fournit un courant électrique.

6. Volta a construit sa première pile avec un empilement de 60 éléments.
Quelle est la tension aux bornes de cette pile sachant que la tension aux bornes d'un élément est égale à 1,1 V ?

7. Cette pile fonctionne pendant 10 minutes en fournissant un courant électrique d'intensité $I = 0{,}12$ A.
Calculer l'énergie électrique fournie par la pile.

SE TESTER

1 Réponse b et c. Au cours d'une réaction d'oxydoréduction le réactif oxydant capte les électrons cédés par le réactif réducteur ; il y a donc aussi un transfert d'électrons entre le réactif réducteur et le réactif oxydant.

2 Réponse a. Vrai : dans une pile, il y a conversion d'énergie chimique en énergie électrique.

3 Réponse b. $W_e = U \times I \times \Delta t$.

4 Réponse b. Faux : le sens de passage du courant est opposé à celui des électrons et des anions.

S'ENTRAÎNER

5 Équations d'oxydoréduction

1. $Fe^{2+}_{(aq)} + 2\ e^- = Fe_{(s)}$ et $Pb^{2+}_{(aq)} + 2\ e^- = Pb_{(s)}$

$Fe_{(s)} + Pb^{2+}_{(aq)} \rightarrow Fe^{2+}_{(aq)} + Pb_{(s)}$

2. $Ag^{+}_{(aq)} + e^- = Ag_{(s)}$ et $Cu^{2+}_{(aq)} + 2\ e^- = Cu_{(s)}$

$2\ Ag^{+}_{(aq)} + Cu_{(s)} \rightarrow 2\ Ag_{(s)} + Cu^{2+}_{(aq)}$

3. $Al^{3+}_{(aq)} + 3\ e^- = Al_{(s)}$ et $Cu^{2+}_{(aq)} + 2\ e^- = Cu_{(s)}$

$2\ Al_{(s)} + 3\ Cu^{2+}_{(aq)} \rightarrow 2\ Al^{3+}_{(aq)} + 3\ Cu_{(s)}$

6 Étude d'un accumulateur au plomb

1. $Pb^{2+}_{(aq)} + 2\ e^- = Pb_{(s)}$ et $PbO_{2(s)} + 4\ H^{+}_{(aq)} + 2\ e^- = Pb^{2+}_{(aq)} + 2\ H_2O_{(l)}$

2. $Pb_{(s)} + PbO_{2(s)} + 4\ H^{+}_{(aq)} \rightarrow 2\ Pb^{2+}_{(aq)} + 2\ H_2O_{(l)}$

3. On applique la formule $W_e = U \times I \times \Delta t$
avec $I = 55$ A ; $\Delta t = 4{,}0$ s ; $U = 24$ V.
Soit $W_e = 24 \times 55 \times 4{,}0 = 5{,}3 \times 10^3$ J.

4. Équation-bilan de la réaction ayant lieu au cours de la charge :
$2\ Pb^{2+}_{(aq)} + 2\ H_2O_{(l)} \rightarrow Pb_{(s)} + PbO_{2(s)} + 4\ H^{+}_{(aq)}$

7 La pile Daniell

1. L'oxydant est l'ion cuivre II et le réducteur est le métal zinc.
Couples redox mis en jeu : $Cu^{2+}_{(aq)}/Cu_{(s)}$ et $Zn^{2+}_{(aq)}/Zn_{(s)}$.

2. et **3.** Schéma de la pile.

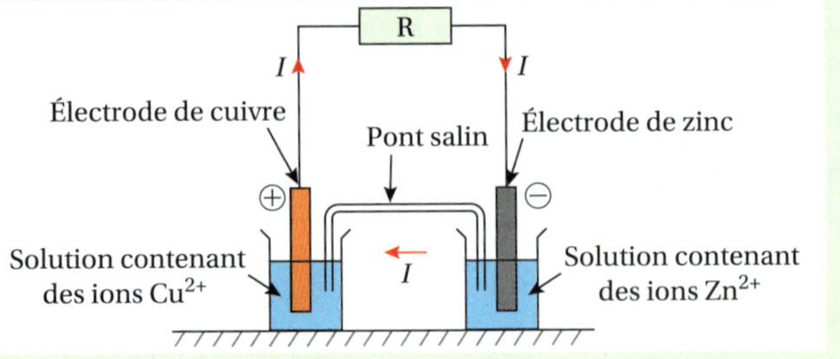

4. On applique la formule $W_e = U \times I \times \Delta t$
avec $I = 124$ mA $= 0{,}124$ A ; $\Delta t = 20$ min $= 20 \times 60$ s ; $U = 1{,}05$ V.
Soit $W_e = 0{,}124 \times 1{,}05 \times 20 \times 60 = 1{,}6 \times 10^2$ J.

5. On applique la formule $U = E - r \times I$ d'où $r = \dfrac{E - U}{I}$.
Soit $r = \dfrac{1{,}25 - 1{,}05}{0{,}124} = 1{,}6\ \Omega$.

OBJECTIF BAC

8 La pile à combustible

1. Demi-équations redox associées à chacune des bornes :
borne positive : $O_{2(g)} + 4\,H^+_{(aq)} + 4\,e^- = 2\,H_2O_{(l)}$;
borne négative : $H_{2(g)} = 2\,H^+_{(aq)} + 2\,e^-$.

2. À la borne positive a lieu une réduction.
À la borne négative a lieu une oxydation.

3. $O_{2(g)} + 2\,H_{2(g)} = 2\,H_2O_{(l)}$
Cette pile est non polluante car elle ne produit que de l'eau.

4. Le réactif qui est oxydé correspond au réducteur de la réaction chimique : il s'agit donc du dihydrogène.

5. On applique la formule $W_e = U \times I \times \Delta t$
avec $I = 1{,}5$ A ; $\Delta t = 24$ h $= 24 \times 3\,600$ s ; $U = 1{,}2$ V.
Soit $W_e = 1{,}2 \times 1{,}5 \times 24 \times 3\,600 = 1{,}6 \times 10^5$ J.

6. Calcul du volume de dihydrogène : $V_{(H_2)} = n_{(H_2)} \times V_m = \dfrac{m_{(H_2)}}{M_{(H_2)}} \times V_m$

avec $m_{(H_2)} = 0{,}50$ kg $= 5{,}0 \times 10^2$ g ; $V_m = 25{,}0$ L·mol^{-1} ;
$M_{(H_2)} = 2 \times M_H = 2{,}0$ g·mol^{-1}.

Soit $V_{(H_2)} = \dfrac{5{,}0 \times 10^2}{2{,}0} \times 25{,}0 = 6{,}3 \times 10^3$ L.

Le problème technologique soulevé est que l'on ne peut pas stocker le dihydrogène à l'état gazeux dans les conditions de température et de pression d'utilisation (1 bar et 20 °C) vu l'importance du volume.
Le stockage doit donc se faire à l'état liquide ou à l'état de gaz très comprimé.

9 La pile de Volta

1. La saumure est une solution ionique, le tissu imbibé de saumure permet le passage du courant électrique entre les disques de métal.
Il joue le rôle de pont salin.

2. La borne constituée par le disque de zinc est l'anode (borne négative) de la pile : la réaction qui y a lieu est une oxydation.

3. La borne constituée par le disque de cuivre est la cathode (borne positive) de la pile : la réaction qui y a lieu est une réduction.

4. Anode : $Zn_{(s)} = Zn^{2+}{}_{(aq)} + 2e^-$
Cathode : $Cu^{2+}{}_{(aq)} + 2e^- = Cu_{(s)}$

5. Équation de la réaction globale lorsque la pile fournit un courant électrique.
$Zn_{(s)} + Cu^{2+}{}_{(aq)} \rightarrow Zn^{2+}{}_{(aq)} + Cu_{(s)}$

6. La tension aux bornes de cette pile est : $U_{pile} = 60 \times U_{élément}$
Application numérique : $U_{pile} = 66$ V

7. Calcul de l'énergie électrique fournie par la pile :
$E_{elec} = U \times I \times \Delta t$
Application numérique:
$\Delta t = 10$ min $= 600$ s
$E_{elec} = 4{,}8 \times 10^3$ J

www.annabac.com

CHAPITRE

22 Les espèces chimiques organiques oxygénées

Dans la vie courante, on utilise ou on consomme une multitude d'espèces chimiques organiques oxygénées : éthanol, acétone, paracétamol, glucose, formaldéhyde, acide acétique… Quelles sont les particularités constitutives de ces molécules ? Comment les différencier les unes des autres ?

1 Généralités sur les espèces organiques

- Un **groupe caractéristique** est un assemblage d'atomes lié à la chaîne principale de la molécule organique, qui contient des atomes tels que l'oxygène, l'azote, le chlore…
Exemples : groupe hydroxyle : –OH ; groupe carbonyle : C=O ; groupe amine : $-NH_2$.

- Différentes molécules organiques possédant le même groupe caractéristique appartiennent à la même famille de composés organiques.
Exemples : les alcools, les aldéhydes, les cétones…

- Le même groupe caractéristique porté par différentes molécules organiques confère à ces dernières des propriétés chimiques communes.

- On appelle **carbone fonctionnel** l'atome de carbone portant le groupe caractéristique.

2 Les alcools

- On a vu au chapitre 13 que les alcools sont des composés organiques qui comportent le groupe hydroxyle de formule –OH.
La **formule brute** des alcools est de la forme : R–OH.

- Il existe différentes catégories (ou **classes**) d'alcools, qui dépendent de la classe de l'atome de carbone portant le groupe hydroxyle.

LA CLASSE DES ATOMES DE CARBONE

• Un carbone primaire est un atome de carbone portant le groupe fonctionnel et relié à un (ou aucun) atome de carbone, ses autres liaisons étant des liaisons carbone-hydrogène.

• Un carbone secondaire est un atome de carbone portant le groupe fonctionnel et relié à deux atomes de carbone et un atome d'hydrogène.

• Un carbone tertiaire est un atome de carbone portant le groupe fonctionnel et relié à trois atomes de carbone.

Les différentes classes d'alcool sont :

• **alcools primaires :** groupe fonctionnel lié à un carbone primaire.

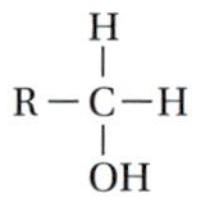

Exemple : $HO-CH_2-CH_2-CH_3$

• **alcools secondaires :** groupe fonctionnel lié à un carbone secondaire.

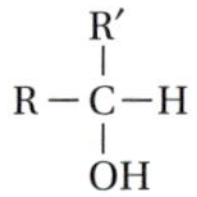

Exemple :

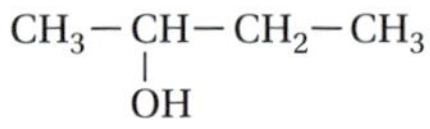

• **alcools tertiaires :** groupe fonctionnel lié à un carbone tertiaire.

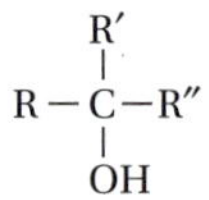

Exemple :

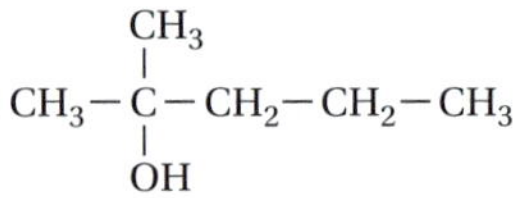

DÉTERMINATION EXPÉRIMENTALE DE LA CLASSE D'UN ALCOOL

L'organigramme ci-dessous permet d'identifier la classe d'un alcool à partir de tests chimiques simples.

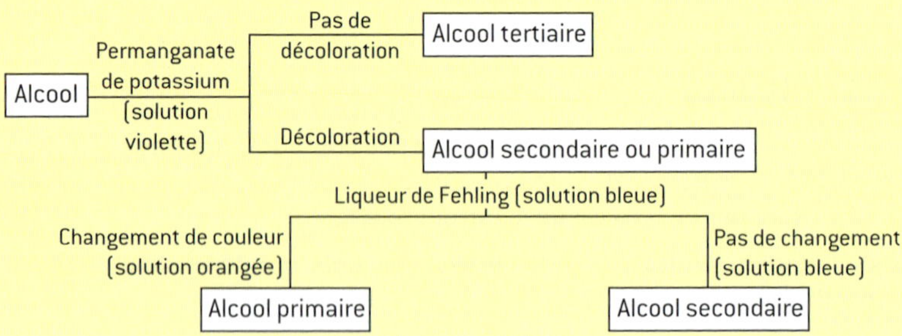

Nomenclature : le nom d'un alcool s'obtient en ajoutant le suffixe **-ol** au nom de l'hydrocarbure correspondant (en remplacement de la terminaison *e*) et en précisant la position du groupe hydroxyle sur la chaîne carbonée.

Exemples :

$HO-\overset{1}{C}H_2-\overset{2}{C}H_2-\overset{3}{C}H_3$

La chaîne principale contient 3 atomes de carbone, la fonction alcool se trouve sur le 1er carbone : il s'agit du **propan-1-ol.**

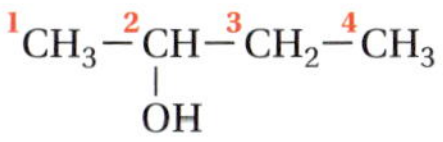

La chaîne principale contient 4 atomes de carbone, le groupement hydroxyle se trouve sur le 2e carbone : il s'agit du **butan-2-ol.**

Pour les alcools ramifiés, on procède comme pour les alcools linéaires, en ajoutant les noms et les positions des groupes alkyles sur la chaîne principale.

Exemple :

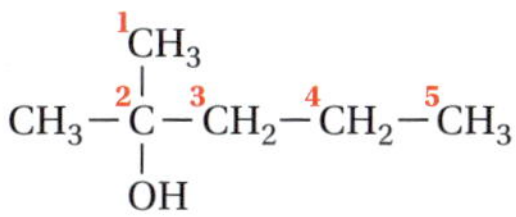

La chaîne principale contient 5 atomes de carbone, le groupement hydroxyle se trouve sur le 2e carbone, qui porte également un groupe méthyle : il s'agit du **2-méthylpentan-2-ol.**

3 Les composés carbonylés

Les composés carbonylés sont des espèces chimiques comportant la **fonction carbonyle** (C=O). Il existe deux types de composés carbonylés : les aldéhydes et les cétones.

A Les aldéhydes

Les aldéhydes sont des composés carbonylés dont le carbone portant la fonction carbonyle est primaire.

La **formule brute** des aldéhydes est de la forme : R–CHO.

Exemple :

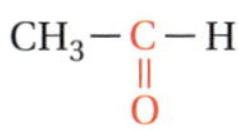

Nomenclature : le nom d'un aldéhyde s'obtient en ajoutant le suffixe **-al** au nom de l'hydrocarbure correspondant (en remplacement de la terminaison *e*).

Pour un aldéhyde, il n'est pas nécessaire de lui attribuer un indice de position, car la fonction carbonyle est toujours en position 1.

Exemple :

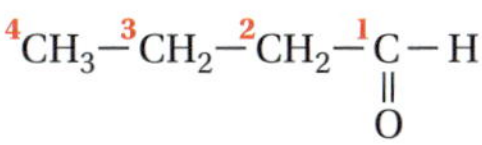

La chaîne principale contient 4 atomes de carbone : il s'agit du **butanal.**

B Les cétones

- Les cétones sont des composés carbonylés dont le carbone portant la fonction carbonyle est secondaire.

La **formule brute** des cétones est de la forme : $R-CO-R'$.

Exemple :

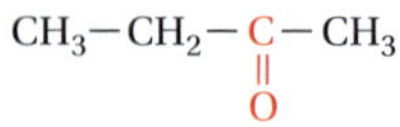

- **Nomenclature :** le nom d'une cétone s'obtient en ajoutant le suffixe **-one** au nom de l'hydrocarbure correspondant (en remplacement de la terminaison *e*) et en précisant la place de la fonction carbonyle sur la chaîne carbonée principale.

Exemple :

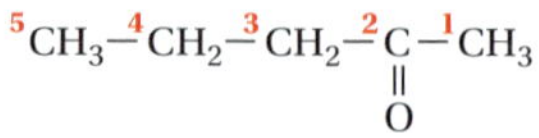

La chaine principale contient 5 atomes de carbone, la fonction carbonyle se trouve sur le 2e carbone : il s'agit du **pentan-2-one.**

4 Les acides carboxyliques

- Les acides carboxyliques sont des composés comportant une **fonction carboxyle** (–COOH), où un atome de carbone est relié à un groupe hydroxyle (–OH) et à un atome d'oxygène par une double liaison.

La **formule brute** des acides carboxyliques est de la forme : $R-COOH$ ou RCO_2H.

Exemple :

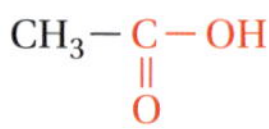

- **Nomenclature :** le nom d'un acide carboxylique s'obtient en ajoutant le suffixe **-oïque** au nom de l'hydrocarbure correspondant (en remplacement de la terminaison *e*) et en le faisant précéder du terme **acide.**

Pour un acide carboxylique, il n'est pas nécessaire de lui attribuer un indice de position, car la fonction carboxyle est toujours en position 1.

> Beaucoup d'acides carboxyliques ont des noms usuels : par exemple, l'acide méthanoïque est également appelé acide formique car il est sécrété par les fourmis.

Exemple :

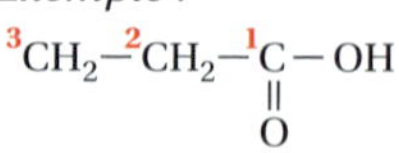

La chaine principale contient 3 atomes de carbone : il s'agit de l'**acide propanoïque.**

- **Solubilité**

La solubilité dans l'eau des acides carboxyliques est totale jusqu'à l'acide butanoïque, puis elle diminue et devient nulle à partir de l'acide nonanoïque.

Pour un acide carboxylique donné, la solubilité croît avec le pH de la solution.

Nommer une molécule oxygénée

ÉNONCÉ

Donner le nom des molécules suivantes :

1. $CH_3-\underset{\underset{O}{\|}}{C}-OH$

2. $CH_3-CH_2-CH=O$

3. $CH_3-CH_2-\underset{\underset{O}{\|}}{C}-CH_2-CH_2-CH_2-CH_3$

4. $CH_3-CH_2-CH_2-CH_2-\underset{\underset{OH}{|}}{CH}-CH_3$

5. $CH_3-\underset{\underset{O}{\|}}{C}-CH_2-CH_2-CH_3$

MÉTHODE

- Identifier la fonction caractéristique de la molécule.
- Déterminer la longueur de la chaîne carbonée.
- Déterminer la position du groupe fonctionnel sur la chaîne principale, de façon à ce que son indice de position soit le plus petit possible.

CORRIGÉ

1. ${}^{2}CH_3-{}^{1}\underset{\underset{O}{\|}}{C}-OH$ Acide éthanoïque

2. ${}^{3}CH_3-{}^{2}CH_2-{}^{1}CH=O$ Propanal

3. ${}^{1}CH_3-{}^{2}CH_2-{}^{3}\underset{\underset{O}{\|}}{C}-{}^{4}CH_2-{}^{5}CH_2-{}^{6}CH_2-{}^{7}CH_3$ Heptan-3-one

4. ${}^{6}CH_3-{}^{5}CH_2-{}^{4}CH_2-{}^{3}CH_2-{}^{2}\underset{\underset{OH}{|}}{CH}-{}^{1}CH_3$ Hexan-2-ol

5. ${}^{1}CH_3-{}^{2}\underset{\underset{O}{\|}}{C}-{}^{3}CH_2-{}^{4}CH_2-{}^{5}CH_3$ Pentan-2-one

SE TESTER QUIZ

Dans le questionnaire à choix multiple (QCM) suivant, indiquer pour chaque proposition la (ou les) réponse(s) exacte(s).

1 Il existe quatre classes d'atome de carbone, puisqu'un carbone peut réaliser jusqu'à quatre liaisons.

☐ **a.** Vrai. ☐ **b.** Faux.

2 La classe d'un alcool dépend du nombre de fonctions hydroxyles liées au carbone fonctionnel.

☐ **a.** Vrai. ☐ **b.** Faux.

3 La formule brute d'un aldéhyde est :

☐ **a.** R–OH.

☐ **b.** R–CHO.

☐ **c.** R–CHO–R′.

☐ **d.** R–COOH.

4 La solubilité d'un acide carboxylique augmente :

☐ **a.** lorsque le nombre d'atomes de carbone de la chaîne carbonée augmente.

☐ **b.** lorsque le pH de la solution augmente.

S'ENTRAÎNER

5 Étude du propanol

Le propanol possède deux isomères.

1. Donner la formule semi-développée et le nom des deux isomères du propanol.

2. En déduire la formule brute du propanol.

3. Déterminer la classe de chacun des isomères du propanol.

Des isomères sont des espèces chimiques ayant la même formule brute, mais des formules développées différentes.

6 Nomenclature et formules semi-développées

1. Compléter le tableau suivant :

	Nom	Formule semi-développée
1		$CH_3-\underset{\underset{O}{\|}}{C}-OH$
2	Pentan-3-ol	
3	Hexan-3-one	
4		$CH_3-CH_2-CH_2-CH_2-OH$
5	Propanal	
6		$\underset{\underset{O}{\|}}{CH}-OH$
7	Butan-2-one	
8	2-méthylpropan-2-ol	
9		$CH_3-\underset{\underset{CH_3}{\mid}}{CH}-\underset{\underset{CH_3}{\mid}}{CH}-\overset{\overset{O}{\|}}{C}-OH$
10	2-éthyl-3-méthylpentanal	

2. Indiquer pour chaque molécule la famille chimique à laquelle elle appartient. Pour les alcools, indiquer leur classe.

7 Écriture topologique

Donner les formules semi-développées et brutes des molécules suivantes et indiquer les groupes caractéristiques qu'elles contiennent.

1. 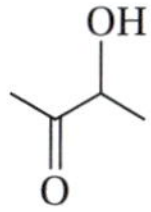

2. 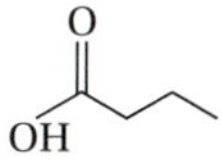

3. 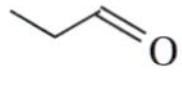

La représentation topologique est une représentation simplifiée des molécules organiques, dans laquelle :

- la chaîne carbonée est disposée en zigzag ; c'est une ligne brisée qui peut comporter des ramifications ;
- les atomes de carbone et les atomes d'hydrogène qui leur sont liés ne sont pas représentés. Les liaisons multiples sont mentionnées ;
- les atomes autres que C et H figurent par leur symbole, ainsi que les atomes d'hydrogène qu'ils portent éventuellement.

Exemple : formule semi-développée et représentation topologique du propan-2-ol :

$$\begin{array}{c} CH_3-\underset{\displaystyle OH}{\underset{|}{CH}}-CH_3 \end{array}$$

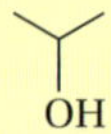

8 Détermination expérimentale de la classe d'un alcool

Un flacon a été retrouvé dans un laboratoire de lycée avec pour seule indication sur son étiquette « alcool contenant 4 atomes de carbone ».

Pour essayer d'identifier l'alcool, on réalise deux tests :

- on introduit quelques millilitres de l'alcool dans un tube à essais, auxquels on ajoute un peu de permanganate de potassium : la solution se décolore ;
- on introduit quelques millilitres de l'alcool dans un tube à essais, auxquels on ajoute un peu de liqueur de Fehling : la solution ne change pas de couleur.

1. Déterminer la classe de l'alcool testé.

2. Donner la (ou les) formule(s) semi-développée(s) du (ou des) alcool(s) pouvant être l'alcool inconnu, le (ou les) nommer.

OBJECTIF BAC

9 Étude des composés oxygénés possédant 4 atomes de carbone

1. Identifier la (ou les) famille(s) chimique(s) à laquelle (ou auxquelles) appartient (appartiennent) les molécules ci-dessous.

a.

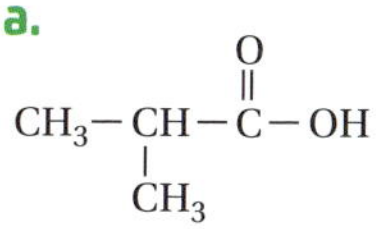

b.

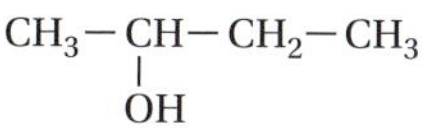

c.

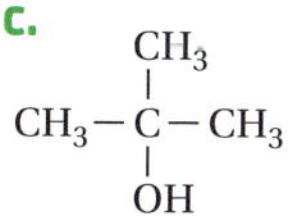

d.

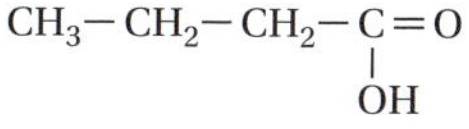

e.

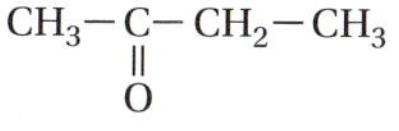

f.

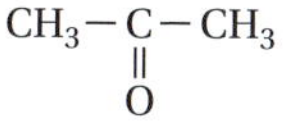

g.

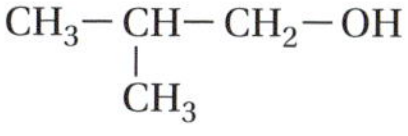

h.

i.

2. Étude des alcools

a. Identifier et nommer le (ou les) alcool(s) primaire(s).

b. Identifier et nommer le (ou les) alcool(s) secondaire(s).

c. Identifier et nommer le (ou les) alcool(s) tertiaire(s).

d. Qu'observerait-on si l'on mélangeait quelques millilitres de permanganate de potassium à l'espèce c ?

e. Qu'observerait-on si l'on mélangeait quelques millilitres de liqueur de Fehling à l'espèce i ?

3. Étude des acides carboxyliques

a. Donner les noms des acides carboxyliques identifiés.

b. Donner leurs formules topologiques.

10 Composés organiques naturels

On trouve de nombreux composés organiques dans les fruits, les plantes ou les fleurs. En voici quelques exemples :

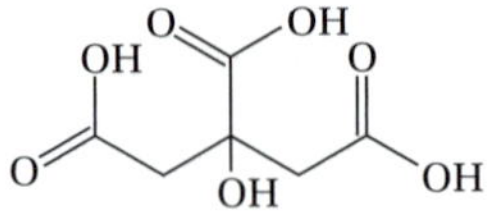

acide citrique
(dans la pulpe de citron)

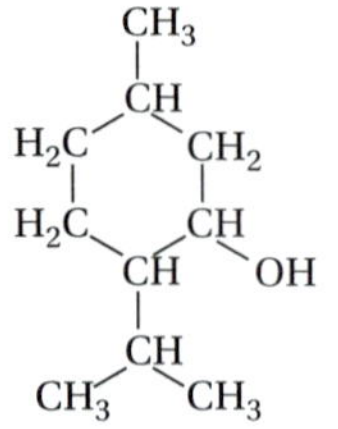

menthol
(dans la feuille de menthe)

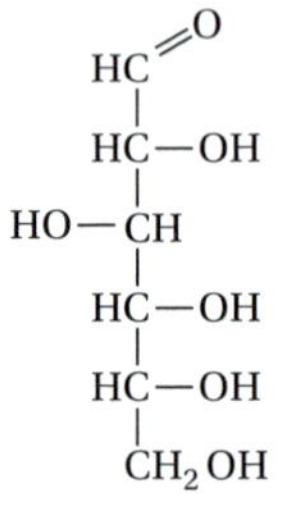

glucose
(dans le sucre des fruits)

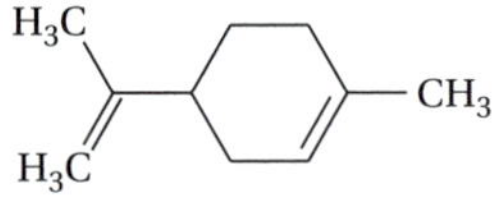

limonène
(dans la peau d'orange)

1. Trouver la formule semi-développée de l'acide citrique.

2. Trouver les formules topologiques du menthol et du glucose.

3. Trouver la formule brute du limonène.
Quelle est sa différence avec les autres molécules ?

4. Entourer les groupes caractéristiques du glucose et indiquer à quelles fonctions ils se réfèrent.

5. À quelle(s) famille(s) appartient le menthol ?

6. Quelle est la classe du menthol ?

7. Indiquer si les propositions suivantes sont vraies ou fausses :
Proposition 1 : Une solution de menthol décolore une solution de permanganate de potassium.
Proposition 2 : L'action du menthol sur la liqueur de Fehling provoque un changement de coloration (passage du bleu à l'orange).
Proposition 3 : Le pH d'une solution aqueuse d'acide citrique est inférieur à 7.
Proposition 4 : L'acide citrique possède trois groupes carbonyles.

SE TESTER

1 Réponse b. Faux : il n'existe que trois classes d'atome de carbone.

2 Réponse b. Faux : l'atome de carbone fonctionnel est lié à une seule fonction hydroxyle. La classe dépend du nombre d'atomes de carbone liés au carbone fonctionnel.

3 Réponse b. La formule brute d'un aldéhyde est R–CHO.

4 Réponse b. La solubilité des acides carboxyliques croît avec le pH de la solution ; en revanche, elle décroît lorsque la longueur de la chaîne principale de l'acide augmente.

S'ENTRAÎNER

5 Étude du propanol

1. Les deux isomères du propanol sont :

$CH_3-CH_2-CH_2-OH$ Propan-1-ol

$CH_3-\underset{OH}{\underset{|}{CH}}-CH_3$ Propan-2-ol

2. La formule brute du propanol est C_3H_7OH.

3. Le propan-1-ol est un alcool primaire.
Le propan-2-ol est un alcool secondaire.

6 Nomenclature et formules semi-développées

1.

	Nom	Formule semi-développée
1	Acide éthanoïque	$CH_3-\underset{O}{\underset{\Vert}{C}}-OH$
2	Pentan-3-ol	$CH_3-CH_2-\underset{OH}{\underset{|}{CH}}-CH_2-CH_3$
3	Hexan-3-one	$CH_3-CH_2-CH_2-\underset{O}{\underset{\Vert}{C}}-CH_2-CH_3$
4	Butan-1-ol	$CH_3-CH_2-CH_2-CH_2-OH$
5	Propanal	$CH_3-CH_2-CH=O$

6	Acide méthanoïque	
7	Butan-2-one	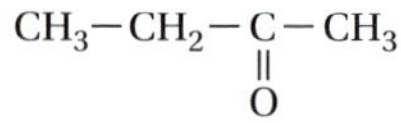
8	2-méthylpropan-2-ol	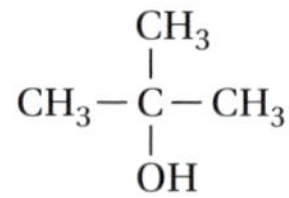
9	Acide 2,3- diméthylbutanoïque	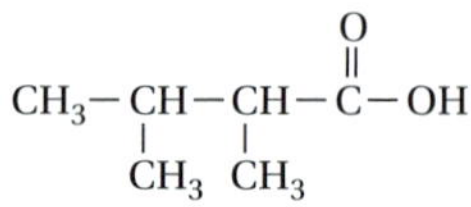
10	2-éthyl-3-méthylpentanal	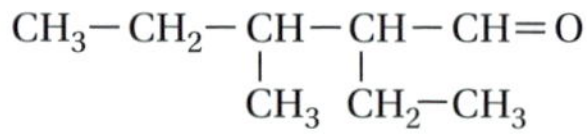

2. Les molécules 1, 6 et 9 sont des acides carboxyliques.
Les molécules 3 et 7 sont des cétones.
Les molécules 5 et 10 sont des aldéhydes.
La molécule 2 est un alcool secondaire
La molécule 4 est un alcool primaire.
La molécule 8 est un alcool tertiaire.

7 Écriture topologique

1. $C_4H_8O_2$

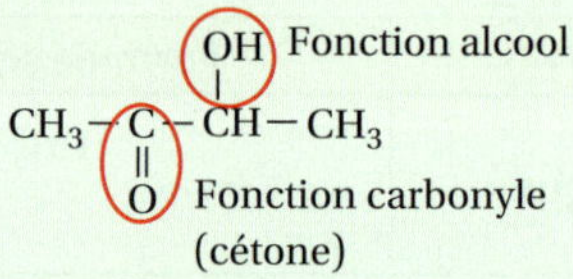

2. $C_4H_{10}O_2$

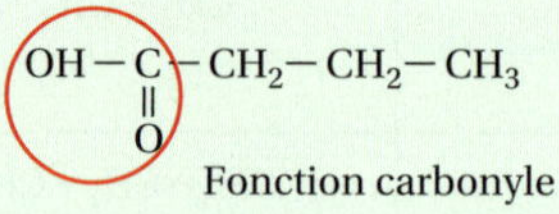

3. C_3H_6O

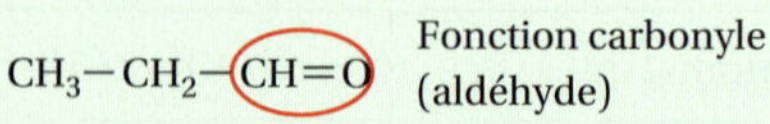

8 Détermination expérimentale de la classe d'un alcool

1. D'après les tests réalisés, on peut dire que l'alcool testé est un alcool secondaire.

2. Parmi tous les alcools composés de 4 atomes de carbone, le seul alcool secondaire est le butan-2-ol, dont la formule semi-développée est :

$$CH_3-CH_2-\underset{\displaystyle OH}{\underset{|}{CH}}-CH_3$$

OBJECTIF BAC

9 Étude des composés oxygénés possédant 4 atomes de carbone

1. Les espèces a et d sont des acides carboxyliques.
Les espèces b, c, g et i sont des alcools.
Les espèces e et f sont des cétones.
L'espèce h est un aldéhyde.

2. Étude des alcools

a. La molécule i est un alcool primaire : il s'agit du butan-1-ol.
La molécule g est un alcool primaire : il s'agit du 2-méthylpropan-1-ol.

b. La molécule b est un alcool secondaire : il s'agit du butan-2-ol.

c. La molécule c est un alcool tertiaire : il s'agit du 2-méthylpropan-2-ol.

d. Si on mélange quelques millilitres de permanganate de potassium à l'espèce c, on n'observera pas de décoloration car l'alcool est tertiaire.

e. Si on mélange quelques millilitres de liqueur de Fehling à l'espèce i, on observera un changement de couleur : la solution obtenue sera orangée car l'alcool est primaire.

3. Étude des acides carboxyliques

a. La molécule a est l'acide 2-méthylpropanoïque.
La molécule d est l'acide butanoïque.

b.

Molécule a :

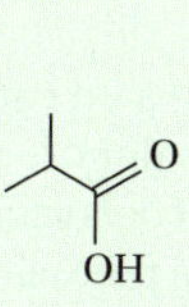

Molécule d :

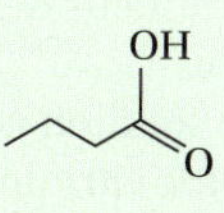

10 Composés organiques naturels

1. Formule semi-développée de l'acide citrique.

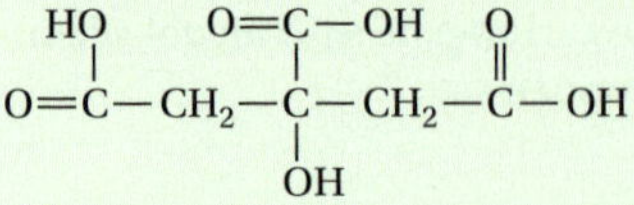

2. les formules topologiques du menthol et du glucose sont les suivantes :

Menthol

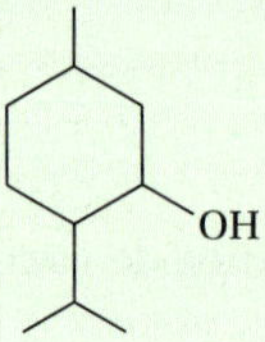

Glucose

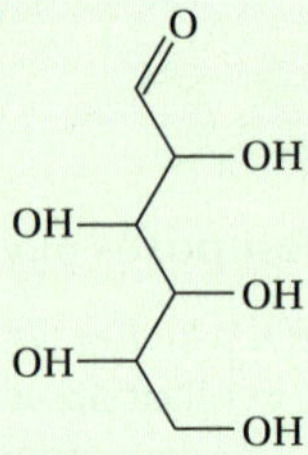

3. Le limonène a pour formule brute : $C_{10}H_{16}$.

À la différence des autres molécules représentées, le limonène ne possède pas d'atome d'oxygène.

4. Les groupes caractéristiques entourés en rouge sont des groupes hydroxyles, ils correspondent à la fonction alcool.

Le groupe caractéristique entouré en vert est le groupe carbonyle, il correspond à la fonction aldéhyde.

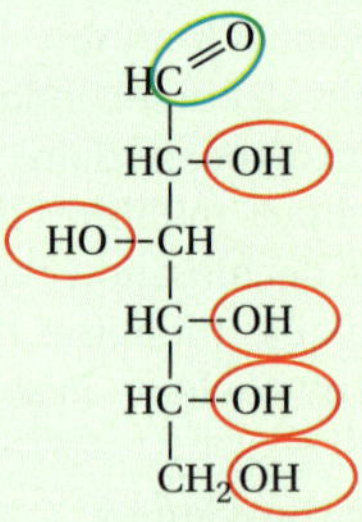

5. Le menthol appartient à la famille des alcools, la molécule possède une fonction alcool.

6. Le groupe hydroxyle est lié à un carbone lui-même lié à un atome d'hydrogène et à deux atomes de carbone, donc le menthol est un alcool secondaire.

Proposition 1 : Vrai car les alcools secondaires (tel que le menthol) décolorent une solution de permanganate de potassium.

Proposition 2 : Faux car la liqueur de Fehling ne change pas de couleur en présence d'un alcool secondaire.

Proposition 3 : Vrai car une solution aqueuse acide possède un pH inférieur à 7.

Proposition 4 : Faux car l'acide citrique possède trois groupes carboxyles, qui possèdent chacun le groupe C=O.

www.annabac.com

CHAPITRE 23 Transformation d'une espèce chimique organique en une autre

Les industries pharmaceutiques, du textile ou des équipements sportifs ne pourraient pas proposer de nouveaux médicaments, des vêtements plus adaptés à nos modes de vie ou des matériaux de plus en plus performants sans la synthèse de nouvelles molécules. Au cours de ces synthèses, les chimistes s'ingénient à fabriquer des espèces chimiques organiques aux propriétés nouvelles à partir d'espèces déjà connues.

1 Réactions d'oxydation des alcools et des aldéhydes

A Oxydation des alcools

Milieu acide signifie présence d'ions hydrogène $H^+_{(aq)}$.

■ L'ion permanganate MnO_4^- est capable d'oxyder des alcools primaires et secondaires dans un milieu réactionnel acide.
Le couple redox et la demi-équation redox associés à l'ion permanganate sont :
$MnO_4^-{}_{(aq)}/Mn^{2+}{}_{(aq)}$ et $MnO_4^-{}_{(aq)} + 8\,H^+{}_{(aq)} + 5\,e^- = Mn^{2+}{}_{(aq)} + 4\,H_2O_{(l)}$.

L'ion manganèse Mn^{2+} est le réducteur conjugué de l'ion permanganate.

■ En fonction de la classe de l'alcool, le produit obtenu après oxydation ne sera pas le même :
• l'**oxydation** d'un **alcool primaire** conduit à la formation d'un **aldéhyde**. La demi-équation redox a pour expression :

$$\underset{\text{(alcool primaire)}}{R\text{–}CH_2\text{–}OH} = \underset{\text{(aldéhyde)}}{R\text{–}CHO} + 2\,H^+{}_{(aq)} + 2\,e^-$$

• l'**oxydation** d'un **alcool secondaire** conduit à la formation d'une **cétone**. La demi-équation redox a pour expression :

$$\underset{\text{(alcool secondaire)}}{R\text{–}CHOH\text{–}R'} = \underset{\text{(cétone)}}{R\text{–}CO\text{–}R'} + 2\,H^{+}_{(aq)} + 2\,e^{-}$$

L'aldéhyde R–CHO est l'oxydant conjugué de l'alcool primaire R–CH_2–OH ; tandis que la cétone R–CO–R′ est celui de l'alcool secondaire R–CHOH–R′. Les couples redox associés sont : R–CHO/R–CH_2–OH et R–CO–R′/R–CHOH–R′

• un alcool tertiaire n'est pas oxydable en milieu acide par l'ion permanganate.

B Oxydation des aldéhydes

En milieu acide, l'ion permanganate peut oxyder un aldéhyde en un acide carboxylique. La demi-équation redox associée est la suivante :

$$\underset{\text{(aldéhyde)}}{R\text{–}CHO} + H_2O = \underset{\text{(acide carboxylique)}}{R\text{–}CO_2H} + 2\,H^{+}_{(aq)} + 2\,e^{-}$$

Lorsque l'ion permanganate est en excès dans le milieu réactionnel, un alcool primaire peut s'oxyder en aldéhyde qui lui-même est oxydé en acide carboxylique.

2 Principe d'une synthèse organique

Les réactions mettant en jeu des espèces chimiques organiques sont généralement lentes (quelques heures ou plus). Pour réduire la durée de la transformation chimique, on peut chauffer le milieu réactionnel : l'augmentation de la température permet d'augmenter la vitesse de la réaction.

A Montage : chauffage à reflux

- Ce montage permet de réaliser le chauffage d'un milieu réactionnel liquide, tout en minimisant les pertes par évaporation au cours du chauffage.

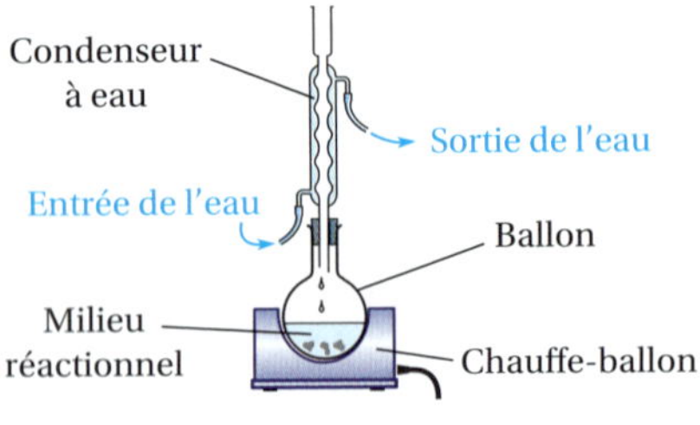

- Rôle des différents composants du montage :
• **ballon** : récipient contenant le milieu réactionnel liquide ;
• **chauffe-ballon** : élément de chauffage ;
• **condenseur à eau** : élément de verrerie constitué d'un double tube entre les parois duquel circule de l'eau froide. Les vapeurs se trouvant dans le tube intérieur sont condensées au contact des parois refroidies par la circulation de l'eau.

B Techniques de séparation des espèces chimiques

Une fois la réaction terminée, il faut isoler l'espèce chimique synthétisée des autres espèces composant le milieu réactionnel. Pour cela, on dispose de différentes techniques de séparation.

Filtration sous vide

Elle permet de séparer la phase solide de la phase liquide d'un mélange hétérogène.

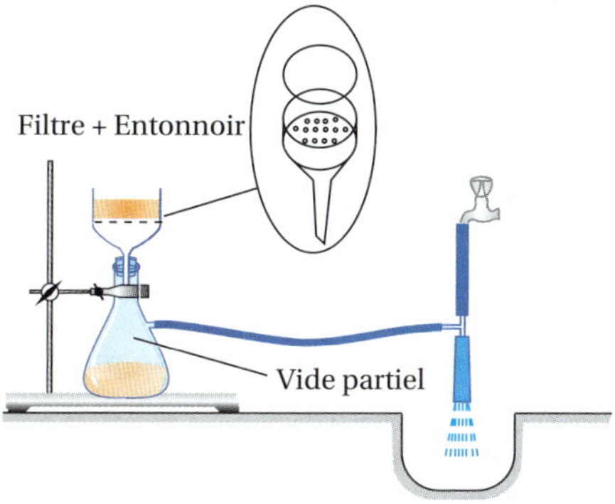

Distillation

Elle permet de séparer les différentes espèces chimiques composant un mélange homogène liquide à partir de leurs différences de températures de vaporisation.

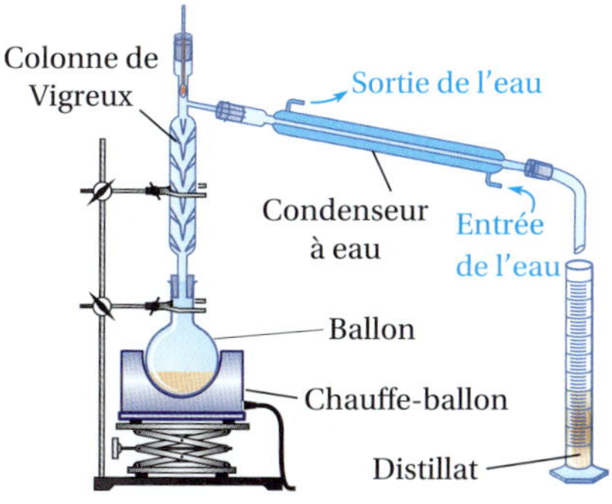

• On recueille en premier l'espèce chimique la plus volatile (c'est-à-dire celle dont la température de vaporisation est la plus basse).
• Cette technique de séparation n'est efficace que si les températures de vaporisation sont suffisamment éloignées les unes des autres (au moins 10 °C d'écart).

C Rendement d'une synthèse

Le rendement d'une synthèse, noté ρ, est égal au rapport de la quantité réelle de produit formé sur la quantité maximale de produit attendu.

$$\rho = \frac{n_{\text{formé}}}{n_{\text{max}}}$$

ρ : sans unité
$0 < \rho < 1$ (ou en %)

3 Synthèse des matières plastiques

Les matières plastiques n'existent pas dans la nature et doivent donc être fabriquées. Leur synthèse a un grand intérêt industriel et économique.

Les matières plastiques sont principalement composées de **polymères**. Il s'agit de macromolécules organiques constituées par la répétition un très grand nombre de fois d'un même enchaînement d'atomes appelé **motif**. On appelle **degré de polymérisation** le nombre de motifs présents dans le polymère.

Les polymères sont obtenus par des **réactions de polyaddition** au cours desquelles des molécules toutes identiques (appelées **monomères**) et comportant une double liaison C=C vont se lier par ouverture de la double liaison.

$$n\ CH_2{=}CHX \rightarrow -(CH_2{-}CHX)_n-$$

(monomère) (polymère)

n est le degré de polymérisation.

La nature du groupement d'atomes X détermine le polymère synthétisé.

Groupement X	H	Cl	CH_3
Polymère	Polyéthylène (PE)	Polychlorure de vinyle (PVC)	Polypropylène (PP)

Prévoir le produit d'une réaction chimique organique et en écrire l'équation-bilan

ÉNONCÉ

On réalise une réaction en milieu acide entre le propan-1-ol et l'ion permanganate.

1 Quel type de réaction a lieu ? Identifier le produit obtenu à partir de l'alcool.

2 Écrire l'équation-bilan de la réaction.

3 Quel produit obtiendrait-on si l'ion permanganate était initialement en excès ?

MÉTHODE

1 ▶ Un alcool primaire est oxydé par l'ion permanganate en un aldéhyde.

2 ▶ On multiplie les deux demi-équations redox de manière à ce que le nombre d'électrons capté par l'oxydant soit le même que celui cédé par le réducteur.

3 ▶ Un aldéhyde est oxydé par l'ion permanganate en acide carboxylique.

CORRIGÉ

1 La réaction ayant lieu est une réaction d'oxydoréduction.
Le produit obtenu à partir du propan-1-ol de formule $CH_3{-}CH_2{-}CH_2OH$ est le propanal de formule $CH_3{-}CH_2{-}CHO$.

2 On établit les deux demi-équations redox :

$CH_3{-}CH_2{-}CH_2OH_{(aq)} = CH_3{-}CH_2{-}CHO_{(aq)} + 2\,H^+_{(aq)} + 2\,e^-$ (× 5)

$MnO_4^-{}_{(aq)} + 8\,H^+_{(aq)} + 5\,e^- = Mn^{2+}_{(aq)} + 4\,H_2O_{(l)}$ (× 2)

On écrit l'équation-bilan :

$$5\,CH_3{-}CH_2{-}CH_2OH_{(aq)} + 2\,MnO_4^-{}_{(aq)} + 6\,H^+_{(aq)} \rightarrow 5\,CH_3{-}CH_2{-}CHO_{(aq)} + 2\,Mn^{2+}_{(aq)} + 8\,H_2O_{(l)}$$

3 Avec l'ion permanganate en excès, on obtiendrait un acide carboxylique : l'acide propanoïque de formule $CH_3{-}CH_2{-}CO_2H$.

Calculer un rendement

ÉNONCÉ

On réalise la synthèse de l'acide butanoïque en oxydant une quantité $n = 0,40$ mol de butan-1-ol par les ions permanganates en excès.
L'équation-bilan a pour expression :

$$5\,C_3H_7-CH_2-OH_{(aq)} + 4\,MnO_4^-{}_{(aq)} + 12\,H^+{}_{(aq)} \rightarrow 5\,C_3H_7-CO_2H_{(aq)} + 4\,Mn^{2+}{}_{(aq)} + 11\,H_2O_{(l)}$$

Après réaction puis séparation, on obtient un volume $V = 20$ mL d'acide butanoïque.
Calculer le rendement de la synthèse.
Données :
masse molaire de l'acide butanoïque : $M_{butanoïque} = 88,0\ g{\cdot}mol^{-1}$;
masse volumique de l'acide butanoïque : $\mu_{butanoïque} = 9,6 \times 10^2\ g{\cdot}L^{-1}$.

MÉTHODE

▶ Le rendement a pour expression $\rho = \dfrac{n_{formé}}{n_{max}}$.

▶ Rechercher le réactif limitant, puis utiliser la stœchiométrie de l'équation-bilan pour trouver la quantité maximale de produit formé n_{max} si la réaction est totale.

CORRIGÉ

Les ions permanganates étant en excès, le butan-1-ol est le réactif limitant.
D'après la stœchiométrie de l'équation-bilan, 5 moles d'alcool oxydé produisent 5 moles d'acide butanoïque : si la réaction est totale, la quantité d'acide formé n_{max} est égale à celle initiale d'alcool.
On en déduit que $n_{max} = 0,40$ mol.

La quantité d'acide butanoïque réellement formé a pour expression :

$$n_{formé} = \frac{\mu_{butanoïque} \times V}{M_{butanoïque}} = \frac{9,6 \times 10^2 \times 20 \times 10^{-3}}{88,0} = 0,22\ mol.$$

On en déduit le rendement : $\rho = \dfrac{0,22}{0,40} = 0,55$ soit 55 %.

SE TESTER QUIZ

Dans le questionnaire à choix multiple (QCM) suivant, indiquer pour chaque proposition la (ou les) réponse(s) exacte(s).

1 L'ion permanganate est capable de :

- ☐ **a.** réduire un alcool primaire en aldéhyde.
- ☐ **b.** oxyder un alcool secondaire en cétone.
- ☐ **c.** oxyder un alcool tertiaire en acide carboxylique.

2 Pour obtenir un acide carboxylique à partir d'un alcool primaire, il faut que :

- ☐ **a.** l'alcool soit en excès.
- ☐ **b.** l'ion permanganate soit en excès.

3 Le rendement d'une synthèse a pour expression :

- ☐ **a.** $\rho = n_{\text{max}} \times n_{\text{formé}}$
- ☐ **b.** $\rho = \dfrac{n_{\text{max}}}{n_{\text{formé}}}$
- ☐ **c.** $\rho = \dfrac{n_{\text{formé}}}{n_{\text{max}}}$

4 Le chauffage à reflux permet de séparer par vaporisation sélective les espèces chimiques présentes dans le milieu réactionnel.

- ☐ **a.** Vrai.
- ☐ **b.** Faux.

S'ENTRAÎNER

5 Réactifs et produits

Identifier les espèces chimiques, par leur nom et leur formule, repérées par les lettres A, B, C et D, intervenant dans les transformations chimiques suivantes.

Éthanol $CH_3{-}CH_2{-}OH$	+	Ion permanganate MnO_4^-	→	A
B	+	Ion permanganate MnO_4^-	→	Propanone $CH_3{-}CO{-}CH_3$
Butan-2-ol $CH_3{-}CH(OH){-}CH_2{-}CH_3$	+	Ion permanganate MnO_4^-	→	C
D	+	Ion permanganate MnO_4^- en excès	→	Acide butanoïque $CH_3{-}CH_2{-}CH_2{-}CO_2H$

6 Synthèse d'un polymère

Un polymère est synthétisé à partir d'un monomère de masse molaire $M = 62{,}5\ \text{g·mol}^{-1}$, et contenant les éléments hydrogène, carbone et chlore dans les proportions massiques suivantes :

hydrogène : 4,8 % carbone : 38,4 % chlore : 56,8 %.

Données : masses molaires atomiques des éléments :

$M_H = 1{,}0\ \text{g·mol}^{-1}$;

$M_C = 12{,}0\ \text{g·mol}^{-1}$;

$M_{Cl} = 35{,}5\ \text{g·mol}^{-1}$.

1. Trouver les masses respectives de chacun des éléments dans une mole de monomère, puis les quantités de matière associées.

2. En déduire la formule brute du monomère, puis sa formule développée.

> Les atomes d'hydrogène et de chlore réalisent chacun 1 liaison, alors qu'un atome de carbone réalise 4 liaisons.

3. Écrire l'équation de la réaction permettant de fabriquer ce polymère.

4. La masse molaire du polymère ainsi fabriqué est égale à $M_P = 1\,000\,000\ \text{g·mol}^{-1}$. Trouver l'indice de polymérisation n de ce polymère.

5. Quel est le nom du polymère synthétisé ?

7 Oxydation du cyclohexanol

Le cyclohexanol $C_6H_{11}OH$ est un alcool dont la formule semi-développée est :

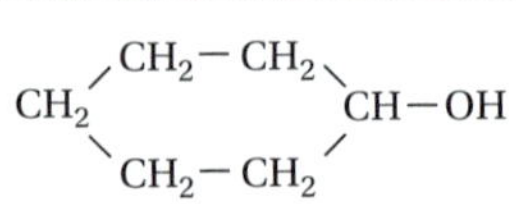

On réalise l'oxydation de cet alcool par l'ion dichromate $Cr_2O_7^{2-}$ en solution aqueuse et acide (couple redox $Cr_2O_7^{2-}{}_{(aq)}/Cr^{3+}{}_{(aq)}$).

1. Quelle est la classe du cyclohexanol ?
En déduire quel type de produit donnera son oxydation.

2. Écrire la formule semi-développée du produit obtenu et sa formule brute.

3. Que signifie le fait que la réaction se fasse en milieu acide ?

4. Le couple redox du cyclohexanol est $C_6H_{10}O_{(l)}/C_6H_{11}OH_{(l)}$.
Établir les demi-équations redox des couples mis en jeu, puis l'équation-bilan.

OBJECTIF BAC

8 Préparation d'un conservateur : l'acide benzoïque

L'acide benzoïque est un conservateur présent dans de nombreuses boissons sans alcool. Son code européen est E210. C'est un solide blanc, peu soluble dans l'eau. Il peut être préparé par synthèse en laboratoire à partir de l'alcool benzylique.
Cette synthèse s'effectue en deux étapes principales :

Alcool benzylique $C_6H_5CH_2OH$	$\longrightarrow$ Ion permanganate MnO_4^-	Ion benzoate $C_6H_5CO_2^-$	$\longrightarrow$ Ion oxonium H_3O^+	Acide benzoïque $C_6H_5CO_2H$

Les caractéristiques physiques des espèces chimiques mises en jeu au cours de la synthèse sont les suivantes :

Nom	Alcool benzylique	Acide benzoïque
Formule	$C_6H_5CH_2OH$	$C_6H_5CO_2H$
Masse molaire en $g{\cdot}mol^{-1}$	$M_1 = 108$	$M_2 = 122$
Masse volumique en $g{\cdot}mL^{-1}$	$\mu_1 = 1{,}0$	$\mu_2 = 1{,}3$

• Étape 1 : oxydation de l'alcool benzylique

On réalise l'oxydation, en milieu basique et à chaud de l'alcool benzylique $C_6H_5CH_2OH$ par les ions permanganates MnO_4^- en excès. Cette réaction conduit à la formation d'ions benzoates $C_6H_5CO_2^-$ et de dioxyde de manganèse MnO_2 (solide brun). Cette transformation est lente.

1. Écrire en milieu basique, les demi-équations d'oxydo-réduction des couples mis en jeu : $MnO_4^-{}_{(aq)}/MnO_{2\,(s)}$ et $C_6H_5CO_2^-{}_{(aq)}/C_6H_5CH_2OH_{(aq)}$.

2. En déduire l'équation d'oxydation de l'alcool benzylique.

> En milieu basique les ions hydrogène H^+ sont remplacés par les ions hydroxydes HO^-.

3. Le montage utilisé pour cette étape est le suivant.
a. Légender ce schéma.
b. Comment s'appelle un tel montage ?
c. Quel est son intérêt ?

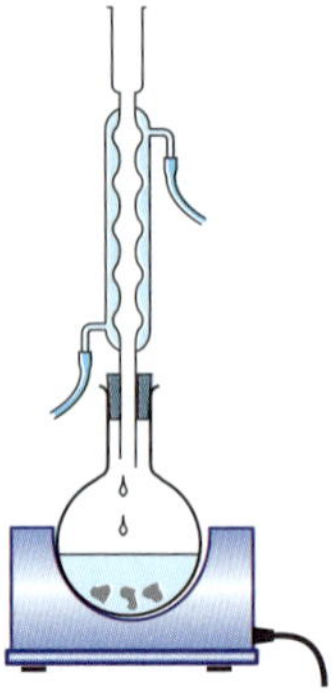

4. Après avoir versé dans un ballon un volume $V_1 = 3,0$ mL d'alcool benzylique puis bouché l'ensemble, on ajoute environ 20 mL de soude de concentration 2 mol·L^{-1}. On verse alors lentement une solution aqueuse de permanganate de potassium dans le ballon ($V = 300$ mL et $C = 0,25$ mol·L^{-1}), puis on porte le mélange à ébullition douce pendant 50 minutes environ.
a. Calculer la quantité initiale n_1 d'alcool benzylique introduite.
b. Calculer la quantité initiale n_2 d'ions permanganates introduits.
c. À l'aide d'un tableau d'avancement, montrer que l'ion permanganate est le réactif en excès.

• Étape 2 : transformation de l'ion benzoate en acide benzoïque

Après avoir isolé les ions benzoates, on les fait réagir avec les ions oxonium H_3O^+ : il se forme de l'acide benzoïque.
La masse m d'acide benzoïque formée est égale à 3,0 g.

5. Déterminer le rendement de la réaction sachant que la quantité maximale n_{max} pouvant être formée est égale à 0,028 mol.

9 Préparation d'un parfum à odeur de lavande

Le parfum à odeur de lavande que l'on utilise pour parfumer le savon est une espèce chimique présente dans l'essence naturelle de lavande : l'éthanoate de linalyle. On peut aussi le préparer au laboratoire par action de l'acide éthanoïque sur le linalol.

À la température ordinaire, le linalol se présente sous la forme d'un liquide incolore et odorant, de formule semi-développée :

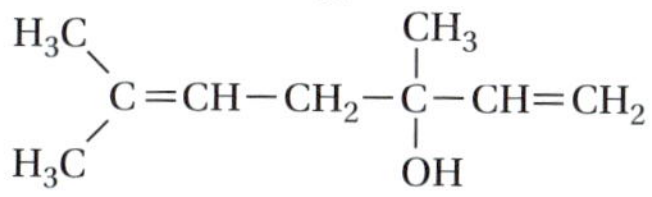

L'équation-bilan de la réaction s'écrit :

$$\underset{\text{(linalol)}}{C_{11}H_{17}OH} + \underset{\text{(acide éthanoïque)}}{CH_3CO_2H} \rightarrow \underset{\text{(éthanoate de linalyle)}}{C_{13}O_2H_{20}} + \underset{\text{(eau)}}{H_2O}$$

Le montage expérimental est un montage de chauffage à reflux.

Données :

Nom de l'espèce chimique	éthanoate de linalyle	linalol	acide éthanoïque	eau
Température d'ébullition	220 °C	199 °C	118 °C	100°C
masse volumique ($g \cdot L^{-1}$)	890	870	1050	1000
Masse molaire ($g \cdot mol^{-1}$)	196	154	60	18

• Partie A: étude des réactifs

1. Le linalol a les propriétés d'un alcool.
Réécrire la molécule et entourer le groupe caractéristique.

2. Écrire la formule semi-développée de l'acide éthanoïque.
Entourer le groupe caractéristique et indiquer à quelle famille il appartient.

3. Peut-on réaliser l'oxydation du linalol en milieu acide par l'ion permanganate ?

• Partie B: étude de la réaction

Le mélange initial est constitué par le mélange de n_1 = 0,30 mol de linalol et de n_2 = 1,80 mol d'acide éthanoïque.

1. À l'aide d'un tableau d'avancement :
a. trouver le réactif limitant.
b. trouver la quantité n_{max} d'éthanoate de linalyle que l'on peut produire.

2. La réaction permet de produire 20 mL d'éthanoate de linalyle. Calculer la quantité $n_{formé}$ de produit formé.

3. Calculer le rendement de cette synthèse.

SE TESTER

1 Réponse b. L'ion permanganate est capable d'oxyder un alcool secondaire en cétone.

2 Réponse b. Pour obtenir un acide carboxylique à partir d'un alcool primaire, il faut que l'ion permanganate soit en excès.

3 Réponse c. Le rendement d'une synthèse a pour expression $\rho = \frac{n_{formé}}{n_{max}}$.

4 Réponse b. Faux : le chauffage à reflux permet d'accélérer une transformation chimique.

S'ENTRAÎNER

5 Réactifs et produits

Éthanol $CH_3{-}CH_2{-}OH$	+	Ion permanganate MnO_4^-	→	Éthanal $CH_3{-}CHO$
Propan-2-ol $CH_3{-}CH(OH){-}CH_3$	+	Ion permanganate MnO_4^-	→	Propanone $CH_3{-}CO{-}CH_3$
Butan-2-ol $CH_3{-}CH(OH){-}CH_2{-}CH_3$	+	Ion permanganate MnO_4^-	→	Butanone $CH_3{-}CO{-}CH_2{-}CH_3$
Butan-1-ol $CH_3{-}CH_2{-}CH_2{-}CH_2{-}OH$	+	Ion permanganate MnO_4^- en excès	→	Acide butanoïque $CH_3{-}CH_2{-}CH_2{-}CO_2H$

6 Synthèse d'un polymère

1. Calcul de la masse de chaque élément dans une mole de monomère :
$m_C = 0{,}384 \times M_C = 24{,}0$ g ;
$m_H = 0{,}048 \times M_H = 3{,}0$ g ;
$m_{Cl} = 0{,}568 \times M_{Cl} = 35{,}5$ g.

Calcul de la quantité de matière associée de chaque élément :

$$n_H = \frac{m_H}{M_H} = \frac{3{,}0}{1{,}0} = 3{,}0 \text{ mol} ; n_{Cl} = \frac{m_{Cl}}{M_{Cl}} = \frac{35{,}0}{35{,}0} = 1{,}0 \text{ mol} ; n_C = \frac{m_C}{M_C} = \frac{24{,}0}{12{,}0} = 2{,}0 \text{ mol.}$$

2. La formule brute s'écrit $C_xH_yCl_z$.
Les nombres x, y et z s'identifient aux quantités de matière trouvées dans la question précédente : $x = 2$, $y = 3$ et $z = 1$.
On en déduit la formule brute du monomère : C_2H_3Cl.
Sa formule semi-développée est la suivante :

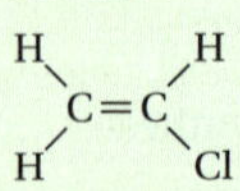

3. L'équation de la réaction est la suivante :

$$n\ CH_2{=}CHCl \rightarrow -\!\!(CH_2{-}CHCl)\!\!-_n$$

4. L'indice de polymérisation n de ce polymère est $n = \frac{M_p}{M} = \frac{1\,000\,000}{62,5} = 16\,000$.

5. Il s'agit du polychlorure de vinyle (PVC).

7 Oxydation du cyclohexanol

1. Le cyclohexanol est un alcool secondaire. Le produit de son oxydation sera une cétone.

2. La formule semi-développée de la cétone obtenue est :

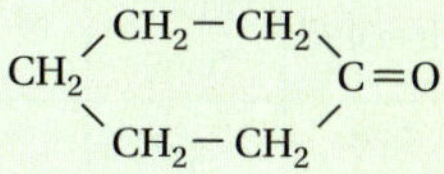

Sa formule brute est $C_6H_{10}O$.

3. Le fait que la réaction se fasse en milieu acide signifie qu'il y a présence d'ions hydrogène H^+ dans le milieu réactionnel.

4. Demi-équations redox :

$$C_6H_{11}OH_{(l)} = C_6H_{10}O_{(l)} + 2\,H^+_{(aq)} + 2\,e^- \qquad (\times 3)$$

$$Cr_2O_7{}^{2-}{}_{(aq)} + 14\,H^+_{(aq)} + 6\,e^- = 2\,Cr^{3+}_{(aq)} + 7\,H_2O_{(l)}$$

Équation-bilan :

$$3\,C_6H_{11}OH_{(l)} + Cr_2O_7{}^{2-}{}_{(aq)} + 8\,H^+_{(aq)} = 3\,C_6H_{10}O_{(l)} + 2\,Cr^{3+}_{(aq)} + 7\,H_2O_{(l)}$$

8 Préparation d'un conservateur : l'acide benzoïque

1. Demi-équations redox :

$$MnO_4{}^-{}_{(aq)} + 2\,H_2O_{(aq)} + 3\,e^- = MnO_{2(s)} + 4\,HO^-_{(aq)}$$

$$C_6H_5CH_2OH_{(aq)} + 5\,HO^-_{(aq)} = C_6H_5CO_2{}^-{}_{(aq)} + 4\,H_2O_{(aq)} + 4\,e^-$$

2. Équation d'oxydation de l'alcool benzylique :

$$3\,C_6H_5CH_2OH_{(aq)} + 4\,MnO_4{}^-{}_{(aq)} = 3\,C_6H_5CO_2{}^-{}_{(aq)} + 4\,H_2O_{(l)} + 4\,MnO_{2(s)} + HO^-_{(aq)}$$

3. **a.** Légendes du montage :

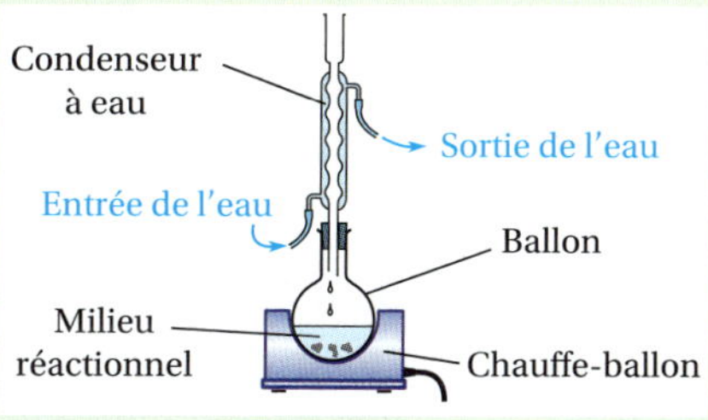

b. Il s'agit d'un montage de chauffage à reflux.

c. Il permet d'augmenter la vitesse de la réaction chimique.

4. a. Calcul de la quantité initiale n_1 d'alcool benzylique introduite :

$$n_1 = \frac{\mu_1 \times V_1}{M_1} = \frac{1{,}0 \times 10^3 \times 3{,}0 \times 10^{-3}}{108} = 0{,}028 \text{ mol.}$$

b. Calcul de la quantité initiale n_2 d'ions permanganates :

$n_2 = C \times V = 0{,}25 \times 300 \times 10^{-3} = 0{,}075$ mol.

c. Tableau d'avancement :

Équation chimique	Avancement (mol)	$3C_6H_5CH_2OH_{(l)}$ +	$4MnO_4^-{}_{(aq)}$ →	$3C_6H_5CO_2^-{}_{(aq)}$ +	$4MnO_{2\,(s)}$ +	$OH^-{}_{(aq)}$ +	$4H_2O_{(l)}$
État initial	0	n_1	n_2	0	0	Excès	Solvant
État intermédiaire	x	$n_1 - 3x$	$n_2 - 4x$	$3x$	$4x$	Excès	Solvant
État final	x_f	$n_1 - 3x_f$	$n_2 - 4x_f$	$3x_f$	$4x_f$	Excès	Solvant

• Si l'alcool benzylique est limitant :

$n_1 - 3\,x_{max,1} = 0$ soit $x_{max,1} = \dfrac{n_1}{3} = 9{,}3 \times 10^{-3}$ mol.

• Si les ions permanganates sont limitants :

$n_2 - 4\,x_{max,2} = 0$ soit $x_{max,2} = \dfrac{n_2}{4} = 1{,}9 \times 10^{-2}$ mol.

$x_{max,1} < x_{max,2}$: donc l'alcool benzylique est le réactif limitant.
On montre bien que l'ion permanganate est le réactif en excès.

5. Calcul de la quantité d'acide benzoïque produite :

$n_{formé} = \dfrac{m}{M_2} = \dfrac{3{,}0}{122} = 0{,}025$ mol.

Calcul du rendement de la réaction : $\rho = \dfrac{n_{formé}}{n_{max}} = \dfrac{0{,}025}{0{,}028} = 0{,}89$.

Le rendement est de 89 %.

9 Préparation d'un parfum à odeur de lavande

• Partie A: étude des réactifs

1.

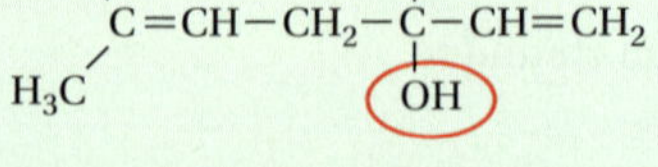

2. L'acide éthanoïque appartient à la famille des acides carboxyliques puisqu'il possède un groupe carboxyle.

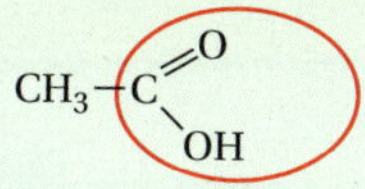

3. Il n'est pas possible de réaliser l'oxydation du linalol en milieu acide par l'ion permanganate, car l'ion permanganate est capable d'oxyder les alcools primaires et secondaires, or le linalol est un alcool tertiaire.

• Partie B: étude de la réaction

1.

Équation chimique	avancement (mol)	$C_{11}H_{17}OH_{(aq)}$ +	$CH_3CO_2H_{(aq)}$	$\rightarrow C_{13}O_2H_{20(aq)}$ +	$H_2O_{(l)}$
État initial	0	n_1	n_2	0	solvant
État intermédiaire	x	$n_1 - x$	$n_2 - x$	x	solvant
État final	x_f	$n_1 - x_f$	$n_2 - x_f$	x_f	solvant

a. Détermination du réactif limitant :

1er cas : si le linalol est limitant :

$n_1 - x_{max,1} = 0$

$x_{max,1} = n_1 = 0{,}30$ mol

2e cas : si l'acide éthanoïque est limitant :

$n_2 - x_{max,2} = 0$

$x_{max,2} = n_2 = 1{,}80$ mol

$x_{max,1} < x_{max,2}$ le linalol est donc le réactif limitant et $x_f = 0{,}30$ mol.

b. Calcul de la quantité de matière n_{max} d'éthanoate de linalyle que l'on peut produire :

$n_{max} = x_f = 0{,}30$ mol

2. La réaction permet de produire 20 mL d'éthanoate de linalyle.

La quantité $n_{formé}$ de produit formé est égale à :

$$n_{formé} = \frac{\mu_{\text{éthanoate de linalyne}} \times V}{M_{\text{éthanoate de linalyle}}}$$

Application numérique :

$V = 20$ mL $= 0{,}020$ L , $\mu_{\text{éthanoate de linalyle}} = 890\ \text{g·L}^{-1}$ et $M_{\text{éthanoate de linalyle}} = 196\ \text{g·mol}^{-1}$.

Donc $n_{formé} = 9{,}1 \times 10^{-2}$ mol.

3. Calcul du rendement de cette synthèse :

$$\rho = \frac{n_{formé}}{n_{max}} = \frac{9{,}1 \times 10^{-2}}{0{,}30} = 0{,}30$$

Le rendement est de 30 %.

Index

A

C

D

E

F

Dépôt légal n° 99533-0/01 - Décembre 2015
Achevé d'imprimer en France par I.M.E. By Estimprim